매산집

이 책은 2018 · 2019년도 정부(교육부)의 재원으로 한국고전번역원의 지원을 받아 수행된 '권역별거점연구소협동번역사업'의 결과물임.

This work was supported by Institute for the Translation of Korean Classics-Grant funded by the Korean Government.

한국고전번역원 한국문집번역총서/성신여자대학교 고전연구소·(사)해동경사연구소

매산집 15

梅山集

홍직필 지음
洪直弼

연석환 옮김
김성은

일러두기

1. 이 책의 번역 대본은 한국고전번역원에서 간행한 한국문집총간 295·296집에 실린 《매산집(梅山集)》으로 하였다. 번역 대본의 원문 텍스트와 원문 이미지는 한국고전종합DB(http://db.itkc.or.kr)에서 확인할 수 있다.
2. 내용이 간단한 역주는 간주(間註)로, 긴 역주는 각주(脚註)로 처리하였다.
3. 한자는 필요한 경우 이해를 돕기 위하여 넣었으며, 운문(韻文)은 원문을 병기하였다.
4. 맞춤법과 띄어쓰기는 한글 맞춤법과 표준어 규정을 따랐다.
5. 이 책에서 사용한 부호는 다음과 같다.
   ( ) : 번역문과 음이 같은 한자를 묶는다.
   〔 〕: 번역문과 뜻은 같으나 음이 다른 한자를 묶는다.
   " " : 대화 등의 인용문을 묶는다.
   ' ' : " " 안의 재인용 또는 강조 문구를 묶는다.
   「 」: ' ' 안의 재인용을 묶는다.
   『 』: 「 」 안의 재인용을 묶는다.
   《 》: 책명 및 각주의 전거(典據)를 묶는다.
   〈 〉: 책의 편명 및 운문·산문의 제목을 묶는다.

차례

매산집 제41권

묘지명墓誌銘

매산집 제42권

묘지명墓誌銘

매산집 제43권

묘지명墓誌銘

매산집

제41권

묘지명 墓誌銘

돈녕부 도정 증 이조 참판 조공 묘지명 병서○무신년[1]

敦寧府都正贈吏曹參判趙公墓誌銘 并序○戊申

맹자가 말씀하기를 "사람은 지조가 있어서 하지 않는 바가 있은 뒤에 훌륭한 일을 할 수 있다."[2]라고 하셨으니, 가릴 바를 알아서 능히 하지 않는 바가 있는 분은 근고(近古) 사람들을 차례로 뽑아보건대 오직 관아재(觀我齋) 조공(趙公)일 것이다.

영조(英祖) 을묘년(1735) 세조(世祖)의 어진(御眞)을 거듭 모사(摹寫)할 적에, 예조(禮曹)에서 공이 평소 그림 그리는 방법을 잘 안다고 해서 왕명(王命)으로 공을 불렀다. 공은 이때 의령(宜寧)의 임소(任所)에 있었는데, 명에 응하지 않고 말씀하기를 "이와 같이 한다면 화사(畫師)와 무엇이 다르겠는가. 자신의 신분에 맞는 부름이 아니면 가지 않는 것[3]이 옛 도이다."라고 하면서 의금부 옥리를 상대하다가 끝내 고신(告身)을 빼앗기는 벌에 처해졌다.

1 무신년 : 1848년(헌종14)으로, 매산의 나이 73세 되던 해이다.

2 사람은……있다 : 이 내용은 《맹자》 〈이루 하(離婁下)〉에 보인다.

3 자신의……것 : 이 내용은 《맹자》 〈등문공 하(滕文公下)〉에 "옛날에 제 경공(齊景公)이 사냥할 적에 우인(虞人)을 정(旌)으로 불렀는데, 오지 않으니, 장차 그를 죽이려 하였다. 이에 대해 공자께서 그를 칭찬하기를 '지사(志士)는 자신의 시신이 도랑에 버려질 수도 있다는 것을 늘 생각하고, 용사(勇士)는 죽음을 당해 머리가 잘릴 수도 있다는 것을 늘 생각한다.'라고 하셨으니, 공자는 여기에서 무엇을 취하셨는가? 자기의 신분에 맞는 부름이 아니면 가지 않는 것을 취하신 것이다.〔昔齊景公田, 招虞人以旌, 不至, 將殺之. 志士不忘在溝壑, 勇士不忘喪其元, 孔子奚取焉? 取非其招不往也.〕"라고 보인다.

무진년(1748)에 또다시 숙종(肅宗)의 어진을 모사할 적에 상이 공의 이름을 거론하자, 여러 신하들이 공을 낭관(郎官)으로 차임(差任)하려 하였는데, 상은 예전의 일에 노하여 특별히 체직하고 다만 들어와서 참여하여 감독하게 하였다. 공은 즉시 나와 명에 응하면서 말씀하기를 "감독할 뿐이라면 어찌 혐의할 것이 있겠는가."라고 하였다.

경연관이 공이 붓을 잡도록 명을 내려주시기를 청하자, 공이 그 사람을 주시(注視)하니, 상이 웃으며 "이 사람이 경을 눈여겨본다."라고 하시고는 이어서 공에게 묻기를 "너는 능히 붓을 잡고 화상을 그릴 수 있느냐?"라고 하셨다. 상의 전교(傳敎)가 간곡하니, 공은 스스로 생각하기를 "오늘의 일은 을묘년과 다름이 없다."라고 하여 죽기를 맹세하고 강력히 사양하기를

"신하의 의리는 위태로움을 보고 목숨을 바치는 경우가 있으니, 만일 임금의 은혜에 보답할 수 있다면 비록 끓는 물속과 뜨거운 불속이라도 사양하지 않고 뛰어들 것입니다. 그러나 기예를 가지고 임금을 섬기는 것으로 말하면, 성인이 이것을 《예경(禮經)》에 드러내어 선비의 반열에 끼지 못하게 하였으니,[4] 신이 비록 미천하나 어찌 스스로 여러 사(史)들과 같은 반열에 처하여 의관(衣冠)을 더럽힐 수 있겠습니까.[5] 또 국가에서 도화서(圖畫署)를 설치한 것은 바로 이러

4 기예를……하였으니 : 이 내용은 《예기》 〈왕제(王制)〉에 "무릇 기예를 잡고서 윗사람을 섬기는 자는 축(祝)·사(史)·사자(射者)·어자(御者)·의사(醫師)·복서(卜筮)·백공(百工)이다. 무릇 기예를 잡고서 윗사람을 섬기는 자는 일을 두 가지 이상 하지 않으며 관직을 옮기지 않으며 자기 고을을 나가서는 사(士)의 반열에 끼지 못하니, 대부의 집에서 벼슬하는 자도 자기 고을을 떠나서는 사의 대열에 끼지 못한다.〔凡執技以事上者, 不貳事, 不移官, 出鄕不與士齒. 仕於家者, 出鄕不與士齒.〕"라고 보인다.

한 자리를 만든 것이니, 신하가 군주를 섬김은 각기 마땅한 방법이 있습니다. 신(臣)의 앞에는 죽음이 있을 뿐이니, 감히 어명(御命)을 따르지 못하겠습니다."

라고 하였다. 아무런 흔들림 없이 격렬한 말소리로 범안(犯顔)하였는데, 상은 얼굴빛이 변하더니 또 하교하시기를 "네가 나의 뜻이 어디에 있는지 알지 못하는구나."라고 하셨다.

좌우 신하들이 서로 계속해서 비방하고 논척하자, 상은 손을 저어 만류하며 말씀하기를 "내가 막 사람들에게 환심(歡心)을 얻어 대사(大事)에 정성을 다하였으니, 다시 말하지 말라." 하시고는 외부의 사람들이 알지 못하게 하라고 명하셨으나, 끝내 또 견책(譴責)이 그치지 않았다. 이날 공의 행동을 본 자들은 경악(驚愕)하여 서로 돌아보지 않는 이가 없었고, 평소 공을 좋아하지 않는 자도 물러가서 사람들에게 말하기를 "그가 하는 바를 살펴보건대 참으로 군주를 섬기는 체통을 알고

5 여러……있겠습니까 : 사(史)는 도화서(圖畫署)에서 그림을 전문으로 그리는 화사(畫史), 회사(繪史) 등의 화원(畫員)으로, 그림 그리는 기예만 뛰어나면 되는 사람들이다. 목숨을 바쳐 나라에 충성을 다하는 선비는 이들과 격이 다르므로 같은 반열에 있는 것을 수치로 여김을 이렇게 비유한 것이다. 이 내용은 《맹자》 〈공손추 상(公孫丑上)〉의 "백이(伯夷)는 섬길 만한 군주가 아니면 섬기지 않으며, 벗할 만한 사람이 아니면 벗하지 않으며, 악한 사람의 조정에 서지 않으며, 악한 사람과 더불어 말씀하지 않더니, 악한 사람의 조정에 서는 것과 악한 사람과 더불어 말하는 것을 마치 조복(朝服)과 조관(朝冠)을 입고 진흙과 숯 더미에 앉은 듯이 여겼으며, 악을 미워하는 마음을 미루어서 생각하기를 향인(鄕人)과 함께 서있을 때에 향인의 관(冠)이 바르지 않으면 망망연(望望然)히 떠나가 마치 장차 자신이 더럽혀질 듯이 여겼다. 이 때문에 제후(諸侯)들 중에 비록 그 사명(辭命)을 잘하여 찾아오는 자가 있더라도 받아주지 않았으니, 받아주지 않은 것은 이 또한 나아감을 좋게 여기지 않은 것이다."는 말을 원용한 것이다.

있으니, 결코 가벼이 여길 수 있는 사람이 아니다."라고 하였다.

상은 매번 공을 언급할 때면 번번이 "꼿꼿하고 결백하다."라고 칭찬하였고, 관직을 주의(注擬)할 때에 공의 이름을 보면 반드시 비점(批點)을 내렸다. 공은 임금의 물음에 대답하여 아뢰는 것이 분명하고 간절하여 번번이 임금을 깨닫게 하여, 처음에는 위엄을 세우고 노여워하시다가 끝내는 혜량(惠諒)하셨으니, 이것이 어찌 구차히 탐하여 이룬 것이겠는가. 도암(陶菴 이재(李縡)) 이 문정공(李文正公)이 일찍이 감탄하기를 "이리도 훌륭하구나, 조모의 사람됨이여! 어찌 속류(俗流)들이 미칠 수 있겠는가."라고 하였다.

공이 당초 사관(祠官)에 제수되었는데[6] 허가 없이 산의 나무를 벤 일로 금오(金吾 의금부)에 나아가 심리를 받았다. 의금부에서 형률을 의정(議定)하여 결장(決杖)을 하고 속전(贖錢)을 받지 않기로 감률(勘律)하니, 여러 침랑(寢郎 능참봉)들은 녹(祿)을 보존한 것을 다행으로 여겼으나, 공은 준엄한 법조문을 인용하여 스스로 단죄(斷罪)하고 말씀하기를

"국가에서 속전(贖錢)을 거두어들이는 것은 장차 염치(廉恥)를 기르고 치욕(恥辱)을 멀리 하게 하려는 것이니, 법의 뜻이 매우 훌륭하고 사대부를 대우하는 것이 박하지 않다. 그림을 그린 의관(衣冠)과 괴이한 장복(章服)을 착용하는 것도 고인(古人)은 부끄러워하였는데,[7] 피부를 드러내어 치욕을 받는 것은 더 말할 것이 있겠는가."

6 당초 사관(祠官)에 제수되었는데 : 사관(祠官)은 사당(祠堂)을 관리하거나 제사를 맡은 관직으로, 무술년(1718)에 처음 벼슬로 장릉 참봉(章陵參奉)이 되었던 것을 가리킨다. 《承政院日記 肅宗 44年 12月 27日》

라고 하였다.

을묘년에 여러 사람들이 크게 비방하여 의리를 왜곡하니, 뜻을 낮추어 구차히 화를 면하는 것은 해도 괜찮을 듯한데, 공은 곤궁에 처해서도 더욱 형통하여[8] 스스로 자기 뜻을 이루기를 기약하였다. 옥에 갇혀 있을 적에 공의 죄를 판정하였는데, 청(淸)나라의 사면령이 며칠 있지 않으면 장차 이를 상황이었다. 고식(姑息)적으로 공을 아끼는 말을 하는 사람도 있었는데, 공이 서글퍼하여 말씀하기를 "사대부가 어찌 오랑캐에게 사면을 받을 수 있겠는가."라고 하고는 여러 당상관을 재촉해서 감률(勘律)하게 하여 귀양 갈 것을 자청하니, 이와 같은 것이 어찌 이른바 '하지 않는 바가 있다'는 것이 아니겠는가.

공은 휘가 영석(榮祏)이고 자가 종보(宗甫)이고 본관이 함안(咸安)이니, 신라 때 원윤(元尹)을 지낸 정(鼎)을 시조로 삼는다. 조선조에 들어와서 휘 여(旅)가 있었으니, 장릉(莊陵 단종(端宗))과 광릉(光陵 세조(世祖))의 때를 만나서 매월당(梅月堂 김시습(金時習)) 등 여러 현자들과 뜻을 같이 하여 함께 〈생육신전(生六臣傳)〉에 들었다. 휘 순(舜)은 이조 참판이니, 무오사화(戊午士禍) 때의 명현(名賢)이 되었다.[9] 휘 감(堪)은 주부(主簿)인데 학행(學行)으로 집의(執義)에

7 그림을……부끄러워하였는데 : 중국 상고(上古)의 우(虞)나라 때에 죄를 지은 사람에게 그 죄를 상징하는 이상한 그림을 의관이나 장복(章服)에 그려 넣어 형벌을 대신하였는데, 사람들이 이것을 더 수치스럽게 여겨 죄를 범하지 않은 것을 이른다.《漢書 卷23 刑法志》

8 곤궁에……형통하여 : 이 내용은《주역》〈곤괘(困卦) 단(彖)〉의 "험하나 기뻐하여 곤궁하여도 형통한 바를 잃지 않으니, 오직 군자(君子)일 것이다."는 말을 원용한 것이다.

9 무오사화(戊午士禍)……되었다 : 무오사화는 무오년(1498, 연산군4)에 김일손(金

추증되었는데, 율곡(栗谷)과 우계(牛溪) 두 선생이 크게 탄복하였으니, 이분이 공의 고조이다. 증조 휘 일(鎰)은 평시서 영(平市署令)으로 이조 참판에 추증되었으니, 혼조(昏朝 광해군(光海君)) 때 금용(金墉)의 변고를 당하여 항거하는 소(疏)를 올려서 정인홍(鄭仁弘)의 죄를 바로잡았다.[10]

조고 휘 봉원(逢源)은 동지중추(同知中樞)로 이조 참판에 추증되었는데, 청음(淸陰) 김 문정공(金文正公 김상헌(金尙憲))을 사사하여 우재

馹孫, 1464~1498) 등 신진사류(新進士類)들이 유자광(柳子光, 1439~1512)을 중심으로 한 훈구파(勳舊派)에 의하여 화를 입은 사건을 말한다. 그러나 조순이 무오년에 여러 명현들과 함께 화를 입었다는 기록은 자세하지 않고, 을묘년(1495, 연산군1)에 영의정 노사신(盧思愼, 1427~1498)이 대간(臺諫)의 간언을 거부한 국왕의 행동을 "지당하신 분부입니다.", "영주(英主)의 위엄 있는 결단입니다."라고 칭송했던 것에 대해 정사년(1497)에 사간원 정언(正言)인 조순이 노사신을 탄핵하며 "노사신의 살코기를 먹고 싶다."고 극언했다가 파직된 것이 사료에 보인다.《燕山君日記 1年 7月 12日, 3年 7月 23日》

10 금용(金墉)의……바로잡았다 : '금용의 변고'는 광해군이 인목대비(仁穆大妃)를 서궁(西宮)에 유폐시킨 일을 말하는바, 이때 서인과 남인 세력이 대부분 정계에서 쫓겨나고 대북파가 정권을 장악하였다. '항거하는 소(疏)를 올려서 정인홍(鄭仁弘)의 죄를 바로잡은 사실'은 자세하지 않으나, 이희조(李喜朝)가 조일(趙鎰)의 묘갈(墓碣)에 적은 후기(後記)에 "옛날 광해군 초기에 정인홍이 회재(晦齋) 이언적(李彦迪)과 퇴계(退溪) 이황(李滉) 두 선생을 무함하였는데, 공이 제생(諸生)으로서 경기의 유생들을 인도하여 거듭 소장(疏章)을 올려 변론하여 배척하였다.〔昔當光海初, 鄭仁弘之誣毁晦退兩先生也, 公以諸生, 倡率畿儒, 屢上章辨斥.〕"라고 한 것이 일례(一例)가 될 것 같다.《芝村集 卷24 平市令贈參判趙公墓碣後記》금용은 본래 중국 하남성(河南省) 낙양현(洛陽縣)의 성(城)으로 위(魏)나라 명제(明帝)가 만든 것인데, 그 뒤에 사마사(司馬師)가 위주(魏主)인 조방(曹芳)을 폐위시켜 이곳으로 옮기게 하고, 진(晉)의 양후(楊后), 민회태자(愍懷太子), 가후(賈后)를 폐하여 모두 이곳에 유폐시키는 등 황족을 이 성에 유폐시킨 사례가 많았다.《讀史方輿紀要 河南 河南府 洛陽縣》

(尤齋) 송 문정공(宋文正公 송시열(宋時烈))에게 천거를 받았고, 후생들을 잘 가르쳐 농암(農巖 김창협(金昌協))과 삼연(三淵 김창흡(金昌翕)) 등 제현(諸賢)이 모두 그 문하에서 나왔다. 선고 휘 해(楷)는 순창 군수(淳昌郡守)로 이조 참판에 추증되었는데, 자제와 조카처럼 우재(尤齋)를 복종하여 섬겼다. 선비 진주 강씨(晉州姜氏)는 참봉(參奉) 유(游)가 그 선고이다.

공은 타고난 자품이 보통사람보다 뛰어나서 마음과 눈이 닿는 것이면 모두 능히 배워서 알았다. 차츰 자라자 배움에 일정한 곳이 없어서[11] 약관이 되기 전에 이미 명성이 크게 회자되었다.

계사년(1701)에 진사(進士)에 급제하고 무술년(1718)에 처음 벼슬해서 장릉 참봉(章陵參奉)이 되었으며 사옹원 봉사(司饔院奉事)와 상서원(尙瑞院)과 공릉(恭陵)의 직장(直長), 장원서(掌苑署)의 별제(別提), 사헌부의 감찰(監察), 제용감(濟用監)과 사복시(司僕寺)와 전생서(典牲署)의 주부(主簿), 의금부의 도사(都事), 호조 좌랑, 형조 정랑, 종묘서 영(宗廟署令), 사옹원(司饔院)과 사도시(司䆃寺)의 첨정(僉正), 광흥창 수(廣興倉守)를 지냈다. 외직으로는 연기(燕岐), 제천(堤川), 적성(積城), 의령(宜寧), 안음(安陰)의 현감과 배천 군수(白川郡守)를 지냈다.

병자년(1756)에 인원성모(仁元聖母 숙종의 계비(繼妃) 인원왕후)의 수

11 배움에……없어서 : 이 내용은 《예기》 〈내칙(內則)〉의 "서른 살이 되거든 아내를 두어 비로소 남자의 일을 다스리며, 널리 배워 일정한 곳이 없으며 친구에게 공손히 하되 그의 뜻을 살핀다.〔三十而有室, 始理男事, 博學無方, 孫友視志.〕"라고 한 데서 온 말로, 스승을 두지 않고 오직 선(善)을 스승으로 삼아 널리 배운다는 말이다.

(壽)가 칠순에 오름으로 인해서 추은(推恩)하는 은전이 있어서 통정대부(通政大夫)로 승진하고 첨지중추(僉知中樞)와 돈녕부 도정(敦寧府都正)에 제수되었다.

임인년(1722)에 백씨(伯氏)인 유수공(留守公)이 사화를 당하여 귀양을 가자,[12] 공도 또한 관직을 버리고 입을 닫고서 그대로 일생을 마칠 것처럼 하였다. 무신년(1728)에 군흉(群兇)들이 또다시 군대를 일으켜 반란하였다.[13] 공은 이때 외직으로 제천 현감을 맡고 있었는데, 목소리를 높이지 않고도 마땅하게 조처하니, 이로써 온 경내가 평안하였다.

을묘년(1735)부터 조정 관료들에게 배척을 받아 십수 년 동안 폐출되어 어렵게 생계를 이어갔는데, 이는 보통사람들이 견디기 어려운 것이었으나 공은 스스로 만족해하였다. 배천 군수로 있을 적에 새로운 법령이 준엄하고 급하니, 여러 군들은 앞 다투어 전결(田結)을 누락했다고 스스로 탄핵하였다. 공은 탄식하며 말씀하기를 "이와 같이 하면 군의 백성들이 거듭 곤궁해질 것이다."라고 하고 일부분을 남겨 두어 한 지방의 급한 사정을 느슨하게 펴주었다. 공은 비록 이 때문에 유배를 갔으나 상은 곧바로 용서할 것을 명하시고 "이야말로 허물을 보면

12 백씨(伯氏)인……가자 : 백씨는 조영석(趙榮祏)의 맏형인 조영복(趙榮福, 1672~1728)으로, 신임사화 때 소론의 배척을 받아 선산(善山)으로 유배 간 것을 이른다. 조영복은 자가 석오(錫五), 호가 이지당(二知堂)으로, 김창협(金昌協)의 문인이다. 1714년에 증광 문과에 급제하고 충청도 관찰사, 개성 유수 등을 지냈다. 《陶谷集 卷17 開城府留守趙公墓誌銘》

13 군흉(群兇)들이……반란하였다 : 군흉은 소론(少論)과 남인(南人)의 일부 세력을 가리키는바, 무신년에 이들이 영조와 노론(老論)을 제거하고 밀풍군(密豐君) 이탄(李坦)을 추대하고자 반란을 일으켰다. 무신년에 일어났다고 해서 '무신란'이라고도 하고 이인좌(李麟佐)가 거병했다고 해서 '이인좌의 난'이라고도 한다.

인(仁)을 알 수 있는 것이다."[14]라고 하셨다. 경연의 하교가 이처럼 정중하니, 의논하는 자들이 감복하였다.

공은 향년 76세로 신사년(1761) 3월 27일에 별세했는데, 5월 경자(庚子)일에 부인의 묘를 파고 파주의 유산(遊山) 간좌(艮坐)에 합폄(合窆)하였다. 계윤(季胤 셋째 아들 조중첨(趙重瞻))의 추은(推恩)으로 인하여 공에게 가선대부(嘉善大夫) 이조 참판을 추증하고 겸직을 준례와 같이 내렸다.

배위인 정부인 연안 이씨(延安李氏)는 현감으로 판서에 추증된 하조(賀朝)의 따님으로 문정공(文貞公) 단상(端相)이 그 조고(祖考)인데, 규문(閨門)의 법도를 모두 구비하였다. 3남을 낳았는데, 중희(重希)와 중환(重晥)은 효행으로 정려문을 받았으나 모두 요절하였고, 중첨(重瞻)은 동중추(同中樞)이다. 세 딸은 군수 홍계능(洪啓能), 판서 김경(金熲), 이담(李潭)에게 출가하였다. 중희의 계자(繼子)는 관진(寬鎭)이고, 중환의 계자는 광진(匡鎭)이다. 동추(同樞)의 아들은 환진(桓鎭), 광진(匡鎭), 상진(常鎭)이고 사위는 참판 민기현(閔耆顯)과 김재선(金在璿)과 김관순(金觀淳)이다.

속(涑)과 택(澤)과 박정양(朴正陽)의 아내는 환진의 소생이고, 급(汲)은 광진의 소생이고, 흡(潝)은 상진의 소생이며, 김재선의 계자(繼子)는 감역(監役) 명현(命鉉)이다. 속의 4남은 민식(敏植), 돈식(敦植), 교식(敎植), 효식(斅植)이고, 택의 아들은 규식(圭植)이며,

14 허물을……것이다 : 이 내용은 《논어》 〈이인(里仁)〉에 "사람의 허물은 각각 그 종류를 따르니, 허물을 보면 인을 알 수 있다.〔人之過也, 各於其黨, 觀過, 斯知仁矣.〕"라고 한 데서 온 말이다.

사위는 진사 유경환(兪景煥)이다.

공은 천성적으로 효성을 타고났다. 일찍 부모님을 모두 잃고서 늙을 때까지 서글픈 마음을 머금어 부모님이 쓰시던 물건을 보면 반드시 사모하는 마음이 일어났고 말씀하다가 부모를 언급하면 번번이 눈물이 뺨을 적셨다. 사당이 다른 집에 있었으나 천신(薦新)하고 제향(祭享)할 적에 재계(齋戒)와 소식(素食)을 하고 공경을 지극히 해서 정(情)과 예(禮)가 모두 극진하였는데, 노년이 되어서도 여전히 근력(筋力)으로 예를 행하였다.[15] 정성을 다하여 재물을 모아서 선영의 묘소에 큰 비(碑)를 세웠고, 선대(先代)의 문헌들을 모으되 크고 작은 것들을 모두 정리하였다.

또 세부(世父)[16]의 남은 원고를 수습해서 판각하여 발행하니, 《손암집(損菴集)》이 이것이다. 누님과 유수공(留守公)을 부모처럼 섬겼고, 백씨(伯氏), 중씨(仲氏 조영록(趙榮祿))와 함께 이웃하여 단란하게 살면서 춘진(春津)의 즐거움[17]이 있었으며, 아들과 조카를 가르칠 적에 엄

15 노년이……행하였다 : 노쇠한 사람이 몸의 근력을 다하여 예를 행하려고 하면 자칫 건강을 해칠 수 있기 때문에 고례(古禮)에 근력으로 예를 행하는 것을 경계하였는데, 조영석은 그럼에도 불구하고 온 정성을 쏟아 예를 행하였다는 말이다. 이 내용은 《예기》 〈곡례 상(曲禮上)〉의 "가난한 사람은 재물을 가지고 예를 행하지 않고, 늙은 사람은 근력을 가지고 예를 행하지 않는다.〔貧者不以貨財爲禮, 老者不以筋力爲禮.〕"라는 구절을 원용한 것이다.

16 세부(世父) : 조영석의 백부(伯父)인 조근(趙根, 1631~1690)으로, 자가 복형(復亨), 호가 손암(損菴)이며, 송시열의 문인이다. 1666년(현종7) 별시 문과에 급제하고, 홍문관 교리, 충청도 도사 등을 지냈다. 저술로 《손암집》이 있다.

17 춘진(春津)의 즐거움 : 형제간에 우애롭게 지내는 즐거움을 말한다. 춘진은 춘진(椿津)으로도 쓰는데, 남북조 시대 후위(後魏)의 양춘(楊椿)과 양진(楊津) 형제를 가

하고 법도가 있었다.

장자(長子)가 일찍 죽고 늦게 낳은 아들이 손자와 다름없었다. 그런데도 공부를 가르치고 덕을 진작시킬 적에 사소한 것도 너그러이 용서하지 않아서 과거(科擧) 외에 성현(聖賢)의 공업(功業)이 있음을 알게 하였고 선철의 언행으로써 가르쳤다. 계해년(1743)에 형의 아들인 충헌공(忠憲公)이 일을 말하다가[18] 사태가 장차 예측할 수 없는 위태로운 상황이어서 온 집안이 경황이 없었으나, 공은 도리어 가상히 여기고 장려하여 화복(禍福) 때문에 마음이 동요하지 않았다.

고을의 수령으로 부임했을 적에는 혁혁한 명예를 구하지 않고 오로지 백성들의 고충을 살펴 어루만져 위로하였고 호강(豪强)하고 교활한 자들을 제거하였다. 또 향교를 수리하여 유학의 교화를 밝혔다. 간간이 노인들을 모아서 두 동이의 술로 잔치를 베푸니,[19] 이것은 바로 나이를

리킨다. 두 사람은 우애가 매우 돈독하여 양진이 자사(刺史)로 있을 적에 철마다 좋은 음식이 생기면 매번 서울에 있는 형인 양춘에게 인편을 통해 음식을 부쳤는데, 보내지 못할 경우 먼저 입에 넣지 않았다고 한다. 《北史 卷41 楊播列傳》

18 계해년에……말하다가 : 충헌(忠憲)은 조중회(趙重晦, 1711~1782)의 시호로, 맏형인 조영복(趙榮福)의 아들인데, 1743년(영조19) 정언(正言)으로 있을 적에 왕이 사묘(私廟)에 친림(親臨)한 일과 심양(瀋陽)에 다녀온 사행(使行)에 대하여 논하다가 관직을 삭탈당한 것을 말한다. 《英祖實錄 19年 11月 28日》《梅山集 卷34 吏曹判書致仕奉朝賀諡忠憲趙公神道碑銘》 사묘(私廟)는 임금의 사친(私親)의 사당으로, 영조의 생모인 숙빈(淑嬪) 최씨(崔氏)의 사당을 말한다.

19 두 동이의……베푸니 : 《시경》 〈빈풍(豳風) 칠월(七月)〉에 "9월에 서리가 내리거든 10월에 마당을 깨끗이 쓸고 두 동이의 술로 연향을 베풀어 염소와 양을 잡아 저 공당으로 올라가서 저 뿔잔을 드니, 만수무강하리로다.〔九月肅霜, 十月滌場, 朋酒斯饗, 曰殺羔羊, 躋彼公堂, 稱彼兕觥, 萬壽無疆.〕"라는 구절을 원용한 것으로, 본래 이 시는 백성들이 임금을 위해 1년 내내 열심히 일하고 1년의 마지막 달에 마당을 쓸고

물어 노인을 보양하는 예[20]이다. 공무의 여가에 마음껏 산수(山水)를 즐겨 그윽한 곳을 찾고 명승지를 골라 유람하였는데, 이를 통해 백성들의 고통을 탐문하고 선유(先儒)들의 고상한 자취와 시인들의 유풍(遺風)을 탐방하였으니, 풍아(風雅)의 유람[21]에 가까웠다.

정치를 할 적에는 청렴하고 검약하며 유학(儒學)으로 문식(文飾)하였으며, 자상하고 인자하여 인정을 곡진히 베풀었다. 이 때문에 베푼 사랑이 백성들에게 남아있어서, 부고(訃告)가 이르자 남쪽 백성들이 은혜에 감읍(感泣)하였고 사람들이 각각 발이 부르트는 것도 꺼리지 않고 달려와서 부의를 전하였다.

공은 일찍이 목숨과 여색, 벼슬, 재물을 사람의 네 가지 큰 욕망으로 여겨 밤낮으로 조심하였다. 말년에는 또 맹세하여 말씀하기를 "지금 이후에야 거의 면하게 되었다.[22] 지기(志氣)가 더욱 쇠약해지니 말년에

양을 잡아 임금이 계신 곳에 바치며 술잔을 들어 만수무강하기를 기원하는 시인데, 여기서는 고을의 노인들이 만수무강하기를 기원하는 의미로 인용하였다.

20 나이를……예 : 노인의 나이를 물어 그 나이에 맞는 혜택을 베풀어 노인을 봉양하는 예를 다하게 하였던 옛날의 예를 이르는바, 《예기》 〈왕제(王制)〉에 "80세가 된 자는 그의 한 자식을 부역에 종사하지 않게 하고, 90세가 된 자는 그의 온 집안 식구를 부역에 종사하지 않게 하였다.〔八十者, 一子不從政. 九十者, 其家不從政.〕"라고 보인다.

21 풍아(風雅)의 유람 : 풍아는 《시경》의 국풍(國風)과 대아(大雅)·소아(小雅)를 말하는데, 전하여 바르고 고상한 시문(詩文)을 비유하는바, 고상한 시인의 유람이라는 말이다.

22 지금……되었다 : 《논어》 〈태백(泰伯)〉에, 증자가 병이 들자 제자들을 불러 말씀하기를, "이불을 걷고서 내 발을 살펴보고 내 손을 살펴보아라. 《시경》에 이르기를, '두려워하고 삼가서 깊은 못에 임한 듯이 하며 얇은 얼음을 밟듯이 하라.' 하였는데, 이제야 내 몸이 다치는 죄를 면할 수 있게 되었구나. 제자들아!〔而今而後, 吾知免夫, 小子!〕"라고 한 데에서 온 말로, 부모가 남겨준 몸을 훼손시키지 않고서 죽는 것을

절개를 더욱 경계해야 한다."라고 하였다. 이는 공이 자기 몸을 다스린 대략이요, 한 절개를 시종일관한 것이다.

문장과 글씨, 그림에 뛰어나 세상에서 '삼절(三絶)'이라고 칭하였다. 가주(可洲) 안중관(安重觀)[23]은 문장을 보는 안목이 온 세상에서 최고였는데, 유독 공을 추존하여 미치지 못할 듯이 하였다. 시는 성당(盛唐)[24]을 배우고 말년에는 진간재(陳簡齋)[25]를 좋아하였다. 어떤 사람이 그림의 묘법(妙法)을 묻자, 공이 말씀하기를 "그림을 보고 그대로 따라 그려서 전하는 것은 잘못된 것이니, 사물에 나아가서 진경(眞景)을 그려야 비로소 살아있는 그림이 된다."라고 하였다.

말하는데, 여기서는 조영석이 말년에 평생 절개를 지켜온 것을 회고한 말로 사용하였다.

23 가주(可洲) 안중관(安重觀) : 가주는 안중관(1683~1752)의 호로, 자는 국빈(國賓), 또 다른 호는 회와(悔窩), 본관은 순흥(順興)이다. 유일(遺逸)로 천거되어 세자익위사 위솔(世子翊衛司衛率)이 되었고, 공조 좌랑, 제천 현감 등을 지냈다. 성리학에 침잠하여 많은 저술을 남겼으며, 문학과 경세학(經世學) 등에도 조예가 깊었다. 저술로 《회와집》이 있다.

24 성당(盛唐) : 당나라의 문풍(文風)을 초당(初唐), 성당, 중당(中唐), 만당(晩唐)으로 구분하는바, 성당은 당나라 현종(玄宗)의 개원(開元) 연간(713~741)으로부터 대종(代宗)의 대력(大曆) 연간(766~779)에 이르기까지의 당시(唐詩)가 전성(全盛)하던 시기를 이르는데, 이때 대표적인 시인이 왕유(王維)와 맹호연(孟浩然), 이백(李白)과 두보(杜甫), 고적(高適)과 잠삼(岑參) 등이다.

25 진간재(陳簡齋) : 북송과 남송 교체기의 대표적인 시인이자 문신인 진여의(陳與義, 1090~1138)로 간재는 호이고, 자는 거비(去非)이다. 휘종(徽宗) 정화(政和) 3년(1113)에 진사시에 급제하고 남송 때 고종에게 발탁되어 벼슬이 참지정사(參知政事)에 이르렀다. 시에 뛰어난 재주가 있었는데 황정견(黃庭堅)과 진사도(陳師道)를 배워 강서시파(江西詩派)의 '삼종(三宗)'의 한 사람으로 꼽혔다. 국가 존망의 위기였던 정강(靖康)의 난 때 스스로 겪었던 비참한 경험 등을 반영하여 두보와 흡사한 비장한 시풍의 시를 지었다.

시와 문장에 깊은 조예가 있고 묘하게 깨달았으며 그림 그리는 것을 통해 터득한 것이 많았다. 필법이 매우 웅건하고 훌륭하여 여러 체(體)를 모아서 하나의 격식(格式)을 이루었는데, 마치 날아가듯 휘호(揮毫)하여 획획 소리가 났다. 말년에 동현재(董玄宰)[26]를 좋아하였는데, 이는 재주와 성정(性情)이 비슷하였기 때문이다.

공은 모습이 우뚝한 대나무와 같고 절개가 단단한 돌과 같았으며, 평소 뜻이 임천(林泉)에서 살고자 하여 영화(榮華)와 이익을 달가워하지 않았다. 비록 억지로 벼슬살이를 하였으나 고명(高明)한 것에 전심치지(專心致志)하여 항상 경각심(警覺心)을 가지고 있었다.

서실(書室)을 깨끗이 청소하고 도서와 책상을 질서정연하게 놓았으며, 꽃나무를 가꾸어 그윽한 감상을 돕는 것을 좋아하니, 즐거운 뜻이 서로 이어졌다. 손님과 벗을 대하면 지팡이를 잡고 자리를 옮기고서 정성을 다해 수작(酬酢)하여 온화하고 담박한 풍치(風致)를 드러내니, 바라보면 신선계(神仙界)의 사람과 같았다.

공의 집안은 대대로 시(詩)와 예(禮)에 돈독하였으니, 이어받은 연원(淵源)이 있었다. 조고와 선고 2대에는 화양(華陽 송시열(宋時烈))에게서 전습(傳習)을 하였고, 공은 또 간암(艮庵) 이 문간공(李文簡公)[27]

26 동현재(董玄宰) : 현재는 동기창(董其昌, 1555~1636)의 자로, 호는 사백(思白), 다른 호는 향광거사(香光居士)이다. 명나라 말의 서화가로 글씨와 그림에 모두 뛰어났으며, 시문에도 능하였다. 그리고 중국의 회화를 북종화(北宗畫)와 남종화(南宗畫)로 나누어 분석한 이론이 유명한데, 그의 그림 및 화론(畫論)은 명말(明末) 청초(淸初)의 화단에 지대한 영향을 끼쳤다. 시호는 문민(文敏)이다.

27 간암(艮庵) 이 문간공(李文簡公) : 간암은 이희조(李喜朝, 1655~1724)의 호이고, 문간은 시호로, 자는 동보(同甫), 또 다른 호는 지촌(芝村), 본관은 연안(延安)이

을 따라 배웠다. 이 때문에 아버지와 스승의 가르침을 외고 본받은 것이 몸에 흡족하게 충만하여 마치 세 끼 식사를 매일 하듯이 고아(高雅)한 말씀이 입에서 끊이지 않았다.

매번 지방관의 일을 맡아 몸을 욕되게 하는 것을 스스로 서글퍼해서 번번이 심장을 가리키며 탄식하기를 "내가 사우(師友)를 저버린 것이 많다."라고 하였다. 《주서(朱書)》를 전공하였고 여러 학설들을 두루 상고해서 끊임없이 반복하여 공부하였으니, 늙어서도 학문을 좋아함이 이와 같았다.

부자(夫子)가 사람의 선을 논할 적에 반드시 부형과 사우에 근원하신 것은 후덕함이 지극한 것이니,[28] 이것은 바로 공을 두고 말한 것이다. 오호라! 우리 부자께서 강자(剛者)를 보지 못한 것을 한탄하셨으니,[29] 사람은 한 몸을 가지고 살면서 위엄에 두려워하고 이익에 병들어,

다. 부제학 이단상(李端相)의 아들이고 송시열의 문인이다. 1680년(숙종6) 경신환국이 있은 뒤 유일(遺逸)로 출사하여 이조 참판, 대사헌 등을 지냈다. 1721년(경종1) 신임사화로 김창집(金昌集) 등 노론 사대신이 유배당할 때 영암(靈巖)으로 유배되었다가, 철산(鐵山)으로 이배 도중 죽었다.

28 부자(夫子)가……것이니 : 부자는 공자를 가리키고, 이 내용은 《논어집주》〈공야장(公冶長)〉에 "군자답다, 이 사람이여! 노나라에 군자가 없었다면 이 사람이 어디에서 이러한 덕을 취하였겠는가?〔君子哉若人! 魯無君子者, 斯焉取斯?〕"라고 한 데에 대한 소씨(蘇氏)의 주(註)에 "다른 사람의 선을 칭찬할 적에 반드시 그 부형과 사우에 근본을 두어 말하는 것은 후덕함이 지극한 것이다.〔稱人之善, 必本其父兄師友, 厚之至也.〕"라고 보인다.

29 부자께서……한탄하셨으니 : 이 내용은 《논어》〈공야장(公冶長)〉에 공자가 "나는 강한 자를 아직 보지 못하였다.〔吾未見剛者.〕"라고 한 것을 말하는바, 사람이 욕심이 있으면 강할 수 없고 강하면 욕심에 굽히지 않는데, 공자 당시에 그러한 강한 자가 없음을 한탄한 것이다.

험난함이 가득한 세상에서 능히 자신의 지조를 온전히 지키는 자가 드물다. 그런데 공과 같은 분은 큰일에 임하여 절개를 빼앗을 수 없었으니, 진실로 군자다운 사람이 아니겠는가.[30]

나는 일찍부터 공의 풍도와 의리에 감복해서 공을 위하여 채찍을 잡는 일이라도 사양하지 않으려고 하였다.[31] 공의 현손(玄孫)인 민식(敏植)이 묘지문을 청하니, 나약한 나의 가슴이 격동하여 감히 굳이 사양하지 못하였다. 삼가 생각하건대 부끄러운 말이 없는 것이 채백개(蔡伯喈)가 곽유도(郭有道)에 있어서와 같을 것이다.[32] 명문은 다음과 같다.

30 큰일에……아니겠는가 : 이 내용은 《논어》 〈태백(泰伯)〉에 증자(曾子)가 "임금의 어린 아들을 부탁할 만하며 백 리 되는 나라의 국정을 맡길 만하고 큰일에 임하여 절개를 빼앗을 수 없다면 군자다운 사람인가? 군자다운 사람이다.〔可以托六尺之孤, 可以寄百里之命, 臨大節而不可奪也, 君子人與? 君子人也.〕"라고 한 말을 일부 인용한 것이다.

31 공을……하였다 : 마부(馬夫)가 되어 말채찍을 잡고 기꺼이 그의 수레라도 끌고 싶을 정도로 상대방의 덕을 흠모한다는 말이다. 《사기(史記)》 권62 〈관안열전 찬(管晏列傳贊)〉에 "가령 안자가 지금 이 세상에 살아 있다면, 내가 비록 그를 위해 말채찍을 잡는다 하더라도 기쁜 마음으로 받들어 모시겠다.〔假令晏子而在, 余雖爲之執鞭, 所忻慕焉.〕"라는 사마천(司馬遷)의 말에서 유래하였다.

32 부끄러운……것이다 : 백개(伯喈)는 후한(後漢) 때 학자인 채옹(蔡邕, 132~192)의 자이고, 유도(有道)는 후한 때의 명사(名士)인 곽태(郭泰, 128~169)의 호이다. 곽태는 고전에 박통하여 제자가 수천 명이었으며 명성이 경사(京師)에 자자하였는데, 채옹이 그의 비문을 짓고 노식(盧植)에게 말하기를 "내가 비명(碑銘)을 지은 것이 많았는데 모두 그 사람의 덕을 칭송하는 것이 부끄러웠으나, 오직 이 사람의 비문에는 그러한 부끄러움이 없다."라고 하였는바, 매산도 조형석의 비문을 지으면서 이와 같다는 말이다. 《後漢書 卷58 高士傳》

함안의 파산에 영기가 빛나	巴山炳靈
예부터 명현이 많았네	古多名賢
공이 또 탄생하니	公又挺生
차례를 이어 선조를 닮았네	纘序象先
성품이 강하고 기운이 깨끗하며	性剛氣淸
뜻이 높고 행실이 온전하였네	志高行全
도를 실천함이 간략하고	爲道簡易
조리가 치밀하였네	條理微密
마음을 보존함이 결백하고 정직하며	存心白直
법도를 지킴이 엄하고 엄하였네	尺度嚴栗
먼저 큰 뜻을 확립하였으니	先立其大
풍절이 우뚝하였네	卓乎風節
움츠리지 않고 피하지 않으니[33]	不撓不逃
그 절개를 만부도 빼앗을 수 없었네	萬夫莫奪
무엇으로써 이것을 이루었는가	何以致之
근본을 보존하였기 때문이네	本之則存
강한과 갱장은	江漢羹墻
화양과 지촌이요[34]	華陽芝村

33 움츠리지……않으니 : 이 내용은 《맹자》 〈공손추 상(公孫丑上)〉의 "북궁유가 용(勇)을 기른 것은, 피부가 찔려도 움츠리지 않고 눈동자가 찔려도 피하지 않은 것이다.〔北宮黝之養勇也, 不膚撓, 不目逃.〕"라는 말을 원용하였다.

34 강한(江漢)과……지촌(芝村)이요 : '강한과 갱장(羹墻)'은 스승을 비유한 말이고, '화양(華陽)과 지촌'은 조영석의 스승인 송시열과 이희조를 가리킨다. '강한'은 공자가 죽은 뒤에 제자들이 유약(有若)의 모습이 공자와 비슷하다는 이유로 공자를 섬기던

오매불망 끊임없이 연구한 것은 寤寐鑽繹
고정[35]의 뛰어난 이론이었네 考亭名論
노나라에 군자가 없었다면 魯無君子
이 사람이 어디에서 이것을 취했겠는가[36] 斯焉取斯
만일 뜻과 사업을 다 펼쳤더라면 苟展志業
어디에 쓴들 마땅하지 않았겠는가 何用不宜
명당에서는 동량이 되고 明堂棟樑
태묘에서는 준이가 되었으리라[37] 太廟尊彝
이름과 실제가 순수하여 名實純粹

예로 그를 섬기려고 하자, 증자(曾子)가 그래서는 안 된다고 하면서 "공자께서는 강한으로 씻는 것과 같으며, 가을볕으로 쪼이는 것과 같아서 깨끗하여 더할 수 없다." 한 데서 온 말이다.《孟子 滕文公上》'갱장'은 옛날 요(堯) 임금이 붕어한 뒤로 순(舜) 임금이 3년 동안 요 임금을 앙모한 나머지, 앉아 있으면 요 임금이 담장〔牆〕에서 보이고, 밥을 먹을 때면 요 임금이 국〔羹〕에서 보였다고 한 데서 온 말이다.《後漢書 卷63 李固列傳》

35 고정(考亭) : 송(宋)나라 유학자 주자(朱子)로, 복건성(福建省) 건양현(建陽縣)에 있는 고정에 살며 강학하였으므로 이렇게 칭한 것이다.

36 노(魯)나라에……취했겠는가 : 이 내용은《논어》〈공야장(公冶長)〉에 공자가 제자인 자천(子賤)을 평하면서 "군자답구나 이 사람이여! 노나라에 군자가 없었다면 이 사람이 어디에서 이러한 덕을 취하였겠는가.〔君子哉, 若人! 魯無君子者, 斯焉取斯?〕"라고 한 말을 인용한 것인데, 여기서는 조영석이 송시열과 이희조에게 배워 훌륭해졌음을 표현한 것이다.

37 명당(明堂)에서는……되었으리라 : 명당은 옛날 주(周)나라 때 정무(政務)를 보던 곳으로 태산(泰山)에 있었는바, 명당의 동량(棟樑)은 조정을 이끌어갈 큰 재목을 빗대어 말한 것이다. 태묘(太廟)는 종묘(宗廟)이고, 준(尊)과 이(彝)는 고대의 제사, 조빙(朝聘), 연향(宴享)에 쓰인 중요한 주기(酒器)의 이름인바, '태묘의 준이'는 나라에 없어서는 안 될 중요한 인물을 빗댄 것이다.

당세의 스승이 되었으니 爲當世師
공을 삼절로 칭찬하는 것은 贊公三絶
얕게 아는 것이네 淺之爲知
전할 수 없는 것이 있으니 有不可傳
아득히 심원하고 광대한 교화라네 大化冥茫
파주의 높고 높은 유산에 律律遊岡
도끼와 당과 같이 엄연한 무덤이 있네 儼若斧堂
한 기운이 매우 신령스러우니 一氣孔神
올라가 아름다운 광채가 되었네 騰有晶光
글을 깊은 무덤에 올리니 薦章玄隧
명문에 덕을 나열하였노라 矢德于銘
진실로 훌륭한 명망이 允矣標望
천년토록 길이 남으리라 永垂千齡

존재 위공 묘지명 병서○무신년

存齋魏公墓誌銘 幷序○戊申

우리 정조(正祖)께서는 문명(文明)한 시운(時運)을 타고 군사(君師)[38]의 책임을 맡아서, 산골에 은둔한 선비들을 찾아 모아서 준걸들과 어진 이를 등용하여 높이셨다. 이때 존재(存齋) 위공(魏公)과 같은 분이 초야에서 일어나 곧바로 수령에 제수되었는데, 풍비(風痺)를 만나서 공효(功效)를 끝까지 다하지 못했으나 군주의 지우(知遇)를 받은 영광이 조야(朝野)의 사람들을 감동시켰으니, 아! 훌륭하다.

공은 휘가 백규(伯珪)이고 자가 자화(子華)이니, 장흥 위씨(長興魏氏)는 고려 때 태보(太保)를 지낸 계정(繼廷)을 시조로 삼아서 큰 벼슬에 오른 분이 이어졌다. 현감인 휘 정열(廷烈)과 휘 동식(東寔)과 호(號)가 삼족당(三足堂)인 휘 세보(世寶)와 진사로서 문행(文行)이 있었던 휘 문덕(文德)은 바로 공의 고조, 증조, 조고, 선고이다. 선비(先妣)인 해주 오씨(海州吳氏)는 그 선고가 일삼(日三)인데, 부인은 규문의 법도를 모두 구비하였다. 진사공(進士公)이 백룡(白龍)이 뜰에 내

38 군사(君師) : 백성을 다스리는 임금과 백성을 가르치는 스승이라는 뜻으로, 고대에는 훌륭한 군주가 백성을 다스리고 가르치는 임무를 겸하였는바, 다스리는 입장에서 말하면 군주라 하고 가르치는 입장에서 말하면 스승이라 하였는데, 후세에는 보통 임금을 가리키는 말로 쓰였다. 주자가 지은《대학장구(大學章句)》서문에 "한 사람이라도 총명(聰明)과 예지(睿智)를 갖추어 능히 본성을 다하는 자가 그 사이에 나오면, 하늘이 반드시 그에게 명하여 억조 만백성의 군사(君師)로 삼아 백성을 다스리고 가르쳐서 그 본성을 회복하게 하였다."라고 보인다.

려오는 꿈을 꾸었는데, 꿈꾼 날에 공이 태어났다.

공은 특이한 자질을 타고나서 겨우 돌이 지나자마자 말하였는데, 육갑(六甲 육십갑자(六十甲子))을 가르쳐주면 한 번 듣고는 단번에 외웠고, 세 살에 독서할 줄을 알았다. 한여름에 조용한 곳에서 무릎 꿇고 앉는 법을 익혔고, 시골에서 굿을 하거나 창기(娼妓)들이 여러 가지 놀이를 할 때마다 젊은이와 어른들이 달려갔으나, 홀로 보지 못한 듯이 하였다. 어린 아우와 놀 적에 아우가 엉금엉금 기어서 장차 당(堂)을 내려가려고 하여 틀림없이 떨어져 부상을 당할 형편이었는데, 공은 즉시 볏단을 끌어다 층계를 만들어 내려오게 하니, 장자(長者)들이 기특히 여기며 말하기를 "네 살의 아이가 이와 같으니, 훗날의 경륜(經綸)을 헤아려 알 수 있다."라고 하였다.

6세에 《소학(小學)》을 읽을 적에 얼핏 언해(諺解)를 보고는 곧바로 삼성(三聲)과 전주(轉注)와 반절(反切)[39]의 법을 깨달았다. 그리고 이웃 사람 중에 모자간(母子間), 형제간(兄弟間)이 서로 싸우는 것을 보고는 즉시 "선(善)하지 않으면 사람이 아니요, 효도하지 않으면 사람의 자식이 아니다.〔不善非人, 不孝非人子.〕"라는 아홉 자를 종이에 써서 차고 다녔다.

8세에 《대학(大學)》을 읽었는데 곧바로 수신(修身)하는 방법을 이해하여, 이른 새벽이면 반드시 세수하고 번번이 "아무 날에 내가 무슨 말을 잘못하고 무슨 일을 잘못했다."라고 기록하여 스스로 경계하였다.

39 삼성(三聲)과 전주(轉注)와 반절(反切) : 송치규(宋穉圭)가 지은 위백규의 행장 및 위백규의 연보에 모두 '三聲轉注反切'로 되어있어서 '三聲'을 '四聲'으로 바꾸지 않고 그대로 두었다. 《剛齋集 卷13 玉果縣監魏公行狀》《存齋集 卷24 年譜》

장로(長老)들이 등불을 가리키며 시제(詩題)를 명하자, "물건을 비추어 어두울 때 속이지 않게 하고, 붉은 심지는 원래 밝은 본체를 드러낸다.〔照物不欺暗, 丹心見本明.〕"라고 하였다.

9세에 천관산(天冠山)에 올라 시를 짓기를 "천관사에서 출발하여 공중을 타고 봄 하늘에 올랐네. 인간 세상을 굽어보니 먼지가 삼만 리에 가득하네.〔發迹天冠寺, 梯空上春旻. 俯觀人間世, 塵埃三萬里.〕"라고 하였으니, 범인(凡人)을 초월한 지기(志氣)가 이와 같았다.

손수 공자(孔子)의 상(像)을 모사해서 벽에 걸어놓고 절하였고, 또 안자(顔子)와 증자(曾子), 자사(子思)와 맹자(孟子)를 아울러 지방(紙榜)에 써놓고서 그 아래에서 책을 읽었다.

좌우명을 짓기를 "옛날에 인(仁)은 사랑이었는데 지금의 인은 교언영색(巧言令色)이고, 옛날의 의(義)는 마땅함이었는데 지금의 의는 강팍하고 사나움이며, 옛날의 예(禮)는 공경이었는데 지금의 예는 거짓을 꾸밈이고, 옛날의 지혜〔智〕는 아는 것이었는데 지금의 지혜는 속임이다."라고 하였다. 또 말하기를 "남을 눈으로 살피기보다는 차라리 자신을 살피고, 남의 말을 귀로 듣기보다는 차라리 내면의 소리를 들어라."고 하였다.

일찍이 동학(同學)들과 함께 시를 지어 뜻을 말하였는데, 다른 사람들은 모두 부귀영달(富貴榮達)에 뜻을 두었으나 공은 홀로 말씀하기를 "책을 읽어 성인(聖人)을 배우고 입신(立身)하여 부모를 현양하리라. 만약 풍진세상(風塵世上)을 만나면 연하(煙霞)의 산림(山林)에서 나물을 캐고 약초를 뜯으며 자지곡(紫芝曲)[40]을 부르겠다."라고 하였다.

40 자지곡(紫芝曲) : 은자(隱者)의 노래를 뜻한다. 진(秦)나라 말기에 동원공(東園

경전을 열심히 읽고 이치를 연구해서 알지 못하면 그만두지 않았고 《서경》의 기삼백(朞三百)의 주(註)[41]와 《주역》의 선천(先天)과 후천(後天)[42]의 설을 한 번 보고서 능히 이해하였다.

차츰 장성하자 제가(諸家)를 널리 섭렵하여 천문(天文)과 지리(地理), 율력(律曆)과 복서(卜筮), 병법(兵法)과 산수(算數) 따위를 망라하여 수집하였다. 백공(百工)의 기예(技藝)에 이르러서도 모두 눈으로 보면 마음으로 이해하였다. 손수 제작한 선기옥형(璇璣玉衡)이 치수가 어긋남 없이 정교하였는데, 한 가지 재주를 가지고 이름을 이루고자 하지 않아서 역경(易經)과 예경(禮經)에 공력을 쏟아 고금의 예설(禮

公), 기리계(綺里季), 하황공(夏黃公), 녹리 선생(甪里先生) 등 이른바 '사호(四皓)'가 진나라의 폭정을 피해 상산(商山)에 들어가서 붉은 영지를 캐어 배고픔을 달래며 천하가 안정되기를 기다렸을 적에 지어 불렀다는 노래에 "색깔도 찬란한 영지여, 배고픔을 충분히 달랠 수 있네.〔曄曄紫芝, 可以療飢.〕"라고 한 데에서 연유한다. 《高士傳 卷中 四皓》

41 기삼백(朞三百)의 주(註) : 기삼백은 고대 역법(曆法)의 기초가 되는 이론으로, 〈요전(堯典)〉에서 해와 달의 운행과 달의 대소(大小)와 윤달〔閏月〕에 대해 설명한 것을 이르는데, 이에 대한 주자와 채침(蔡沈)의 주를 이른다. 그러나 그 주도 내용이 어려워 이해하기가 쉽지 않다. 기(朞)는 기년으로 한 해를 이르는데 '기(期)'로도 표기한다.

42 선천(先天)과 후천(後天) : 선천은 복희(伏羲)의 역(易)을 이르고 후천은 문왕(文王)의 역을 이른다. 원래 복희의 역을 선천, 신농(神農)의 역을 중천(中天), 황제(黃帝)의 역을 후천이라 하는바, 맨 먼저 이루어진 것을 선천, 그 다음의 것을 중천, 맨 뒤에 이루어진 것을 후천이라 하였다. 북송(北宋)의 역학자(易學者)인 강절(康節) 소옹(邵雍)은 《주역》을 설명하면서 이 말에 의거하여 문왕의 《주역》을 후천역(後天易)이라 하고, 복희의 《주역》을 선천역(先天易)이라 하였는데, 특히 선천역을 기초로 선천괘위도(先天卦位圖)를 만들었으므로 소옹의 역학을 선천학(先天學)이라고 한다.

說)과 《주역총목(周易總目)》,[43] 《역학계몽(易學啓蒙)》 등의 책을 항상 몸에 지니고 다니면서 전공하였다.

관례(冠禮)를 치르자 이미 큰 학자〔巨儒〕가 되니, 원근(遠近)의 사람들이 소문을 듣고 모여 들었다. 시골 글방의 학규(學規)는 한결같이 석담(石潭)의 학규[44]를 따랐고 마을에서 향음주례(鄕飮酒禮), 향사례(鄕射禮)를 할 적에도 고례(古禮)를 따랐다. 읍재(邑宰)가 공을 천거하기를 "재주가 높고 행실이 아름다우며 학문이 깊고 어린 아이들을 잘 계도한다."라고 하였으니, 이때 공의 나이가 겨우 약관을 넘었다.

신미년(1751)에 예물을 들고 가서 병계(屛溪) 윤 문헌공(尹文獻公 윤봉구(尹鳳九))을 뵙고는 문답하고 변론하여 사문(師門)의 칭찬을 받았는데, 공의 서실 이름을 '존재(存齋)'라고 하였다. 을유년(1765) 생원시에 합격하였는데, 정해년(1767)에 태산(泰山)이 무너짐[45]에 곡하고

43 주역총목(周易總目) : 《주역전의대전(周易傳義大全)》의 맨 앞에 실려 있는 《주역전의대전총목(周易傳義大全總目)》이다.

44 석담(石潭)의 학규 : 석담은 율곡(栗谷) 이이(李珥)의 별호이고, 학규는 그가 지은 〈학교모범(學校模範)〉, 〈은병정사학규(隱屛精舍學規)〉, 〈문헌서원학규(文憲書院學規)〉를 가리키는 것으로 보인다. 모두 《율곡전서(栗谷全書)》 권15에 실려있는데, 〈학교모범〉은 사도(師道)가 끊어지고 교화(敎化)가 밝지 못한 세태를 걱정하여 스승이나 제자가 된 선비들로 하여금 몸을 가다듬고 일을 처리할 수 있는 규범을 모두 16조(條)로 만든 것이고, 〈은병정사학규〉는 해주(海州)에서 은병정사를 짓고 후학을 양성할 적에 22조로 만든 학규이고, 〈문헌서원학규〉는 해주의 문헌서원을 위해 지어준 학규로 총 16조로 되어있다. 문헌서원은 문헌공(文憲公) 최충(崔沖)을 배향한 서원으로, 주세붕(周世鵬, 1495~1554)이 황해도 관찰사일 적에 창건하였다.

45 태산(泰山)이 무너짐 : 스승 윤봉구의 죽음을 비유한 말이다. 공자가 자신이 별세할 꿈을 꾸고 아침에 일찍 일어나 뒷짐을 지고 지팡이를 짚은 채 노래하기를 "태산이 무너지고 대들보가 쓰러지니 철인도 시드는구나.〔泰山其頹乎, 梁木其壞乎, 哲人其萎

서 5개월 동안 가마(加麻)하였다. 이로부터 몸소 농사지어 어버이를 봉양하였고, 도롱이를 쓰고 경전을 가지고 다니며 한편으로는 김매고 한편으로는 책을 읽었으며, 사약(社約 마을 공동체의 규약)을 지어 시골의 풍속을 좋게 하고, 후진들을 도야(陶冶)하는 역할을 자임(自任)하였다.

매년 4계절마다 형제 및 집안사람들을 모아서 양친 부모에게 헌수(獻壽)하게 하고, 어른과 아이, 귀한 사람과 천한 사람을 모두 차례로 앉혀놓고 유중도(柳仲塗)의 삭망훈(朔望訓)[46]을 본떠 언문으로 풀어지은 것을 낭독하여 들려주었다. 혼인을 의논하는 자들이 반드시 공의 가문에 대해 "위씨(魏氏)의 자제라면 어찌 가릴 것이 있겠는가."라고 하였으니, 여기에서 몸소 가르친 것이 가정의 식구들을 감동시켰음을 징험할 수 있다.

정조 갑인년(1794)에 호남의 연해에 해일(海溢)이 있자, 각신(閣臣)인 서영보(徐榮輔)를 보내어 위문하게 하였다. 서공(徐公)은 평소 공의 명성을 듣고 있었는데 이때 또다시 공의 행적을 알았고, 또 문고(文稿)를 가져다 보고서 조정에 돌아와 장려하여 등용할 것을 청하니,

乎.]"라고 노래하였는데, 그 후 7일 동안 병들어 누웠다가 별세한 데서 유래하였다. 《禮記 檀弓上》

46 유중도(柳仲塗)의 삭망훈(朔望訓) : 중도(仲塗)는 송나라의 학자 유개(柳開)의 자로, 그가 매달 초하루와 보름에 자신의 부친이 남긴 가르침으로 집안 식구들에게 훈계한 것을 이르는데, 《소학(小學)》 〈가언(嘉言)〉에 실려있다. 위백규가 '집안 식구들을 모아놓고 훈계할 적에 쉽게 풀어놓은 《소학》의 초선〔家會釋讀小學抄選〕'에 유중도의 삭망훈을 포함시켜놓은 것이 《존재집(存齋集)》 권18 〈가중사시회음규(家中四時會飮規)〉에 보인다.

상은 이를 윤허하고 다시 더 방문하게 하였다.

을묘년(1795)에 특별히 군함(軍銜)에 붙였는데, 상은 기필코 공을 데려오고자 해서 도신(道臣)에게 명하여 돈후(敦厚)하게 우대해서 조정으로 올려 보내게 하였다. 이어서 공이 지은 《환영지(寰瀛志)》[47]를 올리도록 명하였는데, 이때 공의 나이가 69세였다. 병들어 소명(召命)에 달려가지 못하자, 또다시 상은 따뜻한 봄을 기다려 지은 글들을 아울러 가져오라고 명하였다.

병진년(1796) 선공감 부봉사(繕工監副奉事)에 제수되었으나 사양하고 나아가지 않았다. 상은 선소(宣召)가 제때 미치지 못했다 하여 해당 관서(官署)인 이조(吏曹)를 질책하고, 이어서 하교하기를 "봄추위가 아직도 심하니, 자력으로 길에 오를 수 없는 것인가. 이와 같이 지체하니, 참으로 매우 의아하고 답답하다. 관찰사에게 엄하게 명하여 급속히 호위하여 올려 보내게 하라."고 하였다.

병진년 4월에 병을 무릅쓰고 명에 응하여 대궐에 와서 만언봉사(萬言封事)[48]를 올렸는데, 뜻을 세우고 현자를 등용하는 것을 6조(條)의 강령으로 삼았으며 겸하여 늙고 병들었다고 아뢰고서 시골로 돌아갈 것을 청하였다.

상은 우악(優渥)한 비답을 내렸는데, 대략 다음과 같다.

47 환영지(寰瀛志) : 현재 전하는 책제(冊題)는 《환영지(寰瀛誌)》로, 1770년(영조46)에 위백규가 천문(天文), 성위(星緯), 절서(節序), 운회(運會), 지리(地理) 등에 도설(圖說)을 곁들여서 지은 유서(類書)이다. 1822년(순조22)에 목판본 2권 1책으로 간행된 《신편표제찬도환영지(新編標題纂圖寰瀛誌)》가 현재 주요 도서관에 소장되어 있다.

48 만언봉사(萬言封事) : 이 글은 《존재집(存齋集)》 권2에 실려있다.

"첫 번째 조(條)에 뜻을 세우고 학문을 밝히라고 아뢰었는데, 내가 그대의 말을 가상히 여기노라. 내 뜻이 서지 못했기 때문에 백성의 뜻이 통일되지 못하고, 올바른 학문이 밝혀지지 못했기 때문에 사학(邪學 천주교(天主敎))이 그치지 않으니, 이것은 모두 내가 반성해야 할 부분이다.

제2조에 보필하는 자를 간택하고 현자를 천거하라고 아뢰었는데, 내가 그대의 말을 가상히 여기노라. 훌륭한 인재를 발탁하여 군주를 섬기는 것은 대신(大臣)의 책무이니, 가려진 것을 걷어 내고 여러 인재들을 연달아 나오게 하기[49]를 현재의 암랑(巖廊 의정부(議政府))에 적이 기대하노라.

그리고 제3조, 4조, 5조, 6조도 한마디 한마디가 모두 간절하여 시폐(時弊)에 매우 합당하다. 그대가 먼 지방의 소원한 처지로 능히 이렇게까지 의논을 지극히 하니, 의논을 듣고자 함은 바로 유익함을 구하는 것이다. 즉시 묘당으로 하여금 다시 아뢰게 하여 실효가 있게 하겠다. 그대는 나이가 70으로 부름을 받고 올라왔는데, 만약 그대의 소원대로 고향으로 돌려보낸다면 이른바 '오고 감에 무엇을 보고 들었는가.'[50]인 것이다. 그리고 그대가 벼슬할 날을 기다리고자 한다

49 여러……하기 : 이 내용은 《주역》 〈태괘(泰卦) 초구(初九)〉의 "띠풀의 엉켜있는 뿌리를 뽑는 것과 같아 동류들과 함께 나옴이니, 길(吉)하다.〔拔茅茹, 以其彙, 征吉.〕"라는 말을 원용한 것이다.

50 오고……들었는가 : 인재를 발탁하여 쓴다는 명성을 듣고 찾아왔지만 막상 만나보니 제대로 예우해주지 않아 다시 숨어살며 원망한다는 말이다. 이 내용은 《진서(晉書)》 권49 〈혜강열전(嵇康列傳)〉의 "종회(鍾會)가 혜강의 명성을 듣고 찾아갔으나 혜강이 두 다리를 뻗고 걸터앉아 쇠를 단련하기만 하고 예우하지 않았다. 종회가 장차 떠나려

면 풍당(馮唐)이 늙을 때까지 낭관(郎官)으로 침체해 있었던 것[51]보다 심하니, 한 고을을 내려주어 그대가 온축한 바를 백성들에게 베풀게 하겠다."

라고 하셨다.

인하여 전조(銓曹)에게 명해서 수령에 의망(擬望)하게 하였다. 처음 기장 현감(機張縣監)에 의망하자, 상은 말씀하기를 "노인이 어떻게 멀리 부임할 수 있겠는가. 전라도 안에서 문음(文蔭)으로 수령이 되는 자리를 가려 서로 자리를 바꾸라."고 하였다. 그래서 다시 태인 현감(泰仁縣監)에 의망하자, 상은 "집이 있는 고향과 거리가 다소 멀다."라고 해서 특별히 옥과 현감(玉果縣監)을 제수하고 역마를 타고 부임하게 하였다.

비답(批答)이 내려오자 사림들은 눈을 씻고 자세히 보고서, 상소한 내용이 금신(衿紳)[52]을 기롱(譏弄)했다하여 이에 태학(太學 성균관)과

하자, 혜강이 '무슨 말을 듣고 왔다가 무엇을 보고 가는가?'라고 물으니, 종회가 '훌륭하다는 소문을 듣고 왔다가 볼 것(형편없는 모습)을 보고 간다.'〔何所聞而來, 何所見而去? 會曰: 聞所聞而來, 見所見而去.〕 하고는 마침내 깊이 원망을 품었다."는 고사를 원용한 것이다.

51 풍당(馮唐)이……것 : 훌륭한 인물이 늙도록 뜻을 얻지 못하고 낮은 벼슬에 침체되어있음을 말한 것이다. 풍당은 한나라 문제(文帝) 때 중낭서 장(中郎署長)으로 있다가 종오품(從五品) 정도에 해당하는 거기도위(車騎都尉)가 되었는데, 무제(武帝) 초에 흉노(匈奴)가 변방을 침범하자, 무제가 흉노를 물리치기 위해 현량(賢良)를 널리 등용하여 높은 벼슬을 주었으나, 그는 이미 나이가 90세라 맡을 수 없었던 고사를 원용하였다.《史記 卷102 張釋之馮唐列傳》

52 금신(衿紳) : 유자(儒者)의 옷을 입고 띠를 드리운 선비라는 뜻인데, 여기서는 성균관의 유생을 가리킨다.

사학(四學)이 권당(捲堂 동맹 휴학)하여 글 읽는 것을 파하였는데, 상의 중재에 힘입어 중지하였다.

공은 옥과의 관아에 부임하자 첫 번째로 향약(鄕約)을 만들었으며, 종이를 만드는 노역(勞役)을 면제하여 승려들의 폐해를 풀어주었고, 어물을 바치는 것을 견감(蠲減)하여 어부들을 소생시켰다. 생선을 공물(貢物)로 바치는 관행이 고을의 고질적인 병폐가 되었는데 공은 돈으로 대납(代納)하게 하였다. 그리고 관청에 바치는 여러 세(稅)와 각 청(廳)의 계방(契房)을 파하고 군역(軍役)을 감경(減輕)하였다. 학교를 일으키고 무예를 강습하였으며 환자(還子)를 공평하게 하고 요역(徭役)을 줄였으며 공청(公廳)을 수리하였는데, 민력(民力)을 번거롭게 동원하지 않고 한결같이 자기를 희생하여 백성을 잘 살게 하는 것을 법도로 삼았다.

정사년(1797) 봄에 중풍이 갑자기 심해져서 체직(遞職)의 청원(請願)을 올렸으나 허락 받지 못하였다. 6월에 오랫동안 병을 앓은 것 때문에 고과(考課) 성적이 가장 하등이었는데, 상은 말씀하시기를 "위백규(魏伯珪)의 치적(治績)은 병을 앓은 것과는 상관이 없다. 또 고과의 내용을 보니, 마땅히 포장(褒獎)해야 하지 폄하해서는 안 된다. 이것은 전적으로 '무른 땅에 말뚝 박기〔軟地揷木〕'[53]이다."라고 하고는 관찰사를 매우 심하게 질책하고 즉시 공에게 장원서 별제(掌苑署別提)를 제수하였는데, 공은 병으로 사양하였다.

전조(銓曹)에서 준례를 따라 다른 사람으로 바꿔 차임할 것을 청하

53 무른……박기 : 만만한 대상은 힘이나 규제를 가하기가 쉽다는 뜻으로, 고과 성적을 평가한 관찰사가 위백규를 이렇게 취급하였음을 비유한 것이다.

였으나, 상은 또다시 하교하시기를 "위백규의 문장과 식견은 말할 것도 없고 가정에서의 행실이 순수하게 구비되었다고 알려져 있으니, 어찌 포부(抱負)가 없는 사람이 그렇게 할 수 있겠는가. 조정에서 위백규에 대해 시시비비를 논하는 자들은 결코 그로 하여금 공연히 벼슬자리에서 떨어지게 해서는 안 되니, 본도(本道 전라도)의 묘(廟)나 전(殿)의 영(令) 가운데에서 바꾸라."고 하시고는 즉시 경기전 영(慶基殿令)을 제수하였으나, 취임하지 않았다.

무오년(1798) 10월 25일에 별세하니, 출생한 정미년(1727)으로부터 따지면 72세가 된다. 이듬해 2월 5일에 다산(茶山) 병좌(丙坐)에 장례하였고, 병인년(1806) 죽천사(竹川祠)에 배향하였다.

숙인(淑人) 김해 김씨(金海金氏)는 시성(始聲)의 따님이니, 공의 덕에 걸맞은 배필이었다. 공보다 7년 더 늦게 별세해서 공의 묘에 부장(祔葬)하였다. 2남 1녀를 낳았는데, 아들은 도립(道立)과 도급(道及)이고 딸은 조광진(曺光振)에게 출가하였다. 이하는 기록하지 않는다.

공은 효성과 우애를 타고나서 전후(前後)로 있었던 부모의 상에 예법과 슬픔을 모두 갖추었고[54] 고비(考妣)의 말씀과 행실, 마음과 모습을 자세히 기술해서 《사성록(思成錄)》[55]을 만들었다. 그리고 태어났을

54 예법과……갖추었고 : 상례(喪禮)의 형식적인 예법과 마음속에서 우러나오는 애통한 마음을 모두 지극히 하였음을 말하는바, 《논어》〈팔일(八佾)〉의 "임방(林放)이 예(禮)의 근본을 묻자, 공자가 '훌륭하다, 너의 질문이여. 예는 사치하기보다는 차라리 검소하여야 하고, 상(喪)은 형식적으로 잘 다스리기보다는 차라리 슬퍼하여야 한다.' 하셨다.〔喪, 與其易也, 寧戚.〕"는 구절을 원용한 것이다.

55 사성록(思成錄) : 이 책은 전하지 않고 《존재집(存齋集)》 권21에 실려 있는 〈사성록후서(思成錄後序)〉를 통해 어떤 취지로 지어진 것인지만 대략 알 수 있다. '사성(思

때의 탯줄을 보관해 두었다가 주머니에 차고 다니며 종신토록 사모하는 마음을 붙였다. 4명의 아우와 3명의 손아래 누이와 함께 늙도록 즐겁게 지냈고, 집안 식구들을 대할 적에 인자하면서도 엄해서 규문(閨門) 안이 정숙(整肅)하였다.

이것을 미루어 종족(宗族)들과의 정을 돈독히 하였고 향당(鄕黨) 사람들을 화목하게 만들었다. 그리고 향촌의 수재(秀才)들을 가르칠 적에 재주에 따라 성취시켰는데, 반드시 빈궁(貧窮)하여 배울 시기를 놓친 자를 먼저 가르쳤다. 선(善)을 좋아하는 마음이 넉넉해서 남의 선을 자기가 소유한 것처럼 좋아하였고, 비록 그 사람을 보지 못했더라도 칭찬하여 마지않았다. 남이 다투고 싸우는 것을 보면 비유를 들어 곡직(曲直)을 깨우쳐 주어 분쟁을 해결하게 하였다. 항상 다른 사람의 한 가지 선(善)도 매몰될까 염려해서 반드시 그를 위해서 선을 천양(闡揚)하였다.

유속(流俗)을 가장 싫어하여 "성리학(性理學)을 전혀 모르는 자는

成)'은 《시경》〈상송(商頌) 나(那)〉에 "탕의 후손이 연주하여 조상께 이르니, 나를 편히 생각하여 신명이 와서 이른다.〔湯孫奏假, 綏我思成.〕"라는 데에서 온 것인데, 주자는 《시경집전(詩經集傳)》에서 "《예기》〈제의(祭義)〉에 '재계(齋戒)하는 날에 생전에 거처하시던 것을 생각하고 웃고 말씀하시던 것을 생각하고 뜻을 생각하고 좋아하시던 바를 생각하고 즐기시던 바를 생각한다. 그래서 재계한 지 3일 만에 재계하는 대상을 보며, 제사하는 날에 방에 들어가서는 애연(僾然)히 반드시 자리에 보이는 것이 있고, 주선(周旋)하여 문을 나올 적에는 엄숙하여 반드시 모양과 소리를 들음이 있으며, 문을 나가 들을 적에는 개연히 반드시 탄식하는 소리를 들음이 있다.' 하였으니, 이것을 '사성'이라고 한다.〔禮記曰: 齊(재)之日, 思其居處, 思其笑語, 思其志意, 思其所樂(요), 思其所嗜, 齊三日, 乃見其所爲齊者, 祭之日, 入室, 僾然必有見乎其位, 周旋出戶, 肅然必有聞乎其容聲, 出戶而聽, 愾然必有聞乎其歎息之聲. 此之謂思成.〕"라고 주하였다.

비록 출중한 지혜가 있더라도 끝내 문장의 묘미를 터득하지 못한다. 문장의 묘미를 깨달은 자는 또한 스스로 즐거워할 수 있으니, 군궁(窘窮)과 통달(通達), 영화(榮華)와 치욕(恥辱)이 마음을 동요시킬 수 없다."라고 하였다. 항상 사문(師門 스승)에서 써주신 '경의(敬義)'[56] 두 글자를 자리 오른쪽에 써 붙이고서 종일토록 엄연(儼然)하여 흐트러진 모습을 드러내지 않았다.

일찍부터 경세제민(經世濟民)의 뜻을 간직해서 팔도 산천의 토지의 비옥함과 척박함, 정사의 폐해와 백성의 풍속, 거리의 원근과 지형의 이험(夷險)을 자세히 기술하였는데, 널리 참고하고 깊이 연구하지 않음이 없어서 손바닥을 가리키는 것처럼 분명하게 하였다. 이것을《정현신보(政弦新譜)》라고 이름하고서 따라서 병폐를 바로잡는 방법을 진술하고 진휼을 나누어 주는 절목(節目)을 드러내어 흉년에 읍재(邑宰)들이 취하여 법(法)으로 삼을 수 있게 하였다.

일찍이 경전 가운데에서 격언(格言)과 지론(至論)을 뽑아 정리하여《고금(古琴)》이라 이름하고, 술이 거나해질 때면 번번이 이것을 외웠다. 또 예설(禮說)과 경서조대(經書條對), 독사차록(讀史箚錄), 시소(詩疏), 전(傳), 기(記), 서(序), 설(說)이 있는데, 잡저(雜著)와 합하여 근 100권이니, 비록 중요하지 않은 기술(記述)이라도 모두 의리(義理)와 지취(旨趣)가 있었다. 항상 탄식하기를 "만약 후세에 자운(子雲)이 있으면 또한 마땅히 천 년 뒤에 나의 글을 아침저녁으로 볼 것이다."[57]

56 경의(敬義) :《주역》〈곤괘(坤卦) 문언(文言)〉에 "군자는 경(敬)하여 내면을 곧게 하고 의로워 외면을 방정하게 하니, 경과 의가 확립되면 덕이 외롭지 않다.〔君子敬以直內, 義以方外, 敬義立而德不孤.〕"라는 구절에서 온 것이다.

라고 하였으니, 공이 스스로 기대한 바를 여기에서 볼 수 있다.

공은 문장이 일찍 성취되었고 학식이 매우 해박하였다. 어려서부터 공령(功令 과문(科文))을 배웠는데 대책문(對策文)에 더 뛰어나 동당시(東堂試)에서 네 번 장원하였다. 매번 남성시(南省試)가 있을 적에 귀한 집안의 자제들은 끊임없이 남의 글을 주워 모았으나, 공은 문을 닫고 그들을 접견하지 않았으므로 번번이 낙방하였다. 일찍이 이소(二所)에서 정시(庭試)에 응시하였는데, 평소 공을 소중히 여기던 자가 시험을 주관하면서 일소(一所)로 바꾸어 나올 것을 요구하자, 공은 사양하기를 "좌주(座主 주시관(主試官))를 좇아 시험 장소를 바꾸어 나아가는 것은 벼슬길에 나아가는 것을 요구하는 것이니, 저의 평소 뜻이 아닙니다."라고 하였으니, 자신의 지조를 엄격하게 지킨 것이 이와 같았다.

정조께서 경연의 신하에게 유시하시기를

"위백규가 백발의 곤궁한 선비로서 명령을 받들고 부름에 달려와서 자기 가슴속에 쌓여 있는 것을 써서 올린 것이 전후에 걸쳐 수천 자에 달한다. 종횡(縱橫)으로 매우 해박하여 충분히 가상(嘉尙)히 여길 만하니, 비록 한두 군데 만족스럽지 못한 점이 있더라도 이

57 만약……것이다 : 자운(子雲)은 전한 말기의 학자인 양웅(揚雄)의 자로, 자신을 알아줄 사람을 생전에 만나지 못하여 후세에 자기를 알아줄 사람이 있을 것이라고 기대했던 인물인바, 위백규도 자신의 저술을 후대에는 꼭 알아줄 사람이 나와서 즐겨 볼 것이라고 한 것이다. 양웅이 《주역》을 모방하여 《태현경(太玄經)》을 짓자, 사람들이 말하기를 "이처럼 어려운 글을 누가 읽겠는가. 무용지물이 되고 말 것이다."라고 하였는데, 이에 양웅은 "나는 후세의 자운을 기다린다."라고 하였다고 한다. 《漢書 卷87 揚雄傳》

또한 우활(迂闊)한 선비의 본색에 무슨 해될 것이 있겠는가. 그런데도 중신(重臣)과 대신(臺臣)들이 서로 계속 공격해서 참으로 망발(妄發)이 있는 것처럼 주장하니, 이와 같이 하고서 어떻게 초야의 선비들을 권장하여 소원(疏遠)한 사람의 말을 이끌어낼 수 있겠는가. 나는 심히 못마땅하게 생각하노라."

고 하셨다.

공은 남쪽 지방에서 처음 나왔으므로 세상에 앞뒤에서 주선해 주는 자가 있지 않았는데, 성조(聖朝)를 만나 은혜와 예우가 끊이지 않았다. 만일 공의 명망과 실제가 모두 융성해서 위로 임금님을 감동시키지 못했다면 또한 어떻게 이와 같은 은택을 얻을 수 있었겠는가.

호남 지방의 학문은 하서(河西 김인후(金麟厚))와 고봉(高峯 기대승(奇大升))으로부터 시작되어 손재(遜齋)와 목산(木山)[58]에 이르렀고, 공이 또다시 양현(兩賢)을 뒤이어 나와서 학문을 쌓고 문장을 익혀서 명예가 한 도의 사람들을 경도(傾倒)시켰다.

또 유현(儒賢)을 복종하여 섬겨서 조예와 성취가 깊고 높았으며 경륜과 재주를 겸하여 범위가 성대하였다. 참으로 세상에 필요한 재주와

58 손재(遜齋)와 목산(木山) : 손재는 박광일(朴光一, 1655～1723)의 호이고, 목산은 이기경(李基敬, 1713～1787)의 호이다. 박광일은 자가 사원(士元), 본관은 평양(平壤)으로, 송시열의 문인이다. 이민보(李敏輔)가 《손재집》의 발문에 "호남의 학문은 하서와 고봉을 말미암아 100여 년 뒤에 고(故) 징사(徵士) 손재 박공이 나왔다.〔湖南之學, 由河西高峯, 百有餘年, 而故徵士遜齋朴公作焉.〕"라고 평하였다. 저서로 《손재집》이 있고, 시호는 문숙(文肅)이다. 《光州邑誌 才學》 이기경은 자가 백심(伯心), 본관이 전의(全義)로, 대대로 전주(全州)에서 살았으며 도암(陶菴) 이재(李縡)의 문인이다. 1739년(영조15) 정시 문과에 장원급제하고 다시 1757년 문과 중시에 급제하였으며, 필선(弼善), 한성 우윤 등을 지냈다.

쓸모 있는 학문을 겸비한 분이었으나 뜻에 맞는 임금을 늦게 만나 학문과 재주를 다 베풀지 못했으니, 애석하다.

공은 일찍이 계항산(桂巷山) 산중에 거처하여 배우는 자들이 '계항선생(桂巷先生)'이라고 칭하였다. 나는 공과 동시대에 태어났으나, 연배가 너무 뒤늦어 항상 학문의 실마리와 의논을 받들지 못한 것을 한스럽게 여겼다. 그런데 공의 종손(從孫)인 영경(榮曔)이 묘지문을 청하였다. 내가 적임자가 아니라고 여러 번 사양하였으나 간청이 더욱 돈독하니, 지극한 정성에 감동하여 마침내 병을 무릅쓰고 명을 짓노라. 명문은 다음과 같다.

아, 위공이여	嗟嗟魏公
남쪽 지방의 으뜸이었네	南國之紀
먼 지방에서 분발하여 일어나	奮起遐陬
아름다운 덕성이 내면에 가득하였네	紛有內美
비단옷 위에 홑옷을 덧입어도 날로 드러나니	絅錦日章
거의 온화하면서도 조리가 있었네[59]	庶溫而理

59 비단옷……있었네 : 이 글의 주인공인 위백규가 자신의 재주와 덕이 겉으로 드러나는 것을 좋아하지 않아서 이를 감추었음에도 자연스럽게 드러났으며 온화하면서도 조리가 있었다는 말인바, 《중용장구》 제33장의 "《시경》에 '비단옷을 입고 홑옷을 덧입는다.' 고 하였으니, 이는 문채가 밖으로 드러나는 것을 싫어해서이다.……군자의 도(道)는 담박하면서도 싫지 않으며 간략하면서도 문채가 나며 온화하면서도 조리가 있으니, 멂이 가까운 데로부터 시작함을 알며 바람이 불어오는 곳을 알며 은미함이 드러남을 안다면, 더불어 덕(德)에 들어갈 수 있을 것이다.〔詩曰: 衣錦尙絅, 惡其文之著也.……君子之道, 淡而不厭, 簡而文, 溫而理, 知遠之近, 知風之自, 知微之顯, 可與入德矣.〕"라는 말을 원용한 것이다.

명성이 구천에 알려지니	聲聞九天
돈후한 명이 성하게 이르렀네[60]	敦命鼎至
찬란하게 와서	賁然來思
영화가 되고 광채가 되었네	爲龍爲光
가슴속의 아름다운 경륜을 피력하니	披腹琅玕
만 자의 글이었네	萬言其章
잠깐 소 잡는 칼을 시험함에	薄試牛刀
대략 순량의 자취가 있었네[61]	粗迹循良
무엇으로써 능히 이것을 이루었는가	用何能究
오직 덕을 가지고 하였네	惟德之將
만약 온축된 것을 다 폈더라면	苟展厥蘊
어디에 베푼들 훌륭하지 않았겠는가	何施不臧
시종으로 은혜로운 지우가 있어서	恩遇終始
지은 책도 아울러 올리게 하였네	幷徵其書
백세토록 함께 보관하게 하니	百世同藏

60 명성이……이르렀네 : 은거한 군자의 덕이 멀리 임금에게까지 알려져 돈후한 명이 내려짐을 비유한 것으로, 이 내용은 《시경》 〈학명(鶴鳴)〉에 "학이 구고의 늪에서 우니, 그 소리가 하늘에 들린다.〔鶴鳴于九皐, 聲聞于天.〕"라고 한 것을 원용하였다. 하늘은 궁중, 또는 임금을 가리킨다.

61 잠깐……있었네 : '소 잡는 칼을 시험함'은 작은 고을을 다스리는 일을 비유하고, 순량(循良)은 법을 잘 지키고 백성을 잘 보살피는 지방관을 이르는바, 잠시 지방관을 맡았을 적에 백성들을 잘 다스렸다는 말이다. 공자의 제자 자유(子游)가 무성(武城)의 읍재가 되어 백성들에게 예악(禮樂)을 가르쳤는데, 공자가 무성에 이르러 이를 보시고 빙그레 웃으며 "닭을 잡는 데에 어찌 소 잡는 칼을 쓰느냐.〔割鷄, 焉用牛刀?〕"라고 농담한 것을 원용하였다. 《論語 陽貨》

목천과 석거[62]였네 木天石渠
행실을 살펴보고 상서로움을 상고해서[63] 視履考祥
훌륭한 명예를 길이 보존하였네 以永令譽
유풍과 여운이 遺風餘韻
선비들을 크게 분발시키니 竦動髦士
천관산의 우뚝한 인물을 天冠峨峨
한 도의 선비들이 우러렀네 一路仰止
울창한 다산에 有鬱茶山
가을의 측백나무 죽지 않고 우뚝하네 秋柏不死
천년이 아침저녁과 같으니 千載朝暮
그 누가 와서 알아줄 것인가[64] 伊誰來云
묘소에 글을 나열하여 列辭幽墟
후세의 자운을 기다리노라 用俟子雲

62 목천(木天)과 석거(石渠) : 각각 비서각(秘書閣)과 석거각(石渠閣)을 가리키는데, 여기에서는 규장각을 말한다. 비서각은 당나라 때 궁중에서 책을 보관하던 곳으로, 지붕이 높고 웅장하여 목천이라고 칭하였다. 석거각은 전한(前漢) 때 궁중에서 책을 보관한 곳인데, 각 아래에 돌로 만든 물길이 있어서 이렇게 칭하였다.

63 행실을……상고해서 : 이 내용은 《주역》 〈이괘(履卦) 상구(上九)〉의 "행실을 살펴보고 상서로움을 살피되, 완벽하면 크게 길하리라.〔視履, 考祥, 其旋, 元吉.〕"라는 데서 온 말이다.

64 천년이……것인가 : 이 내용은 《장자(莊子)》 〈제물론(齊物論)〉의 "만세의 뒤에라도 이 해답을 아는 대성인을 만나게 된다면, 이것도 아침저녁 사이에 만나는 것과 같다.〔萬世之後, 而一遇大聖人知其解者, 是朝暮遇之也.〕"라는 말을 원용한 것으로, 현세의 지기(知己)처럼 먼 후대에도 지기가 나오기를 바란다는 말이다.

진안 현감 김공 묘지명 병서○기유년[65]

鎭安縣監金公墓誌銘 幷序○己酉

나의 매제(妹弟)인 김백원(金伯元)이 위금(委禽)[66]한 지 26년에 나의 매씨(妹氏)가 죽었고 그 뒤 13년에 백원이 별세하였는데, 또 5년 뒤에 외로운 생질(甥姪) 병우(炳愚)가 유사(遺事)를 지어 명문을 청하였다. 내가 늙고 병들어서 거의 죽게 되어 능히 붓을 들어 쓸 수가 없으니, 단지 제대로 짓지 못할 뿐만 아니요 또한 차마 지을 수가 없기 때문이다. 그러나 항상 바람 앞의 촛불과 같이 갑자기 목숨이 끊어져 천고(千古)의 한을 남길까 염려하여 마침내 병을 무릅쓰고 다음과 같이 서술한다.

공은 휘가 태근(泰根)이고, 백원은 그의 자이다. 계통이 안동(安東)에서 나왔는데, 선조인 우의정 문충공(文忠公) 선원(仙源) 선생 휘 상용(尙容)이 강도(江都 강화도(江華島))에서 충절을 세웠다. 이조 참판 수북공(水北公) 휘 광현(光炫)이 정축년[67] 이후에 관직을 사절하고 스스로 지조를 지켰으니, 굳이 여기서 자세히 쓸 것이 없다. 고조 휘

65 기유년 : 1849년(헌종15)으로, 매산의 나이 74세 되던 해이다.

66 위금(委禽) : 혼례 때 신랑 집에서 신부 집에 납채(納采)의 예로 기러기를 보내므로 혼례를 이렇게 칭하였다.《春秋左氏傳 昭公元年》

67 정축년(丁丑年) : 1636년 청나라 군대가 압록강을 건너 조선을 침략하여 병자호란이 일어나자, 인조(仁祖)가 남한산성으로 피신하였는데, 이후 청군에 의해 강화도까지 점령당하자 정축년인 1637년 2월 24일(음력 1월 30일) 인조가 남한산성을 나와 삼전도(三田渡)에서 항복하였는바, 이때를 말한다.

시간(時侃)은 통정대부에 오르고 현령을 지냈으며 이조 참의에 추증되었다.

증조 휘 의행(毅行)은 이조 참판에 추증되었는데, 올바른 학문과 돈독한 덕으로 세상의 명유(名儒)가 되어서 '운천 처사(雲泉處士)'라고 칭해졌다. 조고 휘 이성(履成)은 형조 참판을 지냈는데, 항언(抗言)을 올리는 것을 꺼리지 않아서 성명(聖明)한 군주에게 인정을 받아 건릉(健陵 정조(正祖))의 정직한 신하가 되었다. 선고 휘 최순(最淳)은 통덕랑(通德郎)이고, 선비(先妣)인 파평 윤씨(坡平尹氏)는 승지(承旨) 면헌(勉憲)의 따님으로 판서를 지낸 익헌공(翼獻公) 양래(陽來)가 그 증조인데, 규문의 법도가 종족(宗族)들에게 의범(儀範)이 되었다.

공은 타고난 자품이 의젓하고 진중해서 어려서도 함부로 말하지 않았고 놀기를 좋아하지 않았으며, 문장이 일찍 성취되어 경오년(1810)에 생원시에 합격하였다. 갑술년(1814)에 사릉 참봉(思陵參奉)에 제수되고 무인년(1818)에 익위사 부솔(翊衛司副率)에 제수되었는데, 이때 익묘(翼廟 순조의 아들인 효명세자(孝明世子))가 춘저(春邸)에 있으면서 관례(冠禮)를 행하고는 추은(推恩)하여 말을 하사하였다.

신사년(1821)에 선공감 주부(繕工監主簿)로 승진하고 사헌부 감찰(司憲府監察)과 동부 영(東部令)으로 전직하였다. 임오년(1822)에 진안 현감(鎭安縣監)으로 나갔는데, 청렴하고 공경하고 성실하고 부지런해서 온갖 병폐가 모두 제거되었다. 그러나 관찰사에게 미움을 받아 파직되니, 마침내 벼슬길에 나아가는 것을 단념하고 성률(聲律 시율(詩律))을 즐기면서 세월을 보냈다.

임진년(1832) 10월 23일에 별세하니, 그 출생한 무술년(1778) 정월 8일과의 거리는 55세가 된다. 계사년(1833) 정월 24일에 보령(保寧)의 한곡(閑谷) 건좌(乾坐)에 장례하니, 선영을 따른 것이다.

배위(配位)인 남양 홍씨(南陽洪氏)는 나의 선친의 장녀이니, 정숙하고 절개가 옛 여사(女士)와 같아서 모든 사람들이 "난(鸞)・요(耀)[68]와 덕(德)이 똑같다."라고 칭송하였다. 선친은 동지돈녕부사 휘 이간(履簡)이니, 별도의 묘지문이 있다.

계배(繼配)인 고령 신씨(高靈申氏)는 정권(正權)의 따님이다. 병우(炳愚)와 참봉 윤면구(尹冕求)의 처와 조병리(趙秉履)의 처는 원배(元配)의 소생이고, 참봉 병삼(炳三)은 계배의 소생인데 양자로 나갔다. 병우의 아들은 후균(厚均)이고, 윤면구의 두 아들은 철영(哲榮)과 필영(弼榮)이며, 나머지는 어리다.

공은 타고난 자품이 질박하고 정직하며 용모가 풍후하고 아름다워 바라보면 순정(純正)하였으니, 후덕한 장자(長者)였다. 천성이 효성스러워서 부모를 섬길 적에 깊은 사랑이 있었고, 거상(居喪)할 적에 예제(禮制)보다 더 슬퍼하여 몸이 몹시 야위었다. 부모가 살아계실 때 녹봉(祿俸)을 받아 봉양하지 못한 것을 항상 애통해 하여, 자성(粢盛)과 분필(芬苾)[69]에 정성과 공경을 힘써 다하였다. 동기간에 우애하

68 난(鸞)・요(耀) : 난은 동한(東漢) 때의 고사(高士)인 양홍(梁鴻)으로, 그의 자가 백란(伯鸞)이기 때문에 이렇게 칭한 것이고, 요는 그의 처인 맹광(孟光)으로, 자가 덕요(德耀)이기 때문에 이렇게 칭한 것이다. 양홍은 벼슬을 구하지 않고 은둔한 어진 선비였는데, 맹광은 남편의 뜻에 맞추어 곤궁함을 견디고 남편 앞에 밥상을 가지고 갈 때 상을 자기 눈썹 높이로 받들어 올려 공경하였다. 《後漢書 卷83 梁鴻列傳》

69 자성(粢盛)과 분필(芬苾) : 자성은 제사에 올리는 메밥이며, 분필은 향기롭다는 뜻으로 제사 음식을 가리키는데, 《시경》 〈소아(小雅) 초자(楚茨)〉의 "향기로운 효손의 제사에, 신령이 음식을 즐기시도다.〔苾芬孝祀, 神嗜飮食.〕"라는 데서 온 것이다.

여 늙을 때까지 함께 한솥밥을 지어 먹으며 매우 화목하여 춘(椿)·진(津)[70]의 즐거움이 있었다.

조카를 자식처럼 여겨서 의로운 방법으로 가르쳤고 종족과 향당의 사람들을 대할 적에 격의(隔意)가 없고 거짓으로 꾸미는 바도 없으니, 사람들이 모두 기뻐하여 복종하였다. 평소 남과 교유하는 것을 끊어 집안이 조용하였으나, 마음이 맞는 사람을 만나면 흉금을 터놓고 평소의 뜻을 말했는데, 말소리가 온화하였다. 평소 담박함과 광달(曠達)함을 숭상하여 세상일을 가지고 마음을 번거롭게 하지 않았고, 거처하는 집이 질박하고 누추해서 엉긴 먼지가 자리에 가득하였으나 몸과 정신이 모두 외물을 초월하였다. 집안이 대대로 청빈(淸貧)하여 생계가 어려웠으나 살림살이를 경영하지 않아서 4년 동안 고을 수령을 맡았어도 논밭은 한 이랑도 더 늘어나지 않고 집은 서까래 하나도 바뀌지 않았다.

세상사의 얽매임을 깨끗이 벗어버려서 가슴에 개의(介意)하는 바가 없었으나, 조정에서 나온 정책과 법령의 잘잘못을 들으면 근심과 기쁨이 얼굴과 말소리에 나타났으니, 군주에게 충성하고 나라를 사랑하는 것이 이와 같이 하늘에서 타고났다. 고을을 다스릴 적에는 너그러움과 엄격함이 중도(中道)에 맞았고, 봉급을 털고 창고를 열어서 백성들의 고초를 덜어주었으며, 정도(正道)와 법제(法制)를 지켜서 의연(毅然)히 지조를 굽히지 않았다. 선물 꾸러미나 뇌물을 받아들이지 않아서,

70 춘(椿)·진(津) : 남북조 시대 후위(後魏)의 양춘(楊椿)과 양진(楊津) 형제로, 두 사람은 우애가 매우 돈독하였다. 춘(椿)은 춘(春)으로 표기하기도 한다. 자세한 내용은 20쪽 주17 참조.

파직하고 돌아올 적에 행장이 쓸쓸하여 거친 음식도 제대로 잇지 못했으나 태연하였다.

지조를 지켜 조용히 몸을 감추어 일찍이 요로(要路)에 발을 들여놓은 적이 없었다. 혹 뜻을 굽힐 것을 권하는 사람이 있으면 공은 웃으면서 "담박하게 사는 것이 나의 분수이니, 어찌 차마 연민(憐憫)을 구걸하여 다시 다섯 말의 쌀에 허리를 굽히겠는가."[71]라고 하였다.

시(詩)를 매우 좋아했는데, 시의 음운(音韻)이 온화하고 고아(高雅)하여 저절로 체재(體裁)를 이루어서 문단(文壇)의 거장(鉅匠)들에게 칭찬과 감탄을 받았다. 평소 마음이 평탄하고 광활(廣闊)하여 남과 다투는 일이 없고 도량(度量)이 넓고 컸으니, 아마도 범육장(范六丈)이 이른바 '남을 원망함이 없었다.'는 분일 것이다.[72] 관청을 떠난 뒤에는 아전과 백성들이 공의 은혜를 그리워하고, 별세한 뒤에는 사림(士林)들이 공의 어짊을 칭송하였다.

71 다섯……굽히겠는가 : '다섯 말의 쌀'은 수령의 적은 녹봉을 뜻하는바, 적은 녹봉을 얻기 위해서 지조를 굽힐 수 없다는 말이다. 진(晉)나라의 은사(隱士)인 도잠(陶潛)이 팽택 현령(彭澤縣令)으로 있을 때 군(郡)에서 파견한 독우(督郵)의 시찰을 받게 되었다. 아전이 도잠에게 의관을 갖추고 독우에게 인사를 해야 한다고 하자, 도잠이 탄식하며 "내가 다섯 말의 쌀을 녹봉으로 받으려고 허리를 꺾어 시골의 어린아이에게 굽실거릴 수는 없다.〔我不能爲五斗米, 折腰向鄕里小兒.〕"라고 하고는 즉시 수령의 인끈을 풀어 놓고 고향으로 돌아간 고사가 전한다. 《晉書 卷94 陶潛列傳》

72 범육장(范六丈)이……것이다 : 육장은 송나라 때 문인이자 정치가였던 범중엄(范仲淹, 989~1052)으로, 그의 어머니가 주씨(朱氏)에게 개가했을 때 전체 형제들 중에 여섯 번째여서 이렇게 불렸다. 이 내용은 범중엄의 흉금이 활달하고 의연(毅然)하여 남들에게 원망하는 마음을 숨김이 없음을 말한 글에 인용되어있는바, "평소 남들을 원망하거나 미워함이 없었다.〔平生無怨惡於一人.〕"라고 보인다. 《朱子語類 卷129 本朝三》《朱子大全 卷38 答周益公》

공의 족조(族祖)인 강우공(江右公) 이재(履載)[73]가 나에게 말씀하기를 "우리 가문에 진짜 사대부(士大夫)는 오직 백원(伯元)뿐이다."라고 하였으니, 이것이 이른바 '노(魯)나라에 군자가 없으면 이 사람이 어디에서 이것을 취했겠는가.'[74]라는 것이리라. 공은 오서산(烏棲山) 서쪽 한수동(寒水洞) 안에 거주하였는데, 내가 주자(朱子) 시의 뜻을 취하여 그 서재의 이름을 '추월(秋月)'이라 지어주었다.[75] 공은 나에게 서재의 이름을 지어준 일을 기록해줄 것을 요구하였는데, 글을 미처 완성하기 전에 공이 갑자기 별세하였다. 나는 매번 차가운 강에서 가을밤에 휘영청 밝은 달이 뜬 것을 볼 때면 공의 흉금을 그리워하지 않은 적이 없었다. 눈물을 흘리면서 명을 짓노라. 명문은 다음과 같다.

아, 훌륭한 백원이여 嗟嗟伯元

73 강우공(江右公) 이재(履載) : 강우는 김이재(金履載, 1767~1847)의 호로, 자는 공후(公厚)이고, 할아버지는 대사간을 지낸 김시찬(金時粲)이고, 아버지는 김방행(金方行)이다. 1790년 증광 문과에 급제하고 대사간, 이조 판서 등을 지냈다. 편저로는 《중경지(中京誌)》가 있으며, 시호는 문간(文簡)이다.

74 노(魯)나라에……취했겠는가 : 이 내용은 《논어》 〈공야장(公冶長)〉에 "공자께서 제자인 자천(子賤)을 두고 평하셨다. '군자답다, 이 사람이여. 노(魯)나라에 군자가 없었다면 이 사람이 어디에서 이러한 덕을 취했겠는가.'"라고 보이는바, 이를 인용하여 동시대를 살았던 족조(族祖)인 김이재(金履載)가 훌륭하였기 때문에 김태근도 그를 배워 훌륭하게 되었음을 비유한 것이다.

75 한수동(寒水洞)……지어주었다 : 주자의 〈재거감흥(齋居感興)〉의 열 번째 시에 "천 년 전 성인의 마음을 생각해 보면, 차가운 물에 비친 가을달이네.〔恭惟千載心, 秋月照寒水.〕"라고 보이는바, 김태근이 한수동에 살았기 때문에 매산이 주자의 이 시를 가지고 서재의 이름을 지은 것이다. 《朱子大全 卷4》

명문가에서 아름다움을 받아 태어났네 鍾美名家
충과 신이 근본이 되니 忠信爲本
정성스럽되 화려함은 없었네 悃愊無華
험하거나 평탄하거나 막히지 않아서 險夷不滯
능히 대화[76]를 보존하니 克保太和
가시나무가 무성하였으나 荊棘蓁蓁
공의 길은 화살처럼 곧았고 我行如矢
태양의 열기가 맹렬하였으나 朱炎赫赫
공의 마음은 물과 같았네 我心如水
말세에는 허위가 만연하여 末路虛僞
바탕은 양인데 무늬는 호랑이이니 羊質虎文
누가 이분과 같이 孰若夫人
끝까지 깨끗하고 진실하겠는가 徹底淸眞
현주와 대갱은 玄酒大羹
맛이 없는 데 맛이 있네[77] 味在無味
저 세력에 빌붙어서 잘난 체하는 자들은 彼夸毗者
그 누가 공의 귀함을 알겠는가 疇識其貴
내가 세상을 오래 겪을수록 閱世滋久

76 태화(太和) : 천지 사이의 온화한 기운과 인간의 화목한 기운을 이른다.

77 현주(玄酒)와……있네 : 현주는 정화수(井華水)이고 대갱(大羹)은 종묘(宗廟) 제사에 올리는 쇠고기 국이다. 현주는 옛날 술이 없을 때 제사에 대신 올렸던 것인데 이름만 술이지 아무런 맛이 없고, 대갱은 원래 간을 맞추지 않아서 맛이 없으나, 맛이 없음은 맛이 있는 것들의 근원이며 바탕이기 때문에 중요시하여 '맛이 없는 데 맛이 있다.'고 한 것이다. 《禮記 郊特牲》《禮記註疏 禮運》

공의 어짊을 더욱 알겠노라	益知公賢
아름다운 자취를 뽑아	撮其徽躅
묘소 길에 드러내노라	式旌幽阡

잠헌 김공 묘지명 병서○기유년

潛軒金公墓誌銘 幷序○己酉

모재(慕齋)와 사재(思齋) 두 선생이 용강(龍岡)에서 도학을 강론하여 서하(西河)의 풍속이 빈빈(彬彬)하게 남아있었다.[78] 그래서 오랜 뒤에 풍문을 듣고 일어난 자가 있었으니, 바로 잠헌(潛軒) 김종신(金宗信) 공이다. 공은 자가 붕보(朋甫)이고 계통이 청풍(淸風)에서 나왔으니, 고려 때 시중을 지낸 휘 대유(大猷)를 시조로 삼는다. 조선조에 들어와 휘 여(勵)는 한림(翰林)으로 안동 부사(安東府使)를 지냈다. 이분이 휘 지동(支東)을 낳았는데, 울진 현감(蔚珍縣監)으로 처음 관서(關西) 지방에 거주하였다.

4대를 전하여 휘 정(鼎)에 이르러 문과에 급제하고 곡산 부사(谷山府使)를 지냈으며 문학(文學)으로 현달하였다. 또다시 여러 번 전하여 휘 종일(鍾鎰), 휘 순필(舜弼), 휘 천수(天授), 휘 익담(益聃)에 이르

78 모재(慕齋)와……남아있었다 : 모재와 사재(思齋)는 김안국(金安國, 1478~1543)과 김정국(金正國, 1485~1541)의 호로, 두 사람은 형제이고 김굉필(金宏弼)의 문인이다. 서하(西河)는 중국 용문(龍門)에 있는 지명인데 공자 사후에 공문십철(孔門十哲)의 한 사람인 자하(子夏)가 학생들을 가르친 곳인바, 조선의 용강(龍岡)에도 훌륭한 유가(儒家)의 가르침이 전승되는 유풍이 있었다는 말이다. 김안국은 자가 국경(國卿), 본관이 의성(義城), 시호가 문경(文敬)으로, 1503년(연산군9) 별시 문과에 급제하고 벼슬이 대제학을 거쳐 찬성에 이르렀다. 조광조(趙光祖), 기준(奇遵) 등과 함께 사림파를 이끌었다. 김정국은 자가 국필(國弼)로, 1509년(중종4) 별시 문과에 장원급제하고 1514년에 사가독서하였으며, 벼슬이 형조 참판에 이르렀다. 성리학과 역사, 의학 등에 두루 밝았으며, 저서로는 《사재집》, 《기묘당적(己卯黨籍)》 등이 있다.

러 대대로 효도와 의리를 돈독히 하니, 이분들이 공의 고조, 증조, 조고, 선고가 되신다. 선비(先妣)인 경주 김씨(慶州金氏)는 도심(道瀋)의 따님인데, 규문의 법도가 크게 드러났고 아들을 의로운 방법으로 가르쳤다.

공은 타고난 재주와 지혜가 남보다 뛰어나서 새벽에 문안드리고 저녁에 잠자리를 살피는 여가에도 어버이 곁을 떠나지 않았고, 남이 음식을 주는 것이 있으면 먼저 자기 입에 넣지 않고 돌아와서 부모님께 드렸다. 약관 시절에 문장이 이미 성취되었으나 여러 번 응시하여도 합격하지 못하니, 공은 항상 "다만 어버이 마음을 속이는 것이다."라고 자책하여 과거 공부를 폐하였다. 그리하여 마음을 오로지 학문(學問)에 쏟아 성리학을 연구하였으며, 돈독하고 확실하게 실천하고 순수하고 독실하게 지조를 지켰다.

만년에 《주역》을 배웠는데, 〈단전(彖傳)〉과 〈상전(象傳)〉, 《역전(易傳)》과 《주역본의(周易本義)》[79]를 이해하지 않은 것이 없었다. 예(禮)를 좋아하여 주문공(朱文公 주희(朱熹))의 《가례(家禮)》를 근본으로 삼고 우리나라 현자(賢者)들의 문답을 참고해서 분명하게 분변하여 해석하였는데, 이웃사람들과 친족들이 공의 도움을 받아 예(禮)를 완비하였다. 동지(同志)들을 창도(倡導)하여 처음으로 학계(學契)를 만들어 사숙(私塾)을 세우고 서적을 모아놓고서 학생들과 장수(藏修)하고 유식(游息)하니,[80] 한 지방 사람들이 널리 영향을 받았다. 그리

79 단전(彖傳)과……주역본의(周易本義) : 모두 《주역》을 이해하기 쉽게 풀이한 주석으로, 〈단전〉과 〈상전(象傳)〉은 공자가 지은 것이고, 《역전(易傳)》은 북송(北宋)의 학자 이천(伊川) 정이(程頤)가 지은 것이고, 《주역본의》는 주자가 지은 것이다.

고 적륵(趯勒)[81]의 묘법(妙法)에 널리 통달하여 한 도에서 추앙을 받았으나, 한 가지 기예를 가지고 자신의 이름을 드러내는 것을 원하지 않았다.

천성이 효성스러워서 뜻도 맞춰드리고 물질적으로도 봉양하였으며 맛있는 음식이 떨어지지 않게 하였다. 그리고 거상(居喪)할 적에는 곡소리를 그치지 않아 몸이 쇠약해져 거의 생명을 잃을 뻔하였다. 종족(宗族)들이 일제히 모여 고기를 먹으라고 권하였으나 끝내 듣지 않았고, 아침저녁으로 성묘하여 단 하루도 폐하지 않았다. 매번 기일(忌日)을 만나면 단괄(袒括)할 때와 같이 울부짖었고[82] 선조의 묘소에 석물(石物)을 구비하여 정성을 다하지 않음이 없었다.

형제 6명이 우애가 매우 돈독하여 한집에서 함께 살면서 한솥밥을 먹었는데 가정에 서로 비난하는 말이 없었다. 분가할 적에 재산을 서로 양보하자, 자신이 더 거친 것을 취하여 자급(自給)하지 못하였으나, 급한 도움이 필요한 사람을 자기의 사사로운 일보다 더 돌보았다. 사람을 접할 적에는 귀천과 존비를 막론하고 모든 사람들에게 마땅한 도리

80 장수(藏修)하고 유식(游息)하니 : '장수'는 항상 학문을 닦아 게을리하지 않는 것을 말하며, '유식'은 정해진 과정에 의해 쉬는 시간에도 학문에 마음을 두는 것을 말하는바, 《예기》 〈학기(學記)〉의 "군자는 학문할 적에 장하고 수하고 유하고 식한다.〔君子之於學也, 藏焉修焉, 息焉遊焉.〕"라는 데서 온 말이다.

81 적륵(趯勒) : '적(趯)'은 서법(書法)의 8가지 방법 중 구획(鉤畫)으로 갈고리처럼 굽은 모양의 획이고, '늑(勒)'은 횡획(橫畫)인데, 전하여 서법을 가리킨다.

82 매번……울부짖었고 : '단괄(袒括)'은 처음 부모의 상(喪)을 당했을 때에 행하는 고대의 예법으로, 단(袒)은 한쪽 어깨의 옷을 벗는 것을 말하고 괄(括)은 머리를 묶는 것을 가리키는바, 기일 때에도 초상 때와 같이 슬피 울부짖었다는 말이다. 《禮記 喪大記》

를 다하였다.

공은 초야(草野)의 선비로 살았으나 천성적으로 충성과 사랑을 타고 나서 국상(國喪)에는 번번이 소식(素食)을 하고 바깥에서 거처하여 남과 함께 웃고 농담하지 않았으며, 초하루와 보름에는 마을의 자제들과 함께 산에 올라가 서울을 바라보고 곡하였는데, 슬픔을 다하고야 그쳤다. 이는 곧 효행을 미루어 실천한 것이었다.

순조 기축년(1829) 2월 3일에 별세하니, 출생한 무술년(1778)부터 52년이 된다. 용강(龍岡) 선교(船橋) 간좌(艮坐)에 장례하니, 선영을 따른 것이었다.

배위인 울진 임씨(蔚珍林氏)는 학생(學生) 재하(載夏)가 그 선친이니, 능히 공의 덕에 짝하였다. 두 아들을 두었는데 형련(亨鍊), 형구(亨銶)이고, 두 딸은 이승모(李升謨), 박면달(朴勉達)에게 출가하였다. 정수(正洙)와 정식(正湜), 김이구(金履九)와 임정계(林貞桂), 김홍구(金泓九)의 처는 형련의 소생이고, 임익시(林益時)의 처는 형구의 소생이고, 이승모의 아들은 봉조(鳳祚)이다.

공은 성품이 침착하고 후중(厚重)하며 단정하고 엄격하여 기쁘거나 노여운 감정을 갑자기 드러내지 않았고 함부로 말하거나 웃지 않았으며, 유속(流俗)을 보기를 초개(草芥)보다도 더 하찮게 여겼다. 이 때문에 공을 좋아하지 않는 자가 많았으나 끝내 지키는 바를 변치 않았다.

몸가짐을 담박하게 하여 밥을 먹을 때에는 고량진미(膏粱珍味)를 원하지 않고 옷은 해진 솜옷을 싫어하지 않았다. 항상 자기 아들과 조카들에게 훈계하기를 "충신(忠信)과 효제(孝悌)에 힘을 쓰면 곧 성인(聖人)의 경지에 이를 수 있으니, 비록 주공(周公)과 공자의 학문이라도 굳이 다른 곳에서 찾을 필요가 없다."라고 하였다. 스스로 수행한 실제를 미루어 남을 가르치기를 게을리하지 아니하여 선비들에게 존경을 받고 본보기가 되었으니, 진실로 능히 그 뜻과 사업을 끝까지 채우고 밝혔더라면 어찌 다만 한 지방의 착한 선비가 될 뿐이었겠는가.

정수(正洙)가 나를 종유(從遊)하였는데 뜻과 행실이 고아하고 깨끗하니, 나는 그를 그지없이 사랑하고 아낀다. 또 그가 능히 선대의 아름다움을 계승하는 것을 감탄하고 있었는데, 하루는 김면항(金勉恒) 군이 지은 공의 행장을 가지고 와서 간절하게 명문을 청하니, 나는 참된 정성에 감동하여 병을 무릅쓰고 다음과 같이 명을 짓는다.

공은 지극한 효성이 있었으니 公有至性
천성적으로 타고난 것이었네 得之自天
하늘은 이미 후한 덕을 내려주었는데 旣畀以厚
어찌 공의 온전한 수명에 인색하였는가 胡嗇其全
보답해주는 것이 똑같으니 均厥報施
누가 조화의 권력을 잡았는가 疇秉化權
공이 후손들에게 남겨 준 것은 公所遺孫
재물이 아니고 편안함이었고 不以財以安
후손들이 선조를 드러낸 것은 孫所顯祖
어짊이었고 관직이 아니었네 以賢不以官
거두어 돌아가니 斂以歸之
무덤 속이었네 堂斧之中
불후한 것이 남아있으니 不朽者存
저승과 이승에서 감통하였네 幽明感通

오정 강공 묘지명 병서○경술년[83]

梧亭姜公墓誌銘 幷序○庚戌

잠은(潛隱) 강공(姜公)이 중화(中華)를 높이고 오랑캐를 물리치는 대의(大義)를 지켜서 세상을 피해 은둔하여 스스로 몸을 깨끗이 하니, 후손들이 공의 명성을 계승해서 아름다움을 대대로 이어왔다. 오정 처사(梧亭處士) 휘 성(械)에 이르러 능히 선대의 뜻과 사업을 이어서 한 도의 선(善)한 선비가 되는 데에 부족함이 없었으니, 아! 아름답다.

공은 자가 성거(聖居)이고 관향이 진주(晉州)이니, 계통은 고구려 때 병마원수(兵馬元帥)를 지낸 휘 이식(以式)에게서 나왔는데, 여러 대가 벼슬이 이어져 삼한(三韓)의 명망 있는 집안이 되었다. 조선조에 들어와서 대제학 휘 회중(淮仲)과 부제학 휘 징(澂)과 응교(應敎) 휘 덕서(德瑞)가 문장과 도의(道義)로써 세상에 유명하였으니, 굳이 여기서 자세히 기록하지 않는다. 응교 공에게 손자 휘 흡(恰)이 있었으니, 이분이 잠은공(潛隱公)이다.

효종(孝宗)이 뜻을 가다듬어 복수하여 설욕하려고 할 적에 산음 현감(山陰縣監)으로 있다가, 효종이 훙서(薨逝)하자, 다시 마침내 태백산 산중에서 포의(布衣)의 신분으로 돌아갔으니, 바로 공의 5세조이시다. 증조는 휘가 재광(再光)이고 조고는 휘가 함일(咸一)이고 선고는 휘가 침(沈)인데, 모두 선조의 유지(遺志)를 따라서 은둔하여 벼슬하지 않았다. 선비(先妣)는 곡부 공씨(曲阜孔氏)이니, 영조 신묘년(1771) 정

83 경술년 : 1850년(철종1)으로, 매산의 나이 75세 되던 해이다.

월 12일에 안동(安東) 법전(法田)의 시골집에서 공을 낳았다.

공은 타고난 자품이 지혜롭고 총명해서 취학(就學)하기 전에 이미 옆 사람이 글을 가르쳐주면 번번이 그것을 기억하였다. 백씨(伯氏)에게 수업하였는데, 백씨공은 문장과 행실로 집안의 기대를 한 몸에 받고 있었다. 공을 어루만지고 사랑함이 매우 지극하여 공부를 독려하여 회초리를 칠 때마다 아우를 끌어안고 눈물을 흘리니, 공이 크게 감동하여 학문에 더욱 분발하였다.

조금 더 자라자 종숙부 유천공(柳川公) 한(瀚)에게 배웠다. 유천공은 미호(渼湖 김원행(金元行)) 문하의 고제(高弟)로 한 지방의 종사(宗師)가 되었는데, 공을 얻고는 매우 소중히 여겨《주자서(朱子書)》21편과 율곡(栗谷)의《동호문답(東湖問答)》[84]을 모아서 공에게 전해 주어 외고 익히는 자료로 삼게 하였다. 공은 더욱더 스스로 경계하고 조심해서 조용한 산사(山寺)로 책상을 짊어지고 가서 각고(刻苦)의 노력으로 책을 읽고 담박한 음식을 먹으며 불철주야 학업에 매진하였다.

여러 번 향시(鄕試)에 응시하여 합격하였으나, 남성시(南省試)에는 합격하지 못하자 탄식하기를 "영고(榮枯)에는 운명이 있으니, 어찌 무익(無益)한 것을 바라겠는가. 은둔하여 자신의 뜻을 구하는 것은 우리 집안의 청전(靑氈)[85]이다."라고 하였다. 마침내 집안 식구들을 데리고

84 동호문답(東湖問答) : 1569년(선조2)에 율곡 이이가 왕도정치(王道政治)에 대한 경륜을 주객(主客)의 문답체로 서술해 선조에게 올린 책이다.

85 청전(靑氈) : 푸른 모포로, 선대로부터 내려온 오랜 가업(家業)을 이른다. 진(晉)나라 왕헌지(王獻之)가 누워 있는 방에 도둑이 들어와서 물건을 모두 훔쳐 가려 하자 "도둑아, 그 푸른 모포는 우리 집안의 유물이니, 그것만은 놓고 가라.〔偸兒! 靑氈我家舊物, 可特置之.〕"고 하였는바, 이로부터 선대로부터 전해오는 귀한 유물이나 가업을 가

백화산(白華山)으로 들어가서 입을 닫고 청정(淸靜)을 지키며 열심히 책을 읽고 이치를 연구하였다. 그중에서도 《주자서》를 가장 좋아하였는데, 손수 초록(抄錄)하여 소리 내어 읽으며 침잠(沈潛)하고 고구(考究)해서 학문하는 즐거움으로 근심을 잊으니, 몸이 늙고 있는 줄도 알지 못하였다.

새벽에 일어나 가묘(家廟)를 배알하고는 집의 안팎을 정돈하였는데, 해진 삼베옷을 입고 채소를 먹으면서도 태연히 거처하였다. 지방에서 거처할 적에 친소(親疏)를 막론하고 모든 사람을 한결같이 충신(忠信)으로써 대하였다. 도리가 아닌 짓을 하는 자에게는 비록 공이 옳더라도 따지지 않았고, 인물의 선악(善惡)과 시정(時政)의 잘잘못을 입으로 말하지 않았다. 애경사(哀慶事)를 두루 돌보아서 곳곳마다 분수를 다하여 도우니, 고장 사람들이 기뻐하여 복종하였다.

또 회인(懷仁)의 오봉산(五鳳山) 아래로 이거(移居)하였는데, 공은 이 지방 사람들의 습속이 어리석고 무식한 것을 가엽게 여겨 정성을 다해 타이르고 가르치니, 상하노소(上下老少)가 모두 믿고 감동하였다. 날마다 마을의 수재(秀才)들과 함께 경전의 뜻을 토론하였고, 시골의 부로(父老)들을 거느리고 전야(田野)를 소요(逍遙)하다가 지팡이를 꽂아놓고 농사(農事)를 살펴보았으며, 혹은 시 짓는 것을 낙으로 삼기도 하였다.

말년에는 또 영동(永同)의 오정(梧亭)에 터를 잡아 집을 지었는데, 이는 종질(從姪)인 시환(時煥)이 사는 곳과 가까이 살고자 한 것이었다. 독서하는 여가에 때때로 직접 채전(菜田)을 김매어 옛날 소운경(蘇

리키는 말로 쓰이게 되었다. 《晉書 卷80 王羲之列傳 王獻之》

雲卿)이 채전을 가꾸었던 고의(古義)[86]를 따랐다. 평소 세속을 따라 남들을 좇아다니는 것을 좋아하지 않아서 산문(山門)을 나가지 않은 지가 거의 수십 년이었다. 임인년(1842)에 시종(侍從)하는 은혜를 입어 통정대부의 품계에 제수되었으나, 조사(朝士)의 복식(服飾)을 갖추지 않았다.

향년 77세인 헌종(憲宗) 정미년(1847) 5월 13일에 별세하여 본 현(縣)의 백마산(白馬山) 건좌(乾坐)의 언덕에 장례하였다. 배위(配位)인 홍양 이씨(興陽李氏)는 광곤(光坤)의 따님이니, 창석공(蒼石公) 이준(李埈)이 그 선조이다. 공의 묘 왼쪽에 부장하였고 별도로 묘지명이 있다.

두 아들을 낳았는데, 빈환(斌煥)은 양자로 나갔고 장환(長煥)은 전(前) 정언(正言)이며, 두 딸은 이필환(李必煥), 송지수(宋智洙)에게 출가하였다. 빈환의 아들은 이중(彝重)과 재중(載重)이고, 사위는 이달영(李達英)이다. 장환의 사위는 이관익(李觀翼)이다. 이필환의 아들은 인협(寅協)이고 사위는 강기중(姜璣重)이다. 나머지는 모두 어리다.

공은 부모에 대한 효도와 형에 대한 공경을 타고났다. 항상 어린 나이에 모친을 잃어 어머니 얼굴을 알지 못하는 것을 지극한 애통으로

86 소운경(蘇雲卿)이……고의(古義) : 소운경이 송대(宋代) 소흥(紹興, 1131~1162) 연간에 예장(豫章)의 동호(東湖)에서 혼자 초막을 짓고 살면서 채전을 가꾸어 그 소출로 생계를 유지하였던 고사를 이른다. 소년 시절의 빈천지교(貧賤之交)였던 장준(張浚, 1097~1164)이 재상이 되어 큰일을 도모할 적에 소운경을 조정으로 불러들이려고 예장의 관리로 하여금 회유(懷柔)하게 하였으나, 끝내 응하지 않고 종적을 감추었다. 《宋史 卷459 隱逸下》

여겼으며, 약관이 되기 전에 또다시 부친상을 당하자 슬픔으로 몸을 훼손해서 거의 생명을 잃을 뻔하였다. 매번 기일(忌日)이 되면 치재(致齋)를 하고 제물(祭物)을 구비하였는데 되도록 지극히 정결하게 하였고 초상 때와 같이 가슴을 치며 울부짖었다.

제철의 물산(物産)을 만나게 되면 차마 먼저 맛보지 못하고 항상 슬픔이 북받쳐 탄식하며 오열해서 마치 돌아갈 곳이 없는 곤궁한 사람과 같았다. 백씨(伯氏)와 중씨(仲氏)가 모두 요절하니, 힘을 다하여 장례를 치르고 두 형수를 어머니처럼 섬겼다. 숙모 김씨(金氏)가 연세가 많았고 종수(從嫂)와 종수의 외로운 딸이 의탁할 곳이 없이 빈곤하게 살았는데, 공은 입을 옷과 먹을 음식을 반드시 숙모에게 먼저 올렸고 일이 있으면 반드시 숙모에게 여쭈어 처리하였으며, 종수의 외로운 딸을 어루만지고 구휼하여 자기의 소생과 다름없이 대하였다.

숙모의 장례를 치르고 여러 딸을 시집보낼 때의 혼수에 정성과 재력(財力)을 다하였다. 종질(從姪)인 치환(致煥)이 역병에 전염되어 객지에서 죽자, 공은 종형 제(梯)와 함께 가서 염을 하고 빈소를 차려주었는데, 종형도 이 병으로 죽었다. 공은 또다시 가서 곡하고 초종장사(初終葬事)를 몸소 살피니, 사람들은 모두 위태롭게 여겼으나, 공은 끝내 무탈하였다. 이는 모두 효성을 미루어 가서 실천한 것이었다.

여러 자제들을 의로운 방법으로 가르쳤으니, 장남이 백씨(伯氏)의 양자로 나가자, 공은 근본인 아버지를 두 명으로 여겨서는 안 된다고 깊이 경계하였다. 차남이 과거에 급제하자 항상 그로 하여금 의리와 이익을 변석(辨析)하게 하였고, 주자(朱子)의 〈가정(家政)〉, 〈가훈(家訓)〉, 〈요언(要言)〉 3편과 〈여위응중서(與魏應仲書)〉[87]를 제시하여 명심하게 하였다.

산천(山泉) 이극성(李克聲)[88]이 서울에서 유학(儒學)을 강론한다는 말을 듣고는 편지를 써서 아들을 부탁한다는 뜻을 자세히 말하였다. 이어서 아들로 하여금 당대의 여러 학자들을 두루 사귀게 하였다. 아들이 창방(唱榜)되었다는 말을 듣자, 부화(浮華)함을 없애고 검약(儉約)을 따르도록 권면하였다.

공은 또 말씀하기를

"통적(通籍)하여 나라에 몸을 바치면 네 몸은 네 소유가 아니니, 정성을 다해 국은(國恩)에 보답할 것을 도모하는 것이 바로 효(孝)를 충(忠)으로 옮기는 것이다. 충효(忠孝)와 청백(淸白)은 우리 집안에서 대대로 이어온 가업(家業)이니, 만일 혹시라도 명예를 무너트리고 자기 몸에 재앙이 미치게 하면, 자기 몸 하나만 낭패할 뿐만이

87 가정(家政)……여위응중서(與魏應仲書) : 〈가정〉, 〈가훈(家訓)〉, 〈요언(要言)〉 3편에 대해서는 자세하지 않으나, 홍석주(洪奭周, 1774~1842)가 정조(正祖)에게 아뢴 말에 "신은《주자대전(朱子大全)》을 더없는 보배처럼 받들고 신명(神明)처럼 믿어왔습니다만, 유독 유집(遺集) 1권의 경우 가끔 의심스러운 것이 없지 않습니다. 시(詩)로는 〈성리음(性理吟)〉, 〈독서락(讀書樂)〉과 문(文)으로는 〈가정(家政)〉, 〈가훈(家訓)〉, 〈거가요언(居家要言)〉, 〈불자기문(不自棄文)〉 등의 편을 예로 들 수 있습니다. 이러한 작품들은 의미의 깊고 얕음과 필력(筆力)의 높고 낮음이 주자 평소의 작품들에 비하면 도저히 같은 수준에서 말할 수 없습니다."라고 하였는바,《주자대전》유집에 실려있던 글로 보인다.《弘齋全書 卷132 故寔四 朱子大全三》〈여위응중서〉는 주자가 위섬지(魏掞之, 1116~1173)의 아들인 위응중(魏應仲)에게 보낸 편지로, 공부하는 방법을 자세히 설명한 편지이다.《朱子大全 卷39》

88 산천(山泉) 이극성(李克聲) : 본관이 벽진(碧珍)으로, 김장생(金長生)의 문인이며 송시열, 송준길(宋浚吉)과 도의(道義)의 교분을 맺은 이상일(李尙逸, 1600~1674)의 5대손이고, 민우수(閔遇洙, 1694~1756)에게 절개를 인정받은 이지완(李志完, 1668~1775)의 증손이다.《梅山集 卷36 聽澗堂李公墓碣銘》

아니라 선조의 가법을 실추하고 스승의 가르침을 저버리는 것이다."

라고 하였다. 또 말씀하기를

"옛날 우리 잠은공(潛隱公)이 후손들에게 훌륭한 가르침을 넉넉히 드리우셔서 무명옷과 삼베옷을 입고 채소와 거친 밥을 먹으며 초가집에서 짚신을 만들어 신고 사시면서도 그 법도를 고치지 말라고 하셨는데, 지금 이것을 제대로 실천하지 못하고 있다. 우리들이 마땅히 기억하고 경계해야 할 바이다."

라고 하였다.

차남이 율봉도(栗峯道)의 찰방을 맡았을 적에 모부인(母夫人)의 묘소를 옮기자, 공은 비용을 절약하라고 권면하였다. 또 관직에 있을 때 번거로운 공무를 견뎌내는 방도와 집안을 다스릴 때 명분을 바르게 하는 의리로써 경계하였으니, 모두 영원한 후세에 법도가 될 만하였다. 아들의 관청에서 봉양을 받을 적에 음악과 기생을 접하지 않았고 의복과 음식을 산중에 거처할 때와 똑같이 하였으니, 평소 성품이 이와 같이 담담(淡淡)하고 검소하였다.

노복(奴僕)을 부릴 적에 엄하면서도 은혜로웠다. 행랑채에서 죽은 노복이 있었는데 감히 빈소를 차리고 곡을 하지 못하자, 공이 빈소를 차리고 곡할 것을 허락하며 말씀하기를 "옛 사람 중에 뜰아래에서 장례하는 것을 허락한 일이 있었다.[89] 살았을 적에 집 짓고 살 것을 허락했

89 옛 사람……있었다 : 옛 사람은 계무자(季武子)로, 춘추 시대 노(魯)나라의 정경(正卿)인 계손숙(季孫宿)인데 시호가 무(武)여서 이렇게 칭한 것이다. 이 내용은 《예기》 〈단궁 상(檀弓上)〉에 "계무자가 정침(正寢)을 지었는데, 주공(周公) 이전에 장례한 두씨(杜氏)의 무덤이 서쪽 계단의 아래에 있었다. 두씨가 합장할 것을 청하자 계무자가 허락하였는데, 두씨가 계무자의 집에 들어와 감히 곡하지 못하였다. 계무자가 말하

는데 죽은 뒤에 그곳에 빈소를 차리는 것을 금해서야 되겠는가."라고 하니, 공에게 정성과 충성을 바치지 않는 사람이 없었다.

일찍이 근세(近世)의 심성(心性)의 설(說)이 서로 분열된 것을 탄식하여 말씀하기를

"이것은 의리(義理)상 의견이 조금 다른 것에 불과하고 천당(川黨)과 낙당(洛黨), 동인(東人)과 서인(西人)[90] 같은 것은 아니다. 초학자(初學者)는 미리 스스로 자기 주장을 내세우지 말고, 궁극의 지경까지 체험해서 정견(定見)이 나오기를 기다려야 비로소 절충할 수 있다."

라고 하였다. 또 말씀하기를

"심(心)과 성(性)의 본원(本源)에 어찌 기질(氣質)을 섞어서 말할 수 있겠는가. 사람과 물건의 성(性)이 모두 똑같은 이치이니, 이치가 이미 똑같다면 성이 어찌 둘로 나누어지겠는가. 심(心)은 본래 선(善)하고 기(氣)에 선악이 있는 것이다. 그렇다면 기질을 심(心)에 해당시킬 수 있겠는가. 본래 두 성(性)이 없는데 기질성(氣質性)

기를 '합장은 옛날 제도가 아니나 주공 이후로 합장하기 시작하여 바꾼 적이 없으니, 내가 큰 것을 허락하고 작은 것은 허락하지 않으면 어찌 하겠는가.'라고 하고, 두씨에게 곡할 것을 명하였다."라고 보인다.

90 천당(川黨)과……서인(西人) : 천당과 낙당(洛黨)은 송(宋)나라 철종(哲宗) 무렵의 당파로, 천당은 소식(蘇軾), 여도(呂陶) 등이 주축을 이루고, 낙당은 정이(程頤), 주광정(朱光庭) 등이 주축을 이루었다. 소식이 사천(四川), 즉 촉(蜀)의 미주(眉州) 출신이기 때문에 천당 또는 촉당(蜀黨)이라고 하였고, 정이가 낙양(洛陽) 출신이기 때문에 낙당이라고 하였다. 처음에는 천당과 낙당 모두 왕안석(王安石)의 신법(新法)을 반대하였으나 뒤에는 견해가 달라져 서로 대립하였다. 동인(東人)과 서인은 우리나라의 당파를 가리킨 것이다.

과 본연성(本然性) 두 가지가 있는 것은 기(氣) 때문이지 성(性) 때문이 아니다.

모두 동일한 이치인데 사람과 물건이 성(性)이 똑같지 않는 것은 기(氣) 때문이지 이(理) 때문이 아니다. 심(心)은 본래 선(善)하나 발(發)함에 선(善)과 악(惡)이 있는 것 또한 기(氣) 때문이지 심(心) 때문이 아니다. 사람에게 다 똑같은 것은 심체(心體)와 성리(性理)이고, 똑같지 않은 것은 기(氣)이다.

지금 심(心)이 이미 발(發)한 것을 가지고 그 본체(本體)를 가리고서 '마음에 선과 악이 있다.'라고 해서 기질(氣質)로써 여기에 해당시키고자 하고, 형기(形氣)가 똑같지 않은 것을 가지고 본연(本然)과 뒤섞어 '사람과 물건의 성(性)이 똑같지 않다.'고 하여, 편(偏)·전(全)으로써 여기에 귀착시키고자 하면, 정자(程子)와 주자(朱子)의 의논과 큰 차이가 있을까 두렵다."

라고 하니, 성리학에 대한 탁월한 식견은 세상의 유자(儒者)들이 미칠 수 있는 것이 아니었다.

저술을 좋아하지 않아서 일찍이 《경사차의(經史箚疑)》를 지었는데 자기 뜻에 차지 않는다 하여 없애버렸다. 겸허하고 사양하여 남이 알아주기를 바라지 않고 평생토록 자신을 감추어 경술(經術)을 가지고 표방(標榜)하는 것을 달갑게 여기지 않았다. 그러므로 세상에서는 공의 덕을 아는 이가 적었으나, 그윽한 광채와 잠겨있는 훌륭함이 여기에 있으니, 거의 밝지도 않고 어둡지도 않아서 때를 편안히 여기고 순리에 따라 처신한 분이 아니겠는가.

정언(正言) 군이 일찍이 나를 종유(從遊)하여 내가 공의 행실을 매우 자세히 알았는데, 지금 행장을 가지고 와서 나에게 묘지명을 지어

줄 것을 부탁하였다. 내가 말하기를 "공은 안으로 숨기고 밖으로 드러내지 않음으로써 스스로 덕을 이루었다. 이것이 이른바 '도를 숨겨 이름이 드러남이 없다.'[91]는 것이니, 더 이상 무슨 명문이 필요하겠는가." 라고 하니, 군이 말하기를 "옳습니다만 옳지 않기도 합니다. 묘소에 지문(誌文)이 없으면 어떻게 능곡(陵谷)의 변고[92]에 대비하겠습니까." 라고 하였다. 아! 남의 선을 말하여 후세에 고(告)하기를 좋아하는 것은 진실로 군자의 마음이다. 하물며 공의 어진 덕은 후세에 전하여 불후할 만함에 있어서이겠는가. 마침내 병을 무릅쓰고 명을 짓는다. 명문은 다음과 같다.

군자의 덕은	君子之德
드러나지 않아도 이루어지니	不見而成
근본을 숭상하고 실제를 돈독히 해서	崇本敦實
항상 아름다운 이름이 날까 두려워하네	常恐修名
초연히 세속과 단절하여	超然絶俗
산림에서 순수함을 길렀으니	養粹巖扃
그 누가 공보다 낫겠는가	其孰尙予
소박한 삶을 편안히 여기고 정도를 지켰네	安素居貞

91 도를……없다 : 이 내용은 《사기》 권63 〈노자열전(老子列傳)〉의 "노자는 도덕을 닦았는데, 그의 학문은 자신을 숨겨 이름을 드러내지 않음을 힘쓰는 것이었다.〔老子修道德, 其學以自隱無名爲務.〕"라는 말을 원용한 것이다.

92 능곡(陵谷)의 변고 : 능곡은 상전벽해(桑田碧海)와 같은 말로, 심한 변화를 의미한다. 《시경》 〈소아(小雅) 시월지교(十月之交)〉의 "높은 언덕이 골짜기로 뒤바뀌고, 깊은 골짜기가 언덕으로 변했다.〔高岸爲谷, 深谷爲陵.〕"라는 데서 온 말이다.

효도와 공경을 정사로 삼으니	孝悌爲政
아름다운 행실이 가정에 충만하였네	行滿家庭
무엇으로써 이것을 이루었는가	何以致之
경학 연구에 전심치지하였네	玩心研經
성리학이 절로 순수해져	名理自醇
후생들을 도와 계도하였네	佑啓後生
높고 높은 백마산에	崔崔馬岡
우뚝한 무덤이 고요하네	峋峋崇塋
어진 부인이 함께 묻혔으니	碩媛同室
백세토록 영원히 평온하리라	百世永寧
명을 지어 어진 덕을 칭송해서	述詩誦賢
세도를 돕노라	用裨世程

처사 이공 묘지명 병서○경술년

處士李公墓誌銘 幷序○庚戌

율곡(栗谷) 선생의 성대한 덕과 큰 사업은 백세(百世)의 종사(宗師)가 되신다. 후손들에게 아름다운 덕을 드리워서 능히 선대의 아름다움을 이었는데, 8대손 휘 점(點)에 이르러 독실히 배우고 힘써 행하여 법도 있는 가문의 정직한 선비가 되었으니, 아! 훌륭하다.

공은 본관이 덕수(德水)이니, 자가 여지(與之)이다. 증조 휘 돈오(惇五)는 서부 참봉(西部參奉)이고, 조고 휘 백(伯)은 장원서 별제(掌苑署別提)이고, 선고 휘 인림(仁林)은 금산 군수(金山郡守)이니, 대대로 종통(宗統)을 이어서 율곡 선생의 제사를 주관하였다. 군수공(郡守公)이 안동 김씨(安東金氏) 하일(夏一)의 따님에게 장가들어 공을 한양(漢陽)의 마을 집에서 낳았다.

공은 기질이 맑고 용모가 단정하였으며 부모의 뜻을 순종하였다. 겨우 스승에게 배움을 청할 나이에 금산의 임소에 따라가서 면벽(面壁)하여 책을 읽었는데, 조금도 한눈팔지 않았다. 덕기(德器)가 일찍 성취되어서 향당에서 칭찬을 받았다. 군수공이 역병을 앓아 위독하자 김부인(金夫人)이 후사(後事)를 물으니, 군수공이 말씀하기를 "둘째 아들이 효성스럽고 우애하고 자상(仔詳)하고 신중하여 틀림없이 조처를 잘할 것이니, 근심하지 말라."고 하셨으니, 이때 공의 나이가 겨우 20여 세였다. 거상(居喪)할 적에 너무 슬퍼하여 몸을 훼손해서 거의 생명을 잃을 뻔하였으며, 상례를 한결같이 사계(沙溪)의 《상례비요(喪禮備要)》[93]를 따랐다.

어머니를 섬김에 지극히 효성스러워서 항상 콩과 물이 부족할까 염려하여 여러 아우들과 쌀과 곡식을 내어 '체악계(棣萼契)'[94]라고 이름하고서 항상 맛있는 음식을 바쳤다. 생신날 아침이면 반드시 성찬(盛饌)을 진설하고 자손과 종족(宗族)들을 모아서 즐거운 자리를 만들었다. 새벽마다 가묘를 배알하였으며 휘일(諱日)에 곡할 적에는 초상 때와 똑같이 슬퍼하며 목욕하고 치재(致齋)하였으며, 선영(先塋)의 석물(石物)을 모두 잘 구비하였다.

항상 문성공(文成公 이이(李珥))의 전서(全書)가 판각본이 없어서 오랫동안 전해지지 못함을 탄식하고 진신(縉紳)들과 상의하여 간행해서 그 판각을 보관하여 영원히 전해지게 하였다. 문성공의 부인인 노씨(盧氏)의 정열비(貞烈碑)가 자운동(紫雲洞)의 선영에 파묻혀 있었는데, 공은 선대의 뜻이 완수되지 못함을 염려해서 바닷길로 수송하여 청계당(聽溪堂)의 뒤에 세워 이것으로 정려문(旌閭門)을 대체(代替)하였다.

93 사계(沙溪)의 상례비요(喪禮備要) : 사계는 김장생(金長生, 1548~1631)의 호이다. 《상례비요》는 신의경(申義慶, 1557~1648)이 《주자가례(朱子家禮)》의 원문을 위주로 하고 고금의 상례의 설을 참고하여 1권 1책으로 편찬한 책인데, 뒤에 친구인 김장생이 여러 대목을 증보하고, 아울러 시속(時俗)의 예제(禮制)도 참작하여 이용하기에 편리하도록 만든 다음 서문을 붙였으며, 그 뒤 사계의 아들 신독재(愼獨齋) 김집(金集)이 이를 교정하여 2권 1책의 목판본으로 1648년(인조26)에 간행하였는바, 이 때문에 흔히 사계의 저작으로 알려져 있다.

94 체악계(棣萼契) : '체악'은 형제를 비유하므로 '체악계'는 형제간의 계를 이르는바, 《시경》 〈소아(小雅) 상체(常棣)〉에 "활짝 핀 아가위꽃, 얼마나 곱고 아름다운가. 이 세상에 누구라 해도, 형제만 한 이가 없네.〔常棣之華, 鄂不韡韡? 凡今之人, 莫如兄弟.〕"라고 한 데에서 온 말이다.

백씨(伯氏)가 일찍 요절하여 공이 종사(宗事)를 대신 주관하였는데 종질(宗姪)과 외로운 아우를 교육하여 성취하도록 하였다. 집안을 다스림에 법도가 있었는데, 반드시 《격몽요결(擊蒙要訣)》[95]을 따랐다. 형수를 어머니처럼 섬겨서 적은 돈과 비단도 사사롭게 사용하지 않았고, 이것을 종족에게까지 미루어서 돈독하고 화목하게 하는 데에 힘을 다하였다. 소원(疏遠)한 친족 중에 효부(孝婦)가 있었는데, 공은 그 곤궁하고 외로운 것을 구휼하였다.

항상 옛날 관례(冠禮)가 행해지지 못함을 한스러워 하여 말씀하기를 "우리 선조의 사손(嗣孫)은 마땅히 삼가례(三加禮)[96]를 써야 한다."라고 하고, 문성공의 〈관례도(冠禮圖)〉의 예식을 따라 종손 민행(敏行), 민도(敏道)의 관례를 행하니, 한 지방이 공경하고 복종하였다.

소싯적에 장차 과거에 응시하려고 했는데, '시험을 주관하는 자가 일찍이 사학(邪學 천주교(天主敎))을 믿어 죄를 얻었다.'는 말을 듣고는 마침내 과거에 응시하지 않았다. 여러 번 초시에 합격하였으나 남성시(南省試)에서는 합격하지 못하자, 40세가 되기 전에 과거를 포기하고

95 격몽요결(擊蒙要訣) : 1577년(선조10), 율곡 이이(李珥)가 황해도 해주(海州)에서 강학할 적에 초학자들을 가르치기 위하여 편찬한 책이다. 입지(立志), 혁구습(革舊習), 지신(持身), 독서(讀書), 사친(事親), 상제(喪制), 제례(祭禮), 거가(居家), 접인(接人), 처세(處世) 등의 10장으로 나누고, 뒤에 사당도(祠堂圖)·시제도(時祭圖)·설찬도(設饌圖)와 제의(祭儀)의 출입의(出入儀)·참례의(參禮儀)·천헌의(薦獻儀)·고사의(告事儀)·시제의(時祭儀)·기제의(忌祭儀)·묘제의(墓祭儀)·상복중행제의(喪服中行祭儀) 등을 첨부하였다.

96 삼가례(三加禮) : 관례(冠禮)를 이르는바, 관례를 행할 적에 처음에는 치포관(緇布冠)을 씌우고, 두 번째에는 가죽으로 만든 피변(皮弁)을 씌우고, 세 번째에는 작변(爵弁)을 씌워서 모두 세 번에 걸쳐 관을 씌우기 때문에 이렇게 부른다.

학문에만 정진하였다. 계당(溪堂)의 옆에 집을 지으니, 계당은 바로 율곡 선생이 살던 곳이다.

공은 항상 이 당(堂)에 거처하여 갱장(羹墻)의 사모하는 마음[97]을 붙이고 그 서실에 편액(扁額)하기를 '염수(念修)'라고 하였다.[98] 당의 서쪽에 매우 깨끗한 석천(石泉)이 있는데, 바로 율곡 선생이 갓끈을 씻었던 곳[99]으로, 비석을 새겨서 깨끗함을 품평하였다. 은병(隱屛) 아래에 또다시 앙고대(仰高臺)를 쌓고 '땅을 차마 버릴 수가 없고 물을 차마 황폐하게 할 수 없다.〔地不忍廢, 水不忍荒.〕'는 8자를 새겨서 안락정(顔樂亭)의 고사(故事)를 따랐다.[100]

소현서원(紹賢書院)의 묘정(廟庭)에 옛날에 묘정비가 없었는데 공이 도모하여 묘정비를 세우고 또 최동고(崔東皐 최립(崔岦))가 지은 석담사적비(石潭事蹟碑)를 요금정(瑤琴亭)에 세웠다.

97 갱장(羹墻)의 사모하는 마음 : '갱장'은 옛날 요(堯) 임금이 별세하자 순(舜) 임금이 요 임금을 그리워하여 국그릇을 대하여도 국에 요 임금의 모습이 어른거리고 담장을 대하여도 담벼락에 요 임금의 모습이 어른거린 일을 가리키는바, 곧 스승을 사모하는 마음을 나타낸 것이다.

98 그 서실에……하였다 : '염수(念修)'는 선군인 율곡 선생을 생각하여 자기 몸을 닦는다는 뜻으로, 《시경》 〈대아(大雅) 문왕(文王)〉의 "너의 선조를 생각하지 않겠는가. 마침내 그 덕을 닦는다.〔無念爾祖? 聿修厥德.〕"는 내용에서 뜻을 취한 것이다.

99 갓끈을 씻었던 곳 : 굴원(屈原)의 〈어부사(漁父辭)〉에 "창랑의 물이 맑거든 나의 갓끈을 씻을 것이요, 창랑의 물이 흐리거든 나의 발을 씻을 것이다."라고 한 데서 온 말로, 은거해 사는 곳을 가리키는 말로도 쓰인다.

100 땅을……따랐다 : 〈안락정(顔樂亭)〉은 공자의 후손 공주한(孔周翰)이 안연(顔淵)이 살던 곳에 지은 정자로, 정자(程子)의 〈안락정명(顔樂亭銘)〉에 "물을 차마 없애지 못하고 땅을 차마 황폐하게 하지 못한다〔水不忍廢, 地不忍荒.〕"는 말이 있는바, 이 고사를 따랐다는 말이다. 《性理大全 卷76》

일찍부터 화양(華陽)의 대의(大義)[101]를 강(講)하여 명(明)나라 태조(太祖 주원장(朱元璋)을 가리킴)의 어필(御筆)인 '충(忠)'·'효(孝)' 두 대자(大字)를 은병의 석면(石面)에 새겼다. 이어서 우암(尤菴 송시열(宋時烈))이 쓰신 '고산(高山)' 두 글자를 새기고는 여기에서 노닐고 시를 읊고 사모하는 마음을 일으켰는데, 말씀하기를 "선비 된 자가 먼저 절의(節義)에 입각(立脚)하면, 학문이 절로 잘못되지 않을 것이다."라고 하였다.

일찍이 오촌(鰲村) 송 문간공(宋文簡公)[102]에게 학문을 청하니, 문간공은 자신이 스승이 될 수 없다고 사양하였으나, 공은 평생 동안 존신(尊信)하였다. 어릴 적에 우빈(禹斌)이라는 분을 사사(師事)하였

101 화양(華陽)의 대의(大義) : 화양은 송시열로, 충북 괴산(槐山)의 화양동(華陽洞)에서 살며 강학하였으므로 이렇게 칭한 것이고, '대의'는 송시열이 추진한 북벌 계획을 가리킨다. 송시열은 병자호란 이후 화양동으로 내려가 10여 년간 은거하다가 1649년 효종이 즉위하여 척화파 및 재야학자들을 대거 기용하자 세자시강원 진선(世子侍講院進善) 등의 벼슬을 하였는데, 이때 올린 〈기축봉사(己丑封事)〉에서 존주대의(尊周大義)와 복수설치(復讐雪恥)를 역설한 것을 계기로 효종이 추진하는 북벌 계획의 핵심 인물로 발탁되어 효종과 함께 북벌 계획을 추진하며 민생 안정을 우선시하였다.

102 오촌(鰲村) 송 문간공(宋文簡公) : 오촌은 송치규(宋穉圭, 1759~1838)의 호로, 오촌에서 살았기 때문에 이렇게 칭하였으며, 문간은 그의 시호이다. 송치규는 자가 기옥(奇玉), 호가 강재(剛齋), 본관이 은진(恩津)으로, 송시열의 6대손이며, 과재(過齋) 김정묵(金正默)의 문인이다. 유일(遺逸)로 벼슬에 여러 번 제수되었으나 평생 동안 나아가지 않았는바, 스승 김정묵이 억울한 일로 유일에서 삭제되었기 때문이었는데, 김정묵은 송치규의 스승이라는 이유로 1801년(순조1)에 유일이 회복되었다. 72세가 되던 1830년 순조의 간곡한 부름을 받아 세손의 시강원 찬선으로 나아가 대사헌 및 이조 참판을 역임하였다. 저서로 《강재집》이 있고 시호는 문간(文簡)이다. 본집 권42에 묘지명이 실려 있다.

는데, 우빈이 죽자 그를 위하여 제전(祭田)을 마련하고 기일(忌日)에는 번번이 고기를 먹지 않았다. 경전을 읽을 적에는 반드시 의관과 띠를 정돈하였다. 비록 시와 소설이라도 누워서 보지 않았으며, 입으로는 속된 말을 말하지 않았고 눈으로는 잡서(雜書)를 보지 않았다.

가정에서의 행실을 잘 삼가서 자질(子姪) 중에 남자와 여자가 직접 물건을 주고받지 않고 한 자리에 앉지 않게 하였다. 선조를 제향(祭享)하는 것을 엄격히 해서 자제들이 혹 제찬(祭饌)을 올릴 적에 차례를 잃으면 정성과 공경이 부족하다고 통렬히 책망하면서 "이것은 효심을 잊은 것이다."라고 하였다.

선영이 있는 마을의 사람을 대할 적에 자양(紫陽)의 옛 의(義)[103]를 따라서 반드시 정성을 다하였고, 노복을 대할 적에 은혜를 베풀면서 말씀하기를 "이 사람은 우리 선대를 복종하여 섬긴 자이다."라고 하였다. 벗들에게 존경을 받으니, 벗들이 감히 공의 옆에서 희롱하고 농담하지 못하였다. 그리고 서원의 유자(儒者)들을 창도(倡導)하여 강학(講學)해서 향음주(鄕飮酒)의 예(禮)를 행하기도 하였다.

말년에 거처하는 서실의 이름을 '자기와(自己窩)'라 하고는 명문을 지어서 스스로 힘쓰니, 준걸스러운 선비들이 '자기와 처사(自己窩處士)'라고 칭하였다. 일찍이 산재(山齋)에서 학업을 열심히 익히고 있었는데, 하루는 집식구가 와서 소를 잃었다고 고하였으나, 공은 독서하기를 그치지 않고 말씀하기를 "나는 이미 알고 있다."라고 하였다. 집에 돌아와서도 소를 잃은 것에 대해 한마디도 언급함이 없었으니, 마음속

103 자양(紫陽)의 옛 의(義) : 자양은 주자(朱子)의 별호인데, 주자가 선영의 사람을 대할 적에 정성을 다한 사실은 자세하지 않다.

으로 득실을 생각하지 않음이 이와 같았다.

평소 장엄하고 과묵(寡默)하여 단정히 손을 모으고 조용히 앉아 있었고, 매일 밤마다 《심경(心經)》과 《근사록(近思錄)》을 외웠다. 심성(心性)과 이기(理氣)를 언급하는 사람이 있으면 말씀하기를 "천고(千古)의 명리(名理)가 주자(朱子)에 이르러 절충되었고, 우리 동방에는 율곡과 우암 두 선생의 정론(定論)이 있으니, 이것을 벗어나면 다 쓸데없는 의논이다."라고 하였다.

관찰사와 수령들이 공에게 변례(變禮 상례(常禮)가 아닌 예법)와 의심스러운 글을 많이 물었다. 두 번이나 천거를 받았고, 말년에 학문을 더욱 좋아해서 곤궁한 것을 개의하지 않았다. 큰 아들이 밭에서 일하고 농사에 힘쓰고자 하자, 공은 경계하기를 "가난함과 부유함은 천명에 달려있으니, 어찌 힘써서 될 수 있겠느냐. 다만 학업에 힘쓰는 것을 폐하지 말고 본심을 잃지 말아야 한다."라고 하였다.

향년 76세인 무술년(1838) 정월 14일에 별세해서 석담(石潭)의 간좌(艮坐)에 장례하였다. 두 배위(配位)가 있었으니, 창녕 조씨(昌寧曺氏)는 억(檍)의 따님인데 공보다 41년 먼저 별세해서 공의 묘소에 부장하였다. 청풍 김씨(淸風金氏)는 우천(紆天)의 따님인데 아들 전효(全孝)를 낳았다. 전효의 두 사위는 유정린(柳正麟)과 오진(吳珍)이다.

아! 맹자가 말씀하기를 "한 가지라도 의롭지 않은 것을 행하고 한 사람이라도 죄 없는 자를 죽이고서 천하를 얻는 것은 모두 하지 않는다."라고 하셨는데, 주자가 이것을 해석하기를 "하지 않는 바가 있음은 마음의 바름이다."라고 하셨다.[104] 문성공은 이것을 《격몽요결》에 기재

104 맹자가……하셨다 : 맹자가 한 말씀과 주자의 주석은 《맹자집주》 권3 〈공손추

하였고 또 〈자경문(自警文)〉에 편입(編入)하고 말씀하기를 “이 뜻을 가슴속에 보존해야 한다.”라고 하였다.

공은 이것을 좌우(座右)에 게시하여 외고 연구하며 집안의 자제를 가르치기를 “이것은 우리 가문에서 전수하는 심법(心法)이다.”라고 하였다. 여기에서 조예와 성취가 참되고 올발라서 문성공의 훌륭한 후손이 됨에 부끄러움이 없음을 징험할 수 있으니, 어찌 다만 한 도의 선한 선비가 될 뿐이겠는가. 나는 공의 명성과 행실에 탄복한 지가 오래되었다. 전효(全孝)가 나를 종유(從遊)해서 묘지문을 청하니, 정성이 매우 간곡해서 병을 이유로 사양할 수가 없었다. 명문은 다음과 같다.

아름다운 선비 한 분이 있었으니 有美一士
서쪽 지방에서 명망이 있었네 西土之望
옥이 옥돌 속에 있는 것과 같고 猶玉在璞
금이 광석에 들어있는 것과 같았네 猶金在礦
정도를 지키고 자신을 감추어서 居貞用晦
그 보배로움을 드러내지 않았네 不售其珍
화려함을 거두고 실제로 나아가서 斂華就實
자신의 참됨을 길렀네 以養吾眞
효도와 우애로 정사를 하니 孝友爲政
인을 구하는 데 근본을 두었네 本乎求仁
능히 가학을 이어서 克紹家學
참된 근원을 거슬러 올라갔으며 遡厥眞源

상(公孫丑上)〉에 보인다.

자나 깨나 늘 사모해서	寤寐羹墻
끝내 선대를 잊을 수 없었네	終不可諼
사숙을 세워 가르침을 베푸니	建塾施教
지방의 선비들이 구름처럼 몰려왔네	鄕髦如雲
선대의 법도를 따라서	遵述先矩
사문을 붙들어 세웠네	扶植斯文
명예와 덕이 정성스럽고 감통하여	名德孚感
거의 아름답고 순수하게 되었네	庶幾懿醇
고요한 묘소가	有侐斧堂
석담의 언덕에 있으니	石潭之原
가을에도 측백나무가 푸르러	秋柏不死
한겨울 추위에도 우뚝하네	亭亭歲寒
먼 후세에 못과 언덕이 바뀌어도	淵邱雖易
체백이 편안할 것이네	體魄是安
명문을 묘소에 올리니	納銘幽墟
영세토록 없어지지 않으리라	永世不刊

돈녕부 도정 이공 묘지명 병서○신해년[105]

敦寧府都正李公墓誌銘 幷序○辛亥

한양의 동대문 밖 십수 리 떨어진 가까운 곳에 해등촌(海等村) 임좌(壬坐)의 언덕이 있으니, 바로 돈녕부 도정(敦寧府都正) 이공(李公)의 옷과 신이 묻힌 곳이다. 공은 휘가 서(漵)이고 자가 계호(季浩)이다. 처음 휘는 한(瀚)이었는데, 조선조의 시조인 이한(李瀚)의 휘를 피하여 지금 이름으로 바꿨다. 말년에 부계(鄜溪)로 돌아와 노년을 보내며 스스로 '부계 거사(鄜溪居士)'라고 칭하였다. 계통이 덕수(德水)에서 나왔으니, 고려 때 중랑장(中郎將)을 지낸 휘 돈수(敦守)를 비조(鼻祖)로 삼는데, 큰 벼슬이 이어져 해동의 유명한 가문이 되었다.

공조 참의로 판서에 추증된 휘 양지(揚知)와 지돈녕부사(知敦寧府事)로 시호가 강평공(康平公)인 휘 명신(明晨)과 사간(司諫)으로 영의정(領議政)에 추증된 휘 의무(宜茂)와 좌의정을 지낸 문헌공(文獻公) 휘 행(荇)과 예조 판서를 지낸 문혜공(文惠公) 휘 안눌(安訥)이 가장 현달한 선조이다.

고조 휘 합(柙)은 대사간으로 좌찬성(左贊成)에 추증되었고, 증조 휘 광하(光夏)는 한성 판윤으로 영의정에 추증되고 시호가 정익(貞翼)이고, 조고 휘 집(㙫)은 좌의정으로 영의정에 추증되고 시호가 충헌공(忠憲公)이며, 선고 휘 주진(周鎭)은 이조 판서로 영의정에 추증되고 시호가 충정공(忠靖公)이다.

105 신해년 : 1851년(철종2)으로, 매산의 나이 76세 되던 해이다.

선비(先妣)인 여흥 민씨(驪興閔氏)는 정경부인(貞敬夫人)에 추증되니, 좌의정을 지낸 문충공(文忠公) 민진원(閔鎭遠)의 따님이다. 민부인은 능히 선대의 가르침을 이어서 덕이 훌륭하고 행실이 순수하여 옛 여사(女士)의 풍모가 있었다.

공은 태어나면서 용모가 준수하고 성품이 장중(莊重)하여 어린 나이에도 행동거지가 성인(成人)과 같았다. 기사년(1749) 부친상을 당했을 적에 슬퍼하는 마음과 예문(禮文)이 모두 지극하였고, 신미년(1751) 모친상을 당했을 적에도 이전의 부친상 때와 똑같이 예제(禮制)를 지키니, 몸이 훼손되어 생명이 거의 온전하지 못한 지경에 이르렀다.

기묘년(1759)에 처음 가문의 음직(蔭職)으로 벼슬하여 내직으로는 익위사(翊衛司)의 세마(洗馬)와 사어(司禦), 위종사(衛從司)의 좌종사(左從史), 조지서 별제(造紙署別提), 장례원 사평(掌隷院司評), 평시서 영(平市署令), 사옹원 주부(司饔院主簿)를 지냈고, 세 번에 걸쳐 선혜청(宣惠廳)의 낭관(郎官)으로 부름을 받았고, 선공감 부정(繕工監副正), 돈녕부 도정(敦寧府都正), 오위장(五衛將)을 지냈다.

외직으로는 평강 현감(平康縣監), 청도(淸道)와 재령(載寧)의 군수(郡守), 대구 판관(大邱判官), 남원(南原)과 담양(潭陽)과 부평(富平)의 부사(府使), 광주(光州)와 나주(羅州)와 황주(黃州)와 여주(驪州)의 목사(牧使)를 지냈다. 건릉(健陵 정조(正祖)) 갑인년(1794) 3월 18일에 별세하니, 출생한 무신년(1728) 2월 16일로부터 67세가 된다. 이는 공의 시종(始終) 이력의 대략이다.

공은 타고난 자품이 매우 탁월한데다가 충정공과 민씨 부인이 의로운 방법으로 매우 엄격하게 가르쳤다. 이 때문에 덕기(德器)가 일찍 성취되어 용모와 행동거지가 법도에 맞았다. 어려서부터 성리서(性理書)를 읽었고 도암(陶菴 이재(李縡))의 문하에서 수학하여 강습(講習)하고 훈도(薰陶)되었다. 노년에는 더욱 학문을 좋아해서 《격몽요결(擊蒙要訣)》과 《소학》, 《논어》를 외고 연구하였고, 옛사람의 격언을 보면 번번이 써서 자리 오른쪽에 붙여놓고 자신을 경계하고 살폈다.

평소 말씀하기를 "학문은 비록 해박한 것을 귀하게 여기나 또한 반드시 요약(要約)으로 돌아가야 하니, 실제가 없는 곳으로 치달려서는 안 된다. 《소학》 한 책은 바로 사람을 만드는 근본이니, 이것을 가지고 끝까지 공부하는 방법으로 삼으면 어찌 군자가 되지 못함을 근심하겠는가."라고 하였다. 또 말씀하기를 "사대부는 세속을 따라 기름과 가죽처럼 부드러워도 안 되지만, 또한 마땅히 옛것에 빠져서 남과 어울리지 못해서도 안 된다. 《논어》 〈향당(鄕黨)〉편을 보면 성인(聖人)이신 공자의 동정(動靜)과 운위(云爲)에 일찍이 무슨 괴이하고 과격한 것이 있었는가."라고 하였다.

천성이 효성스러워 거상(居喪)하는 5년 동안 중문(中門)에 들어가지 않았고, 부인이 병이 있으면 의원을 맞이하여 진찰할 적에 반드시 계집종을 시켰다. 묘소 곁에서 여묘(廬墓)할 적에는 아침저녁으로 슬퍼하고 성묘하였으며, 혹한(酷寒)과 혹서(酷暑)에도 수질(首絰)과 요대(腰帶)를 벗지 않았으며, 사람을 대할 적에 상사(喪事)에 관한 것이 아니면 말하지 않았다. 상을 마치자 새벽이면 가묘(家廟)를 배알하였고, 기일이 되면 초상 때와 똑같이 슬피 울부짖고 가슴을 쳤으며 그 달이 끝나도록 다시 부인과 동침하지 않았다.

젊어서부터 과거 공부를 해서 화려한 명성이 일찍 전파되었고, 향교에서 문예를 시험할 적에 번번이 상등(上等)을 차지하여 연달아 향시

(鄕試)에 합격하였는데, 부모가 모두 돌아가신 뒤에는 마침내 과거 급제의 뜻을 접었다. 백씨(伯氏)인 충목공(忠穆公)과 중씨(仲氏)인 부학공(副學公)[106]이 서로 이어 과거에 급제하고는 "우리 아우를 홀로 음직의 길에서 침체함을 면치 못하게 해서야 되겠는가."라고 탄식하고 공을 영화의 길로 주선할 것을 도모하였다. 공은 불가하다고 하며 말씀하기를 "선조의 음직을 버리고 과거 급제를 구하는 것은 본래 좋은 일이 아니요, 또한 가득하면 넘친다는 경계를 생각하지 않을 수 있겠습니까."라고 하였다. 그러자 형님 두 분이 감탄하며 칭찬하기를 "그대의 뜻이 이와 같으니 아름다움을 이루지 않겠는가. 우리 동악(東嶽 이안눌(李安訥)) 선조로부터 지금까지 5대에 걸쳐 명성과 지위가 너무 성하다."라고 하고는 함께 사자(嗣子)를 신칙하기를 "너희 막내 아버지와 같이 과거에 응시하지 말라."고 하였다. 이어서 이것을 기록하여 가훈으로 삼았다.

공은 백씨와 중씨를 엄한 아버지처럼 섬겼다. 말년에 둘째 형수가 연로하여 병을 잘 앓으니, 공은 사랑하고 공경함이 모두 지극하여 춥고 더움과 맛있는 음식을 직접 스스로 조절하였으며, 미루어 종족(宗族)과 붕우에게까지 모두 정(情)과 예(禮)를 다하였다.

평강(平康)에 있을 적에 고을의 풍속이 무식하였는데, 학교를 일으키는 것을 급선무로 여겨서 봉급을 털어 재물을 모아 마을마다 학교와

106 백씨(伯氏)인……부학공(副學公) : 충목(忠穆)은 이서(李漵)의 맏형인 이은(李溵, 1722~1781)의 시호이고, 부학공은 부제학을 지낸 이서의 둘째 형인 이미(李瀰, 1725~?)를 가리킨다. 이은은 자가 치호(稚浩), 호가 첨재(瞻齋)로, 1759년 정시 문과에 급제하고 이조 판서, 좌의정 등을 지냈다. 이미는 자가 중호(仲浩)로, 1757년(영조 33) 정시 문과에 급제하고 대사헌, 부제학 등을 지냈다.

글방을 설치하였다. 학전(學田)을 만들고 경적(經籍)을 마련해 주고는 빼어난 선비를 가려 스승으로 삼아서 늠료(廩料)를 풍부하게 주어 교육을 담당하게 하기를 명도(明道) 선생이 상원현(上元縣)에서 한 것과 똑같이 하였다.[107] 또 강무청(講武廳)을 설치하여 농한기에 말 타고 활 쏘는 것을 가르쳤다. 이렇게 한 지 겨우 수 년 만에 치화(治化)가 크게 드러나니, 체직을 하자 고을 사람들이 사당을 세우고 화상(畫像)을 걸어 봄과 가을로 제사를 지냈다.

대구에 부임했을 적에 봉급을 털어 제방을 쌓고 '언홍정(偃虹亭)'을 지으니, 고을 사람들이 이에 힘입고는 호를 '이후언(李侯堰)'이라고 하였다. 이때 충목공이 장연(長淵)으로 부처(付處)되었는데, 공이 마음이 편안하지 못하여 관찰사에게 자기를 내쳐 파직시켜 줄 것을 간청하자, 상은 특별히 충목공을 용서하고 공의 관직을 그대로 두었다.

공은 몸의 지조를 처자(處子)처럼 굳게 지켜 발걸음이 권문세가(權門勢家)에 미치지 않았다. 관직에 있을 적에는 직분을 다하였으며, 친척들이 곤궁할 때에도 널리 베풀지 않고서 말씀하기를 "국가의 재정을 허비하여 사사로운 사람을 구제하는 것을 나는 감히 하지 못한다."라고 하였다. 해임(解任)되어 돌아올 때에는 행장이 쓸쓸하였고 전지(田地)와 집이 조금도 더 늘어난 것이 없었으니, 이것이 바로 '남이 알까 두려워하는 청백(淸白)함'[108]이라는 것이다.

107 명도(明道) 선생이……하였다 : 명도는 송나라 정호(程顥)의 호로, 강녕부(江寧府) 상원현(上元縣) 주부(主簿)로 있을 적에 고을 사람들을 교육하는 데 많은 공력을 쏟은 것이 행장에 보인다.《二程全書 卷29 明道先生行狀》

108 남이……청백(淸白)함 : 위(魏)・진(晉) 시대에 청백함으로 이름이 났던 호질(胡質, ?~250)과 호위(胡威, ?~280) 부자의 고사를 인용한 말이다. 호위가 안풍

자하(子夏)가 “배우지 않았다고 하더라도 나는 반드시 배웠다고 할 것이다.”라고 하였으니, 공이 이에 합당한 사람이 아니겠는가. 만일 청운(靑雲)의 길을 높이 밟고 올라 사공(事功)을 끝까지 펼쳤더라면 조정의 큰 교화를 우러러 돕는 것이 매우 넉넉하여 여유가 있었을 것인데, 평소 온축한 것을 겨우 100리 되는 작은 고을의 경제(經濟)에 시행하였으니, 애석하다.

공은 여산 송씨(礪山宋氏)에게 장가드니, 이분은 대사헌 문재(文載)의 따님이다. 온순하고 어질고 정숙하여 공의 덕에 짝하여 어김이 없었다. 공과 같은 해에 태어났고 공보다 22년 먼저 별세하였다. 계배(繼配)인 풍양 조씨(豐壤趙氏)는 처사 엄(儼)의 따님이니, 공경하고 은혜롭고 인자하고 성실하며 부도(婦道) 또한 마땅하였는데, 공보다 12년 뒤에 출생하였고 공보다 10년 먼저 별세하였다. 두 분 모두 사후에 숙부인(淑夫人)에 추증되었으며, 공의 묘소에 부장하였다.

현감인 아들 학빈(學彬)은 송씨의 소생인데, 충목공의 양자로 나갔다. 족자(族子)인 도빈(道彬)을 데려다가 후사로 삼았는데 일찍 죽었다. 딸은 남정기(南正紀)에게 출가하였는데, 서출(庶出)이다. 도빈의 계자(繼子)는 노첨(魯瞻)이고, 학빈의 계자는 황(晃)이고 딸은 조해영(趙海永), 심의관(沈宜觀), 윤응일(尹膺一)에게 출가하였으며, 서자는 최(最)이다. 남정기의 아들은 헌(爈)이다.

태수(安豐太守), 서주 자사(徐州刺史) 등을 역임하며 선정을 베풀고 내직으로 옮기자, 호질 부자의 청백함을 익히 알고 있던 진 무제(晉武帝)가 호위에게 누가 더 청백한지 물으니, 호위가 “신이 더 못합니다.……신의 아비는 남이 알까 두려워하였으나 신은 남이 알아주지 않을까 염려하니, 이것이 신이 훨씬 더 못한 이유입니다.〔臣父淸恐人知, 臣淸恐人不知, 是臣不及遠也.〕”라고 하였다. 《晉書 卷90 胡威列傳》

노첨의 아들은 응신(膺信)이고, 딸은 서종순(徐種淳)에게 출가하였으며 서녀(庶女)는 홍종문(洪鍾聞)에게 출가하였다. 황의 계자는 득신(得信)이니 참봉(參奉)이고, 조해영의 아들은 병원(秉元)이니 군수(郡守)이고, 딸은 유승근(柳承根)에게 출가하였다. 나머지는 모두 어리다.

응신이 나에게 묘지문을 청하였다. 나의 선조고(先祖考)께서 공과 세한(歲寒)의 교분[109]을 의탁하였으므로 공의 훌륭한 행실을 기뻐하여 가슴속에 새겨둔 지가 오래니, 감히 내가 병들었다고 하여 사양할 수가 없었다. 내가 일찍이 달성(達城)의 이아(貳衙)에서 근친(覲親)하였는데,[110] 거기에 말라 죽은 나무가 우뚝이 서있었다. 늙은 아전이 말하기를 "이후(李侯)가 부지런히 정무를 보느라 밤낮으로 계속 뜰의 화톳불이 뜨겁게 타서 나무가 불타 죽었습니다. 그런데 수십 년이 지나도록 뽑지 않은 것은 아직도 사람들이 이후를 애석하게 여기기 때문입니다."라고 하였다. 여기에서 능히 공의 정교(政敎)의 일단(一端)을 징험할 수 있다.

옛날 구양영숙(歐陽永叔)이 범문정(范文正)의 묘에 신도비명을 쓸 적에 맥주(麥舟)의 일을 쓰지 않았으니,[111] 내가 삼가 이 뜻에 붙여서

109 세한(歲寒)의 교분 : 《논어》 〈자한(子罕)〉에 "해가 저물어 날씨가 추워진 뒤에야 소나무와 측백나무가 뒤늦게 시듦을 알 수 있다.〔歲寒然後知松柏之後雕.〕"라고 한 공자의 말씀을 원용한 것으로, 여기서는 노년이 되어 더욱 친하게 지내는 교분을 이른다.

110 내가……근친(覲親)하였는데 : 이아(貳衙)는 두 번째 관아라는 뜻으로, 관찰사나 부사 밑에 있는 판관의 아문을 이르는바, 매산의 부친 홍이간(洪履簡)이 대구 판관(大丘判官)으로 있을 때 근친한 것을 말한다. 《承政院日記 正祖 19年 9月 26日》 달성(達城)은 대구의 이칭(異稱)이다.

이상과 같이 그 대강을 뽑아 적었다. 이는 지엽(枝葉)이 너무 번성해지면 도리어 뿌리와 열매가 가려질까 두려워서이다. 명문은 다음과 같다.

아, 훌륭한 이공이여	嗟嗟李公
좋은 세상에서 자리의 보배였네[112]	熙世席珍
한천에게서 북을 치고 책 상자를 열어[113]	鼓篋寒泉
도의 참된 맛을 보았네	嚅嚌道眞
효성과 공경을 타고났고	孝弟根天
충신으로 사람들에게 믿음을 받았네	忠信孚人

111 구양영숙(歐陽永叔)이……않았으니 : 영숙은 북송(北宋) 때 구양수(歐陽脩)의 자이고 문정(文正)은 범중엄(范仲淹)의 시호이며, 맥주(麥舟)는 보리를 운반하는 배이다. 범중엄이 아들 범순인(范純仁)을 고향인 고소(姑蘇)로 보내 보리 500곡(斛)을 배로 싣고 오게 했는데, 범순인이 도중에 단양(丹陽)에서 장례 비용이 없어 곤경에 처한 아버지의 친구인 석만경(石曼卿)을 만나 보리를 모두 그에게 주고 오자 범중엄이 흡족해하였다. 이 일은 범중엄의 중요한 행적이었음에도 구양수가 범중엄의 신도비명을 지으면서 더 중요한 행적을 싣고 이 사실은 싣지 않았음을 말한 것이다. 《宋史 卷314 范仲淹列傳》《冷齋夜話 卷10》

112 자리의 보배였네 : 재덕(才德)이 출중한 인물을 뜻하는 말이다. 노(魯)나라 애공(哀公)이 공자에게 자리를 권하자, 공자가 모시고 앉아서 "유자는 자리의 보배를 준비해 놓고서 초빙해 주기를 기다리는 사람입니다.〔儒有席上之珍以待聘.〕"라고 말한 고사에서 유래하였다. 《禮記 儒行》

113 한천(寒泉)에게서……열어 : 한천은 용인(龍仁)의 한천에 은거하면서 많은 제자를 길렀던 도암(陶菴) 이재(李縡)를 가리키는바, 그의 제자가 되어 강학한 것을 말한다. 《예기》〈학기(學記)〉에 "학교에 들어갈 적에 북을 쳐 선비들을 모아 책 상자를 여는 것은 학업을 손순(遜順)히 하는 것이다.〔入學鼓篋, 孫其業也.〕"라고 한 데서 온 말이다.

명성과 실제가 서로 부응하고 名實相符
문채와 바탕이 모두 찬란하였네 文質俱彬
세 조정에서 궁료가 됨에 宮僚三朝
동위[114]에서 경서를 가르쳤고 橫經銅闈
왕세자에게 지우을 받아 受知貳尊
포의의 선비로 영화가 지극하였네 榮極布衣
만일 높은 지위에 올랐다면 苟升天衢
어디에 쓴들 마땅하지 않았겠는가 何用不宜
가문이 번창하고 치성하니 門闌昌熾
너무 영화로워짐을 경계하였네 戒存離披
지방의 장관을 두루 거치니 低回民社
소신신과 두시, 공수와 황패였네[115] 召杜龔黃
이는 덕행에 근본한 것이니 本之德行
대략 순량의 자취를 따랐네 粗迹循良
여덟 고을의 수령을 지내며 八邑絃歌
너그러움으로써 교화를 폈네 敷教用寬

114 동위(銅闈) : 태자나 세자의 궁을 가리키는 말로, 한(漢)나라 때 태자가 거처하는 궁의 문 위에 구리로 만든 용이 있었던 데서 유래하였다.

115 소신신(召信臣)과……황패(黃霸)였네 : 선정을 베푼 역대 지방관을 대표하는 인물들인바, 이서를 이 사람들에 빗댄 것이다. 소신신은 한(漢)나라 때 남양 태수(南陽太守)가 되어 선정을 많이 베푼 인물이고, 두시(杜詩)는 후한 때의 인물인데, 두 사람이 선정을 베풀자 남양 사람들이 사모하여 "전에는 소신신 아버지가 계시더니, 뒤에는 두시 어머니가 있네.〔前有召父. 後有杜母.〕"라고 칭송하였다.《後漢書 卷61 杜詩列傳》 공수(龔遂)는 한나라 때의 순리(循吏)로 백성을 잘 다스려 이름이 높았던 발해 태수(渤海太守)였고, 황패는 영천 태수(潁川太守)였다.

조주의 사당과 유주의 사당에　潮祠柳廟
붉은 여지가 찬란하네[116]　於粲荔丹
벼슬을 버리고 돌아와서는　投老歸歟
부계의 가에서 살았네　于鄜溪濱
뽕나무와 가래나무를 공경하여[117]　敬止桑梓
스스로 자기 몸을 보존하였네　用自存身
밝고 명랑하게 끝을 잘 마쳐서　昭朗令終
자신의 참된 즐거움을 보존하였네　葆我眞樂
조용하고 조용한 해등촌의 산에　侐侐海岡
아름드리나무가 울창하네　鬱鬱拱木
깊은 무덤에 명문을 지어서　勒銘玄扃
능곡[118]의 변고에 대비하노라　用備陵谷

116 조주(潮州)의……찬란하네 : 당나라 한유(韓愈)와 유종원(柳宗元)의 고사를 인용하여 수령을 지냈던 고을의 백성들이 이서의 사당에 특산물로 제물을 올림을 말한 것이다. 조주의 사당은 조주 자사(潮州刺史)를 지냈던 한유의 사당이고, 유주(柳州)의 사당은 유주 자사(柳州刺史)를 지낸 유종원의 사당으로, 모두 관원으로 있을 적에 훌륭한 업적을 쌓아 고을 백성들이 은혜를 기리기 위해 사당을 세웠는데, 백성들이 제사를 지낼 때마다 특산물로 제물을 올렸다. 붉은 여지는 한유가 지은 유종원의 〈유주나지묘비(柳州羅池廟碑)〉에 “여자(荔子)는 붉고 파초는 누르니, 여러 안주와 채소를 섞어 유후(柳侯)의 당에 올리네.〔荔子丹兮蕉黃, 雜肴蔬兮進侯堂.〕”라고 보이고, 소식(蘇軾)의 〈조주한문공묘비(潮州韓文公廟碑)〉에 “희생을 올리고 닭 뼈로 점을 치며 우리 술잔 올리니, 아, 찬란한 붉은 여지와 누런 파초라오.〔犦牲鷄卜羞我觴, 於粲荔丹與蕉黃.〕”라고 보인다. 여자는 여지이고, 파초는 바나나이다.

117 뽕나무와 가래나무를 공경하여 : 뽕나무와 가래나무는 고향을 비유한 말로, 《시경》 〈소아(小雅) 소반(小弁)〉에 “ 뽕나무와 가래나무에도 반드시 공경하는 마음을 갖노라.〔維桑與梓, 必恭敬止.〕”라고 한 데서 연유한다.

118 능곡(陵谷) : 상전벽해(桑田碧海)와 같은 말로, 심한 변화를 뜻한다. 《시경》 〈소아(小雅) 시월지교(十月之交)〉에 "높은 언덕이 골짜기로 뒤바뀌고, 깊은 골짜기가 언덕으로 변했도다.〔高岸爲谷, 深谷爲陵.〕"라고 보인다.

이조 판서 시 문숙 박공 묘지명 병서[119]

吏曹判書諡文肅朴公墓誌銘 幷序

우리 순조(純祖)가 재위하실 적에 폐부(肺腑)[120]의 친척으로 기둥과 주춧돌 같은 중임을 맡아 몸소 국가의 안위를 20년 동안 짊어지고서 비록 중간에 모함을 면치 못했으나 몸을 굽혀 수고로움을 다하여 끝까지 게을리하지 않은 분이 있었으니, 바로 고(故) 이조 판서 시(諡) 문숙(文肅) 박공(朴公)이다.

공은 휘가 종경(宗慶)이고 자가 모(某)이고 관향이 반남(潘南)이다. 고려 말에 휘 상충(尙衷)이 도의(道義)로써 포은(圃隱 정몽주(鄭夢周))과 명성이 똑같았고 호를 '반남 선생(潘南先生)'이라 하였다. 이분이 휘 은(訔)을 낳았는데, 조선조에 들어와 금천부원군(錦川府院君)에 봉해졌고 시호는 평도공(平度公)이다. 5세를 전하여 휘 소(紹)에 이르러 도덕과 학문이 기묘년의 현자들[121]에게 추존을 받았고 사간(司諫)을 맡았을 적에 김안로(金安老)를 논박하였는데, 배우는 자들이 '야천 선

119 병서(幷序) : 저본에는 '서병(序幷)'으로 되어있으나, 일반적인 용례에 의거하여 바로잡아 번역하였다.

120 폐부(肺腑) : 왕의 외척이나 근친을 이른다. 한(漢)나라 무제(武帝)의 외숙이었던 무안후(武安侯) 전분(田蚡)이 "성상이 처음 즉위하였을 적에 나이가 젊으셨고, 내가 폐부로서 경사(京師)의 재상이 되었다.〔上初卽位, 富於春秋, 蚡以肺腑爲京師相.〕"라고 한 말에서 유래하였다. 《史記 卷107 魏其武安侯列傳》

121 기묘년의 현자들 : 1519년(중종14) 기묘사화(己卯士禍)로 화를 입은 조광조(趙光祖)를 비롯한 사류(士類)를 일컫는다.

생(冶川先生)'이라고 칭하였다.

손자 휘 세성(世城)은 이조 참의에 추증되었는데 기해년에 예(禮)를 의논할 적에 윤선도(尹善道)와 권시(權諰)를 배척하여[122] 정직한 절개로 이름이 알려지니, 이분은 공에게 5세조가 되신다. 증조 휘 필리(弼履)는 이조 판서에 추증되었고, 조고 휘 사석(師錫)은 공주 판관(公州判官)으로 좌찬성에 추증되었고, 선고 휘 진원(進源)은 판돈녕부사(判敦寧府事)로 영의정에 추증되고 시호가 충헌(忠獻), 호가 금석(錦石)이니, 학문과 공훈이 순조의 어제 비문(御製碑文)에 자세히 실려 있다. 비(妣) 원주 원씨(原州元氏)는 정경부인(貞敬夫人)에 추증되었는데, 이조 참의에 추증된 경유(景游)의 따님으로 인자하고 정숙하여 여사의 풍모가 있었다.

영조(英祖) 을유년(1765) 모월(某月) 21일에 공을 묵동(墨洞) 외갓집에서 낳았다. 막 분만할 적에 충헌공(忠獻公)이 꿈을 꾸었는데, 한 동자가 학을 타고 천문(天門)[123]에서 내려오는 것을 보고는 두 손으로 아이를 받드는 꿈이었다.

출생하자 영특함이 보통사람보다 뛰어나서 겨우 8개월에 말을 하고

122 기해년에……배척하여 : 1659년(효종10) 효종이 승하하자 자의대비(慈懿大妃)의 복제(服制)를 기년(朞年)으로 할 것인지 아니면 3년으로 할 것인지를 놓고 기해예송(己亥禮訟)이 벌어졌을 적에 윤선도(尹善道)와 윤휴(尹鑴)를 비롯한 남인(南人)들은 삼년복을 주장하고 송시열(宋時烈)을 비롯한 서인(西人)들은 효종을 서자(庶子)로 간주하여 기년복을 주장하였는데, 이때 박세성(朴世城)이 남인의 주장을 배척한 것을 이른다. 이 예송의 결과로 송시열 등 서인들이 주장한 기년복이 채택되었다.

123 천문(天門) : 천상(天上)의 문으로 천제(天帝)가 거처하는 자미궁(紫微宮)의 궁궐문을 이르는데, 때로는 임금이 있는 궁궐의 문을 비유하기도 한다.

걸음마를 하였다. 7세에 능히 시를 지어서 찬성공(贊成公)에게 특별한 사랑을 받았다.

정조(正祖) 경술년(1790)에 사마시에 합격하였다. 병진년(1796)에 음직(蔭職)으로 출사하여 동몽교관(童蒙教官)으로 있다가 사옹원 주부(司饔院主簿)와 경모궁 영(景慕宮令)으로 승진하였으며, 순안 현감(順安縣監)에 제수되었다가 신계 현감(新溪縣監)으로 바뀌었는데, 사정이 있어서 벼슬을 그만두고 돌아왔다.

순조 신유년(1801)에 사복시 판관(司僕寺判官)과 충훈부 도사(忠勳府都事)에 제수되었는데, 이해 겨울 문과에 급제해서 홍문관 교리(弘文館校理), 사간원헌납 겸 실록기사관(司諫院獻納兼實錄記事官), 한학교수(漢學教授)에 제수되었다.

임술년(1802) 홍문관 응교(弘文館應教), 규장각 직각(奎章閣直閣), 의정부 검상(議政府檢詳)과 사인(舍人)에 제수되고 남학 교수(南學教授)를 겸하였다. 존숭도감 도청(尊崇都監都廳)의 공로로 통정대부로 승진하여 승정원의 좌부승지와 우부승지, 형조와 예조의 참의, 검교직각(檢校直閣)를 역임하였다.

계해년(1803)에 좌승지와 이조와 호조의 참의에 제수되었다. 갑자년(1804)에 실록청(實錄廳)의 수찬관(修撰官)에 차임되었다가 여주목사(驪州牧使)로 나갔으며, 얼마 후 홍문관 부제학에 제수되었다. 의정부의 주청(奏請)으로 비국 부제조(備局副提調)에 차임되고 또 규장각 직제학(奎章閣直提學)에 제수되었다.

을축년(1805)에 의정부의 발탁으로 가선대부(嘉善大夫)로 승진하여 비국 유사당상(備局有司堂上)에 차임되고, 예조 참판과 부총관(副摠管), 춘추관과 의금부, 경연실록청(經筵實錄廳)의 동지사(同知事)

와 이조 참판과 도승지, 공조 참판, 동지성균(同知成均), 형조와 호조의 참판, 평시서(平市署)와 상의원(尙衣院), 승문원(承文院), 전의감(典醫監), 선혜청(宣惠廳)의 제거(提擧)와 영남 구관(嶺南句管)을 역임하였다.

병인년(1806)에 공시당상(貢市堂上)으로 차임되었는데, 백씨(伯氏)가 탁지(度支)의 장관이 되니,[124] 한 가문의 사람들이 아울러 재물을 관장하는 것을 혐의해서 상소하여 체직을 청원하였으나, 상이 허락하지 않았다. 기사년(1809) 홍문관 제학(弘文館提學)과 총융사(摠戎使)에 제수되고 특별히 병조 판서에 제수되었다.

품계가 자헌대부(資憲大夫)에 오르고 지의금부사(知義禁府事)와 조지서 제조(造紙署提調)에 제수되었으며, 경오년(1810)에 한성부 판윤, 이조와 호조의 판서, 지경연사(知經筵事), 규장각 제학(奎章閣提學), 지춘추(知春秋), 전생서(典牲署), 내의원(內醫院), 종부시(宗簿寺), 관상감(觀象監)의 제조(提調)에 제수되었다. 신미년(1811)에 특별히 훈련대장에 제수되고 도총관(都摠管)과 지중추(知中樞), 예조 판서, 사역원 제거(司譯院提擧)에 제수되었다.

임신년(1812)에 종묘서 제조(宗廟署提調), 공조 판서, 좌부빈객(左副賓客)에 제수되고 다시 훈련대장에 제수되었다. 선원보(璿源譜)를 찬수(撰修)하는 일에 참여하여 교정한 공로로 정헌대부(正憲大夫)로 승진하여 제용감 제조(濟用監提調)와 사헌부 대사헌, 의정부 우참찬에

124 백씨(伯氏)가……되니 : 백씨는 박종경(朴宗慶)의 맏형인 박종보(朴宗輔)이고, 탁지(度支)는 호조로, 박종보가 이해에 호조 판서가 된 것을 이른다. 《承政院日記 純祖 6年 7月 29日》

제수되었다.

겨울에 양주 목사(楊州牧使)로 보임되었는데, 얼마 후 내직으로 옮기라는 명이 있었다. 을해년(1815) 열성(列聖)의 어제문(御製文)을 인쇄할 적에 감독한 공로로 숭정대부(崇政大夫)로 승진하여 다시 훈련대장에 제수되었다. 병자년(1816) 혜빈(惠嬪)[125]의 양례도감당상(襄禮都監堂上)으로서 현궁(玄宮 임금의 관을 가리킴)을 하관할 때 명문(銘文)을 쓴 공로로 숭록대부(崇祿大夫)의 품계에 올라 우빈객(右賓客)에 제수되었다. 정축년(1817)에 경모궁(景慕宮)의 수리를 감독한 공로로 보국대부(輔國大夫)로 승진하고 좌빈객(左賓客)에 제수되었다.

여러 번 관장한 것으로는 2번 공부(貢賦)를 주관하고 3번 원융(元戎)을 총괄하고 4번 탁지(度支)를 관장하고 5번 동전(東銓 이조(吏曹))을 맡았던 것이 여기에 해당한다.[126] 임신년(1812)에 다시 우참찬에

125 혜빈(惠嬪) : 1735~1815. 조선 제21대 왕 영조의 아들 사도세자의 비로, 1762년 사도세자가 죽은 뒤 혜빈에 추서(追敍)되었다. 아들 정조가 즉위하자 궁호가 혜경궁(惠慶宮)으로 바뀌었으며, 고종 때 헌경왕후(獻敬王后)로 추존되었고, 대한제국 때 의황후(懿皇后)로 다시 추존되었다.

126 여러 번……해당한다 : 2번 공부(貢賦)를 주관한 것은 1803년 11월 3일에 ①호조 참의가 되고, 1804년 11월 9일에 다시 ②호조 참의가 된 것을 이른다.《承政院日記 純祖 3年, 4年》 3번 원융(元戎)을 총괄한 것은 1809년 7월 25일에 ①총융사(摠戎使)가 되고, 1812년에 ②훈련대장이 되고, 1815년 4월 11일에 다시 ③훈련대장이 된 것을 이른다.《承政院日記 純祖 9年, 15年》 4번 탁지(度支)를 관장한 것은 1805년 10월 8일에 ①호조 참판이 되고, 1809년 4월 17일에 다시 ②호조 참판이 되고, 1810년 5월 9일에 ③호조 판서가 되고, 1811년 8월 3일에 다시 ④호조 판서가 된 것을 이른다.《承政院日記 純祖 5年, 9年, 10年, 11年》 5번 동전(東銓)을 맡았던 것은 1803년 9월 24일에 ①이조 참의가 되고, 1805년 3월 16일에 ②이조 참판이 되고, 1806년 1월 6일에 다시 ③이조 참판이 되고, 1810년 3월 21일에 ④이조 판서가 되고, 같은 해 9월 9일에

제수되고 내직으로 옮긴 뒤에 공조 판서와 지돈녕(知敦寧), 예문관 제학에 제수된 것과 갑술년(1814)에 어영청 대장(御營廳大將)에 제수되고 숭정대부가 된 뒤에 판의금(判義禁)과 좌참찬에 제수되었는데, 이는 바로 공이 의리를 지켜 출사하지 않은 벼슬이었다.

전후에 입은 특별한 예우는 다음과 같다. 창방(唱榜)하던 날 정순왕후(貞純王后 영조(英祖)의 계비)가 막 수렴청정을 하고 있었는데, 하교하시기를 "이때 이 집안에 과거에 급제한 자가 있다. 이미 보호할 입장에 있으니, 마땅히 세자의 보도(輔導)를 맡아야 한다."라고 하고 특별히 관각(館閣)의 직책을 제수하였으며, 게다가 원부인(元夫人)의 사판(祠版)에 치제(致祭)하도록 명하였다. 영화로이 소분(掃墳)할 적에 나라에서 말미와 말을 지급하고 제수(祭需)를 갖추어주었다. 갑술년(1814)에 연경에 갔다 온 공로로 말과 안장, 전택(田宅)과 노비의 하사(下賜)가 있었고, 아들과 사위와 아우와 조카를 모두 조용(調用)하라는 명이 있었다.

신미년(1811) 훈국(訓局 훈련도감)에 있을 적에 갑자기 서쪽 지방의 경보(警報)[127]가 있어서 격문(檄文)이 급하게 오고가니, 태평한 지 오래된 때에 일어난 난리여서 도성 안이 솥의 물이 끓듯 요란하였다. 공이 힘써 사람들의 마음을 진정시키고 묵묵히 계책을 운용하니, 이에

다시 ⑤이조 판서가 된 것을 이른다. 《承政院日記 純祖 3年, 5年, 6年, 10年》

127 서쪽 지방의 경보(警報) : 홍경래(洪景來)의 난을 가리킨다. 1811년(순조11) 관서 지방에 큰 흉년이 들어 민심이 흉흉해지자, 홍경래 등이 조선 시대 계속되어 온 서북인의 차별에 대한 울분을 격동시켜 반란을 일으켰다. 이 난은 1811년 음력 12월 18일에 가산(嘉山) 군청을 습격하여 점령한 것을 시작으로 이듬해 음력 4월 19일 반란군이 토벌될 때까지 4개월간 지속되었다.

힘입어 몇 개월 만에 반란군을 토벌하여 평정하였다.

임신년(1812) 겨울에 대사헌 조득영(趙得永)이 상소하여 공을 논박할 적에 내용이 너무 과격하자, 상은 진노하여 엄한 하교를 내리시기를 "이 중신(重臣)의 처지가 어떠한가. 오늘은 또 어떠한 때인가. 그러한 처지이기 때문에 오늘날 내가 그에게 의지하는 것이니, 어찌 사사로운 친분을 위해서 그러하겠는가. 첫 번째도 국사를 위해서요 두 번째도 국사를 위해서인데, 갑자기 측량할 수 없는 허무한 말을 가지고 이와 같이 상소하여 더 이상의 여지가 없게 하는구나. 그리고 더구나 끝부분에 이리이리 말한 것은 또 만만(萬萬) 근거 없는 말로 욕을 보인 것이니, 즉시 견책하여 삭탈관직(削奪官職)하는 법을 시행하라."고 하셨다. 공은 말씀하기를 "이는 내가 스스로 반성해야 할 것이었다. 만약 일찍 스스로 결심하고 물러나서 영화의 길을 멀리 피했더라면 어찌 이와 같은 시경에 이르렀겠는가."라고 하고는 즉시 병부(兵符)를 반납하고 도성 문을 나가서 양주(楊州)의 시골집으로 향하였다.

그러자 상이 돈독한 칙명(勅命)을 내리니, 대략 "오랫동안 위임(委任)한 것이 어찌 중신(重臣)의 잘못이겠는가. 중신으로 하여금 낭패하게 한 것은 나의 탓이다."라고 하셨다. 또 말씀하시기를 "시골로 돌아가는 것을 어렵게 여기지 않으면 신하의 분의(分義)를 무너뜨리게 된다."라고 하셨고, 또 말씀하시기를 "횡역(橫逆)하고 허무한 말은 본래 꺼릴 것이 못 된다."라고 하셨다.

며칠이 지나 엄한 교지가 거듭 내려오자, 공은 더욱 위태롭게 여기고 위축되어 성 밖에서 석고대죄하였다. 상은 또다시 하교하시기를 "나의 마음을 생각하지 않고 문안하는 것을 돌아보지 않고서 단지 조리 없는 말 때문에 자신의 계획을 견지(堅持)하고 계교(計較)하고 있으니, 어찌 나의 돌보아주는 마음을 저버리는 것이 아니겠는가."라고 하시고는 서용(敍用)하지 말도록 명했는데, 며칠 뒤에 특별히 임무를 그대로 맡을 것을 명하고 연달아 불러들이는 패(牌)를 내리니, 공은 황송해서 감히 나아가지 못하였다.

상이 사율(師律 군율(軍律))에 따라 잘못을 기록할 것을 명하니, 공은 대궐 아래에 이르러서도 다시 머뭇거렸다. 상은 또다시 승정원에 전교하시기를 "밤이 깊었다. 지금 막 전좌(殿座)하였으니, 어찌 병부(兵符)를 받지 않는가."라고 하셨다. 공이 부득이 명에 응하자, 즉시 죄책의 형편을 헤아려 용서하라고 명하였다.

다음 날 상소하여 물러날 것을 청하였는데, 내용은 대략 다음과 같았다.

"오직 신을 '배치(背馳 도의에 배치함)' 두 글자로 무함한 것은 그 용심(用心)이 지극히 참혹하여 곧바로 역신(逆臣)을 보호하고 악인(惡人)과 무리 지은 죄로 신을 몰아붙인 것입니다. 신은 신하 집안의 사람으로서 처지가 자별(自別)하고 떳떳한 본성이 없지 않으니, 대의(大義)와 대방(大防)[128]에 관계되는 일에 어찌 혹시라도 명목장담(明目張膽)[129]의 의리를 조금이라도 소홀히 할 수 있겠습니까.

128 대방(大防) : 큰 제방이라는 말로, 매우 중요하고 원칙적인 한계를 뜻하는데, 주로 사회를 유지하는 예법(禮法)을 비유한다.

129 명목장담(明目張膽) : 눈을 크게 뜨고 담력을 키운다는 뜻으로, 식견과 담력을 가지고 과감하게 행함을 비유하는바, 《진서(晉書)》 권98 〈왕돈전(王敦傳)〉에 "오늘날의 일에 식견과 담력을 가지고 6군(軍)의 우두머리가 되었으니, 충신으로 죽을지언정 무뢰하게 살지 않겠다.〔今日之事, 明目張膽, 爲六軍之首, 寧忠臣而死, 不無賴而生矣.〕"라고 보인다.

그런데 지금 갑자기 전고(前古)에 없던 험악한 말이 나옴으로 인하여 근거 없는 원망과 유감을 가지고 제멋대로 비방하고 욕을 하였고, 결국에는 이 '배치' 두 글자를 신에게 강제로 씌워서 모함하여 반드시 신의 집안을 멸족(滅族)하고야 말려고 하니, 지금 신이 만난 일이 세상 어디에 또 있겠습니까."

또 말하였다.

"신은 행신(行身)이 형편없고 처세하는 방법을 몰라 남의 질시를 받아서 몸과 명예가 모욕을 당하였습니다. 그리하여 조정에서는 불충하는 신하가 되고 집안에서는 불효하는 사람이 되었습니다. 이것을 한 번 생각할 때마다 가슴이 무너져서 차라리 홀연히 아무것도 모르는 죽은 몸이 되고 싶으니, 어느 겨를에 관직의 거취(去就)를 논할 수 있겠습니까."

그리자 상은 비답(批答)을 내리시기를 "내가 경이 만난 상황에 대해서는 끝까지 말하고 싶지 않으나 경의 딱한 사정은 마땅히 한 번 신원(伸冤)함이 있어야 하니, 특별히 소청(所請)을 허락하여 경의 마음을 편안하게 하겠다."라고 하셨다. 이로부터 제수하는 명령이 있으면 번번이 물러나니, 상은 사체(事體)를 생각하지 않는다 하여 이에 양주 목사로 좌천하여 보임하라고 명하였다.

몇 년 뒤에야 비로소 칙명과 하교가 더욱 엄하여 다시 훈련대장의 병부를 받았는데, 공은 더욱 두려워하는 마음을 품어서 매번 결단코 물러나고자 하였지만 차마 곧바로 결정하지 못하였다. 항상 말씀하기를 "고인(古人)이 이르기를 '나아가도 걱정이고 물러나도 걱정이다.'[130]

130 나아가도……걱정이다 : 이 내용은 범중엄(范仲淹)의 〈악양루기(岳陽樓記)〉에

하였으니, 이 말이 참으로 의미가 있다."라고 하였다.

가정에서의 행실은 다음과 같다. 어려서는 부모를 효성으로 섬겨서 일찍이 조금도 뜻을 어기는 일이 없었다. 정묘년(1807)에 부친 충헌공의 상을 당했는데, 공은 물과 장(漿 음료)을 먹지 않아서 몸을 훼손하여 거의 생명을 잃게 되니, 집안 식구들이 생강과 계피를 먹으라고 권하였으나 끝내 듣지 않았다.

백씨(伯氏) 판서공(判書公)과 우애가 특별히 돈독해서 형을 아버지처럼 섬겼으며, 형이 병에 걸리고부터 별세하여 장례를 치를 때까지 애를 태우고 통곡하여 마치 살고 싶지 않는 것처럼 하였다. 그리고 여러 조카들을 어루만져 기를 적에 은혜와 의(義)를 지극히 겸비하여 모두 성취한 바가 있게 하였다. 제사에 정성과 공경을 더욱더 지극히 하여 기일에 앞서 목욕재계하고 청소하였으며 몸소 제수를 장만하는 솥과 도마를 살펴보아 청결에 극진히 힘썼다.

선조의 일에 관계된 모든 것에 지극정성을 쓰지 않음이 없어서 5세(世) 이하 선조의 유고(遺稿)를 차례로 교정해서 등재(登梓)하여 즉시 판각하였다. 그리고 선영 중에 옛날에 비석을 세워 드러낸 것이 없는 묘소도 모두 비석을 장만하여 유감이 없게 하였다.

가법(家法)이 엄정(嚴正)해서 반드시 예법을 따라 행동하였다. 혼인을 앞둔 종자(從子)가 초례(醮禮)를 지내기 전에 숙모의 상을 당하

"묘당(廟堂)의 높은 곳에 있으면 백성들을 걱정하고, 강호(江湖)의 먼 곳에 있으면 군주를 근심하니, 이는 나아가도 근심하고 물러나도 근심하는 것이다.〔是進亦憂, 退亦憂.〕 그렇다면 어느 때에 즐거워할 수 있는가. 반드시 천하 사람들이 근심하기 전에 근심하고 천하 사람들이 즐거워한 뒤에 즐거워해야 한다."라고 보인다.《古文眞寶 後集 卷6》

였다. 그 모부인(母夫人)이 병이 위독하여 일찍 친영례(親迎禮)을 끝내기를 원하였으나, 공은 기년복(朞年服)에는 시집가고 장가들 수 없다는 글에 의거해서 반드시 복을 벗은 뒤에야 혼인하게 하였다.

종자인 주수(周壽 박종보(朴宗輔)의 맏아들)가 각선(閣選 대각(臺閣)의 선발)에 들어가자, 공은 말씀하기를 "내가 이미 이 직임을 맡았는데 네가 다시 뒤이어 맡았으니, 이것은 두려워해야 할 일이지 영화롭게 여길 만한 것이 아니다. 하물며 선형(先兄)의 유계(遺戒)가 있으니, 더 말할 것이 있겠느냐." 하고는 끝내 상소하여 취임하지 않게 하였다. 종제(從弟)인 서흥공(瑞興公)[131]과 취향이 서로 맞아 경례(經禮)와 문사(文史)로부터 국조(國朝)의 전고(典故)와 인물의 선악(善惡)에 이르기까지 항상 꿰뚫어 강론하고 면려하였으며, 별세하자 동기(同氣)를 잃은 것처럼 상(喪)을 치렀다.

공은 성품이 본래 검소함을 숭상해서 방안에는 호젓히여 완호(玩好)하는 물품이 없었으며, 조금이라도 사치하고 화려한 복식(服飾)이면 모두 번번이 사용하지 않았다. 노비를 다스릴 적에 법도가 있어서 어린 종이 가죽신 신는 것을 통렬히 금하여 청구(靑韝)의 조짐을 차단하였다.[132]

131 서흥공(瑞興公) : 근재(近齋) 박윤원(朴胤源)의 아들 박종여(朴宗輿, 1766~1815)로, 서흥 부사(瑞興府使)를 지냈기 때문에 이렇게 칭한 것이다. 박종여는 자가 원득(元得)이고 호가 냉천(冷泉)으로 매산의 절친한 벗이며, 박윤원은 매산의 스승이다.

132 어린……차단하였다 : '청구(靑韝)'는 한 겹으로 지은 녹색의 단의(單衣)로 편하게 입을 수 있는 값비싼 옷인바, 몸소 검약을 실천하였던 박종경이 노복들 또한 검소한 생활을 실천하도록 어린 종들이 비싼 가죽신을 신는 것을 미리 금지하였다는 말이다.

묘령(妙齡)일 적부터 일처리에 뛰어나 백부 근재 선생(近齋先生 박윤원(朴胤源))이 매번 재주와 기국(器局)이 두루 통달했다고 칭찬하셨다. 충헌공이 중년에 곤궁하여 여강(驪江) 가에 우거하고 있을 적에 부인을 잃고 학질을 앓았다. 병을 앓은 지 몇 년 만에 생계가 매우 곤궁하였는데, 공이 힘을 다하여 주선해서 어른들을 받들어 모시고 아랫사람들을 구휼하니, 한집안이 이에 힘입어 살아갔다.

정조 정미년(1787)에 수빈(綏嬪)[133]이 선발에 응하여 입궁(入宮)하자, 충헌공과 판서공이 수빈을 보호하라는 명을 받아 항상 궁중에 있으니, 온갖 가사(家事)를 공이 모두 주관하였는데 정정(井井)하게 조리가 있었다. 관직을 맡아 조처할 적에는 강하고 굳세며 분명하게 결단하였다. 세상의 여러 업무에 익숙해서 비록 금전과 곡식의 장부를 정리하느라 날마다 겨를이 없었으나, 신(神)처럼 분석하고 결단하여 책상에 처리하지 못하고 남아있는 문서가 없었다.

서쪽의 역적(逆賊 홍경래의 난)이 평정된 뒤에 음우(陰雨)를 경계해서[134] 병장기(兵仗器)를 널리 제조하였는데, 모두 지극히 정밀하고 견

이 내용은 후한(後漢) 장제(章帝) 초기에 귀척(貴戚)들이 갖은 불법을 자행하며 사치를 부리고 있는데도 장제가 계속해서 외척들에게 작위를 봉해주려고 하자, 태후(太后)가 외척들이 사치한 생활을 일삼아 그 노복들까지도 때가 묻지 않은 깨끗한 청구를 입고 일을 한다는 것을 예로 들어 그 부당함을 말한 데에 보인다. 《資治通鑑綱目 卷10上》

133 수빈(綏嬪) : 1770～1822. 박윤원의 아우인 판돈녕부사 박준원(朴準源)의 딸이다. 정조의 후궁이자 순조의 사친(私親)으로, 궁호는 가순궁(嘉順宮)이고 원호(園號)는 휘경(徽慶), 시호는 현목(顯穆)이다.

134 음우(陰雨)를 경계해서 : 음우는 날씨가 흐려져 비가 내리는 것으로, 유사시를 미리 대비함을 말한다. 《시경》〈빈풍(豳風) 치효(鴟鴞)〉에 "음우가 내리기 전 날씨가 좋을 때에 저 뽕나무 뿌리를 거두어다가 창문을 칭칭 감아놓는다면, 지금 이 아래에

고하였다. 비록 무기고에 이름이 없는 병장기라도 전부 직접 도식(圖式)을 그려서 주니, 훌륭한 공장(工匠)도 능히 그 법을 깨닫지 못하는 경우가 있었다. 세금에 있어서는 삼가 절도(節度) 있게 하여 쓸데없이 과하게 거두는 폐해를 제거했는데도, 수입이 해마다 여유가 있었다.

선혜청의 월장(月椿)[135]이 40여 만에 이르렀다. 영남에서 비상시를 대비하여 저축한 곡식을 절도 없이 지출하여 원래 장부의 곡식이 점점 축났는데, 공이 마침내 경연에서 아뢰어 다른 곡식 16만 섬으로 바꾸어 '병진별치보(丙辰別置補)'라고 이름을 붙여 매년 상용(常用)하게 하니, 이로부터 저축한 곡식이 모자람이 없었다. 특별히 수차(水車)를 만들어서 육의전(六矣廛)에 불을 끄는 도구를 갖추어 놓으니, 시전(市廛) 사람들이 지금까지 은혜를 칭송한다. 일을 치밀하게 다스림이 이와 같았다.

전조(銓曹)를 관장했을 때에는 오직 공도(公道)를 넓히고 인재를 가려 쓰는 것을 힘쓰니, 사람들이 감히 사사롭게 간청하지 못하였다. 그리고 경력이 억울하게 침체한 자는 비록 소원하고 막혀있더라도 반드시 조사해서 남김없이 의망(擬望)하였다. 매번 처음으로 벼슬길에 오른 사람을 뽑아서 보임할 때면, 미리 성균관 유생의 성명을 기록해 두기를 협대(夾袋)의 고사(故事)[136]와 같이 하였다.

있는 사람들이 혹시라도 감히 나를 업신여기겠는가.〔迨天之未陰雨, 徹彼桑土, 綢繆牖戶, 今此下民, 或敢侮予?〕"라고 한 데에서 온 말이다.

135 월장(月椿) : 남송(南宋) 때 군수(軍需) 물품을 공급하기 위해 달마다 창고의 남은 것을 계산하여 돈이나 물품을 징수하던 세금의 명목인데, 이 용어는 조선 시대에는 군수 물품 이외의 곳에서도 사용된 것으로 보인다. 《宋史 卷179 食貨下一》

136 협대(夾袋)의 고사(故事) : 송(宋)나라 태종(太宗)과 진종(眞宗) 연간에 이부

한번은 밤중에 앉아있었는데 몹시 추웠다. 공은 탄식하기를 "애처롭게도 저 곤궁한 집에는 반드시 헐벗고 굶주린 자가 많을 것이니, 내가 어찌 자산(子産)이 자신이 타는 수레로 사람을 일일이 건네주어 비난을 받은 일[137]을 피하겠는가."라고 하고는 친애하고 믿는 자로 하여금 허리에 전대(纏帶)를 차고 가서 돈을 나누어주게 하였고, 또한 돈의 출처를 말하지 않게 하였는데, 비용을 계산하니 매우 큰 금액이었다. 한 선비가 받을 명분이 없다 하여 끝내 받지 않자, 공은 그 지조를 가상히 여겨서 즉시 염탐하여 성명을 묻고는 그를 침랑(寢郞 능참봉(陵參奉))에 의망하였다. 군사와 백성들을 사랑하여 기른 것으로 말하면 은혜로운 뜻이 곡진하고 넉넉하였다.

서쪽의 경보(警報)가 있을 적에 종군(從軍)한 장병들에게 약을 나누어 주고 음식을 수송해 주는 행렬이 서로 도로(道路)에 이어졌고 또 쌀과 삼베를 가지고 그 가솔들을 자주 위문하였다. 그리고 빚쟁이들이 혹 가로챌 것이 염려되어 군교(軍校)를 보내어 빚쟁이를 막으니, 군사들이 감격하여 떨쳐 일어나 목숨을 바치려고 하지 않는 자가 없었다. 공물(貢物)로 바치는 쌀과 면포(綿布)의 값을 쳐줄 때에는 반드시 비

상서(吏部尙書)와 재상 등을 역임한 여몽정(呂蒙正)이 사방의 사람들이 만나러 찾아오면 매번 인재를 물어서 협대 가운데의 책자에 적어두었다가 조정에서 인재를 구하면 그중에서 취하여 쓰니, 모든 문무관이 적임자로 채워졌다는 고사가 있다.《史要聚選 卷3 相國》 협대는 옷을 넣어두는 자루이다.

137 자산(子産)이……일 : 춘추 시대 정(鄭)나라 재상(宰相)인 자산이, 겨울철 진수(溱水)와 유수(洧水)에서 맨몸으로 물을 건너는 자들을 자신의 수레로 일일이 건너게 해준 적이 있었는데, 이에 대해 맹자가 "은혜로우나 다스리는 법을 알지 못한다.〔惠而不知爲政.〕"라고 하였다.《孟子 離婁下》

싼 쪽으로 값을 지급하여 도성 백성들의 생활을 여유롭게 하였다.

경오년(1810) 큰 흉년이 들었을 적에 조정에서 상평창(常平倉)의 곡식을 내어 백성들을 구휼하였는데, 공은 굶주리는 가호를 정밀하게 뽑아서 표식을 하고 주머니와 자루로 고르게 나누어주니, 여기에 힘입어서 목숨을 보전한 자가 수만 명이었다. 이 때문에 공이 별세하던 날에 군대와 시장의 사람들이 마치 갓난아이가 어미의 젖을 잃었을 때처럼 통곡하였다.

하루는 장차 조정으로 나아가려고 하는데 문하(門下)가 몹시 시끄러웠다. 어떤 객이 문지기에게 저지당하고 있기에 공이 그를 불러다가 물으니, 객이 대답하기를 "집이 가난하여 처(妻)의 상(喪)에 염(殮)을 할 수가 없습니다."라고 하였다. 공이 말씀하기를 "비용이 얼마면 충분하겠는가."라고 하니, 객이 말하기를 "5백 전(錢)입니다."라고 하였다. 공이 즉시 5천 전을 주니, 객은 눈물을 흘리고 떠나갔다.

평소 알고 지낸 사이가 아니었으나 한 마을에 우거하고 있는 한 조사(朝士) 또한 부인을 잃고 염을 하지 못하였다. 공은 이 사연을 듣고서 즉시 한 일꾼을 보내어 주인 집안의 말에 따라 초종장사(初終葬事)의 경비를 마련해주었다. 이는 곤궁한 사람을 구휼해주고 남의 위급함을 도와준 일단(一端)이다.

젊어서부터 근재 선생(近齋先生)을 사사하여 의로운 방법에 물들어서 독실하게 배우고 게을리하지 않았으며, 평소 문장을 잘 한다고 자처하지 않았으나 글을 지으려고 구상하면 자연스럽게 법도에 부합하였다. 자제들을 훈도할 적에 과정(課程)을 엄격하게 세워서 비록 공무가 몹시 번잡하더라도 반드시 직접 살펴보았다. 평소 선비들을 사랑하여 장려하고 도와주었는데, 신분이 높고 귀해졌다고 하여 조금도 변하지 않았다. 이는 공의 이력과 행실, 치적(治積)의 대략이다. 그런데 무엇보다도 군주에 대한 충성과 사랑은 천성에서 나왔다.

갑술년(1814) 겨울에 순조가 종질(瘇疾)을 앓자, 공은 특별히 입직(入直)하여 관복을 벗지 않고 앉아서 날을 샌 것이 50여 일이었으나 끝내 피곤하고 괴로운 기색이 없었다. 종기의 뿌리를 뽑아야 할 적에 옥체가 매우 아파하니, 의원이 감히 손을 가까이 하지 못하면서도 오래 두면 그 뿌리가 더욱더 번질 것을 깊이 우려하였다.

공은 마침내 소매를 걷고 나아가서 아뢰기를 "조금만 참으시면 아무 해될 것이 없을 것이니, 신이 한 번 해보겠습니다." 하자, 상이 억지로 따랐다. 종기의 뿌리를 뽑고서야 물러났는데, 옷이 땀으로 흠뻑 젖었다. 이로 인하여 다음 날 병환이 낫는 경사가 있게 되었으니, 만약 가슴속에 충심(衷心)이 가득하여 자신의 목숨을 사생(死生)과 화복(禍福)의 밖에 버려둔 분이 아니라면 어찌 능히 이와 같이 할 수 있었겠는가.

당초에 충헌공과 판서공이 연이어 별세하신 후부터는, 상께서 돌아보고 위임하는 은혜가 오로지 공에게 있었다. 공 또한 스스로 맡은 책임을 매우 소중하게 여겨, 크게는 군국(軍國)의 기무(機務)로부터 작게는 재무(財務)의 관장과 인물의 선악(善惡)을 가려 출척(黜陟)하는 것과 민생의 고락(苦樂)에 이르기까지, 항상 스스로 조용히 거처하여 깊이 생각하느라 식음을 폐하는 지경에 이르렀다. 혹은 우국충정(憂國衷情)으로 침상에서 몸을 뒤척이며 날이 새도록 잠을 이루지 못하기도 하였는데, 비록 곁에서 모시는 자라 하더라도 그 이유를 살피지 못하였다. 이 때문에 나이가 겨우 40이었을 적에 머리털과 수염이 모두 하얗게 세었다.

일찍이 동대문 밖 돈암동(敦巖洞)에 별서(別墅)를 두고서 말년에 토구(菟裘)의 계책[138]으로 삼고는 인하여 '돈암'이라고 자호(自號)하였다. 그러나 왕실을 돌아보고 연연하느라 애초의 뜻을 능히 이루지 못하였는데, 때때로 공무의 여가에 두건을 쓰고 지팡이를 짚고 신을 신고는 산수(山水) 사이에서 소요(逍遙)하며 담연(澹然)히 돌아가는 것을 잊기도 하였다.

정축년(1817) 12월 1일에 정침(正寢)에서 고종명(考終命)하니, 향년이 53세였다. 부음이 알려지자 상은 놀라고 슬퍼하시고는 동원부기(東園副器)를 하사하라고 명하였으며, 성복(成服)하던 날에 친히 제문을 지어서 승지(承旨)를 보내어 다음과 같이 치제(致祭)하셨다.

경의 재능과 기국은	維卿材器
부형의 발자취를 이었다	繼父兄迹
내가 국사를 맡겨	委以國事
심복으로 의탁하니	心膂是托
분주히 주선해서	周旋奔走
밤낮으로 정성을 다하였다	夙夜殫竭
경을 수족으로 보았는데	視卿手足
지금 수족을 잃은 듯하고	今焉如失
경을 간성으로 의지하였는데	倚卿干城

138 말년에 토구(菟裘)의 계책 : 토구는 춘추 시대 노(魯)나라의 지명인데 은거지(隱居地)를 뜻하는 말로 쓰이는바, 《춘추좌씨전(春秋左氏傳)》〈은공(隱公)〉 11년 조(條)에 은공이 "토구에 집을 짓게 하였으니, 내가 장차 그곳에서 노년을 보낼 것이다.〔使營菟裘, 吾將老焉.〕"라고 한 데서 온 말이다.

지금 간성이 철거된 듯하다　今焉如撤
국사를 말할 적에　言念國事
누가 그 책임을 맡겠는가　誰任其責

대상(大祥) 때에 또다시 친히 제문을 지어 치제하셨고, 은졸(隱卒)의 은전(恩典)에 슬픔과 영광이 지극하였다. 다음 해 예월(禮月)에 양주(楊州)의 해동촌(海東村)에 임시로 장례하였다가 기묘년(1819) 윤4월에 여주(驪州)의 목숙동(苜蓿洞) 손좌(巽坐)의 언덕으로 이장하였다.

원배(元配)인 덕수 이씨(德水李氏)는 첨지중추부사(僉知中樞府事)로 이조 참판에 추증된 술모(述模)의 따님인데, 부인의 법도를 크게 구비하여 친족들이 어질다고 칭찬하였다. 갑신년(1764)에 출생하여 갑술년(1814)에 별세하니, 또한 처음에는 해동촌에 장례하였다가 이장하여 공의 묘 왼쪽에 부장(祔葬)하였다. 계배(繼配)인 평산 신씨(平山申氏)는 학생 모(某)의 따님인데 자품과 천성이 온화하고 유순하여 규문의 법도에 어김이 없었다. 계축년(1793)에 출생하고 경자년(1840)에 별세하여 공의 묘 오른쪽 을좌(乙坐)의 언덕에 장례하였다. 두 분 모두 자식을 낳지 못하였다.

그래서 백씨인 판서공(判書公 박종보(朴宗輔))의 둘째 아들 기수(岐壽)[139]를 데려다가 후사를 삼았다. 기수는 문과에 급제하고 현재 판서

139 기수(岐壽) : 박기수(1792~1847)는 자가 봉래(鳳來)로, 1817년(순조17) 정시 문과에 급제하고 시강원 설서(侍講院說書), 예조·형조·이조·병조·공조 5조의 판서, 판돈녕부사 등을 지냈다. 매산이 지은 박기수의 묘표가 있다.《梅山集 卷37 判敦寧

이다. 1남 2녀를 낳았는데, 아들 제원(齊元)은 일찍 죽었고, 사위는 진사 서상필(徐相弼)과 홍순응(洪淳膺)이다.

공은 준걸스러운 기국과 통달하고 숙련된 재주로 가정의 훌륭한 가르침을 익혀서 본령(本領)인 충효(忠孝)를 확립하였다. 굳건한 절조(節操)는 맹분(孟賁)과 하육(夏育)[140]도 빼앗지 못할 정도였고, 일을 처리함에는 명확한 분별력과 공정한 판단력을 겸비하였으니, 거의 옛날 군주가 6척의 어린 아이를 부탁하고 100리의 명을 맡길 만한 재주[141]를 갖춘 분이었다.

또 몸소 의친(懿親)에 처하여 임금의 돌아보는 은혜를 받아서 장차 세상을 바로잡고 구제하여 태평한 나라를 만회하는 효과를 볼 수 있을 듯하였다. 그런데 성쇠(盛衰)에는 운수가 있어 영화와 총애가 비난을 불러와서 끝내 공으로 하여금 낭패하여 근심하고 두려워하다가 능력을 다 펴지 못하게 하였으니, 이는 공의 불행이 아니요 실로 우리 조정의 불행이었다.

朴公墓表》

140 맹분(孟賁)과 하육(夏育) : 모두 중국 고대의 용사(勇士)이다. 맹분은 제(齊)나라 사람으로 살아 있는 소의 뿔을 맨손으로 뽑았다고 하며, 하육은 위(衛)나라 사람으로 천 균(鈞)의 무게를 들 수 있는 힘을 지녔다고 한다. 한(漢)나라의 충신(忠臣)이었던 급암(汲黯)의 절의(節義)를 칭송하면서 "맹분과 하육이라 할지라도 그의 뜻을 빼앗을 수 없을 것이다.〔雖賁育, 不能奪之矣.〕"라고 했던 고사가 있다. 《漢書 卷50 汲黯傳》

141 군주가……재주 : 어린 왕을 부탁할 만하고 제후국을 다스리게 할 만한 군자의 재주를 이르는바, 《논어》〈태백(泰伯)〉에 증자(曾子)가 "육 척의 어린 임금을 맡길 만하고, 백 리쯤 되는 나라의 국정을 맡길 만하며, 죽고 삶의 대절에 임하여 그의 절조를 빼앗을 수 없다면 군자다운 사람인가? 군자다운 사람이다.〔可以託六尺之孤, 可以寄百里之命, 臨大節而不可奪也, 君子人與? 君子人也.〕"라고 한 데에 보인다.

살펴보건대 공의 시장(諡狀)에 이르기를

"세상의 변고는 여러 가지이고 인정(人情)은 평탄하기 어려우니, 높은 공래산(邛郲山)과 염여퇴(灩澦堆)[142]보다 더 험난하다. 그러나 눈을 돌리는 잠깐 사이에 물처럼 흘러가고 구름처럼 공허해져 바로 지나간 차가운 세상이 되는데, 오직 공이 나라를 근심하고 군주를 사랑한 정성은 금석(金石)을 꿰뚫고 귀신에게 질정(質正)할 수 있으니, 이것은 진실로 그대로 남아있다."

라고 하였으니,[143] 이것은 공을 잘 안 것이라고 이를 만하다.

공의 큰 아드님이 내가 근재 선생의 문하에 출입하면서 공의 전말(顚末)을 대략 들었다 하여 묘지명을 부탁하니, 불초가 어찌 감히 사양하겠는가. 마침내 다음과 같이 명문을 짓는다.

반남 선생과 야천 선생이 후손을 넉넉하게 해서	潘冶裕昆
후손들이 대대로 인을 쌓았네	奕世累仁
돈독한 정기가 수빈을 낳아	篤生綏嬪
우리 성인을 탄생하였네	誕我聖人

142 공래산(邛崍山)과 염여퇴(灩澦堆) : 공래산은 중국 사천성(四川省) 영경현(滎經縣)에 있는데, 이리저리 굽어 있어 매우 험난한 구절판(九折坂)이 있는 산이다. 염여퇴는 사천성 봉절현(奉節縣)의 구당협(瞿塘峽) 여울 중심에 있는 암석으로, 배가 이곳을 지날 때 석벽에 가까이 가면 물을 따라 곁으로 흐르게 되어 돌을 피할 수 있으나, 만일 석벽을 피하여 가면 와중(渦中)에 휘말리게 되어 돌에 부딪혀 파선된다고 한다.

143 시장(諡狀)에……하였으니 : 시장은 운석(雲石) 조인영(趙寅永, 1782~1850)이 지은 박종경의 시장을 이르는데, 매산이 인용한 내용은 시장에서 부분적으로 발췌한 것이다. 《雲石遺稿 卷20 吏曹判書敦巖朴公【宗慶】諡狀》

군주가 어린 나이에 만기를 다스리니	沖服萬機
의지할 사람이 누구이겠는가	倚毗維何
하늘이 어진 보필을 내려주니	天錫賢輔
또다시 그 집안 사람이었네	又於其家
준걸스러운 기국과 영명한 자품을 타고났으니	偉器英姿
학의 꿈이 그 조짐이었네	兆于鶴夢
부형의 자취를 이어서	繼父兄蹟
군국의 중임을 맡았네	任軍國重
전조를 관장할 때에는 공정함을 넓히고	銓注恢公
재정을 맡았을 때에는 자세히 종합하였네	財賦綜覈
세 군영을 두루 거쳤을 적에는	周流三營
나라의 간성이요 주석이었네	干城柱石
한 몸으로 수고로움을 다해서	一身鞠瘁
사십 세에 머리가 세었네	四十頭皓
무슨 깊은 염려가 있었는가	有何深念
전전반측하며 날을 새었네	反側達曙
서쪽 봉화대가 경보를 알리자	西燧告警
묵묵히 나라의 계책을 도왔네	默贊廊籌
밖으로는 황지의 장난[144]을 멸하였으나	外殄潢弄

144 황지(潢池)의 장난 : 황지는 물이 고인 작은 못으로, 민란(民亂)을 비유하는바, 홍경래의 난을 가리킨다. 전한(前漢) 선제(宣帝) 때에 발해(渤海) 지방에 민란이 일어나자, 공수(龔遂)를 발해 태수로 임명하여 도둑을 토벌하게 하였는데, 공수가 "이번의 반란은 굶주림과 추위에 시달리는 백성들을 관리들이 제대로 돌보지 않으므로 폐하의 백성들이 폐하의 무기를 훔쳐서 황지 가운데에서 한 번 장난을 쳐 본 것일 따름입니

안으로는 금처[145]를 이루었네	內成錦萋
사람들은 막 모래를 머금어 쏘아대는데[146]	人方含射
공은 스스로 반성하였네	公則自反
우 임금의 솥[147]이 간악한 자를 비추어	禹鼎燭姦
염여퇴의 험난한 물결이 조용해졌네	灩澦波晏
은거할 곳을 돌아보았는데	睠言菟裘
물과 대나무가 깨끗한 곳이었네	水竹蕭散
전약수와 같은 용맹이 없지 않았으나	匪無錢勇

다.〔陛下赤子盜弄陛下之兵于潢池中耳.〕"라고 말했던 데서 유래하였다.《漢書 卷89 龔遂傳》

145 금처(錦萋) : 없는 사실을 꾸며 내어 남을 모함하는 것을 이르는바,《시경》〈소아(小雅) 항백(巷伯)〉의 "얼룩덜룩하게 조개 무늬 비단을 짜듯이 남을 참소하는 저 사람이여, 또한 너무 심하구나. 혓바닥 크게 벌린 남기성(南箕星)처럼 참소하는 사람이여, 누구와 주로 모의하나.〔萋兮斐兮, 成是貝錦, 彼譖人者, 亦已大甚. 哆兮侈兮, 成是南箕, 彼譖人者, 誰適與謀?〕"라는 글에서 유래하였다.

146 사람들은……쏘아대는데 : 단호(短狐)라고 하는 물여우가 남모르게 사람을 해치는 것을 비유로 들어, 박종경이 사람들에게 심한 모함을 받았음을 말하였다.《시경》〈소아(小雅) 하인사(何人斯)〉에 "귀신이 되고 물여우가 된다면 볼 수가 없거니와, 버젓이 면목이 있어 사람을 봄이 다함이 없도다.〔爲鬼爲蜮, 則不可得, 有靦面目, 視人罔極.〕"라고 하였는데, 주자의 주에 "역(蜮)은 단호이니, 장강(長江)과 회수(淮水)에 모두 있는데, 입에 모래를 머금고 물속에 비치는 사람 그림자에 뿜으면 그 사람에게 바로 병이 생기나, 그 형체를 볼 수 없다.〔蜮, 短狐也, 江淮水皆有之, 能含沙以射水中人影, 其人輒病, 而不見其形也.〕"라고 하였다.

147 우(禹) 임금의 솥 : 우 임금이 구주(九州)의 쇠를 거두어 만든 솥을 말하는데, 이 솥에 만물을 그려 넣어 백성들로 하여금 좋은 물건과 나쁜 물건을 알게 하였으므로 백성들이 도깨비나 물귀신 등을 만나지 않게 되었는바, 여기서는 순조의 명철함을 이것에 빗댄 것이다.《春秋左氏傳 宣公3年》

차마 요 임금을 결별하지 못하였네[148]	未忍堯訣
그런데도 근심하고 두려워해서	然猶憂畏
당세에 대한 생각을 끊었네	當世念絶
경륜을 다 펼치지 못하였는데	罔究厥施
하늘이 공을 빨리 빼앗아갔네	天奪斯速
왕께서 오호라	王曰嗚呼
나는 수족을 잃었노라 하시고는	予失手足
손수 제문을 지어 치제하시니	奎藻賜侑
슬픔과 영화가 모두 지극하였네	哀榮兩極
여강의 북쪽에	驪水之陽
넉 자의 높은 무덤이 있네	有崇四尺
바로 공의 무덤이니	緊公之藏
땔나무도 목축도 하지 않도록 조심하라	愼毋樵牧
능곡이 변천하더라도	陵谷變遷
나의 명문은 영원하리라	我銘不泐

148 전약수(錢若水)와……못하였네 : 전약수(960~1003)를 박종경에 빗대고 상고 시대의 성군(聖君)인 요 임금을 순조에 빗대어, 박종경이 전약수와 같은 용맹함이 있었지만 순조의 간절한 부름을 차마 외면하지 못하였음을 말하였다. 전약수는 북송(北宋) 진종(眞宗) 때의 명신으로 자가 장경(長卿)인데, 젊었을 때에 한 관상가가 "그는 급류 속에서 용감히 물러날 수 있는 사람이다.〔是急流中勇退人也.〕"라고 했었는데, 훗날 40세의 나이로 추밀부사(樞密副使)에 오르자 미련 없이 과감하게 치사(致仕)하였다. 《宋史 卷266 錢若水列傳》

첨중추 황공 묘지명 병서
僉中樞黃公墓誌銘 幷序

아! 옛날 건릉(健陵 정조(正祖))이 전성(全盛)할 때에 사람들을 고무(鼓舞)하여 육성해서 문치(文治)가 찬란하였으니, 의정부와 관각(館閣 홍문관과 예문관)의 신하로서 한 시대에 혁연(赫然)히 이름을 드날린 자는 말할 것도 없고, 비록 학교나 음직(蔭職)으로 발탁되어 백 리 고을의 수령으로 재주를 시험 받은 자라도 장자(長者)의 후덕한 풍도(風度)가 있지 않은 이가 없었다.

고(故) 일수호(一水戶) 황공(黃公) 같은 분은 뛰어난 경륜을 품고 녹사(祿仕)에서 벼슬을 시작하여 재주를 끝까지 다 펼치지 못하였으나, 유풍(遺風)과 여운(餘韻)이 아직도 가정과 이사(里社)에 전해 오고 있다. 《시경》에 "비록 노성(老成)한 사람은 없으나, 오히려 전형(典型)은 남아있다."[149]라고 하였으니, 나는 일찍이 이 글을 세 번 반복하여 읽으면서 감회가 일지 않은 적이 없었다.

공은 휘가 인기(仁紀)이고 자가 경수(景修)인데, 처음 휘는 인기(仁驥)이고 자는 전여(展汝)였다. 일수호(一水戶)는 호이다. 황씨(黃氏)는 계통이 창원(昌原)에서 나왔으니, 고려 때 시중(侍中)을 지낸 휘 충준(忠俊)을 비조(鼻祖)로 삼는다. 본조에 들어와 휘 거정(居正)이 형조 판서로 복(福)을 심어 후손을 여유롭게 해서 집안이 더욱 창대(昌大)해졌는데, 마침내 우리 동방의 유명한 가문이 되었다.

149 비록……남아있다 : 이 내용은 《시경》 〈대아(大雅) 탕(蕩)〉에 보인다.

여러 번 전하여 휘 신구(藎耉)에 이르러 돈녕부 도정(敦寧府都正)으로 좌찬성(左贊成)에 추증되었다. 찬성공은 일곱 아들을 두었는데, 장남은 판돈녕(判敦寧)을 지낸 흠(欽)으로 세 조정의 명신이 되었다. 다섯째는 사재감 첨정(司宰監僉正)으로 좌참찬(左參贊)에 추증된 휘 도(鍍)이니, 이분이 공의 증조이시다.

조고 휘 운하(運河)는 지중추부사(知中樞府事)이고, 선고 휘 간(榦)은 대사간이다. 어머니 연안 김씨(延安金氏)는 현령(縣令) 상후(相垕)의 따님이다. 공이 막 태어날 때에 조고인 지추공(知樞公)이 선학(仙鶴)이 지붕에 내려앉는 꿈을 꾸었다.

출생하였을 적에 골격이 아름답고 특이하였고, 장성하자 더욱 준걸스러웠으며 부지런히 학문하였다. 일찍이 교관(敎官)을 따라 경현당(景賢堂)에 입시하였는데, 영조(英祖)께서 "너의 아버지가 접위관(接慰官)의 명을 받들고 가서 오랫동안 돌아오지 않으니, 이것은 바로 삼사(三司)의 관직을 규피(規避)하려고 해서인가."라고 하시자, 공이 대답하기를 "신의 아비는 평소 은미하게 간(諫)함이 없는 의리[150]를 강(講)하였으니, 감히 규피하는 계책을 하여 인군(仁君)을 속이는 죄과를 범하는 것이 아닐 것입니다."라고 하였다. 상은 그 대답을 좋게 여겨 동궁(東宮)을 돌아보고 말씀하시기를 "이 사람은 후일 너의 신하가 될 사람이다."라고 하셨다. 응제(應製)한 글이 임금의 뜻에 맞으니, 온 조정에서 그 글을 전하여 외웠다.

을유년(1765)에 집지(執贄)하여 미호(渼湖 김원행(金元行)) 김 선생

150 은미하게……의리 : 군주를 섬길 적에 직간(直諫)을 하고 은미하게 간함은 없는 의리로, 《예기》 〈단궁 상(檀弓上)〉에 보인다.

(金先生)을 뵙고서 자기를 위하고 도를 구하는 학문의 요령을 물었다. 계사년(1773) 증광(增廣) 생원시에 합격하였다. 병신년(1776) 태학(太學)의 장의(掌議)가 되어서 두 번 상소하여 일을 논하였는데, 그 상소에서 논한 것은 충역(忠逆)에 관계된 것과 사문(斯文)이 모욕 받는 이유였다.

기해년(1779)에 대간공(大諫公)의 상을 당하여 가족을 데리고 보은(報恩)의 산중으로 들어가서 여묘(廬墓)하였는데, 거상(居喪)에 예를 지극히 하였다. 복을 마치고 서울로 돌아오니, 이때 문효세자(文孝世子)의 상(喪)[151]이 있었다. 공은 죄인을 토벌하여 복수하지 못했다 하여 의리에 맞게 지조를 지켜서 공거(公車 과거(科擧))에 나가지 않은 지가 4, 5년이었는데, 경술년(1790) 나라의 경사[152]가 있게 되어서야 예전의 과거 공부를 다시 이어갔다.

151 문효세자(文孝世子)의 상(喪) : 문효는 정조의 장남인 순(㬀, 1782~1786)의 시호로, 1786년(정조10)에 5살의 나이로 죽었다. 이때 문효세자와 문효세자의 생모인 의빈(宜嬪) 성씨(成氏)가 잇따라 죽자, 왕대비가 빈청(賓廳)에 언문으로 전교하여 죽음에 의심스러운 정황이 있음을 논하고 역적의 토벌을 주청하였다. 마침내 구선복(具善復)과 구명겸(具明謙)을 처형하고, 김우진(金宇鎭)을 제주(濟州)에 위리안치(圍籬安置)하고 조시위(趙時偉)를 경원부(慶源府)에 정배(定配)하고 은언군(恩彦君) 이인(李䄄)을 강화부(江華府)에 정배하였다.《日省錄 正祖 10年》《正祖實錄 10年, 11年》 문효세자의 묘호(廟號)는 문희(文禧), 묘호(墓號)는 효창(孝昌)이다. 1784년 7월 2일 2세 때 왕세자에 책봉되었고, 1786년 5월에 5세의 나이로 훙서하여 동년 윤7월 19일 양주(楊州) 효창묘(孝昌墓)에 장례하였다.《正祖實錄 6年, 8年, 10年》

152 나라의 경사 : 1790년 6월 18일에 후일의 순조(純祖)인 원자(元子)가 탄생한 일을 가리킨다. 이를 기념하기 위한 증광 감시(增廣監試) 초시를 8월 1일에 보이고 증광 문무과 초시를 8월 16일에 보였으며 증광 문과 전시(殿試)를 8월 20일에 보였다.《正祖實錄 14年》

갑인년(1794)에 내상(內喪 모친상)을 당하였는데, 상제(喪制)를 이전의 부친상과 똑같이 하니, 몸이 훼손되어 생명이 거의 온전하지 못할 정도였다. 병진년(1796)에 휘릉 참봉(徽陵參奉)에 제수되었는데, 부모가 살아계실 적에 미처 녹봉을 받아 봉양하지 못한 것을 지극히 애통해하였다.

정사년(1797)에 상이 특별히 새로 간행한《은중경(恩重經)》[153]을 하사하여 영화롭게 해주고 이르시기를 "너의 문학과 훌륭한 행실은 내가 익숙히 아는 바이다. 이 경(經)이 비록 불서(佛書)이긴 하나 또한 어버이에게 효도하는 데 쓸 수 있는 한 가지 도구이다. 충과 효는 두 가지 이치가 없으니, 너는 이것을 기억하라."고 하시고는 아울러《두율(杜律)》[154]을 하사하셨다.

무오년(1798) 일곱 능을 봉심(奉審)할 적에 오직 휘릉의 봉식(封植)이 가장 무성하므로 특별히 7품관을 제수 받고 사재감 직장(司宰監直長)으로 승진하였다. 기미년(1799) 봄에 부음을 알리는 칙사(勅使)가 오자,[155] 백관(百官)으로 하여금 최복(衰服)을 만들어 입게 하였는데, 이때 의리상 최복을 입어서는 안 된다는 의논이 있었다.

153 은중경(恩重經) : 원래 제목은《불설대보부모은중경(佛說大報父母恩重經)》으로, 부모의 은혜가 한량없이 넓고 큼을 설파하여 그 은혜에 보답할 것을 가르치는 불교의 경전이다.

154 두율(杜律) : 당(唐)나라 시인 두보(杜甫)의 율시(律詩)를 모은 책이다. 원(元)나라 우집(虞集)의《두율우주(杜律虞註)》2권이 성종(成宗) 2년에 처음 간행된 이래로 여러 차례 다시 간행되면서 조선에서 크게 유행하였다.

155 부음을……오자 : 청나라 건륭제(乾隆帝)인 고종(高宗)이 1799년 2월 7일에 승하하였는바, 청나라의 칙사가 부고를 알리기 위해 조선에 온 것을 이른다.

상은 공에게 명해서 그 의논에 발문을 지어 올리게 하고, 다시 《춘추》 한 질을 하사하고 말씀하시기를 "천하에 진실로 이런 의논이 없을 수 없으니, 이는 바로 《춘추》의 의리[156]이다."라고 하셨다. 종묘서 직장(宗廟署直長)으로 바꾸어 제수하고는 상신(相臣)의 청으로 인해서 오랫동안 사당의 일을 맡기고 자문한 일이 특별히 많았는데, 상은 말씀하기를 "사당의 예관(禮官)이 모두 이 사람과 같으면 매사에 근심을 잊겠다."라고 하셨다.

경신년(1800) 세자가 종묘를 알현할 적에 종묘서의 영(令)으로 승진하였다. 6월에 정조가 예척(禮陟)[157]을 하시자, 공은 예절보다 더 슬퍼하여 몸을 훼손하였다. 그 후 임금의 휘일(諱日) 때마다 반드시 3일 동안 소식(素食)을 하였다. 당신 생일이 건릉(健陵 정조(正祖))의 탄신(誕辰)과 같은 날이라 하여 종신토록 생일상을 받지 않았는데, 이것은 광세(曠世)의 지우(知遇)에 감동해서였다.

8월에 임실 현감(任實縣監)에 제수되었다. 공은 한 마음으로 백성들을 어루만져 정사가 공평하고 송사(訟事)가 적어지니, 온 고을이 칭송하였다. 그러나 공을 좋아하지 않는 자가 끊임없이 시기하여 끝내 거짓 무함(誣陷)을 당하자, 공은 관직을 버리고 돌아와 문을 닫고 사람들과

156 춘추의 의리 : 공자가 중화(中華)를 높이고 이적(夷狄)을 물리치는 존주양이(尊周攘夷)의 의리를 밝히기 위해 《춘추》를 지은 것을 이르는바, 조선에서는 이 의리에 입각하여 오랑캐가 세운 청나라를 정통 중국 황제의 나라로 인정하지 않았기 때문에 건륭제의 상에 최복을 입지 않은 것이다.

157 예척(禮陟) : 임금의 승하를 이르는바, 《서경》 〈군석(君奭)〉의 "은나라 선왕(先王)이 예로써 올라가 하늘에 짝하여 나라를 향유한 세월이 오래되었다.〔殷禮陟配天, 多歷年所.〕"라고 한 데서 온 말이다.

의 교유를 깨끗이 끊고는 더 이상 당세에 대한 뜻이 없었다.

을축년(1805) 정순대비(貞純大妃 영조(英祖)의 계비(繼妃))의 상에 도감(都監)의 낭감(郎監)으로 국장(國葬)을 감독하였다. 일이 끝나자 또 다시 의궤 낭(儀軌郎)에 차임되었는데, 그 공로로 인의(引儀)와 감찰(監察), 형조 정랑에 제수되었고 종묘 영(宗廟令)을 두 번 역임하였으며 종친부 전부(宗親府典簿)로 전직하였다.

임신년(1812)에 광주부 판관(廣州府判官)에 제수되었는데, 흉년을 만나자 힘을 다하여 백성들을 구제해서 굶어죽은 자가 한 사람도 없었다. 을해년(1815)에 체직하여 공조 정랑에 제수되고, 광릉 영(光陵令), 상의원 첨정(尙衣院僉正)을 역임하였다.

계미년(1823)에 강화부 경력(江華府經歷)에 제수되었다. 마침 공청(公廳)에 한밤중에 불이 나서 온 부(府)가 경황이 없었으나, 공은 홀로 직접 전중(殿中)에 있는 위패(位牌)[158]를 받들고서 엄정(嚴整)하고 차분하게 지휘하였다. 이때 공은 이미 60세가 넘었으나 정력이 쇠하지 않음이 이와 같았다. 이윽고 또 건물을 중수하고 수리하였는데, 공사가 매우 컸으나 장정(壯丁)과 목재를 정도(程度)에 맞게 조달하여 소요(騷擾)가 백성에게 미치지 않게 하였다.

낙성(落成)으로 인하여 노인들을 불러 모아서 즐겁게 술 마시고 시를 읊조렸는데, 임기를 마치고 돌아가자 강화도 백성들이 공의 은혜를 그리워하여 송덕비를 세웠다.

병술년(1826)에 수직(壽職)으로 통정대부 첨지중추부사(僉知中樞

158 전중(殿中)에 있는 위패(位牌) : 강화도에 조선 숙종의 초상화를 모신 장녕전(長寧殿)이 있는데, 초상화와 함께 모셔놓은 위패인 것으로 보인다.

府事)로 승진하였다. 이때 연배가 같은 장로(長老)들과 함께 날마다 술과 안주를 장만하여 물 좋고 산 좋은 곳에서 노닐었는데, 풍류가 크게 넘쳐서 향산(香山)과 낙사(洛社)[159]의 풍취(風趣)가 있었다. 공은 노년에도 총명이 쇠하지 않고 걸음걸이가 경쾌하고 강건하니, 보는 자들이 신선계(神仙中)의 사람으로 우러러보았다. 또 평소 글을 강(講)하고 외우는 것을 폐하지 않고 직접 자손을 가르쳤다.

신묘년(1831) 9월에 약간 피곤한 증상을 보이고는 정침(正寢)으로 옮기라고 명하였는데, 29일에 고종명(考終命)하니, 출생한 정묘년(1747)과의 거리를 따지면 85세가 된다. 11월에 보은(報恩) 둔덕(屯德)의 유좌(酉坐)에 장례하였고, 배위(配位)인 송씨(宋氏)와 조씨(趙氏)를 부장하였다.

공은 젊었을 때부터 재주가 탁월하였는데 동료들보다 크게 뛰어나니, 선배들에게 칭찬을 받았다. 효성과 우애를 하늘로부터 타고나 매사에 본분을 다하고자 하였는데, 제사를 받들 때에는 치재(致齋)하고 제수를 깨끗이 준비하였고, 기일(忌日)이 되면 초상 때와 같이 두려워하고 공경을 다하였다.

누이와 우애가 돈독하였고 자형(姊兄)을 잘 받들어 삼가고 조심하는 마음으로 대하였다. 몸소 여러 생질들을 교육하였고 생질들의 혼사(婚

159 향산(香山)과 낙사(洛社) : 향산은 향산거사(香山居士)로 당나라의 문장가인 백거이(白居易)의 호이며, 낙사(洛社)는 낙양(洛陽)의 모임으로 백거이가 당시 나이 많은 명사들과 낙양에 모여 결성한 구로회(九老會)를 이른다. 또한 송대(宋代)의 문언박(文彦博)이 서도(西都)인 낙양(洛陽)의 유수(留守)가 되어 당시의 원로 명재상인 부필(富弼)과 사마광(司馬光) 등 11명과 함께 결성한 낙양기영회(洛陽耆英會)가 있는바, 이 두 모임은 기로회(耆老會)의 대명사로 전한다.

事)를 자기 자식들보다 먼저 성사시켰으며, 옷을 나누어 주고 음식을 나누어 주어 집안에 서로 흠 잡는 말이 한 번도 없었으니, 여기에서 공의 탁월한 성품을 볼 수 있다.

집안을 다스릴 때에 온화함과 엄격함이 모두 지극하였고, 아래로 노복(奴僕)을 부릴 적에도 모두 기율(紀律)이 엄숙하였다. 혹 비리(非理)로 무례하게 구는 자가 있으면 번번이 변론하지도 않고 따지지도 않고서 그로 하여금 절로 오해가 환히 풀리게 하였다. 어떤 패악(悖惡)한 하인이 동네 안의 사대부들을 꾸짖고 욕하여 말하지 못하는 바가 없었으나 유독 공에게만은 기쁜 마음으로 복종하였으니, 이것이 이른바 '포악하고 거만한 자가 공손함을 지극히 한다.'[160]는 것이다.

이는 모두 공의 행적으로 사림(士林)들이 칭찬하는 바이다. 저술로는 유고 10권과 《미인지(美仁志)》 3책과 《이필차재(二必箚裁)》 2책이 집에 보관되어있다.

공의 원배(元配)인 반남 박씨(潘南朴氏)는 선고가 상조(相朝)이고, 재배(再配)인 은진 송씨(恩津宋氏)는 선고가 환운(煥雲)이고, 삼배(三配)인 함안 조씨(咸安趙氏)는 선고가 익진(翼鎭)이다. 아들 생원 기찬(基瓚)과 기철(基轍)은 조씨의 소생이고, 심헌조(沈憲祖)에게 출가한 딸은 박씨의 소생이다. 서자(庶子)는 기민(基玟)이고, 서녀는 조가영

160 포악하고……한다 : 이 내용은 이천(伊川) 정이(程頤)가 지은 명도(明道) 정호(程顥)의 전기(傳記)에 "선생은 현우(賢愚)와 선악을 막론하고 모두 그들을 감복시켰기 때문에 교활하고 거짓된 사람도 선생에게는 정성을 바치고, 포악하고 거만한 사람도 선생에게는 공경을 다하며, 멀리서 그 풍도를 듣기만 해도 진정으로 감복하고, 가까이에서 그 덕을 목도하는 사람은 그에게 심취하였다.〔賢愚善惡, 咸得其心, 狡僞者獻其誠, 暴慢者致其恭, 聞風者誠服, 覿德者心醉.〕"라고 보인다. 《近思錄 卷14 觀聖賢類》

(趙嘉永), 이인동(李寅同)에게 출가하였다.

기찬은 4남을 두었으니, 종우(鍾羽)와 전(前) 군수인 종림(鍾林), 정랑인 종석(鍾奭)과 종규(鍾奎)이고, 딸은 윤태주(尹泰周)에게 출가하였다. 종우의 아들은 일연(一淵)이고 사위는 박홍수(朴洪壽), 이공하(李公夏)이다. 종림은 족숙부(族叔父)에게 양자를 가서 3녀를 낳아 유치상(兪致庠), 정기조(鄭耆朝), 김태제(金台濟)에게 시집보냈고, 양자는 기연(耆淵)이다.

종석의 사위는 이희(李熺)이고 계자(系子)는 장연(章淵)이다. 종규의 사위는 서상희(徐相憙)이고, 계자는 보연(普淵)이다. 윤태주의 아들은 병정(秉鼎), 병익(秉益)이다. 기철의 아들은 종창(鍾昌)인데, 종창이 후연(厚淵), 기연(耆淵), 보연(普淵) 세 아들을 낳았다.

공은 사람됨이 성깔이 있고 기백을 지녔으며 재기(才氣)가 뛰어나고 기개가 높아서 사람들이 모두 큰 임무를 맡을 것으로 기대하였으나, 음관(蔭官)의 벼슬길에 굴하여 재능을 다 펴지 못하였다. 수(壽)가 대질(大耋 80세)에 올라 임금이 내려주신 관작(官爵)을 받았고 손자와 증손이 번성하여 남은 경사가 다하지 않음이 있으니, 천도(天道)의 보시(報施)가 아마도 여기에 있을 것이다. 옛말에 이르기를 "넉넉하여 다 쓰지 않은 복을 남겨두어 자손들에게 돌려준다."[161]라고 하였으니, 이것이 바로 공을 말한 것이다. 아! 훌륭하다.

161 넉넉하여……돌려준다 : 이 내용은 남송(南宋) 때 왕백대(王伯大, ?~1253)가 지은 〈사유명(四留銘)〉에 보인다.《山堂肆考 卷130》 왕백대는 자가 유학(幼學), 호가 유경(留耕)으로, 가정(嘉定) 연간에 진사시에 급제하고 추밀 부도승지(樞密副都承旨), 참지정사(參知政事) 등을 지냈다.

나는 늙어서 붓과 벼루를 물리쳤는데 지금 묘지명을 부탁 받고 감히 사양할 수가 없어서 마침내 다음과 같이 명문을 짓는다.

창원 황씨는 유명한 가문이니	昌原名閥
대대로 훌륭한 명성이 있었네	世有令聞
공이 전통을 이어서	公繩厥武
성군에게 지우를 받았네	受知聖君
시를 뒤이어 짓고 의논에 발문을 지어	賡詩跋議
영화가 유신들 사이에 진동하였네	榮動儒班
인경[162]을 은총으로 내리니	寵以麟經
은혜가 비반[163]에서 나왔네	恩出匪頒
큰 그릇을 작게 쓰니	大器小用
순량의 자취를 대략 따랐네	粗迹循良
백성을 사랑함에 마음을 두니	存心愛物
갓난아이를 보호하듯 다친 사람을 돌보듯 하였네	若保如傷
말년에 때를 따라 덕을 길러	晩暮遵養
향촌의 동산에서 한가로이 지냈네	婆娑邱園

162 인경(麟經) : 《춘추》를 가리킨다. 《춘추》는 노나라 은공(隱公) 원년(기원전 722)에서 시작하여 애공(哀公) 14년(기원전 479) 노나라가 서쪽으로 사냥을 나갔다가 기린을 잡은 기사에서 끝난다. 기린은 상서로운 동물로 이 짐승이 나타나면 성인이 나온다고 전해지는데, 난세에 기린이 나와 사람에게 잡혔으므로 공자는 이에 눈물을 흘리고 여기에서 기록을 멈추었다고 하는바, 이 때문에 '인경'이란 말이 나오게 되었다.

163 비반(匪頒) : 《주례(周禮)》 〈천관 대재(天官大宰)〉에 나오는 말로, 왕이 신하들에게 물건을 나누어 주는 것을 말한다. 비(匪)는 분(分)과 같고, 반(頒)은 반포(班布)의 반(班)과 같다.

붕우들과 조섭하여 즐긴 것은	朋友攸攝
고요하고 아름다운 거문고와 술이었네	靜嘉琴樽
간간이 서사를 겸하니	間以書史
참된 즐거움이 이 가운데에 있었네	眞樂在中
나이와 덕이 모두 높아서	年德俱卲
말년을 명랑하게 마쳤네	昭朗令終
높고 높은 둔덕산에	崔崔德嶽
조용하고 조용한 묘소가 있네	侐侐幽宮
많고 많은 손자와 증손들	兟兟孫曾
많은 복과 녹을 물려받으리라	福祿來崇
내가 이로써 명문을 지어	我庸述銘
무궁한 후세에 고하노라	用詔無窮

매산집

제42권

묘지명 墓誌銘

운호 임공 묘지명 병서

雲湖任公墓誌銘 幷序

녹문(鹿門) 임 선생(任先生)[1]에게 아우 휘 정주(靖周)가 있었으니, 자가 치공(穉恭)이고 호가 운호(雲湖)이다. 두 분 모두 도학(道學)으로 세상에 유명하여 식자(識者)들이 이분들을 '이난(二難)'[2]이라고 칭하였다. 이때 우리 정종대왕(正宗大王 정조(正祖))이 춘궁(春宮)에서 덕을 기르실 적에 하늘에서 타고난 예학(睿學 세손의 성명(聖明)한 학문)으로 백가(百家)를 두루 통달하시니, 양방(兩坊)[3]의 시강(侍講)하는 신하들을 참으로 신중히 선발하였다.

공은 약관 때부터 이미 학문에 힘써 식견이 풍부하여 유림(儒林)

1 녹문(鹿門) 임 선생(任先生) : 녹문은 임성주(任聖周, 1711~1788)의 호로, 자는 중사(仲思), 본관은 풍천(豐川)이다. 도암(陶菴) 이재(李縡)의 문인이다. 여러 번 벼슬에 천거되었으나 대부분 나아가지 않고 공주의 녹문에 은거하며 학문에 전념하였는데, 처음 스승을 따라 낙론(洛論)을 주장하다가 중년에 이르러 낙론과 호론(湖論)을 모두 비판하고, 화담(花潭) 서경덕(徐敬德)의 기일원론(氣一元論)을 계승 발전시켜 기일분수설(氣一分殊說)을 주장하여 한 학맥(學脈)을 이루었다.

2 이난(二難) : 난형난제(難兄難弟)와 같은 말로, 덕행과 학문이 뛰어난 형제를 비유한다. 후한(後漢) 때 진식(陳寔)의 여섯 아들 가운데 진기(陳紀)와 진심(陳諶)이 가장 덕행이 뛰어났는데, 하루는 진기의 아들 진군(陳群)과 진심의 아들 진충(陳忠)이 각기 자기 아버지가 낫다고 다투다가 조부에게 묻자, 진식이 "원방은 형 되기가 어려웠고 계방은 아우 되기 어려웠다.〔元方難爲兄, 季方難爲弟.〕"라고 한 데에서 온 말이다. 원방은 진기의 자이고, 계방은 진심의 자이다. 《世說新語 德行第一》

3 양방(兩坊) : 춘방(春坊)과 계방(桂坊)으로, 세자시강원(世子侍講院)과 세자익위사(世子翊衛司)를 말한다.

사이에서 명성이 은연(隱然)히 드러났다. 임오년(1762)에 사마시(司馬試)에 합격하고 임진년(1772)에 동몽교관(童蒙教官)에 제수되었다가 익위사(翊衛司) 시직(侍直)으로 옮겼다. 서연(書筵)의 고문(顧問)을 항상 공에게 맡기니, 공은 정성을 다해 임금을 계도하여 메아리처럼 아뢰고 대답하였다. 이에 경전(經傳)의 정해진 강(講) 외에 정전(井田)과 그 경계(經界 경계(境界)를 다스림), 학교와 공거(貢擧), 전곡(錢穀)과 갑병(甲兵), 성지(城池)와 관방(關防), 역대의 연혁(沿革)과 득실(得失) 같은 것을 마치 자신의 말처럼 술술 외울 정도로 잘 알고 있어서 물으면 즉시 응답하였다. 상(上)은 매번 성심(誠心)으로 듣고 받아들였으며, 번번이 "당금(當今)의 큰 학자가 그대 말고 누가 있겠는가."라는 칭찬을 더하셨다.

살펴보건대 공이 지은 〈숙예록(宿預錄)〉의 발문[4]에 "내가 계사년(1773)과 갑오년(1774) 사이 계방(桂坊)에 있을 적에 아뢴 것이 15~16가지인데, 감히 특달(特達)의 지우(知遇)를 저버릴 수가 없어서 여러 번 월조(越俎)[5]의 말을 한 탓에 당시에 이미 질시(嫉視)를 많이 받았다."라고 하였는데, 밀암(密庵) 김지행(金砥行)[6] 공이 삼대(三代) 시대

4 숙예록(宿預錄)의 발문 : 임정주의 《운호집(雲湖集)》 권4 〈숙예록 하(宿預錄下)〉의 말미에 실려 있는 발문을 가리킨다.

5 월조(越俎) : 자기의 직분을 넘어 남의 일에 간섭함을 이르는 말로, 《장자(莊子)》 〈소요유(逍遙遊)〉에 "숙수(熟手)가 음식을 잘못 만든다고 해서, 시동(尸童)이나 축관(祝官)이 제기(祭器)들을 뛰어 넘어가서 숙수의 일을 대신하지는 않는 법이다.〔庖人雖不治庖, 尸祝不越樽俎而代之矣.〕"라는 구절에서 유래하였다.

6 밀암(密庵) 김지행(金砥行) : 밀암은 김지행(1716~1774)의 호로, 자는 유도(幼道), 본관은 안동(安東)이다. 우의정을 지낸 문충공(文忠公) 김상용(金尚容)의 5세손

이후 초유(初有)의 글이라고 감탄하였다. 이것을 근거하면 공이 축적한 학문 가운데 한두 가지를 징험할 수 있다. 아! 훌륭하다.

그러나 당시에 공을 미워하는 자들이 더욱 많아졌고, 특히 적신(賊臣) 홍국영(洪國榮)[7]에게 배척과 모함을 당하여 마침내 익위사의 직책을 거두고 녹사(祿仕)[8]로 나아갔다.

을미년(1775)에 전생서 주부(典牲署主簿)로 옮기고 병신년(1776)에 원릉(元陵 영조(英祖)의 능)의 방중(方中)의 일[9]을 감독하였다. 가을에 송화 현감(松禾縣監)으로 나갔는데, 송화현은 해서(海西)의 가장 궁벽한 곳에 있었고 아전들이 완악(頑惡)하고 백성들이 미련하였으며,

이며, 병계(屛溪) 윤봉구(尹鳳九)의 문하에서 수학하였고 공주(公州) 계실곡(溪室谷)에 은거하여 안빈낙도하며 학문을 닦았다. 저술로 《밀암집》이 전한다.

7 적신(賊臣) 홍국영(洪國榮) : 적신은 반역하거나 불충한 신하를 이르는바, 홍국영(1748~1781)이 정조가 즉위한 뒤에 두터운 신임을 받아 동부승지를 지내고 도승지에 올라 대제학·대사헌 등을 역임하였으나, 누이동생을 정조의 빈(嬪)으로 들이고 은언군(恩彦君) 이인(李裀)의 아들인 담(湛)을 완풍군(完豐君)에 봉하여 왕의 후계자로 삼을 것을 도모하는 등 세도정치의 유지에 힘쓰다가 효의왕후(孝懿王后)의 독살 시도가 발각되어 축출되었기 때문에 이렇게 칭한 것이다. 홍국영은 자가 덕로(德老), 본관이 풍산(豐山)이다. 영조 때에 문과에 급제하여 승문원 부정자를 거쳐 세자시강원 설서(說書)·사서(司書)가 되었고, 벽파(僻派)의 탄압 속에서 훗날 정조가 된 세손을 보호한 공로로 세손이 즉위한 뒤에 권력을 전횡하였다.

8 녹사(祿仕) : 녹봉을 받기 위해 하는 벼슬을 이른다. 《맹자(孟子)》 〈만장 하(萬章下)〉에 "벼슬함은 가난 때문이 아니지만, 때로는 가난 때문에 벼슬하는 경우가 있다.〔仕非爲貧也, 而有時乎爲貧.〕" 하였는데, 주자는 《집주(集註)》에서 "벼슬함은 본디 도를 행하기 위해서이나, 또한 집이 가난하고 부모가 늙었거나 혹은 도가 때와 맞지 않아서 단지 녹봉을 받기 위해 벼슬하는 경우가 있다.〔仕本爲行道, 而亦有家貧親老, 或道與時違, 而但爲祿仕者.〕"라고 주하였다.

9 방중(方中)의 일 : 왕이나 왕비의 능(陵)을 만드는 것을 말한다.

고을도 따라서 재정이 궁핍하였다. 공이 부임하여 너그럽게 용서하는 정사를 하면서도 아울러 엄정하고 분명하게 다스리니, 1년 안에 치적이 크게 드러났는데, 거의 무성(武城)과 선보(單父)의 현송(絃誦)[10]에 가까웠다. 그러나 관찰사가 당로자(當路者)의 뜻을 받들어 고과(考課)를 중고(中考)에 두었으며, 경찰(京察 도목정사(都目政事))에서는 성적을 고쳐서 하고(下考)로 떨어뜨리니, 전조(銓曹 이조(吏曹))에서 저지하여 의망(擬望)하지 않은 것이 10여 년이었다.

무신년(1788)에 다시 서용(敍用)되어 사옹원 주부(司饔院主簿)가 되었다가 온릉 영(溫陵令)으로 옮겼다.

기유년(1789)에 청산 현감(青山縣監)으로 나갔는데, 이때 거듭된 흉년으로 백성들이 곤궁하였으나, 적절한 방도로 조처하여 백성들이 안도(安堵)하였다. 관찰사와 어사(御史)가 고과(考課)를 최(最 최고)로 기재하여 포상할 것을 아뢰니, 상은 전교하시기를 "마음속에 보존하고 있는 바를 내가 책을 끼고 강(講)할 적에 익히 알았으니, 치적(治績)이 이와 같은 것이 당연하다."라고 하시고는 특별히 한 품계를 더 올리도록 명하여 서추(西樞)의 직함을 주었다.[11]

10 무성(武城)과 선보(單父)의 현송(絃誦) : 자유(子游)가 무성 현령을 지낼 때 공자(孔子)가 그곳을 지나다가 현가(絃歌) 소리를 듣고 "닭 잡는 데 어찌 소 잡는 칼을 쓰는가?"라고 하며 자유의 선치(善治)를 칭송한 고사와, 공자의 제자 복자천(宓子賤)이 선보(單父)의 원이 되어 거문고를 타면서 관아의 당(堂) 아래로 내려가지 않고도 고을을 잘 다스렸던 고사를 원용한 것이다. 《論語 陽貨》《呂氏春秋 察賢》

11 서추(西樞)의 직함을 주었다 : 서추는 조선 시대 중추부를 달리 이르는 말로, 임정주가 1794년에 첨지중추부사(僉知中樞府事)에 제수된 것을 이른다. 《承政院日記 正祖 18年 12月 22日》

이에 온 세상이 눈을 씻고 보고서, 지난번에 배척을 받은 것이 실로 권세를 잡은 간신 때문이었고 제우(際遇)의 융성함이 일찍이 전후로 차이가 있지 않았음을 알게 되었다. 그래서 장차 이보다 더한 은혜와 예우가 있을 듯하였는데, 끝내 건릉(健陵 정조(正祖)) 병진년(1796) 10월 18일 묘시(卯時)에 회덕(懷德) 주산(注山)의 우사(寓舍)에서 별세하였다.

공이 정미년(1727)에 출생하였으니, 향년이 70세에 그쳤다. 이에 사림들이 서로 조문하기를 "사문(斯文)의 한 맥이 끊겼다." 하였고, 우리 스승 근재(近齋 박윤원(朴胤源)의 호) 박 선생(朴先生)은 공을 애도하는 글에 "내외(內外)와 본말(本末)에 유용(有用)한 학문으로 왕도(王道)와 패도(覇道)를 분석하였고, 또한 시무(時務)를 알았다." 하니, 군자들이 이러한 말을 지언(知言)[12]이라고 하였다.

공은 기국(器局)이 매우 후중하여 멀리서 바라보아도 도가 있는 군자임을 알 수 있었다. 평소 영화(榮華)와 이익에 마음이 얽매이지 않고 한마음으로 고인(古人)의 자기를 위하는 학문〔爲己之學〕에 종사하였다. 그래서 거경(居敬)과 궁리(窮理)로써 위로 천리(天理)를 통달하는 문로(門路)로 삼아서[13] 일에서 체험하고 존양(存養)을 많이 쌓아 정밀

12 지언(知言) : 다른 사람의 언사(言辭)를 잘 변석(辨析)하여 그 뜻을 잘 이해함을 이르나, 후세에는 진리를 아는 말을 가리키게 되었다. 《맹자》 〈공손추 상(公孫丑上)〉에 "〈지언은〉 편벽된 말에서 가려진 바를 알며, 방탕한 말에서 빠져 있는 바를 알며, 사특한 말에서 괴리된 바를 알며, 회피하는 말에서 논리가 궁함을 아는 것이다.〔詖辭知其所蔽, 淫辭知其所陷, 邪辭知其所離, 遁辭知其所窮.〕"라고 보인다.

13 거경(居敬)과……삼아서 : 거경과 궁리(窮理)는 주자학(朱子學)에서 중시하는 학문의 두 가지 방법으로, 거경은 항상 몸과 마음을 삼가서 바르게 가지는 수양법이고,

하게 생각하고 힘써 실천하였는데, 60년을 하루같이 이렇게 하였다.

그것을 서론(緒論)으로 말씀하였으니, 평소에 말씀하기를

"이치는 크고 작은 차이가 없고 마음은 두 가지 용(用)이 없으니, 요(堯)·순(舜)의 기상은 다만 지금 바로 천리(天理)가 유행(流行)하는 곳에 있다. 마땅히 해야 하면 즉시 하고 마땅히 중지해야 하면 즉시 중지할지니, 맹자(孟子)가 이른바 '한 가지라도 불의의 일을 행하고 한 사람이라도 무죄한 자를 죽이고서 천하를 얻는 일은 하지 않는다.'는 뜻이 이 가운데에 자재(自在)한다."[14]

하였다. 또 말씀하기를 "내포(內浦) 학자[15]의 설을 잘못 듣고서 이(理)와 기(氣)가 두 물건이라고 하는 병폐가 있게 되면, 장차 맹자의 '사람은 누구나 요(堯)·순(舜)이 될 수 있다.'[16]는 뜻을 빈말로 돌아가게

궁리는 널리 사물의 이치를 궁구하여 정확한 지식을 얻는 공부인바, 이 두 가지를 천리를 통날할 수 있는 학문의 길로 삼았다는 말이다.

14 이치는……자재(自在)한다 : 이 내용은 《운호집》에는 보이지 않고 임성주가 임정주에게 보낸 편지에 임정주가 세자시강원(世子侍講院)의 서연(書筵)에서 강(講)했던 말이라고 보인다. 《鹿門集 卷11 與舍弟穉共【丙申十月】》 인용한 맹자의 말은 맹자가 백이(伯夷), 이윤(伊尹), 공자(孔子)의 공통점으로 언급한 것인데, 《맹자》 〈공손추상(公孫丑上)〉에 보인다.

15 내포(內浦) 학자 : 호론(湖論)에 속하여 인물성이론(人物性異論)을 주장하였던 인물들로, 남당(南塘) 한원진(韓元震, 1682~1751)과 그의 문인 송능상(宋能相), 김한록(金漢祿), 김근행(金謹行), 황인검(黃仁儉) 등을 중심으로 하여 형성된 학파를 지칭한다. 내포는 충청도 서부 지역으로, 서산(瑞山), 태안(泰安), 당진(唐津), 예산(禮山), 보령(保寧), 아산(牙山) 일대이다. 《김상기, 한말 일제하 內浦지역 畿湖學派의 형성, 韓國思想史學, 2004》

16 사람은……있다 : 이 내용은 《맹자》 〈고자 하(告子下)〉에 조(曹)나라 군주의 아우인 조교(曹交)가 "사람은 모두 요 임금이나 순 임금이 될 수 있다 하니, 그러한 이치가

한다." 하였다.

또 말씀하기를

"주자(朱子)의 이른바 '기의 정상〔氣之精爽〕' 네 글자를 내포의 학자들이 잘못 보고서 명(命)을 받아 생명을 얻은 뒤에 품부 받은 기(氣)에 따라 정상(精爽)이 모여 영각(靈覺)이 된 것으로 인식하였다. 심지어는 '청허령(淸虛靈), 탁허령(濁虛靈)'[17]이라는 의논이 있기까지 하였으니, 이는 기질(氣質)의 말류(末流)와 양능(良能)의 본체(本體)를 뒤섞어 한가지로 만들어서 성인과 범인(凡人)의 마음을 나누어 두 물건이 되게 한 것이다."

하였다. 또 말씀하기를

"사람은 정통(正通)[18]의 기운을 얻어 태어나기 때문에 바로 천지(天地)의 마음이 사람에게 부여되어 마음의 체(體)가 된다. 천지의 마음은 능히 기운의 모체(母體)가 되고 기운에 갇히지 아니하니, 하늘

있습니까?〔人皆可以爲堯、舜, 有諸?〕"라고 묻자, 맹자가 이에 대해 그렇다고 대답한 것을 가리킨다.

17 청허령(淸虛靈) 탁허령(濁虛靈) : 청기(淸氣)가 모여서 된 허령과 탁기(濁氣)가 모여서 된 허령으로, 한원진이 심조(沈潮)에게 보낸 편지에서 다음과 같이 말하였다. "기(氣)의 정상(精爽)이 사람에게 모여 허령이 되니, 허령은 바로 심(心)의 본체로 사람마다 모두 똑같다. 그러나 성인(聖人)의 심(心)은 청기(淸氣)가 모여서 허령이 되기 때문에 항상 이(理)에 밝고, 보통 사람의 심(心)은 탁기(濁氣)가 모여서 허령이 되기 때문에 항상 욕(欲)에 밝은 것이니, 이것이 허령이 품부받은 기(氣)가 사람마다 똑같지 않아 허령한 심(心)이 모두 선할 수 없는 이유이다."《南塘集 卷15 與沈信夫》

18 정통(正通) : 저본에는 '정통(正統)'으로 되어있으나, 임정주(任靖周)의 《운호집(雲湖集)》 〈여김녕부희론한남당심설(與金領府憙論韓南塘心說)〉에 의거하여 바로잡아 번역하였다.

에 있다고 해서 유여(有餘)하지도 않고 사람에 있다고 하여 부족하지도 않다."

하였다. 또 말씀하기를

"하늘이 명한 성〔天命之性〕은 진실로 마땅히 본연으로 보아서 온 천하에 동일한 성(性)이라는 성(性)으로 삼아야 하지만, 주자가 이것을 '각각 따르고 각각 소유했다.'[19]라고 해석하셨으니, 그렇다면 각각 다르다는 뜻이 또한 이 가운데에 들어있는 것이다.

지금 그것이 각각 다르다고 해서 '「도(道)」 자에 「본연(本然)」 두 글자를 놓을 수 없다.'고 말한다면 '성(性)을 따르는 것이 도(道)이다.'라는 말이 어디에 있는가? 성과 도가 나누어져 두 가지가 된다는 말인가? 자기의 성과 남의 성과 물건의 성을 '본연'이라고 말하면 똑같이 본연이 되고, '기질'이라고 말하면 똑같이 기질이 된다.

소가 밭 갈고 말이 달리는 것은 바로 소와 말의 본연의 이치이지만, 밭가는 것과 달리는 것을 같다고 말할 수는 없다. 만약 이것은 오로지 기질의 이치를 가리킨 것이라고 한다면 성인이 그 본연을 버리고서 사람들에게 기질의 이치로 가르친 것이 되니, 이것이 또 무슨 일인가."

라고 하였다. 이것은 공이 홀로 고명(高明)한 경지에 나아가서 성리

19 각각……소유했다 : 이 내용은 《중용장구》 제1장의 "하늘이 명한 것을 성(性)이라 이르고, 성을 따름을 도(道)라 이르고, 도를 품절(品節)해 놓음을 교(敎)라 이른다.〔天命之謂性, 率性之謂道, 修道之謂敎.〕"라는 구절에 대해 주자가 "사람과 물건이 각기 그 성의 자연함을 따르면 일상생활을 하는 사이에 각기 마땅히 행해야 할 길이 있지 않음이 없으니, 이것이 이른바 '도(道)'라는 것이다.〔人物各循其性之自然, 則其日用事物之間, 莫不各有當行之路, 是則所謂道也.〕"라고 주한 것을 두고 한 말이다.

(性理)의 근원을 분석한 것이다.

그 일과 행실에 나타난 것으로는, 중씨(仲氏)인 녹문 선생(鹿門先生)을 섬길 적에 존경을 지극히 해서 책상을 연이어 학업을 강론하였으니, 사우(師友)의 도움을 겸하여 가질 수 있었다. 말년에 녹문과 함께 은둔하여 천륜(天倫) 간의 온화하고 즐거워하는 기쁨을 다하였다.[20]

일찍 부친을 여의고서 고아가 되어 엄친(嚴親)의 얼굴을 기억하지 못하는 것을 지극한 애통으로 여겨서, 모부인(母夫人)을 섬길 적에 뜻을 봉양함에 부족함이 없었다. 그리고 상(喪)을 당하여 여묘할 적에는 슬픔으로 몸이 훼손되어 뼈만 남았으나 음식의 맛을 돕는 생강과 계피를 먹지 않았다.[21]

젊어서부터 과거 공부를 하였는데 족숙부(族叔父)가 시관(試官)과 친근(親近)하다 하여 향시(鄕試)에 응시할 것을 권하자, 공은 이군행(李君行)의 말[22]을 들어서 의리상 감히 따르지 못하였다. 일찍이 초시

20 천륜(天倫)……다하였다 : 천륜인 임성주와 임정주 형제가 서로 화락하게 지내는 도리를 다하였다는 말로, 《논어》〈자로(子路)〉의 "붕우는 절절(切切)하고 시시(偲偲)하게 대해야 하고, 형제는 이이(怡怡)하게 대해야 한다.〔朋友切切偲偲, 兄弟怡怡.〕"는 구절을 원용한 것이다.

21 음식의……않았다 : 생강〔薑〕과 계피〔桂〕는 음식의 맛을 돕는 조미료라 하여 먹지 않은 것이다. 《예기》〈단궁 상(檀弓上)〉에서 증자(曾子)가 "거상 중에 병이 들면 고기도 먹고 술도 마셔야 하는데, 이때 반드시 초목의 맛있는 음식을 가해야 한다. 이것은 생강과 계피를 말한다.〔喪有疾, 食肉飮酒, 必有草木之滋焉. 以爲薑桂之謂也.〕"라고 한 데서 온 말이다.

22 이군행(李君行)의 말 : 군행은 송(宋)나라 건주(虔州) 사람인 이잠(李潛)의 자로, 그가 자제에게 임금을 속이지 말라고 경계한 것을 가리킨다. 《소학(小學)》〈선행(善行)〉에 "서울인 개봉부(開封府)로 들어가다가 사주(泗州)에 이르러 머물 때, 자제가

(初試)에서 장원으로 합격하였는데, 원배(元配 큰 부인)의 기년복(朞年服)이 아직 절반도 지나지 않았다 해서 회시(會試)에 응시하지 않았다. 음직(蔭職)을 통해 출사하여 동위(銅闈)[23]에서 벼슬하니, 장차 머지않아 대천(大闡)[24]할 듯하였으나, 마침내 과거 공부를 폐하고 자신의 지조를 지키며 살았다.

늑천(櫟泉) 송 문원공(宋文元公)[25]이 이종(姨從) 친척 중의 지기(知己)로서 공을 친형제와 다름없이 사랑하고 좋아하였는데, 항상 공을 칭찬하여 천륜 간에 정이 돈독한 것을 숙계(叔季)의 세상[26]에서 보기 드문 일이라고 하였다. 여러 형을 엄부(嚴父)처럼 섬겨 온 집안이 화락

먼저 가기를 청하였다. 이군행이 그 이유를 물으니, '과거(科擧) 날짜가 가까우니 먼저 서울로 가서 개봉부의 호적(戶籍)에 편입시켜 응시하려고 합니다.'라고 대답하였다. 이군행이 이를 허락하지 않고서 '너는 건주 사람인데 개봉부의 호적에 편입시키는 것은 임금 섬기기를 원하면서 먼저 임금을 속이려는 것이니, 그래서야 되겠느냐. 차라리 몇 년을 늦출지언정 가서는 안 된다.' 하였다."라고 보인다.

23 동위(銅闈) : 동궁(東宮)을 가리키는바, 한(漢)나라 때 태자가 거처하는 궁의 문위에 구리로 만든 용이 있었던 데서 유래하였다.

24 대천(大闡) : 크게 열린다는 뜻으로 대과(大科)에 급제함을 말한다.

25 늑천(櫟泉) 송 문원공(宋文元公) : 늑천은 송명흠(宋明欽, 1705～1768)의 호이고 문원은 시호로, 자는 회가(晦可), 본관은 은진(恩津)이며 동춘당(同春堂) 송준길(宋浚吉)의 현손(玄孫)이고 도암(陶菴) 이재(李縡)의 문인이다. 과거에 응시하지 않았는데 학행으로 천거되어 장령 등의 벼슬에 제수되었으나 나아가지 않았으며, 모친의 뜻으로 1755년 옥과 현감(玉果縣監)이 되었으나 모친께서 별세하자 바로 사직하였다. 말년에 정국이 다소 안정되자 찬선(贊善)으로 경연관이 되었는데 영조의 비위에 거슬리는 발언을 하여 파직되었다.

26 숙계(叔季)의 세상 : 말세의 세상이라는 뜻인데, 태평성대의 요・순 시대와 멀리 떨어져있어 유교의 교화가 제대로 구현되지 못하는 시대라는 뜻으로 후대의 학자들이 당대를 칭할 때 사용하였다.

하니, 가내(家內)에 온화함과 엄숙함이 모두 지극하였다.

중년에 백씨(伯氏 맏형 임명주(任命周))와 숙씨(叔氏 셋째 형 임경주(任敬周)) 두 공을 연달아 여의었다. 그리고 누님인 신 부인(申夫人)은 옛날 조대가(曹大家)의 풍모가 있어서[27] 여러 오라비들을 따라 배워 경서(經書)에 통하고 예절을 알았는데 불행히 일찍 과부가 되어 의지할 곳이 없었다. 공은 인근에다 모셔 두고는 아침저녁으로 가서 살폈고, 신 부인이 별세하자 유고(遺稿)를 정서(淨書)해서 《녹문집(鹿門集)》과 함께 간행하여 길이 후세에 전하게 하였다.[28]

넷째 형수인 이씨(李氏 넷째 형 임병주(任秉周)의 부인) 또한 일찍 과부가 되어 자식이 없었는데, 공은 자신의 집에서 봉양하면서 정성을 다하여 받들었고, 장례를 유감이 없도록 치렀으며, 넷째 형의 후사를 세우지

27 신 부인(申夫人)은……있어서 : 신 부인은 신광유(申光裕)에게 시집간 임정주의 누이 윤지당(允摯堂) 임씨(任氏, 1721~1793)이고, 조대가(曹大家)는 후한(後漢) 화제(和帝) 때의 반소(班昭)의 호이다. 신 부인은 총명하고 부지런해 임성주로부터 《효경》, 《열녀전》, 《소학》, 사서(四書) 등을 배웠고, 여러 형제들과 함께 경전과 사서(史書) 등을 강론했는데, 식견이 탁월해 사람들을 놀라게 하였다. 반소는 반고(班固)의 누이동생으로, 14세에 같은 군(郡)에 사는 조세숙(曹世叔)에게 시집갔는데, 박학(博學)하고 재주가 뛰어나 《한서(漢書)》를 완성하지 못하고 죽은 반고의 뒤를 이어 《한서》를 완성시켰으며, 화제의 부름을 받고 궁중으로 들어가 황후(皇后)와 귀인(貴人)의 스승이 되어 대가(大家)로 불리었으므로 후대 사람들이 그녀를 조대가라고 불렀는바, 신 부인의 풍모를 반소에 빗댄 것이다.

28 신 부인이……하였다 : 이 내용은 1796년(정조20) 임정주와 신 부인의 시동생 신광우(申光祐)가 신 부인의 문집인 《윤지당유고(允摯堂遺稿)》를 1책으로 편집하여 부록과 함께 간행한 것을 두고 한 말이다. 임정주는 그녀가 죽은 뒤 유고 40여 편을 수습하였는데, 그 대부분이 경전 연구와 성리에 관한 논설 및 중국 역대 인물들에 대한 논평이다.

못한 것을 지극한 한으로 여겼다.

선조를 받드는 것을 엄격히 하여 지차(之次)라고 하여 혹 정성을 다하는 데에 소홀하지 않았다. 차장(次長)으로서 선조(先祖)의 조위(祧位)[29]를 옮겨와 받들었고, 매번 기일(忌日)이 되면 능히 살아계신 것처럼 여기는 정성을 다하였다.

일찍이 근세(近世)의 학자를 논하건대 공의 형제와 같이 성대(盛大)한 분들은 많이 볼 수가 없다. 공의 사손(祀孫 종손)인 모(某)가 여러 해 동안 묘지명을 정중히 부탁하였으나, 내가 감히 글을 쓰지 못한 것은 이 때문이었다.

임씨(任氏)는 관향이 풍천(豐川)이니, 시조는 휘가 온(溫)이다. 5세(世)를 전하여 어사대부(御史大夫) 주(澍)와 서하부원군(西河府院君) 휘 자송(子松)에 이르러 승국(勝國)[30]에서 현달하였다. 조선조에 들어와 휘 열(說)이 중종(中宗), 인종(仁宗), 명종(明宗), 선조(宣祖) 네 조정(朝庭)을 차례로 섬겼는데 문학으로 큰 명성을 이루었고 벼슬이 판윤(判尹)과 제학(提學)에 이르렀다.

3세를 전하여 금시당(今是堂) 의백(義伯)에 이르렀는데, 효종(孝宗)이 영준(英俊)들을 망라하여 대의(大義)를 펼치고자 하셨는바,[31]

29 조위(祧位) : 체천할 신위로, 친진(親盡)인 5대가 되면 불천위(不遷位)를 제외하고는 영녕전(永寧殿)으로 옮겨 모셨다.

30 승국(勝國) : 전조(前朝)라는 말로 한 왕조의 바로 앞 대(代)의 왕조를 이르는바, 여기서는 고려(高麗)를 이른다.

31 효종(孝宗)이……하셨는바 : '대의(大義)'는 효종이 세자 시절 청나라에서 8년간 볼모로 생활하면서 복수설치(復讐雪恥)에 뜻을 두었다가 즉위 후 존주대의(尊周大義)를 이루기 위해 북벌(北伐)을 추진한 것을 이르는바, 이 내용은 당시 북벌 정책에 필요

금시당공이 큰 임무를 맡을 만하다고 해서 공에게 방면(方面 관찰사)의 중임(重任)을 여섯 차례 맡겨 벼슬이 평안도 관찰사에 이르니,[32] 이분이 공의 고조가 되신다. 증조 휘 승(陞)과 조고 휘 사원(士元)은 모두 일찍 별세하였다.

선고 노은당(老隱堂) 휘 적(適)은 함흥 판관이고, 선비(先妣) 파평 윤씨(坡平尹氏)는 호조 정랑 부(扶)의 따님이니, 공은 형제 다섯 명 중에 막내이다. 공은 세 배위(配位)가 있었으니, 광산 김씨(光山金氏)는 사계(沙溪 김장생(金長生)) 문원공(文元公)의 후손인 상갑(相甲)의 따님이고, 소씨(蘇氏)는 관찰사 두산(斗山)의 손자인 대이(大頤)의 따님이고, 이씨(李氏)는 평사(評事) 이목(李穆)의 후손인 원섭(元燮)의 따님이다.

아들 열(烈)은 김 부인(金夫人)의 소생이고, 걸(杰)은 소씨의 소생이다. 딸 하나는 송기정(宋基鼎)에게 출가하니, 이는 이씨의 소생이다. 열의 아들은 지상(持常), 기상(基常), 시상(時常)이고, 딸은 이호(李鎬)에게 출가하였다. 걸은 자식이 없어서 기상을 양자로 삼았고 딸은 진사 김기협(金箕協)에게 출가하였다. 지상의 아들은 백택(百宅)이

한 지지 세력의 확보를 위해 척화파 및 재야학자들을 대거 기용한 것을 이른다.

32 공에게……이르니 : 효종 때에는 1655년(효종6)에 황해도 관찰사, 1656년(효종7)에 평안도와 황해도의 관찰사, 1657년(효종8)에 경상도 관찰사에 제수되었고, 현종 때에는 1660년(현종1)에 평안도 관찰사, 1664년(현종5)에 경상도 관찰사, 1665년(현종6)에 충청도 관찰사에 제수되었는바, 총 7번 감사에 제수되었으나 6번이라고 한 것은 1656년에 평안도 관찰사와 황해도 관찰사에 제수되었을 적에 부임하지 않았기 때문에 매산이 이것을 한 번으로 취급한 것으로 보인다.《承政院日記 孝宗 6年 4月 23日, 孝宗 7年 9月 24日, 10月 13日, 孝宗 8年 5月 16日》《承政院日記 顯宗 1年 11月 9日, 5年 閏6月 25日, 6年 8月 8日》

고, 기상의 아들은 백준(百準), 백희(百熙), 백헌(百憲)이다. 나머지는 다 기록하지 않는다. 묘는 공주(公州)의 동창(東倉) 오좌(午坐)의 언덕에 있으니, 이 부인(李夫人)과 소 부인(蘇夫人)을 부장하였다.

아! 녹문공(鹿門公)은 스승의 전수함을 말미암지 않고 도(道)의 대원(大原)을 꿰뚫어 보아서 묘한 도와 정밀한 의리로 선유(先儒)들이 미처 발명(發明)하지 못한 것을 발명하였다. 도암(陶菴 이재(李縡))은 조과입실(操戈入室)[33]을 허여하였고, 미호(渼湖 김원행(金元行))는 열흘 동안 수레를 타고 달려도 따라잡기 어렵다[34]고 칭찬하였고, 상와(常窩) 이민보(李敏輔) 공은 이르기를 "이치를 봄이 정밀하고 순수하니, 수백 년 사이에 처음 있는 것이다."라고 하였다. 공이 귀중한 전수함을 받으니, 녹문이 평소 칭하기를 "공이 본 것이 탁연히 밝고 투철해서 내가 미칠 바가 아니다."라고 하였다.

공은 녹문을 위해 행장을 짓기를 이천(伊川 정이(程頤))이 명도(明道 정호(程顥))의 행장을 지은 것과 똑같이 하였는데, 이천이 일찍이 말씀하기를 "내가 옛날 명도의 행실을 기록하였다. 나의 행실은 명도와 같으니, 나를 알고자 한다면 명도의 행장에서 구하라."[35] 라고 하셨다.

33 조과입실(操戈入室) : 제자의 뛰어남을 감탄하는 말이다. 한(漢)나라 때 임성(任城) 하휴(何休)가 공양학(公羊學)을 좋아하여 《공양묵수(公羊墨守)》, 《좌씨고황(左氏膏肓)》, 《곡량폐질(穀梁廢疾)》을 지었는데, 그의 제자인 정현(鄭玄)이 이 책들에 대해 반박하는 저술을 내놓자, 하휴가 읽어 보고 탄식하기를 "정강성(鄭康成)이 나의 방에 들어와 나의 창을 잡고 나를 공격하는구나.〔康成入吾室, 操吾矛, 以伐我乎!〕"라고 한 고사에서 유래하였다. 《後漢書 卷35 鄭玄列傳》 강성은 정현의 자이다.

34 열흘……어렵다 : 이 내용은 《순자(荀子)》 〈수신(修身)〉의 "준마는 하루에 천 리를 가지만, 둔마도 열흘 동안 부지런히 가면 역시 천 리를 갈 수 있다."라는 데서 온 말로, 김원행이 아무리 노력해도 임성주를 따라갈 수 없음을 표현한 것이다.

불초도 공에 대해 또한 이렇게 말한다.

내가 일찍이 주산(注山)의 천운루(天雲樓)에서 공을 배알하였는데, 천운루는 두 물가에 임하여 연꽃의 향기가 있고 물고기가 뛰놀아서 마치 상하(上下)가 천지와 함께 흐르는[36] 의취가 있었다. 공이 그 위에서 어깨와 등을 꼿꼿이 세우고 무릎 꿇고 앉아 마음을 피력하고 평소 온축한 바를 말씀하여 간곡하고 간곡하게 가르쳐주시니, 여름 해가 길게 느껴지지 않았다.

다음 해 다시 고택(古宅)에서 공의 죽음에 곡(哭)하였는데, 시내와 산의 아름다운 경치는 그 풍운(風韻)이 흩어지지 않았다.[37] 유명(幽明)을 굽어보고 우러러 봄에 감격에 겨워 흐르는 눈물을 감당할 수가 없었다. 드러난 것을 은미하게 하고 그윽한 것을 밝히는 일[38]은 천한 신분의

35 내가……구하라 : 이 내용은 이천 정이가 지은 〈명도선생행장(明道先生行狀)〉에 보인다. 《二程文集 卷12》

36 상하(上下)가……흐르는 : 덕업(德業)이 성대하여 하늘과 땅과 함께 운행됨을 말한 것이다. 《맹자》 〈진심 상(盡心上)〉에 "군자는 지나는 곳마다 교화가 되며 마음에 보존하고 있으면 신묘해진다. 그러므로 상하가 하늘과 땅과 함께 흐른다.〔夫君子, 所過者化, 所存者神, 上下與天地同流.〕" 하였는데, 주자는 《집주》에서 "이는 덕업이 성대하여 마침내 하늘과 땅의 조화와 함께 운행되어 온 세상을 도야(陶冶)하는 것이다.〔是其德業之盛, 乃與天地之化, 同運竝行, 擧一世而甄陶之.〕" 하였다.

37 공의……않았다 : 학문과 문장에 뛰어났던 임정주가 죽고 나서 고택은 쓸쓸하지만 생전의 운치가 아직 남아있음을 이른 것으로, 두보(杜甫)가 초(楚)나라 시인 송옥(宋玉)의 유적지를 읊은 시에 "강산의 고택에 부질없이 문장만 남았는데 양대(陽臺)의 사랑이야 어찌 꿈속에 그렸으랴.〔江山故宅空文藻, 雲雨荒臺豈夢思?〕"라는 표현을 원용한 것이다. 《杜詩詳註 卷17 詠懷古跡》

38 드러난……일 : 임정주의 덕과 행적을 기술하여 세상에 천양(闡揚)함을 말하는바, 이 말에는 '그윽함을 밝힘'에만 뜻이 있다. 이 내용은 《주역》 〈계사전 하(繫辭傳下)〉에

내가 하기에 적당하지 않으나, 감히 늙고 병들었다고 사양할 수가 없어서 병을 무릅쓰고 명문을 짓노라. 명문은 다음과 같다.

서하의 임씨는	西河之任
나라의 큰 성씨가 되었으니	爲國大姓
벼슬이 혁혁해서	圭組燀爀
개중에 더불어 다툴 사람이 없었네	中莫與競
기운이 돈독히 모여 어진 선비가 탄생하여	篤生賢彦
크게 유종이 되었네	蔚爲儒宗
남전 여씨와 남악의 호씨[39]가	藍呂岳胡

"역은 과거를 드러내고 미래를 살피며 드러남을 은미하게 하고 그윽함을 밝힌다.〔夫易彰往而察來, 而微顯闡幽.〕"라고 한 데서 온 것이다.

39 남전(藍田)……호씨(胡氏) : 남전 여씨(呂氏)에는 '남선사려(藍田四呂)'로 일컬어지는 여대충(呂大忠, 1020~1066), 여대방(呂大防, 1027~1097), 여대균(呂大鈞, 1029~1080), 여대림(呂大臨, 1042~1090) 형제가 유명한데, 그 조부인 여통(呂通)이 남전현(藍田縣)에 묻힌 뒤에 후손들이 그곳에 거주하면서 남전 여씨로 불렸다. 남악(南岳)의 호씨는 남악인 형산(衡山) 부근의 동정호(洞庭湖)와 상강(湘江) 일대에서 호상학파(湖湘學派)를 형성하였던 호안국(胡安國, 1074~1138)과 그의 아들 호굉(胡宏, 1102~1161), 조카 호인(胡寅, 1098~1156)을 가리킨다. 남전 여씨 형제들은 전후(前後)로 정호(程顥)·정이(程頤) 형제와 횡거(橫渠) 장재(張載)에게 수학하여 북송 성리학의 낙학(洛學)·관학(關學)과 밀접한 관련이 있고, 경학(經學), 사학(史學), 문학 등의 방면으로 많은 저술을 남겼다. 또한 여씨 형제들은 남전현에서 "덕과 업을 서로 권하고〔德業相勸〕, 허물과 잘못을 서로 경계하고〔過失相規〕, 예의 바른 풍속으로 서로 사귀고〔禮俗相交〕, 근심스럽고 어려울 때 서로 구한다.〔患難相恤〕"는 네 조목의 자치 규범인 여씨향약(呂氏鄉約)을 만든 것으로도 유명하다. 호씨 세 사람은 호남(湖南)의 도주(道州) 출신인 주돈이(周敦頤)로부터 시작된 북송의 성리학을 정호·정이, 양시(楊時)로부터 계승하여 호상학파로 발전시키는 데 큰 영향을 끼쳤다. 참고로, 여조겸

우리 동방에도 완연히 있었네 宛在吾東
이와 기의 구분을 理氣之辨
분명하고 통창하게 밝혔네 洞晣明暢
체악이 아울러 빼어나서 棣蕚幷秀
훈과 지를 번갈아 창하였네[40] 塤篪迭唱
깊게 나아가고 스스로 터득해서 深造自得
마음을 스승으로 삼았으니 以心爲師
어찌 세상 학자들의 詎若世儒
듣고 보아서 아는 것과 같겠는가 聞見之知
동궁이 크게 열려서 銅闈大闢
태양이 막 하늘로 올라왔을 때[41] 化日方升
크고 넓게 선발하여 簡選弘博

(呂祖謙)과 그의 5대조 여공저(呂公著), 고조 여희철(呂希哲)로 대표되는 동래(東萊) 여씨(呂氏)도 학자 집안으로 유명하다.

40 체악(棣蕚)이……창하였네 : '체악'과 '훈(塤)·지(篪)'는 모두 형제를 비유한 것인바, 여기서는 성리학에 침잠하여 함께 강학하였던 임성주·임정주 형제에 빗댄 것이다. 체악은 《시경》 〈소아(小雅) 상체(常棣)〉에 "활짝 핀 아가위꽃, 얼마나 곱고 아름다운가. 이 세상에 누구라 해도, 형제만 한 이가 없네.〔常棣之華, 鄂不韡韡? 凡今之人, 莫如兄弟.〕"라고 한 데에서 온 말이다. 훈과 지는 모두 악기 이름으로, 훈은 흙을 구워서 만든 나팔인 질나발이며 지는 대나무로 만든 피리인바, 《시경》 〈소아 하인사(何人斯)〉에 "백씨는 훈을 불고, 중씨는 지를 분다.〔伯氏吹塤, 仲氏吹篪.〕"라고 한 데서 유래한 말이다.

41 동궁(東宮)이……때 : 원문의 '동위(銅闈)'는 세자나 세손이 있는 동궁을 비유하고, '화일(化日)'은 제왕을 비유하는바, 1762년 장헌세자(莊獻世子)가 비극의 죽음을 당한 뒤 1764년에 동궁의 세손이었던 정조가 요절한 영조의 맏아들 효장세자(孝章世子)의 후사(後嗣)가 되어 왕통을 잇게 된 것을 이른다.

우리 양방에 채웠네 充我兩坊

공이 이때에 公於是時

책을 끼고 서연으로 올라오니 挾冊登筵

천덕과 왕도[42]에 대해 天德王道

소회가 있으면 반드시 아뢰었네 有懷必陳

왕세손과 부합함이 간격이 없었는데 契合無間

시기하는 자들이 갑자기 틈을 타고 올라왔네 媢嫉遽乘

한 번 배척되자 다시 등용되지 못해서 一斥不復

말로에 차질이 빚어지니 末路蹭蹬

가시나무는 깃들인 난새를 잃고 棘失棲鸞

못에는 잠긴 용이 돌아왔네[43] 淵返潛龍

이에 초복[44]을 이루니 迺遂初服

42 천덕(天德)과 왕도(王道) : '천덕'은 자신의 마음과 몸을 닦는 명명덕(明明德)을 이르고 '왕도'는 인의(仁義)의 도로 백성을 다스리는 신민(新民)을 이르는바, 곧 수기(修己)・치인(治人)을 강조한 정주학(程朱學)을 가리킨다.

43 가시나무는……돌아왔네 : 임정주가 배척을 받아 낮은 지위에도 있지 못하고 벼슬에서 물러나 산림에 은거하였음을 비유한 것이다. 가시나무는 잡다한 일을 처리하는 낮은 지위를, 봉황새는 재능이 뛰어난 인재를 비유하는바, 후한(後漢)의 왕환(王奐)이 "탱자나무와 가시나무는 난새나 봉황이 깃들 곳이 아니니, 백 리쯤 되는 작은 고을이 어찌 큰 현인이 있을 고을이겠는가.〔枳棘非鸞鳳所棲, 百里豈大賢之路.〕"라고 한 데서 온 말이다. 《後漢書 卷106 仇覽傳》 못은 은거하는 곳을 비유하고, 잠긴 용은 《주역》 〈건괘(乾卦) 초구(初九)〉에 "못에 잠겨있는 용이니, 쓰지 말라.〔潛龍, 勿用.〕"라고 보이는바, 곧 때를 못 만난 인재를 비유한다.

44 초복(初服) : 출사(出仕)하기 전에 입던 의복으로, 벼슬을 그만두고 벼슬하기 전의 생활로 돌아감을 뜻한다. 굴원(屈原)의 초사(楚辭) 〈이소경(離騷經)〉에 "물러나 장차 다시 나의 초복을 손보리라.〔退將復修吾初服.〕" 한 데서 온 말이다.

산과 물이 겹겹이 쌓인 깊은 산중이었네	水複山重
공에게 무슨 유감이 되겠는가	在公何憾
그러나 유식자들은 탄식을 일으켰네	有識興歎
평평하기만 하고 기울지 않는 법은 없어서[45]	無平不陂
천운이 순환하였네	天運循環
세상에 드문 은혜로운 유시를 내려	恩諭曠絶
비녀와 신발을 버리지 않았네[46]	簪履不遺
사람은 오직 옛 사람을 구해야 하므로	人惟求舊
자급을 더 올려주었네	增秩升資
공의 지극한 정성은	蓋公忱恂
평소 군주의 마음을 감동시켰네	孚格有素
남과 함께 군대를 이끌고 이기니	同人師克
먼저는 울다가 뒤에 웃었네[47]	先咷後笑
다행히 남겨놓은 책이 있어서	賴有遺編

45 평평하기만……없어서 : 세상의 길흉화복은 필연적으로 변한다는 말로, 《주역》〈태괘(泰卦) 구삼(九三)〉에 "평평하기만 하고 기울지 않는 것은 없으며, 가기만 하고 돌아오지 않는 것은 없다.〔無平不陂, 無往不復.〕"라고 한 데서 온 말이다.

46 비녀와……않았네 : 미천한 옛 신하를 기억하여 등용해 준 것을 이르는바, 《위서(魏書)》 권31 〈우율제열전(于栗磾列傳)〉의 "선정(善政)으로 조정에 임하여 깔고 앉던 자리를 버리지 않고 비녀와 신발을 버리지 않았다.〔以聖善臨朝, 衽席不遺, 簪履弗棄.〕"라는 말에서 원용한 것이다. 자리와 비녀와 신발은 모두 옛 신하를 비유한 것이다.

47 남과……웃었네 : 이 내용은 《주역》〈동인괘(同人卦) 구오(九五)〉의 "구오는 남과 함께하되 먼저는 울부짖다가 나중에는 웃으니, 큰 병력으로 이겨야 서로 만난다.〔九五, 同人, 先號咷而後笑, 大師克, 相遇.〕"라는 말을 원용한 것으로, 옛날에 서로 알아주었던 군주와 신하가 어렵게 다시 만남을 비유한다.

성리학을 깊이 알 수 있네	名理玄通
훌륭한 생각과 깊은 지식으로	湛思奧識
몽매한 우리들을 일깨워주었네	牖我群蒙
높고 높은 창산에	崔崔蒼岡
고요하고 고요한 묘소가 있으니	侐侐幽宮
나의 명문을 새겨서	刻我銘章
무궁한 후세에 밝게 보이노라	昭示無窮
먼 훗날에 못과 언덕이 바뀌더라도	淵邱雖易
훌륭한 명성 없어지지 않으리라	不泐令名
백세가 지나도 알아줄 것이니	百世知有
바로 운호 선생이네	雲湖先生

나산 조공 묘지명 병서
蘿山趙公墓誌銘 并序

김문경(金文敬 김원행(金元行)) 선생이 미호(渼湖) 가에서 도를 강론하니, 사방에서 문하에 이른 선비가 이에 매우 많았다. 어진 사람과 어리석은 사람이 각각 재능에 따라 모두 유익함을 얻었는데, 나산(蘿山) 조공(趙公) 같은 분은 같은 무리 가운데에서 뛰어나 걸출한 자일 것이다.

공은 휘가 유선(有善)이고 자가 자순(子淳)이니, 학자들이 '나산 선생(蘿山先生)'이라고 칭하였다. 시조 성(成)이 백제 온조왕(溫祚王)을 도와서 큰 공을 세우고 직산백(稷山伯)에 봉해지니, 자손들이 마침내 직산을 관향으로 삼았는데, 그 뒤에 높은 벼슬에 오른 후손이 이어졌다.

조선조에 들어와서 종성 부사(鍾城府使) 휘 세간(世幹)과 후릉 참봉(厚陵參奉) 휘 세걸(世傑)이 있었다. 참봉공(參奉公)은 효렴(孝廉)에 천거되었으나 세상에 나와 벼슬하지 않았으니, 이분이 실로 대를 이은 문헌(文獻)의 창도가 되었다. 아들 휘 언호(彦瑚)를 낳아서 자기 형님인 부사공(府使公)의 양자로 삼았다. 이분이 휘 진(進)을 낳았는데, 진사(進士)가 되고 재주와 학문이 있어서 천곡(泉谷) 송상현(宋象賢)[48]과 도의(道義)의 교유를 하니, 바로 공의 5세조이다.

48 천곡(泉谷) 송상현(宋象賢) : 천곡은 송상현(1551~1592)의 호로, 임진왜란 때 동래 부사(東萊府使)로 있으면서 왜군에 끝까지 항전하다가 전사한 인물이다. 자가

고조 휘 필형(必亨)은 생원이고 증조는 휘가 익주(翼周)인데 두 분이 모두 대대로 경학(經學)과 행실이 뛰어났다. 조고 휘 창유(昌愈)는 첨지중추(僉知中樞)이고, 선고 휘 성제(聖躋) 또한 장덕(長德)이라고 칭해졌다. 선비(先妣) 경주 전씨(慶州全氏)는 상두(尙斗)의 따님인데 용꿈을 꾸고서 공을 낳았다.

공은 매우 특이한 자품을 타고났다. 그래서 겨우 스승에게 나아가 배울 적에 옛날 문장을 사모해서 《남화경(南華經)》[49]을 탐독하였는데, 이윽고 한탄하기를 "문장의 작은 기예는 할 것이 못된다." 하고는 마침내 뜻을 다하여 성현(聖賢)의 학문을 공부하였다.

산에 들어가 《맹자》를 읽으니, 이로부터 더욱 힘써 도를 구하였고 당세의 선각자들을 두루 살펴서 명리(名理 성리학)를 강론하고 변론하였다. 이윽고 또 동지들과 사숙(私塾)을 열고 나산(蘿山) 정상에서 학업을 닦을 적에 학규(學規)를 세워서 한 지방의 창도가 되게 하였다.

김 선생이 이 서재에 찾아가서 강회(講會)를 열고는 '관선(觀善)'이라고 편액하도록 명하고 손수 글씨를 써서 주었다. 공은 마침내 김

덕구(德求), 본관이 여산(礪山), 시호가 충렬(忠烈)이다. 1570년(선조3) 15세의 나이로 승보시(陞補試)에 장원하고 1591년 동래 부사가 되었는데, 당시 왜적의 침입이 예상되던 때였으므로 방비에 힘썼다. 이듬해 4월 13일 조선을 침략한 일본군이 15일 동래성을 에워싸고 공격하자 송상현은 군대를 이끌고 결사적으로 항전하다가 전사하였고 성도 함락되었다. 이때 왜장도 그의 용맹에 감동하여 죽음을 아깝게 여겼다고 한다. 뒤에 이조 판서, 좌찬성에 추증되었으며, 부산의 충렬사(忠烈祠), 개성의 숭절사(崇節祠), 청주의 신항서원(莘巷書院), 고부의 정충사(旌忠祠), 청원의 충렬묘(忠烈廟) 등에 제향되었다.

49 남화경(南華經) : 장주(莊周)가 지은 《장자(莊子)》의 이칭으로, 《남화진경(南華眞經)》이라고도 한다.

선생에게 몸을 의탁하여 스승으로 섬겨서 성(性)과 도(道)를 참여하여 들어서 조예가 더욱 깊어졌다. 김 선생은 매번 공과 더불어 경전의 깊은 뜻과 고금의 득실을 논하여 덕을 진전시키고 업(業)을 닦는 요점과 출처(出處)의 의리에 이르기까지 반복하여 가르치고 타이르지 않은 적이 없었다.

일찍이 공에게 지식이 밝고 취향이 바르다고 칭찬하였고 또 크고 굳세라고 권면하였다. 이어서 '넓혀서 크게 키우고 깊이 파서 심도 있게 하며, 안을 밝히고 밖을 감추고 말엽을 느슨히 하고 근본을 급히 하라.〔廓而大之, 濬以深之, 明其內而晦其外, 緩其末而急其本.〕'는 22자를 써주었다. 또 명하여 《고정유사(考亭遺事)》[50]와 《사우연원록(師友淵源錄)》을 찬정(纂定)하게 하니, 스승이 공에게 기대한 바를 알 수 있다.

영종(英宗 영조(英祖)) 신묘년(1771)에 사마시(司馬試)에 합격하고, 정종(正宗 정조(正祖)) 무신년(1788)에 혜릉 참봉(惠陵參奉)에 제수되었다가 서부봉사(西部奉事)로 승진하고, 신해년(1791) 장원서 봉사(掌苑署奉事)로 옮겼다. 임금께 정치에 관한 의견을 차례로 아뢸 적에 본서(本署)는 바로 성충문(成忠文)[51]의 고택(故宅)이라 하여 속환(贖

50 고정유사(考亭遺事) : 조유선이 주자의 유사를 모아 만든 책으로 보이는데, 현재는 전하지 않는다. 주자가 복건성(福建省) 건양현(建陽縣)에 있는 고정에 살며 강학하였으므로 주자를 고정이라 일컫는다.

51 성충문(成忠文) : 충문은 성삼문(成三問, 1418~1456)의 시호로, 자는 근보(謹甫), 호는 매죽헌(梅竹軒), 본관은 창녕(昌寧)이다. 단종을 위해 사절(死節)한 사육신 중의 한 사람이다. 1438년(세종20)에 식년 문과에 급제하고, 1447년에 문과 중시에 장원으로 급제하였으며 벼슬이 예방승지에 올랐다. 단종 복위의 거사가 실패한 뒤에

還)할 것을 청하자, 상이 말씀하시기를 "속환하는 일은 어렵지 않으나, 돌려줄 만한 곳이 없기 때문에 할 수가 없노라." 하셨다.

이에 공이 대답하기를 "자손이 없으면 마땅히 별도로 문서를 만들어 후세에 증거가 되게 하소서."라고 하니, 상이 명하여 이 일을 게시판에 기술하게 하였다. 상이 이 글을 보고 매우 가상히 여겨 감탄하시자, 본서의 제조(提調)가 대답하기를 "단지 문장을 잘할 뿐만 아니라 경학도 갖추었습니다."라고 하였다. 내자시 직장(內資寺直長)으로 옮기고 와서 별제(瓦署別提)로 승진하였다가 곧바로 사헌부 감찰(司憲府監察)로 옮겼다.

계축년(1793)에 목릉(穆陵 선조(宣祖)의 능) 제관(祭官)으로 차임(差任)되었다. "능군(陵軍 왕릉을 관리하는 군사)의 집에서 두부를 만드는 것은 불경한 일에 관계된다."는 정과(呈課)[52]를 올리자, 상이 매우 순수하고 진실하다고 인정하면서 말씀하기를 "내가 윤대(輪對)할 때에 보니, 이미 굳게 지키는 절개가 있음을 알았다. 그러니 문관(文官), 음직(蔭職), 무관(武官)의 자리를 막론하고 수령의 자리가 나면 차임하여 보내라."고 하였다.

그래서 이달에 청하 현감(淸河縣監)으로 제수되었는데 빙벽(氷檗)

체포되어 세조의 온갖 위협과 회유를 받았으나 굴복하지 않고 충절을 지키다가 처형되었다.

52 정과(呈課) : 일종의 적발 실적 보고와 같은 것으로, 사헌부의 감찰(監察)이 불법적인 행위 또는 조의(朝儀)에 어긋난 행위를 한 관원이나 금령(禁令)을 위반한 도성의 사민(士民)에 대해 직접 또는 금패(禁牌)를 받고 나간 금리(禁吏)를 통해 적발하여 주로 다시(茶時)에 대간(臺諫)에게 고하는 일이다. 《六典條例 吏典 司憲府 禁制》《日省錄 正祖 10年 1月 22日, 3月 9日》

의 지조[53]로 자신의 몸을 단속하고, 학교를 일으켜 백성을 교화하는 것을 급선무로 삼았다. 그리고 강회(講會)를 열어 준걸스러운 선비를 공부시키고 쌀과 고기를 주어 연세가 높은 분을 예우하였으며, 제향하는 것을 바로잡고 장사 지내고 매장하는 것을 경계하고 신칙(申飭)하였다.

매년 정월이면 〈월령(月令)〉[54]에 따라 법을 반포하고 조약을 만들어 백성들을 깨우쳐주어서 백성과 더불어 새해에 새 출발을 하였다. 그리고 어떤 사람이 부모에게 불효하고 형을 공경하지 않는 자를 고발하자, 진원(陳元)과 을보명(乙普明)의 고사(故事)[55]를 원용(援用)하여 교도

53 빙벽(氷檗)의 지조 : 깨끗한 얼음물을 마시고 쓰디쓴 소태나무를 씹으며 굳게 절조를 지키는 것을 이른다. 당(唐)나라 백거이(白居易)의 "3년 동안 자사(刺史)로 있으면서, 깨끗한 얼음물을 마시고 쓰디쓴 소태를 씹었노라.〔三年爲刺史, 飮氷復食檗.〕"라는 시구에서 유래한 것이다. 《白樂天詩集 卷1 三年爲刺史》

54 월령(月令) : 《예기》의 편명으로, 백성들이 1년 12개월 동안 행해야 할 일을 월별로 기록해놓았다.

55 진원(陳元)과 을보명(乙普明)의 고사(故事) : 진원은 어머니에게 불효했다가 관리에 의해 뉘우치고 효자가 된 인물이고, 을보명(乙普明)은 형제간에 우애롭게 지내지 않다가 관리에 의해 뉘우치고 우애롭게 지낸 인물이다. 한(漢)나라 때 구람(仇覽)이 포정장(蒲亭長)으로 있을 때에 진원이라는 사람의 어머니가 자기 아들이 불효하다고 호소하였는데, 이에 구람이 그 집에 찾아가 인륜과 효도에 대해 얘기해 주자 진원이 마침내 효자가 되었다. 《後漢書 卷76 循吏列傳 仇覽》 북제(北齊) 때 소경(蘇瓊)이 남청하 태수(南淸河太守)가 되었는데, 을보명 형제가 전지(田地) 때문에 수많은 증인을 끌어대며 여러 해 동안 다투었다. 소경이 그들 형제를 불러서 타이르기를, "천지간에 얻기 어려운 것이 형제요, 구하기 쉬운 것이 전지이다. 가령 전지를 얻었더라도 형제간의 우애가 끊어진다면 어찌하겠는가." 하며 눈물을 흘리니, 함께 참석한 증인들이 모두 감동하여 눈물을 흘렸고 을보명 형제 역시 잘못을 뉘우쳤다. 《小學 善行 實明倫》

(教導)하니, 백성들이 감동하여 복종하는 자가 많았다.

이때 거듭 기근을 만나니, 공은 추종꾼을 물리치고 가난한 백성들의 집을 찾아가서 위로하고 구휼하고 타일러 유리(流離)하지 않게 하였다. 그리고 관청의 곡식을 출연(出捐)하고 이웃 고을의 환자곡(還上穀)을 빌려서 구휼하여 온전히 살게 한 사람이 매우 많았는데, 구휼할 적에 남녀의 자리를 다르게 하고 노소(老少) 간에 질서가 있게 하니, 공손하고 겸양하는 풍속이 있게 되었다. 관찰사가 조정에 칭찬하여 아뢰자, 상은 말씀하기를 "조모(趙某)의 순량(循良)[56]의 다스림이 어찌 가상하지 않겠는가." 하고는 특명으로 승진시켰다.

갑인년(1794)에 익산 군수(益山郡守)에 제수되니, 청하(清河)의 선비들과 백성들이 말의 머리를 잡고 눈물을 흘리는 자까지 있었고, 또 선정비를 세워 칭송하였다. 익산군에 부임하자 요역(徭役)을 면제하고 백성들의 폐해를 개혁해서 곤궁하고 어려운 사람들을 소생시키고 온전히게 한 것이 정하의 정사와 같았다. 관찰사가 진산 군수(珍山郡守)와 서로 자리를 바꿀 것을 청하자, 상은 무단(無端)히 바꾸기를 청한다 하여 관찰사에게 물으니, 관찰사가 노쇠하고 병들었음을 명목으로 삼아 다시 아뢰어 윤허(允許)를 받았다. 전조(銓曹)에서 연한을 이유로 주저하자, 상은 구애하지 말라고 명하였다.

정사년(1797)에 진산에 부임하였다가 곧바로 파직되었는데, 또 검관(檢官)의 일로 추구(追咎)할 적에 의금부에서 헌의(獻議)한 것이 사실과 맞지 않는다 하여 특명으로 공의 죄를 석방하도록 하였으니,[57]

56 순량(循良) : 순리(循吏)와 양리(良吏)의 합칭으로, 법을 잘 지키고 백성들을 보살피는 지방관을 이른다.

모두 특별한 은혜였다. 경신년(1800)에 노인을 우대하는 은혜를 베풀어 통정대부(通政大夫) 품계를 가하고 조사위장(曹司衛將)[58]을 제수하였다.

순조 기사년(1809) 5월 5일 정침(正寢)에서 별세하니, 태어난 신해년(1731) 5월 28일과 따져보면 79세가 된다. 온 도시의 많은 선비들이 달려와 곡해서 슬픔을 다하였고 문인(門人)으로서 가마(加麻)한 자가 55여 명이었다. 7월 3일 부(府)의 동북쪽 국사봉(國士峯) 아래 총지동(摠持洞) 유좌(酉坐)의 언덕에 장례하니, 선영이 있는 곳이다.

숙부인(淑夫人) 풍산 김씨(豐山金氏)는 동지중추(同知中樞) 창리(昌履)의 따님인데, 병조 판서 자간(子良)이 먼 선조이다. 부인은 유순하고 단정하고 정숙하여 능히 공의 덕에 짝이 되었는데, 공보다 4년 먼저 태어나고 공보다 34년 먼저 별세하여 공의 묘 왼쪽에 부장하였다. 아들 경온(絅溫)은 생원이니, 학문과 행실로 가업을 이었다. 벽온(璧溫), 직온(直溫)과 구윤성(具潤成), 김석홍(金錫洪), 남치정(南致正), 김조관(金祖觀)의 처는 서출(庶出)이다.

벽온의 아들 정휴(鼎休)는 전 현감(縣監)이고, 태휴(泰休)는 교관

57 검관(檢官)의……하였으니 : 이와 관련한 내용은 자세하지 않으나, 《승정원일기》 정조 22년(1798) 10월 11일 기사에, 전라도 관찰사가 장계를 올려 진산군(珍山郡)의 살옥(殺獄) 죄인인 박찬의(朴贊儀)의 옥사(獄事)에 최초의 검관이었던 전(前) 진산 군수 조유선(趙有善)을 나처(拿處)하기를 청한 내용이 보인다. 잠시 진산 군수로 있을 때의 일을 의금부에서 전라도 관찰사의 장계를 통해 헌의(獻議)한 것은 이 일로 보이는데, 당시 임금이 특명으로 석방해준 기록은 알 수 없다.

58 조사위장(曹司衛將) : 조선 시대 오위(五衛)의 위장 가운데에서 서무(庶務)를 관장하던 자로, 문관(文官)이 맡았다.

(敎官)이며, 딸은 생원 이기락(李箕樂)에게 출가하였다. 정휴는 조카인 희도(熙道)를 데려다가 후사로 삼았다. 태휴의 아들은 출계(出系)한 희도(熙道)와 희석(熙奭), 희백(熙百), 희록(熙祿)이며, 딸은 아직 시집가지 않았다.

공은 총명하고 단정하고 순수하며 기운이 온화하면서도 굳세고 말씀이 공손하면서도 정직하니, 온화하고 평탄해서 자연스럽게 도(道)에 가까운 자질이 있었다. 학문을 함에는 이치를 연구하는 것을 우선으로 삼고 힘써 행하는 것을 근본으로 삼았다. 평소 말씀하기를 "이치를 공부하여도 역행(力行)을 하지 못하면 이치가 머무를 곳이 없고, 역행을 하고도 궁리(窮理)를 하지 않으면 행실이 지향할 곳이 없다." 하여 반드시 독서하여 자득(自得)하는 것을 기준으로 삼았다.

학문하는 방법을 물으면 대답하기를

"학문은 본래 절도가 있어 털끝만한 착오도 용납하지 않는다. 정제엄숙(整齊嚴肅)과 주일무적(主一無適)은 바로 거경(居敬)의 요점인데, 경(敬)을 너무 과(過)하게 지켜 도리어 병통이 생길까 염려되므로 재배(栽培)하기를 깊고 두터이 하라는 가르침[59]이 있는 것이다. 그리고 독서에 마음을 전일(專一)하게 쏟아 깊은 뜻을 탐색함은 바로 궁리(窮理)의 요체인데, 구하기를 너무 급하게 해서 도리어 본질

59 재배(栽培)하기를……가르침 : 이 내용은 《근사록(近思錄)》 권4 〈존양(存養)〉에, 이천 선생(伊川先生)이 "학자는 모름지기 이 마음을 공경히 지켜 급박하지 않아야 할 것이요, 마땅히 재배하기를 깊고 두터이 하여 그 사이에 함영을 한 뒤에야 자득할 수 있을 것이니, 다만 급박하게 이를 구하면 사욕일 뿐이어서 끝내 도에 이르지 못할 것이다.〔學者須敬守此心, 不可急迫, 當栽培深厚, 涵泳於其間, 然後可以自得. 但急迫求之, 只是私已, 終不足以達道.〕"라고 한 데에 보인다.

을 잃을까 염려되므로 여유롭게 노닐고 덕성을 함양(涵養)하라는 가르침이 있는 것이다. 그 역행의 요점으로 말하면 때에 따르고 일을 따라서 옳은 곳을 찾아야 하니, 모르면 그만이지만 알면 반드시 행해야 한다."

라고 하였다 그리고 조존(操存)[60]의 요점을 물으면 대답하기를 "조금을 태만히 해도 안 되고 조금을 급하게 해도 안 된다." 하였으니, 이것은 모두 자기 몸에 간절히 체험하고서 말씀한 것이다.

일찍이 사람과 물건의 오상(五常)[61]을 논하여 말하기를

"만물이 똑같은 것은 이(理)이고, 똑같지 않은 것은 바로 기(氣) 때문이니 이(理)가 하는 것이 아니다. 지금 성(性)을 사람과 물건이 똑같지 않다고 한다면, 이것은 체(體)가 다른 기(氣)를 가지고 근원이 동일한 이(理)에 비견하여 논하는 것이다. 성(性)과 이(理)는 동일한데, 정주(程朱)의 바른 이론을 다 쓸어버리고서 성(性)과 이(理)를 나누어 둘로 만들어서 이(理)는 사람과 물건이 아직 태어나기 이전에 소속시키고, 성(性)은 사람과 물건이 이미 태어난 뒤에 소속시켜 이(理)는 같아도 성(性)은 똑같지 않다고 말한다면, 어찌 잘못이 아니겠는가."[62]

60 조존(操存) : 심지(心志)를 잡아 보존한다는 뜻으로, 이는 본래 공자의 말씀인바, 《맹자》 〈고자 상(告子上)〉에 "공자께서 말씀하였다. '잡으면 보존되고 놓으면 없어져서 나가고 들어옴이 일정한 때가 없으며 어디로 갈지 그 방향을 알 수 없는 것은 오직 사람의 마음을 두고 말한 것이다.'〔孔子曰: 操則存, 舍則亡, 出入無時, 莫知其鄕, 惟心之謂與.〕"라고 보인다.

61 사람과 물건의 오상(五常) : 사람과 물건이 본연적으로 갖추고 있는 인(仁)·의(義)·예(禮)·지(智)·신(信)의 다섯 가지 본성을 이른다.

라고 하였다. 또 마음[心]과 기질(氣質)을 분변하여 말씀하기를

"마음이라는 물건은 한 몸을 주재하고 신명(神命)하여 측량할 수가 없으니, 그 체(體)는 본래 선(善)하여 성인(聖人)과 범인(凡人)이 모두 다 같다. 그러므로 사람이 기질을 변화하여 성(性)의 본연을 회복하는 것은 다 이 마음이 하는 것이다. 그런데 지금 잡되고 혼탁한 기질을 가져다 뒤섞어 본체라고 칭한다면, 장차 무엇에 의지하여 어리석은 것을 밝음으로 변화시키며 유약한 것을 강함으로 변화시켜서 현인이 되고 성인이 됨에 이르겠는가. 율곡이 말씀하기를 '마음에는 또한 본연과 기질이 있다.'고 하셨는데, 지금 본연을 숨기고 오로지 기질로써 마음에 해당시키니, 이것은 바로 천고(千古)에 선을 행하는 길을 막는 것이요, 성현(聖賢)이 서로 전해온 심법(心法)이 아니다."

라고 하였으니, 이러한 말씀은 모두 깊이 나아가고 홀로 터득해서 이치에 대한 견해가 탁월한 것이다.

62 만물이……아니겠는가 : 이 내용은 인물성(人物性)의 동이(同異) 논쟁에 있어 인물성동론(人物性同論)과 일치하는 것인바, 이를 통해 조유선도 인물성동론을 주장한 낙론(洛論)을 지지하였음을 알 수 있다. 조선 후기에 심과 성에 대한 이해의 문제로 성리학자들이 대립하였는데, 주로 서울·경기 지역에 거주한 농암 김창협, 삼연 김창흡, 외암(巍巖) 이간(李柬) 등이 한 파를 이루어 이를 낙론 또는 낙파라 하였으며, 충청 지역에 사는 남당(南塘) 한원진(韓元震) 등이 또 한 파를 이루어 이를 호론 또는 호파라 하였다. 낙론은 본연지성(本然之性)은 이(理)와 같으므로, 사람과 물건의 성은 같다는 인물성동론과 미발(未發)한 마음의 본체에는 선악이 없다는 주장을 폈으며, 호론은 이에 반대하여 현실에 드러나는 본연지성은 기질의 맥락 속에 있을 수밖에 없으므로 사람과 물건의 성은 다르다는 인물성이론(人物性異論)과 미발한 마음의 본체에도 기질의 선악이 존재한다는 주장을 폈다.

공은 천성이 효성스러워 부모의 뜻을 미리 알고 받들어 순종해서 기쁨을 다하시도록 하였고, 이른 새벽과 늦은 저녁에 섬돌 아래에서 문안하였으며, 거상(居喪) 중에는 예를 다하였다. 추원(追遠)[63]을 더욱 독실하게 해서 늙어서 가사(家事)를 자식에게 전해준 뒤에도 새벽에 사당을 배알하는 것은 폐하지 않았고, 심한 병환이 아니면 반드시 직접 제사를 받들어서 자신의 정성과 힘을 다한 뒤에 그만두고자 하였다. 스승의 상(喪)에 기년(期年) 동안 심상(心喪)을 하였고 스승의 기일이 되면 반드시 자리를 만들어 곡하였다.

집이 가난하여 끼니를 여러 번 굶었고 무명 옷 하나로 일 년을 마쳤는데, 다른 사람들은 견디지 못하는 것이었으나 태연하였다. 종일토록 단정히 무릎 꿇고 앉아 심신을 닦고 정돈하여 외물(外物)의 침해와 어지럽힘을 당하지 않았다. 존양(存養) 공부가 두터워진 뒤에는 덕성(德性)이 저절로 함양되어 온화한 기운이 얼굴과 모습에 드러나고 겸허함이 말씀과 웃음에 넘쳐났으며 주선(周旋)하고 진퇴(進退)함이 법도를 넘지 않았다.

남과 대응할 적에 목소리와 기운이 즐거웠으나 시비를 분변함에 이르러서는 반드시 의리로써 결단하여 확고해서 뜻을 빼앗을 수 없었으니, 어진 스승에게 중한 부탁을 받은 것이 어찌 마땅하지 않겠는가.

공은 경세제민(經世濟民)에 유념해서 〈시무팔책(時務八策)〉을 지었는데, 조리(條理)가 찬란하니 들어서 조치할 만하였다. 이때 야소교

63 추원(追遠) : 제사에 정성을 다한다는 말로, 《논어》 〈학이(學而)〉의 "어버이의 상을 당해서는 예를 다해서 장사를 지내고 조상님의 제사를 정성껏 지낸다면, 백성들의 덕성이 돈후해질 것이다.〔愼終追遠, 民德歸厚矣.〕"라는 데서 온 말이다.

(耶蘇教)의 부정한 학설이 점점 치성(熾盛)하였는데, 공은 그 화가 퍼질 것을 우려해서 묘당(廟堂 의정부)에 글을 올려 깨끗이 물리칠 것을 청하였으니, 정도(正道)를 엄격하게 호위하고 기미를 밝게 보는 것이 이와 같았다.

오복(五服)[64]의 제도를 깊이 연구하고 사우(師友)의 상(喪)과 왕조(王朝)의 예(禮)까지 두루 참고하여 하나의 유편(類編)을 만들어 이름을 《오복통고(五服通考)》라고 하였다. 또 문집 몇 권이 집에 보관되어 있다.

임오년(1822)에 고향의 인사들이 공이 살던 곳에 사당을 세워 제향하였고, 또 도학(道學)과 사공(事功)의 실제를 들어서 상소하여 표창해서 추증할 것을 청하였다. 갑신년(1824)에 영의정 남공철(南公轍) 공이 회계(回啓)하기를

"조모(趙某)가 스승의 가르침을 전습(傳習)하여 경(敬)에 거(居)하고 이지를 연구해서 각고(刻苦)의 공부를 하였고, 곤궁함을 굳게 지키고 가난함을 편안히 여겨 조행(操行)이 깨끗이 닦여졌으니, 비록 도를 구하기 위해 자신을 감추었으나, 정도(正道)를 호위하고 사서(邪書)를 배척한 공(功)에 원근(遠近)의 사람들이 귀의(歸依)하였습니다. 선왕조(先王朝) 때부터 여러 번 '이미 지키는 절개가 있음을 알았다.'라고 칭찬하셨고, 고을에 부임하여 은혜로운 정사가 많자 또 순량(循良)의 다스림으로써 허여하셨으니, 이와 같은 자는 다만 한 지방의 선한 선비를 가지고 논할 수가 없습니다. 많은 선비

64 오복(五服) : 참최(斬衰)와 자최(齊衰) 3년, 기년(期年), 대공(大功) 9월, 소공(小功) 5월, 시마(緦麻) 3월의 다섯 가지 상례의 복제를 이른다.

들이 표창을 청하는 데에서 더욱 공론(公論)이 똑같음을 징험할 수 가 있으니, 승선(承宣 승지)을 추증하기를 청합니다."

하니, 상은 이를 허락하고 공에게 좌승지(左承旨)를 추증하였다.

고도(故都)의 학문은 포은(圃隱)으로부터 시작해서 화담(花潭)에 이르렀는데,[65] 화담은 상수(象數)에는 식견이 있었으나 이치의 전체는 알지 못하였다. 그러다가 공(公)이 나와 미호(渼湖)의 올바른 전통을 계술(繼述)하고 고정(考亭 주희(朱熹))의 참된 가르침을 익혔는데, 문로(門路)가 바르고 또 덕(德)을 진전하고 업(業)을 닦기를 더욱 돈독하게 해서 늙도록 부지런히 힘썼으니, 능히 성취한 바가 있었다.

이러한 분은 고려가 서경(西京)[66]에 도읍한 수백 년 이래로 공 한 사람뿐이다. 후진(後進)들을 고무(鼓舞)시키고 도야하는 것을 자임(自任)해서 옷자락을 잡고 와서 수업 받는 자가 항상 문과 뜰에 가득하였는데, 모두 소리 나는 곳을 찾아가서 기물(器物)을 얻고 빈 몸으로 왔다가 꽉 채워 돌아갔다.[67]

65 고도(故都)의……이르렀는데 : 고도는 개성(開城)을 이르는데, 포은(圃隱) 정몽주(鄭夢周)는 개성에 5부 학당을 세워 교육을 진흥시켰고, 말년에 이성계(李成桂)를 문병하고 돌아오다가 개성의 선죽교(善竹橋)에서 이성계의 아들 이방원(李芳遠)이 보낸 조영규 등에게 철퇴를 맞고 죽었다. 그리고 화담(花潭) 서경덕(徐敬德)은 개성 오관산(五冠山)의 화담(花潭) 부근에 은거하여 학문 연구와 후진 양성에 매진하였기 때문에 이렇게 말한 것이다. 1573년(선조6)에 정몽주와 서경덕의 충절과 덕행을 추모하고자 선죽교 위쪽에 문충당(文忠堂)이란 이름으로 서당을 지었고, 이후 1575년에 숭양(崧陽)이라 사액(賜額)하여 서원으로 승격시켰다.

66 서경(西京) : 일반적으로 평양(平壤)을 가리키나, 여기서는 태조 왕건(王建)이 고려를 창건할 때 도읍지로 정한 개성(開城)을 가리킨 것으로 보인다.

67 소리……돌아갔다 : 이 내용은 송(宋)나라 반자목(潘自牧)이 편찬한《기찬연해

병이 위독하자 유서를 남겨 경계하기를 "뜻을 세울 적에는 스스로 옛 성현의 뜻을 목표로 삼고, 책을 읽을 적에는 《소학》과 사서(四書)를 근본으로 삼고, 자기 몸을 수행할 적에는 정직하여 거짓이 없음을 법도로 삼아야 한다. 그리하여 이해(利害)를 돌아보지 말고 오직 의(義)를 추구한다면, 거의 군자의 도를 이룰 수 있을 것이다." 하였다.

혈성(血誠)으로 지시하고 인도하기를 죽음에 임하여서도 이와 같이 잊지 못하고 연연하였다. 그러므로 문하에 이른 자가 빈빈(彬彬)하게 문장을 이룬 아름다움이 있어서 영원한 후세에도 공(功)을 거둘 수가 있으니, 아! 훌륭하다.

나는 겨우 성년이 되었을 무렵에 공을 관소(館所)에서 여러 번 배알하였는데, 덕스러운 모습과 유명한 의논이 마음과 눈을 크게 감동시켜서 반백년이 지나도 잊을 수가 없다. 공의 두 손자가 능히 선조(先祖)의 법을 이어서 나를 종유(從遊)하였는데, 묘지문을 청하였다. 조용히 서로 알아준 것을 생각하니, 차마 끝내 사양할 수가 없으므로 붓을 잡고 서문을 짓고는 다음과 같이 명문을 붙인다.

숭산[68]에 정기가 내려	維崧降精
영웅호걸들이 배출되니	英豪輩出
문충공과 문강공[69]이	文忠文康

(記纂淵海)》 권59 〈논의부(論議部)〉에 '일은 생각지 못한 데에서 일어난다[事出望外]' 조에 인용된 글인데, 원 출전은 《당문수(唐文粹)》 권77에 실려있는 구양첨(歐陽詹, 755~800)의 〈태학장박사강례기기(太學張博士講禮記記)〉이다.

68 숭산(崧山) : 개성의 진산(鎭山)인 송악산(松嶽山)의 다른 이름이다. 곡령(鵠嶺) 또는 신숭(神崧)이라 부르기도 한다.

여러 호걸들 중에 탁월하였네	卓出群傑
누가 실추된 실마리를 이었는가	疇纘墜緖
바로 조공이었네	曰有趙公
자품이 순수하고 뜻이 높아서	姿粹志高
성인이 되는 공으로써 수양하였네	養以聖功
도가 있는 분에게 나아가 질정하니	就正有道
참으로 훌륭한 미호 어른이었네	允矣渼翁
힘껏 두드려 소리를 내어	叩盡其聲
큰 종을 울렸네[70]	以鳴洪鍾
오직 스승의 말씀을 믿어서	惟其信師
도에 나아가 스스로 높아졌네	造道自崇
온화함과 공손함으로 자신을 수양하였으나	溫恭自牧
법도가 그 가운데 들어있었네	繩尺在中
효도와 공경에 근본해서	本之孝悌
스스로 인을 행할 줄 알았으며	自知爲仁
충신을 주장하여	主以忠信

69 문충공(文忠公)과 문강공(文康公) : 문충은 정몽주의 시호이고, 문강은 서경덕의 시호이다.

70 힘껏……울렸네 : 이 내용은 《예기》 〈학기(學記)〉의 "질문을 잘 기다리는 자는 종을 치는 것과 같아서 작은 것으로 치면 작게 울리고 큰 것으로 치면 크게 울리니, 종용해지기를 기다린 연후에 그 소리를 다할 수 있다. 답문을 잘하지 못하는 자는 이와 반대이니, 이것이 학문을 진보시키는 방도이다.〔善待問者, 如撞鐘, 叩之以小者則小鳴, 叩之以大者則大鳴, 待其從容, 然後盡其聲. 不善答問者反此, 此皆進學之道也.〕"라는 말을 원용한 것이다.

능히 몸을 윤택하게 하였네 克潤厥身
소리와 얼굴빛을 대단찮게 여기니 不聲以色
기르는 것이 컸네 所養者大
온화한 상서로움과 조화가 藹然祥和
가슴속에 쌓여서 밖으로 발현되었네 積中發外
선과 이익을 분명하게 구획하니 劈劃善利
흑과 백을 분별함과 같았네 若辨白黑
기미를 알아 사설을 배척하였는데 知幾斥邪
밤중에 촛불로 비춰보듯이 하였네 如夜照燭
곤궁함을 참고 성숙한 경지에 이르러서 忍窮到熟
참된 즐거움으로 매우 화락하였네 眞樂怡怡
은은한 비단 무늬가 날로 드러나고[71] 闇錦日章
그윽한 골짝의 난초가 스스로 향기로웠네[72] 幽蘭自猗

71 은은한……드러나고 : 군자의 도가 깊이 감추어도 은은하게 드러난다는 뜻인바, 조유선의 인품을 빗댄 표현이다. 이 내용은 《중용장구》 제33장에 "《시경》에 '비단옷을 입고 홑옷을 덧입는다.' 하였으니, 이는 문채가 너무 드러나는 것을 싫어하기 때문이다. 그러므로 군자의 도는 은은하지만 날로 드러나고, 소인의 도는 반짝 빛나지만 날로 없어진다.〔詩曰: 衣錦尙絅, 惡其文之著也. 故君子之道, 闇然而日章, 小人之道, 的然而日亡.〕"라고 한 데서 온 말이다

72 그윽한……향기로웠네 : 공자가 때를 만나지 못한 것을 상심하여 스스로 향기 나는 난초에 의탁했던 것을 조유선의 생애에 빗댄 것이다. 공자가 천하를 바로잡기 위해 여러 제후들을 차례로 방문하였으나 제후들에게 등용되지 못하였다. 노(魯)나라로 돌아오던 도중에 깊은 골짝의 난초가 꽃을 피워 그 향기가 골짝을 진동시키는 것을 보고, 좋은 세상을 만나지 못한 자신의 처지를 가탁하여 〈의란조(猗蘭操)〉란 거문고 곡조를 지었는데, 이를 〈유란조(幽蘭操)〉라고도 하는바, 여기에서 유래한 말이다. 《樂府詩集 卷58 琴曲歌辭》

경서를 연구하여 쓰임을 이루어서 窮經致用
성스러운 임금의 지우를 받았네 爲聖主知
잠시 세 고을을 다스릴 적에 薄試三邑
현가 소리가 양양하였네[73] 絃歌洋洋
이 또한 도를 행함이니 是亦行道
대강이나마 순량을 뒤따랐네 粗迹循良
이에 벼슬을 그만두고 洒遂初服
저 나산에서 지냈네 于彼蘿岡
말년에는 더욱 때에 따라 길러서 晩益遵養
어둠을 써서 밝게 드러났네[74] 用晦而彰
노인이 되어서도 경계하고 경계해서 耄耋戒警
뜻을 가다듬어 스스로 힘썼네 厲志自强
조리를 시작하고 끝마침이 始終條理
자양을 외고 본받았네[75] 誦法紫陽

73 현가(絃歌) 소리가 양양(洋洋)하였네 : 자유(子游)가 무성 현령을 지낼 때 공자가 그곳을 방문하여 현가 소리를 듣고 "닭 잡는데 어찌 소 잡는 칼을 쓰는가?"라고 하며 자유의 선치(善治)를 칭찬한 고사를 원용하여, 조유선이 세 고을의 수령을 맡았을 때의 치적을 비유한 것이다. '양양'은 소리가 크게 울림을 이른다.

74 어둠을……드러났네 : 어려움을 당했을 때에 밝다고 자처하기보다는 사리에 어두운 것처럼 처신하면 그것이 밝게 처신하는 것이 된다는 뜻이다. 이 내용은 《주역》 〈명이괘(明夷卦) 상전(象傳)〉의 "밝음이 땅속으로 들어감이 명이이니, 군자가 보고서 무리를 대할 때에 어둠을 써서 밝게 한다.〔明入地中, 明夷, 君子以, 莅衆, 用晦而明.〕"라고 한 데서 온 말이다.

75 조리를……본받았네 : 지식을 높이는 공부〔知工夫〕와 몸과 마음을 수양하는 공부〔行工夫〕를 모두 주자(朱子)를 본받아 하였다는 말이다. 조리는 맥락과 같은 말로,

뽕나무 벌레나 개미 새끼를 가르치듯 하여 螟誨蛾述
한 지방을 도야하였네[76] 陶冶一方
마치 큰 길거리의 동이 술을 마심에 若飮衢樽
각각 자기의 양을 채우는 것처럼 하였네[77] 各充其量
풍속이 거의 다 바뀌었으니 庶幾易俗
공과 교화가 무궁하였네 功化無疆
높고 높은 국사봉에 嵂嵂士峯
도끼 모양의 무덤이 있네 若斧其堂
공의 미덕을 드러내고 드러내어 焯德著美
비석에 밝게 새기네 薦以石章

음악을 연주함에 있어 처음에 종이나 징 따위를 쳐서 소리를 퍼뜨리는 것을 시조리(始條理)라 하고, 음악이 끝날 때에 서경(石磬)을 쳐서 음악을 끝마치는 것을 종조리(終條理)라 하는바, 조리를 시작함은 학문을 하여 지식을 넓힘을 이르고, 조리를 끝마침은 몸과 마음의 수행을 지극히 함을 이른다.

76 뽕나무……도야하였네 : 조유선이 말년에 나산에서 자식과 제자를 부지런히 가르친 것을 뜻한다. 이 내용은 《시경》 〈소아(小雅) 소완(小宛)〉의 "언덕 가운데 콩이 있거늘, 서민들이 이를 거두어 가도다. 뽕나무 벌레가 새끼가 있는데, 과라(나나니벌)가 업어 가서 키우도다. 그대도 아들을 잘 가르쳐서, 선을 써서 너와 닮도록 하라.〔中原有菽, 庶民采之. 螟蛉有子, 蜾蠃負之. 教誨爾子, 式穀似之.〕"라는 말과 《예기》 〈학기(學記)〉의 "개미의 새끼는 수시로 흙을 물어 나르는 일을 익힌다.〔蛾子時術之.〕"라는 말을 원용한 것이다.

77 마치……하였네 : 이 내용은 《회남자(淮南子)》 〈무칭훈(繆稱訓)〉의 "성인의 도는 마치 큰 길거리 한가운데에 술동이를 두어 지나는 사람마다 크고 작은 양에 따라 각각 적당하게 떠 마시도록 하는 것과 같다.〔聖人之道, 猶中衢而致樽邪, 過者斟酌, 多小不同, 各得所宜.〕"라는 말에서 온 것인데, 조유선이 머문 지방의 사람들이 그에게 많은 교화를 입은 것을 여기에 빗댄 것이다.

비석은 마모되어도	石猶可泐
공의 이름은 영원하리라	公名不渝
이 명문은 공을 위한 것이 아니고	銘非銘公
후대의 선비들을 권면하는 것이니	聊勸後儒
아, 너희 내세의 선비들이여	嗟爾來世
이분을 본보기로 삼을지어다	是型是模

강재 선생 묘지명 병서

剛齋先生墓誌銘 并序

과재(過齋) 김 선생(金先生)[78]이 도가 높고 덕이 완성되어서 세상의 유종(儒宗)이 되었는데, 가화(家禍)로 인해서 유선(儒選)에서 삭제되었다.[79] 강재(剛齋) 송 선생(宋先生)이 글을 올려 소명(召命)을 사직할 적에 이어서 "신(臣)이 죄에 걸린 사람인 김정묵(金正默)의 문하에서 종유(從遊)하였으니, 저는 의리상 감히 보통사람에 비할 수가 없습니다."라고 말하였다. 상이 조정의 대신(大臣)에게 묻자, 대신(臺臣)이 모두 "김정묵에게 다시 유일(遺逸)을 회복시켜서 송모(宋某)의 벼슬길을 열어주어야 합니다."라고 청하니, 상은 그 말을 따랐다. 이어서 선생에게 벼슬길에 나올 뜻을 회유(回諭)하였는데 선생은 또다시 상소를 올려 사양하였다.

78 과재(過齋) 김 선생(金先生) : 과재는 김정묵(金正默, 1739～1799)의 호로, 자는 이운(而運), 본관은 광산(光山)이며, 김장생(金長生)의 후손이다. 조부 김운택(金雲澤)이 신임사화 때에 화를 당한 것을 애통해 하여 벼슬하는 것을 꺼리고 학문에만 전념하였다. 유일(遺逸)로 천거되어 돈녕부 참봉, 사헌부 지평 등에 제수되었으나 사직하고 나아가지 않았는데, 대역죄로 처형된 김하재(金夏材)와 김두공(金斗恭)의 일족이라는 이유로 1786년(정조10) 유일에서 삭제되었다가 1801년(순조1) 강재(剛齋) 송치규(宋穉圭, 1759～1838)의 스승이라는 이유로 유일이 회복되었다. 성리학과 예설(禮說)에 밝았으며, 문집으로는 《과재유고》가 있다.

79 유선(儒選)에서 삭제되었다 : 유선은 유학자로 천거되어 관직에 선용됨을 이르는 바, 김정묵이 대역죄로 처형된 김하재(金夏材)와 김두공(金斗恭)의 일족이라는 이유로 1786년(정조10) 유일(遺逸)에서 삭제된 것을 가리킨다.

아! 스승과 군주와 아버지는 똑같기 때문에 오직 처한 곳에서 목숨을 바치므로[80] 죽음과 삶, 영화(榮華)와 치욕에 대처하는 의리에 차이가 없다. 세상의 가르침이 쇠해서 사제 간의 윤리가 먼저 땅에 떨어졌으나, 선생은 일신(一身)의 행장(行藏)[81]을 가지고 선사(先師)의 깊은 원통함을 씻어 주었다. 이와 같이 한 뒤에야 천하에 사제 간의 윤리가 안정되는 것이니,[82] 아! 훌륭하다.

선생은 휘가 치규(穉圭)이고 자가 기옥(奇玉)이니, 태어나면서부터 모습이 단엄(端嚴)하고 빼어났다. 유년(幼年)이 채 되기 전에 외갓집에 가서 혼례를 구경하였는데, 여러 아이들이 다투어 예쁜 꽃을 취하였

80 처한……바치므로 : 이 내용은 《국어(國語)》 〈진어1(晉語一)〉의 "난공자(欒共子)가 대답하였다. '사람은 세 분의 은혜로 살게 마련이니, 그분들을 똑같이 섬겨야 한다고 나는 들었다. 어버이는 나를 낳아 주셨고, 선생님은 나를 가르쳐 주셨고, 임금님은 나를 먹여 주셨다. 어버이가 아니면 태어나지 못했을 것이고, 먹지 않았으면 자라지 못했을 것이고, 가르침이 아니면 깨우치지 못했을 것이니, 나를 살아가게 해 준 분들이다. 그러므로 하나같이 섬겨야 할 것이니, 오직 이분들이 있는 곳에서 목숨을 바쳐야 한다.〔民生於三, 事之如一, 父生之, 師教之, 君食之. 非父不生, 非食不長, 非教不知, 生之族也, 故壹事之, 唯其所在, 則致死焉.〕'"라는 데서 온 것이다.

81 행장(行藏) : 출처(出處)와 같은 말로, 도를 펼 만하면 나아가 벼슬하고 그렇지 않으면 초야에 은둔하는 것이다. 《논어》 〈술이(述而)〉의 "쓰이게 되면 도를 행하고 버려지게 되면 은둔한다.〔用之則行, 舍之則藏.〕"는 공자의 말에서 유래하였다.

82 천하에……것이니 : 이 내용은 《맹자》 〈이루 상(離婁上)〉의 "순 임금이 어버이 섬기는 도리를 다하여 고수가 즐기게 되었다. 고수가 즐기게 되니 천하가 교화되었으며, 고수가 즐기게 되니 천하에 아버지와 아들 된 자들의 도리가 정하여졌다. 이것을 큰 효도라 한다.〔舜盡事親之道而瞽瞍底豫, 瞽瞍底豫而天下化, 瞽瞍底豫而天下之爲父子者定, 此之謂大孝.〕"는 말을 원용한 것으로, 군사부일체(君師父一體)에 입각하여 사제 간의 윤리에 빗대었다.

으나 선생은 못 본 듯이 하였고, 꽃 한 송이를 주는 자가 있었으나 꽃을 받지 않으니, 보는 자들이 기이하게 여겼다.

9살에 내구(內舅) 신질(申晊)[83] 공을 따라 배웠는데, 공부한 책을 잠심(潛心)하여 읽은 뒤에 집에 돌아가서는 재종숙부(再從叔父)인 심재(心齋) 선생[84]에게 질정을 받았다.

이어서 과재 김 선생에게 수업을 청하였는데, 김 선생은 자주 장려(奬勵)하여 원대(遠大)한 인물이 될 것을 기대하였다. 또 말씀하기를 "온화하고 순후함은 유여(有餘)하나, 다만 강단(剛斷)과 과감함이 부족하다." 하시고 명하여 '강(剛)' 자로 서재에 편액하라고 하였다. 선생은 인하여 '강과결렬(剛果決烈)' 네 글자를 써서 벽에 걸어두고 스스로 경계하였다. 김 선생이 거처를 정산(貞山)으로 정하자, 선생은 그곳으로 이사하여 선생을 따라 아침저녁으로 부지런히 배웠다.

무오년(1798)에 관찰사가 선생을 학문에 연원(淵源)이 있고 사림(士林)에서 넝방이 중하다는 명목으로 천거하자, 영릉 참봉에 제수되었으나 나아가지 않았다. 경신년(1800)에 시강원자의 겸 경연관서연관(侍講院諮議兼經筵官書筵官)에 제수되었다.

이때 순묘(純廟 순조(純祖))가 왕세자에 책봉되었는데, 정묘(正廟 정

83 신질(申晊) : 1723~?. 자는 언명(彦明), 본관은 평산(平山)으로, 신질의 누이가 송치규의 어머니이다. 1759년(영조35) 식년시에 합격하였으나, 관직 이력은 자세하지 않다.

84 심재(心齋) 선생 : 심재는 송환기(宋煥箕, 1728~1807)의 호로, 자는 자동(子東), 본관은 은진(恩津), 시호는 문경(文敬)이며, 우암 송시열의 5대손이다. 1766년(영조42) 진사시에 합격하고 음보(蔭補)로 출사하여 벼슬이 우찬성에 이르렀다. 학덕을 겸비하여 문하에 많은 제자를 두었다.

조(正祖))께서 별유(別諭)를 내리시기를

"옛날 우리 효묘(孝廟 효종(孝宗))께서 저위(儲位 동궁)에 빛나게 오르셔서 처음으로 찬선(贊善)과 진선(進善) 등의 관직을 만들어 산림(山林)의 처사(處士)를 대우할 적에, 김 문경공(金文敬公)이 찬선이 되고 너의 할아버지 문정공(文正公)이 진선이 되었다.[85]

내가 선왕의 기업(基業)을 이어서 왕세자를 책봉하는 예를 행하였는데, 너의 종숙(從叔 송환기)이 찬선이 되고 네가 자의(諮議)가 되어서 모든 주(周)나라의 선비들 또한 대대로 이어가니,[86] 어찌 더불어 영화롭지 않겠는가.

너는 명망 있는 네 집안의 사람으로서 구원(丘園 산림)에서 도를 강론하여 능히 가문의 명성을 계승하였다. 그리하여 깃발로 부르는 대열에 올라[87] 책을 끼고 시강(侍講)하는 임무를 맡고 있으니, 내

85 김 문경공(金文敬公)이……되었다 : 문경은 김집(金集, 1574~1656)의 시호이고, 문정(文正)은 송시열의 시호로, 효종이 세자로 책봉되고 나서 3년 뒤인 무자년(1648, 인조26)에 김집과 송시열을 각각 찬선과 진선에 제수하였다. 《承政院日記 仁祖 26年 10月 13日》

86 모든……이어가니 : 이 내용은 《시경》 〈대아 문왕(文王)〉의 "문왕의 자손들이 본손과 지손이 백대를 전하며, 모든 주나라의 선비들도 크게 드러나고 또한 대대로 이어가리라.〔文王孫子, 本支百世, 凡周之士, 不顯亦世.〕"는 구절을 원용하여 명망 있는 집안에 훌륭한 자손이 대대로 이어짐을 비유하였다.

87 깃발로……올라 : 이 내용은 《맹자》 〈만장 하(萬章下)〉의 "우인(虞人)을 부를 때는 피관을 사용하고, 서인은 전(旃)을 사용하고, 사(士)는 기(旂)를 사용하고, 대부는 정(旌)을 사용한다.〔以皮冠, 庶人以旃, 士以旂, 大夫以旌.〕"라는 데서 원용한 것인데, 여기서는 송치규가 학식이나 덕망이 뛰어나 조정에서 예를 갖추어 초빙하는 대열에 들었다는 뜻으로 쓰였다.

마음의 기쁨을 어떻게 다 형언하겠는가. 동강(東岡)[88]에서 은거할 뜻을 빨리 되돌려 우리의 강석(講席)에서 모범이 되라."

고 하셨고, 또 특별히 고신첩(告身帖 임명장)에서 거짓 연호를 제거하라고 명하였다.[89]

이때 심재(心齋)는 부름에 달려갔으나 선생은 나아가지 않고 글을 올리니, 상소문의 내용은 대략 다음과 같다.

"신이 지극히 어리석고 비루하여 백 가지가 남만 못하니, 어려서 학문을 하지 못하였고 과거공부에도 종사하지 못했습니다. 그런데 성명(聖明)께서 이러한 은혜로운 교시를 내리신 것은 혹 가정의 전통에서 얻음이 있을 것이라고 생각하신 것이니, 신은 진실로 그와 가깝지 못해서 실로 기망(欺罔)하는 죄를 면하기 어렵습니다.

88 동강(東岡) : 벼슬에 나아가지 않고 물러나 있는 은거지를 뜻한다. 후한(後漢)의 주섭(周燮)이 벼슬길에 나아가지 않자 그의 종족이 "선세(先世)로부터 훈총(勳寵)이 줄을 이었는데 그대만 어찌 유독 동쪽 산비탈〔東岡〕을 지키는가?"라고 한 데서 유래하였다.《後漢書 卷53 周燮列傳》

89 특별히……명하였다 : 당시 조선조는 청나라와 사대관계를 맺고 있어서 공식적으로는 청나라 연호를 썼으나, 비공식적으로는 청나라 연호를 위호(僞號 거짓 연호)라 하여 쓰지 않거나 명나라의 마지막 연호인 숭정(崇禎)을 써서 '숭정 기원후(崇禎紀元後) 모년(某年)'이라는 표현을 사용하기도 하였다. 송시열을 위시한 북벌파들은 청나라 연호를 쓰지 말 것을 강력히 주장하였는바, 그 후손인 송치규의 고신첩에도 특별히 쓰지 말 것을 명한 것이다. 윤증(尹拯)이 1683년(숙종9)에 쓴 편지에 "고신첩에 위호를 쓰지 않는 것은 바로 인조와 효종 두 임금께서 청음(淸陰 김상헌)과 우암(尤菴 송시열)의 뜻을 곡진하게 받아 준 것이니, 오늘날 우리가 소장(疏章)에서 위호를 쓰지 않을 수 있는 것은 모두 이러한 의리 때문입니다.〔蓋告身之不書僞號, 卽仁孝兩朝之曲副於淸陰尤翁者, 而今日吾輩之得以不書於疏章, 皆此義也.〕"라고 보인다.《明齋遺稿 卷14 答羅顯道》

"우리 세자 저하의 훌륭한 자질이 천연적으로 이루어지고 온화함과 예모가 날로 성취되시니,[90] 책봉을 받은 초기에는 마땅히 보도(輔導)하는 방법을 다해야 합니다. 그런데 신과 같이 학문이 없는 자가 외람되이 선발하는 대열에 끼게 된다면, 어찌 잘못된 것이 아니겠습니까."

라고 하였다.

정조(正祖)가 승하(昇遐)하고 순조(純祖)가 뒤를 잇자, 정순성모(貞純聖母 영조의 계비 정순왕후)가 조정에 임하여 명을 내려서 불렀다. 그때 상은 거듭 별유를 내려서 처음으로 호조 좌랑(戶曹佐郎)을 제수하고, 신유년(1801)에 지평(持平)을 제수하였다. 동조(東朝)[91]가 또 다시 별유를 내려서 간곡히 권면하자, 선생이 상소하여 사문(師門 김정묵(金正默))의 일을 말해서 끝내 신원(伸冤)하여 스승의 관직을 복구시켰다.

이때 부르는 명령이 여러 번 내려졌고 또 장령(掌令)을 제수하였다. 뒤이어 별유를 내리니, 사관(史官)들이 서로 선생의 집에 가서 한 달이

90 온화함과……성취되시니 : 세자를 가르칠 적에 예(禮)와 악(樂)을 함께 쓰는바, 예를 통하여 예모가 성취되고 악을 통하여 온화함이 성취된다는 말이다. 《예기》 〈문왕세자(文王世子)〉에 "악은 안을 닦는 것이고, 예는 밖을 닦는 것이다. 예는 밖에서 안으로 미치고 악은 안에서 밖으로 미쳐, 예와 악이 마음속에서 서로 섞여 그 모습이 밖으로 드러나게 된다. 그러므로 그 이루어짐에 즐거워하여 공손하고 경건하면서도 온화함과 예모가 길러진다.〔是故其成也懌, 恭敬而溫文.〕"라고 보인다.

91 동조(東朝) : 태후나 대비(大妃)를 이르는 말로, 한(漢)나라 때에 황태후가 거처하던 장락궁(長樂宮)이 황제의 거처인 미앙궁(未央宮)의 동쪽에 있었기 때문에 이렇게 칭하게 되었다. 여기서는 당시 수렴청정 중이던 대왕대비 정순왕후(貞純王后)를 이른다.

넘도록 지켰다. 네 번 글을 올려 사직하고 또 사관을 소환할 것을 청하자, 비답(批答)하는 뜻이 더욱 돈독하였다.

임술년(1812) 연신(筵臣)의 주청(奏請)으로 인하여 다시 불렀고, 이로부터 사헌부의 직함과 돈독한 유시가 내려지지 않은 해가 거의 없어서 혹은 1년에 두세 번 내려지기도 하였으나, 계속해서 글을 올려 사양하였다. 갑자년(1804)에 인정전(仁政殿) 화재로 인하여 불렀는데, 심지어는 오느냐 오지 않느냐를 가지고 나라가 다스려지느냐 다스려지지 않느냐를 점칠 수 있다고까지 말씀하셨다.

곧바로 군자감 정(軍資監正)에 올랐다. 옥당(玉堂)의 관원을 보내어 이어서 강(講)할 책자를 물었으나, 또다시 사양하였다.[92] 을축년(1805) 정순왕후(貞純王后)가 승하하자, 인산(因山 국장(國葬))의 달수를 짧게 할지 길게 할지를 물었는데 사양하고 헌의(獻議)하지 않았으며, 상소하여 위로하는 마음을 아뢰었다.

정묘년(1807)에 이어서 강(講)할 책자를 물으시니, 《근사록(近思錄)》에 나와 있는 독서 차례[93]를 가지고 우러러 대답하였다. 또 산림에

92 이어서……사양하였다 : 진강하던 책이 끝나갈 무렵에 이어서 강(講)할 책자를 사(師), 부(傅), 빈객(賓客)에게 문의하는바, 송치규가 이를 사양한 것이다.

93 근사록(近思錄)에……차례 : 《근사록》 권3 〈논치지(論致知)〉의 서문에 "《대학》에서 시작하여 학문(學問)하는 규모(規模)와 차서(次序)를 알게 한 뒤에 《논어》·《맹자》·《시경(詩經)》·《서경(書經)》으로 잇고, 의리(義理)가 마음속에 충족되면 대본(大本)과 일원(一原)의 묘리(妙理)를 탐구할 수 있으므로 《중용》으로 잇고, 본원(本原)을 통달하면 신명(神明)의 덕(德)을 연구하고 조화(造化)를 알 수 있으므로 《주역(周易)》으로 잇고, 이치가 밝아지고 의리가 정밀하여 조화(造化)의 심오함을 통달하면 성인(聖人)의 대용(大用 큰 운용)을 알 수 있으므로 《춘추(春秋)》로 잇는다. 《춘추》의 운용(運用)에 밝으면 미루어 역사책을 보아 시비(是非)와 득실(得失)의 이치를 분별할

나이가 많고 덕이 있는 선비를 천거하도록 명하였으나 사양하고 대답하지 않았다. 임신년(1812) 진선(進善)으로 승진하였는데, 성후(聖候)의 강령이 회복되고 원량(元良)[94]이 자리를 정했으나 능히 조정에 나아가지 못했다 하여 글을 올려 죄가 내리기를 기다렸다.

비답에 심재(心齋)가 세자의 책례(冊禮)에 달려왔을 때의 일을 들어서 "선정(先正 송시열)의 후손이요 찬성(贊成 송환기)의 지친(至親)이니, 선군(先君 정조)께서 선인(先人)과 닮았음을 생각하셨다."고 유시(諭示)를 하니, 또다시 상소하여 사양할 적에 말미에 주자의 〈봉사(封事)〉[95] 가운데 저위(儲位)를 보익하게 한 한 조항을 아뢰어 우러러 권면하였다.

수 있을 것이다."라고 보인다.

94 원량(元良) : 세자를 의미하는 말로, 《예기》 〈문왕세자(文王世子)〉에 "한 사람 원량이 있으면 만국이 이로써 안정되니, 세자를 말한다.〔一有元良, 萬國以貞, 世子之謂也.〕"라고 한 데서 온 말이다. 여기서는 1812년(순조12) 왕세자에 책봉된 효명 세자(孝明世子, 1809~1830)를 가리킨다. 효명 세자는 순조의 세자로 휘는 영(旲), 자는 덕인(德寅), 호는 경헌(敬軒)이다. 어머니는 순원왕후(純元王后) 김씨(金氏)이다. 1819년 조만영(趙萬永)의 딸을 맞아 가례를 올리고 헌종을 낳았다. 1827년에 대리청정을 시작하여 현재(賢才)를 등용하고 형옥(刑獄)을 신중하게 하는 등 쇄신에 힘썼으나 4년 만에 죽었다. 헌종이 즉위한 뒤에 익종(翼宗)으로 추존되었고, 대한제국이 출범한 뒤에 고종에 의하여 다시 문조익황제(文祖翼皇帝)로 추존되었다. 능은 수릉(綏陵)이고, 시호는 효명(孝明), 묘호는 문호(文祜)이다.

95 주자의 봉사(封事) : 주자의 나이 59세 때인 무신년(1188) 11월에 지은 〈무신봉사(戊申封事)〉를 가리킨다. 이 봉사의 주 내용은 태자를 보필하는 것〔輔翼太子〕·대신을 선임하는 것〔選任大臣〕·기강을 진작시키는 것〔振擧綱維〕·풍속을 교화시키는 것〔變化風俗〕·백성들의 재력을 기르는 것〔愛養民力〕·군정을 밝게 다스리는 것〔脩明軍政〕 등이다.

세자를 책봉하는 예가 이루어지자 여러 전(殿)과 궁에서 모두 표리(表裏)를 하사하니, 선생은 관직을 사양하고 겸하여 상을 내리는 은전도 사양하였다. 겨울에 대신(大臣)이 경연에서 아룀으로 인하여 통정대부(通政大夫)의 품계에 오르고 수백 글자에 이르는 별유를 받았다. 얼마 후 공조 참의에 제수되자, 상소하여 사양하였다.

계유년(1813) 성균관 좨주(祭酒)에 제수되었다. 을해년(1815) 가선대부(嘉善大夫)로 승진하여 찬선(贊善)에 제수되고 또 공조 참판에 제수되니, 두 번 글을 올려 사양하였다. 병자년(1816)에 혜경궁(惠慶宮)[96]이 홍서(薨逝)하니, 글을 올려 위로하였다. 두 번 대사헌에 제수되었는데 모두 상소하고서 이어 추은(追恩)에 사례하였다.

정축년(1817)에 세자가 태학에 들어간 뒤에 가의대부로 승진하여 대사헌에 제수되고, 승정원 좌승지로 옮겼다가 다시 대사헌에 제수되었다. 곤궁함을 구휼하라는 명을 내리고 이어서 별유를 내리니, 상소하여 사양하고서 또 말씀하기를 "헛되이 직함을 가지고 있어 오랫동안 조정의 체통을 손상하였고, 또한 세자를 가르침에 장차 소략함을 면치 못할까 염려됩니다."라고 하였다.

기묘년(1819)에 세자의 관례(冠禮)를 행할 적에 별유로 돈독히 불렀으며, 예(禮)가 이루어지자 말〔馬〕을 하사하는 은혜가 있었다. 가례(嘉禮 효명 세자의 가례)를 치른 뒤에 또다시 사슴 가죽을 하사하자, 이어서 상소를 올리고 아울러 상을 내린 은전을 사양하였다.

96 혜경궁(惠慶宮) : 1735~1815. 조선 제21대 왕 영조의 아들 사도세자의 비로, 아들 정조가 즉위하자 궁호가 혜경궁(惠慶宮)으로 바뀌고 고종 때 헌경왕후(獻敬王后)로 추존되었으며, 대한제국 때 의황후(懿皇后)로 다시 추존되었다.

신사년(1821)에 효의왕후(孝懿王后)[97]가 승하하니, 선생은 상소하여 위로하는 말씀을 아뢰었다. 춘방관(春坊官)을 보내어 인산(因山) 전에 춘궁(春宮)의 개강(開講)을 하는 것이 마땅한지의 여부를 묻자, 경도(經道)와 권도(權道)를 참작하여 헤아리는 것이 마땅하다고 대답하였다.

또 산릉(山陵)을 합부(合祔)할 적에 제사를 받들 때 입을 옷에 대해 묻자, 선생은 대답하기를 "왕조의 전례(典禮)에는 근거할 만한 경문(經文)이 없으니, 부득불 선비의 예를 참고하여 써야 합니다." 하였다.

계미년(1823)에 이 문성공(李文成公)의 봉사손(奉祀孫)에 대한 일로 의견을 수렴하겠다고 명하였는데,[98] 선생은 대략 다음과 같이 부주(附奏)하였다.

"선정신(先正臣)의 종사(宗事) 일은 옛 상신(相臣)인 김수흥(金壽興)이 신의 선조인 문정공(文正公) 신 시열(時烈)과 서신을 왕복(往復)하여 의논한 뒤에 조정에 건의하였습니다. 그리하여 성명(成命)이 특별히 내려져 윤기(倫紀)가 크게 정해진 지 100여 년이 되었습니다.

97 효의왕후(孝懿王后) : 1753~1821. 정조의 비로, 본관은 청풍(淸風)이며, 부친은 김시묵(金時默)이다. 1821년(순조21) 3월 9일에 승하하였다.

98 이 문성공(李文成公)의……명하였는데 : 문성은 율곡 이이의 시호인바, 계미년(1823) 당시 돈녕 도정 이희조(李希祖)가 이이의 종계(宗系)의 일로 이원배(李源培)를 끌어대어 상소하자, 순조가 유현(儒賢)과 시임(時任)·원임(原任) 대신에게 문의한 뒤에 처리하겠다고 명한 것을 이른다. 이이의 9대손인 이원배가 당내간(堂內間)으로 이이의 10대손인 이용(李鎔)과 종통을 잇는 문제로 격쟁(擊錚)한 것 때문에 이러한 일이 있게 되었다. 《국역순조실록 23년 4월 9일, 10월 12일》

그런데 지금 이희조(李希祖)의 상소에서는 '종통(宗統)이 실추되고 파괴되었으며 신(神)의 이치에 억울하다.'라고 말하여 곧바로 예도 아니고 바르지도 못한 것으로 귀결시켰습니다. 또 신의 할아버지의 편지를 가지고 격(激)한 바가 있어서 정도(正道)를 얻지 못했다고 하니, 이것을 다 읽기도 전에 놀라운 마음에 땀이 등을 적셨습니다. 신은 감히 망령되이 입을 열어 말하지 못하겠습니다.

그러나 문적(文蹟)이 모두 남아있고 공론이 아직 없어지지 않았으니, 오직 성상(聖上)께서 재량하시기에 달렸습니다."

이윽고 또다시 사우(士友)들과 편지를 왕복하여 선신(先臣)의 의논을 확고히 지켜서 이 일이 마침내 중지되었다.

정해년(1827)에 익종(翼宗 효명세자)이 대리청정을 하고 원손(元孫 헌종(憲宗))이 탄강(誕降)하자, 글을 올려 축하하였다. 이어서 세자의 학문을 권면하기를

"저하의 훌륭하신 자품이 천연적으로 이루어져 훌륭한 명성을 일찍 드날렸는데, 약관의 나이가 되기도 전에 갑자기 대리청정의 명령에 응하셨습니다. 책임이 막중하여 당연히 마음에 동요함이 없지 않을 듯하나, 능히 생각하고 능히 공경하여 밤낮으로 게을리하지 않아서 정사를 조처함에 혹시라도 잘못함이 있지 않으시면, 여러 사람들의 마음이 모두 흡족해서 더욱 간절히 사랑하고 떠받듭니다. 반드시 더욱 저하의 밝은 학문을 힘쓰고 밝은 덕을 진전시켜서 아는 바와 행하는 바가 각각 지극해지게 해야 하니, 그런 뒤에 정치를 당(唐)·우(虞)의 태평시대로 올릴 수 있고, 조종(祖宗)보다 더 빛날 것입니다."

하고는 이어서 주자(朱子)의 주차(奏箚)를 가져다가 서연(書筵)에서

진강(進講)할 것을 청하였다.

기축년(1829)에 상은 명령하여 매달 초하루마다 쌀과 고기를 넉넉히 보내게 하였다. 뒤에 대사헌에 제수되자 글을 올려 사양할 적에 아울러 쌀과 고기를 사양하였다. 겨울에 세손강서원(世孫講書院)의 사(師)에 제수되니, 글을 올려 사양하였다. 경인년(1830)에 대보단(大報壇)[99] 제향의 축문에 상순(上旬)일에 '초(初)' 자를 쓰지 않는 것이 마땅한지 마땅하지 않은지를 묻자, 공은 대략 부주(附奏)하기를 "'초(初)' 자를 사용하지 않는 것은 바로 대통력(大統曆)의 준례이니, 지금 바로잡고자 하는 것은 실로 주(周)나라를 높이는 대의(大義)에 관계됩니다."[100]라고 하였다.

세자가 서거하자, 상이 복제(服制)를 물으니, 선생은 사양하여 말씀하기를 "지금 이 나라의 예(禮)는 선조(先祖) 신(臣)이 화(禍)를 얻은 사안(事案)에 관계됩니다.[101] 마음과 정신이 놀랍고 어지러우니, 더욱

99 대보단(大報壇) : 임진왜란(壬辰倭亂) 때에 원군을 보낸 명(明)나라 신종(神宗)의 은혜를 기리기 위해 1704년(숙종30)에 창덕궁(昌德宮) 안에 설치한 제단으로, 1749년(영조25)에 명나라 태조(太祖)와 의종(毅宗)까지 합사(合祀)하였다.

100 초(初)자를 사용하지……관계됩니다 : 대통력(大統曆)은 원(元)나라의 수시력(授時曆)을 토대로 만든 명(明)나라 때의 공식 역법인바, 명나라 황제를 모시는 대보단의 제향에 쓸 제문에 대통력의 준례에 따라 '초(初)' 자를 쓰지 않는 것이 주(周)나라를 높이는 큰 의리〔尊周大義〕라는 말이다. '존주대의'는 천자의 나라인 주나라를 높이고 오랑캐를 배격하는 뜻의 '춘추대의(春秋大義)'와 같은 말인데, 여기에서는 과거 천자의 나라였던 명나라를 종주국으로 존숭하고 청(淸)나라를 배척하자는 '존명배청(尊明排淸)'의 의리를 가리킨다.

101 지금……관계됩니다 : 선조(先祖) 신(臣)은 송치규의 6대조인 송시열로, 1674년(현종15) 효종 비의 상으로 인한 제2차 예송(禮訟)에서 그의 예론을 추종한 서인들이

이 어떻게 혀를 놀려 우러러 대답하겠습니까." 하고는 인하여 상소하여 위로의 말씀을 아뢰었다.

전후(前後)로 올렸던 사직하는 글에 위호(僞號)[102]를 쓰지 않았는데, 상소문이 승정원에 이르자, 승지 강준흠(姜浚欽)이 격식에 위배된다는 이유로 다시 돌려주었다. 글을 수정하여 다시 올릴 적에 또다시 위호를 쓰지 않고서 전말(顚末)을 들어 의리를 내세워 벼슬을 사양하자, 비답하기를 "잘못이 승정원에 있으니 굳이 깊이 책임지고 사양할 것이 있겠는가."라고 하였다. 왕세손(王世孫)을 책봉하는 예에 특별히 유시(諭示)하여 간곡히 불렀는데 명령에 달려가지 못한 일 때문에 상소하여 죄가 내려지기를 기다렸다.

신묘년(1831)에 이조 참판에 제수되었다. 왕세손이 개강(開講)한다 하여 또다시 명하여 간곡히 불렀으나, 상소하여 사양하고 녹피(鹿皮)를 하사한 은혜에 사례하였다. 겨울에 대신(大臣)이 연석에서 아뢴 말로 인하여 선생의 아들을 가까운 읍의 수령으로 차임해서 보낼 것을 명하였다.

갑오년(1834)에 순조가 승하하고 금상(今上)이 지위를 잇고서 성복

패배하자 그 여파로 1675년(숙종1) 정월에 유배를 갔는데, 송치규 당시 나라의 예가 이때 정해진 것이 계속 행해지고 있기 때문에 이렇게 말한 것이다. 제2차 예송은 갑인년(1674)에 효종의 비 인선왕후(仁宣王后)의 상에 효종의 모후 자의대비(慈懿大妃)가 어떤 복을 입을 것인지를 두고 벌어졌던 남인과 서인 간의 두 번째 예송으로, 갑인예송이라고도 한다. 서인은 이 예송에서 남인에게 패하여 정계에서 물러나게 되었다.

102 위호(僞號) : 청나라의 연호를 말한다. 명나라가 멸망한 이후 우리나라 학자들이 명나라의 연호인 '숭정(崇禎)'을 써서 정통에 대한 의리를 지켜왔는바, 그에 상대하여 이렇게 칭한 것이다.

(成服)할 적에 관례를 해야 되는지 말아야 되는지를 묻자, 의조(儀曹 예조(禮曹))에서 아뢴《의례문해(疑禮問解)》의 내용이 마땅히 오늘날 근거할 만한 것이 된다고 대답하고 이어서 상소하여 위로하였다.

영돈녕(領敦寧) 조만영(趙萬永)이 상소하여 대행대왕(大行大王)의 세실(世室)[103]을 청하자, 선생이 상의 하문(下問)을 받고 부주(附奏)하였는데, 그 대략에 "대행대왕의 지극한 인(仁)과 성대한 덕이 백왕(百王)을 뛰어넘으시니, 지금 세실을 하자는 의논에 누가 감히 이론(異論)을 제기하겠습니까."라고 하였다. 복토(復土)[104]를 한 뒤에 글을 올려 위로하고 이어서 성학(聖學)을 권면하였으니, 대략 다음과 같다.

"전하께서 막 어린 나이에 계시면서 갑자기 어렵고 큰 임무를 받으셨는데, 지금의 급선무 중에는 성상의 몸을 보호하고 성상의 학문을 성취하는 것보다 더 급한 것이 없습니다. 만일 성상의 몸을 보호하고 성상의 학문을 성취하고자 한다면《소학(小學)》을 진강하는 것보다 더 간절한 것이 없습니다.

의복을 입고 음식을 먹고 기거(起居)할 때의 예절과 수신(修身)·제가(齊家)·치국(治國)·평천하(平天下)의 도는 바로 혈기(血氣)를 충만하고 완전하게 하고 덕성을 함양하는 것인데, 모두 이《소

103 대행대왕(大行大王)의 세실(世室) : '대행대왕'은 임금이 승하한 뒤 시호(諡號)를 아직 올리기 전의 칭호로, 여기서는 순조를 가리키고, '세실'은 영구히 신주를 모시는 종묘의 신실(神室)을 말한다. 5세(世)가 된 신주는 종묘에서 영녕전(永寧殿)으로 옮기는 것이 예(禮)이나, 큰 공덕이 있는 군왕은 그 신주를 옮기지 않고 따로 신실을 만들어 봉안(奉安)하고 영원히 제사를 올린다.

104 복토(復土) : 산릉(山陵)의 광중(壙中)을 파내고 하관(下棺)한 다음 파낸 흙으로 다시 광중을 메우고 봉분을 만드는 것을 말한다.

학》을 버리고 달리 구할 수 있는 것이 아닙니다. 또 이 책에 인용한 것이 어느 것인들 간절하고 요긴하지 않겠습니까. 그러나 구용(九容)[105]과 구사(九思),[106] 경(敬)이 태만함을 이기고 의(義)가 욕심을 이긴다는 것[107] 등과 같은 여러 조항은 더더욱 가슴에 새겨 두어서 잠시도 잊어서는 안 될 것입니다."

라고 하고, 이어서 대신(大臣)을 공경하고 예우하며 정직한 선비를 친근히 하여 성상의 자질을 훈도(薰陶)하는 방법을 다할 것을 아뢰었다.

겨울에 상신(相臣)이 경연에서 아룀으로 인하여 자헌대부(資憲大

105 구용(九容) : 군자가 갖추어야 할 아홉 가지 용모로, 《예기》 〈옥조(玉藻)〉에 "군자의 용모는 펴지고 느려야 하니, 존경할 사람을 보고는 더욱 공경하고 삼가야 한다. 발 모양은 무겁게 하며, 손 모양은 공손하게 하며, 눈 모양은 단정하게 하며, 입 모양은 그치며, 소리 모양은 고요하게 하며, 머리 모양은 곧게 하며, 숨 쉬는 모양은 엄숙하게 하며, 서있는 모양은 덕스럽게 하며, 얼굴 모양은 장엄하게 해야 한다.〔君子之容舒遲, 見所尊者齊遬. 足容重, 手容恭, 目容端, 口容止, 聲容靜, 頭容直, 氣容肅, 立容德, 色容莊.〕"라고 보이는데, 《소학》 〈경신(敬身)〉에도 실려 있다.

106 구사(九思) : 군자(君子)가 가져야 할 아홉 가지 생각으로, 《논어》 〈계씨(季氏)〉에 "군자는 아홉 가지 생각함이 있으니, 볼 때는 밝음을 생각하며, 들을 때는 귀 밝음을 생각하며, 얼굴빛은 온화함을 생각하며, 용모는 공손함을 생각하며, 말은 성실함을 생각하며, 일은 공경함을 생각하며, 의심스러울 때는 물음을 생각하며, 분할 때에는 후환을 생각하며, 이익을 보면 의를 생각한다.〔君子有九思, 視思明, 聽思聰, 色思溫, 貌思恭, 言思忠, 事思敬, 疑思問, 忿思難, 見得思義.〕"라고 보이는데, 《소학》 〈경신(敬身)〉에도 실려있다.

107 경(敬)이……것 : 이 내용은 《소학》 〈경신(敬身)〉에 "경이 태만을 이기는 자는 길하고, 태만이 공경을 이기는 자는 망한다. 의가 욕심을 이기는 자는 순(順)하고, 욕심이 의리를 이기는 자는 흉하다.〔敬勝怠者吉, 怠勝敬者滅; 義勝欲者從, 欲勝義者凶.〕"라고 보인다.

夫)로 승진하여 형조 판서에 제수되었다. 무술년(1838)에 노인을 우대하는 은전의 준례에 따라 정헌대부(正憲大夫)로 승진하였다.

2월 10일 정침(正寢)에서 고종명(考終命)하니, 출생한 기묘년(1759)과의 거리는 80세가 된다. 병세가 위독하였는데도 정신이 조금도 흐려지지 않아서 문인(門人)이 묻고 논란하는 바가 있으면 메아리처럼 응답하였고, 몸을 삼가고 행실을 닦으라고 자손들을 거듭 경계하였다. 또 말씀하기를 "여러 대(代) 선조(先祖)의 문자를 책으로 편찬할 뜻이 있었으나 성취하지 못하였고, 선사(先師)의 행장을 미처 끝마치지 못했다. 이것이 유감이다."라고 하였다.

부음이 알려지자, 조회를 멈추고 시장의 문을 닫게 하고 특별히 부의를 보내며 전교하시기를

"송 좨주(宋祭酒)는 산림의 학덕이 높은 노인으로서 오랫동안 선왕조의 예우를 받았다. 내가 왕위를 잇고서 아직도 초청하여 맞이하는 정성을 이루지 못해서 막 서운하고 한스러운 마음이 절절하였는데 지금 서거했다는 소식을 들으니, 서글픈 마음을 이길 수 없다."

하고는 예조(禮曹)와 본도(本道)로 하여금 상(喪)을 다스리게 하고 또 조문하고 치제(致祭)할 것을 명하였다.

사우(士友)들이 모두 서로 조문하면서 말하기를 "사문(斯文)[108]이 망하였다."라고 하였다. 문인으로서 환질(環絰)을 한 자가 100여 명이었으며, 태학생(太學生)이 제문을 지어 제전(祭奠)을 올렸다. 윤4월 21일에 옥천(沃川)의 영국사(寧國寺) 왼쪽 기슭 술좌(戌坐)에 장례하

108 사문(斯文) : 사도(斯道)와 같은 말로 유도(儒道) 또는 유학(儒學)을 가리키는데, 때로는 유학자의 호칭으로 사용하여 김 사문·이 사문으로 쓰기도 한다.

였다. 뒤에 경연관의 말로 인해서 시장(諡狀)을 기다리지 않고 시호를 내렸는데, 도덕박문(道德博聞)과 일덕불해(一德不懈) 두 법을 사용해서 '문간(文簡)'이라는 시호를 하사하였다.

선생은 은진(恩津) 사람이니, 고려 판원사(判院事) 휘 대원(大原)으로부터 시작되었다. 우암 선생(尤庵先生) 문정공(文正公)은 선생의 6대조이시다. 5대조 휘 기태(基泰)는 동중추(同中樞)이니, 이분이 현감으로 이조 참판에 추증된 휘 은석(殷錫)을 낳았다.

참판공의 아들 휘 회원(會源)은 이조 참의에 추증되었고, 손자 휘 여상(礪相)은 이조 참판에 추증되었고, 증손 휘 환명(煥明)은 이조 판서에 추증되었으니, 할아버지와 아버지 2대는 모두 가문을 이어서 아름다움을 계승하였다. 판서공이 평산 신씨(平山申氏) 사덕(思德)의 따님에게 장가드니, 단정하고 한결같고 고요하고 정숙해서 남편의 덕에 짝하여 어김이 없었다. 선생을 영가(永嘉 안동(安東))의 구담(九潭)에서 낳았다.

선생은 귀가 크고 코가 길며 피부는 옥설(玉雪)과 같이 희고 두 눈은 반짝반짝 빛났다. 기국과 도량이 의젓하고 진중하고 온윤(溫潤)하고 정순(精純)해서 타고난 자품이 도(道)에 가까웠다. 가정에서 물들어 일찍부터 자연스럽게 배움에 뜻을 두었는데, 사문(師門)에 나아가게 되자 대도(大道)의 요점을 참여하여 들었다.

그 학문은 책을 읽고 이치를 궁구하는 것을 우선으로 삼고 자기 몸에 돌이켜 실천하는 것을 근본으로 삼았는데, 경(敬)이 요점이 되었다. 《소학》과 《근사록(近思錄)》으로부터 사서(四書)에 미쳤고, 또 《심경(心經)》과 《성학집요(聖學輯要)》를 우익(羽翼)으로 삼았으며, 제자(諸子)와 외가(外家)[109]의 책은 모두 좋아하지 않았다.

새벽에 가묘(家廟)를 배알하고 물러나와 서실(書室)에 앉아서 공경하고 장엄하게 무릎을 꿇고 정신을 전일하게 하여 이치를 탐구하였다. 처음에는 차라리 얕을지언정 깊게 하지 말고 차라리 간략할지언정 자세히 하지 말자고 했었는데, 결국에는 마음과 정신이 절로 이해되는 경지에 이르렀다. 연령이 높았으나 〈태극도설(太極圖說)〉과 〈서명(西銘)〉, 《중용(中庸)》, 《대학(大學)》 등의 책을 취하여 아침저녁으로 외고, 주자(朱子)와 송자(宋子 송시열(宋時烈))의 문집인 《주자대전》과 《송자대전》을 필생의 과제로 삼아 일찍이 손에서 놓은 적이 없었다.

종일토록 바르게 앉아서 어깨와 등이 꼿꼿하였는데, 몸은 흩어진 모습을 하지 않고 입으로는 상스러운 말을 내지 않아서 신명(神明)을 대하듯이 조심하고 조심하였다. 예(禮)가 아닌 것을 눈과 귀에서 멀리하고 그윽한 곳이나 홀로 있을 때에 더욱더 경계하고 두려워하니, 본원(本原 마음)이 깨끗해져 큰 근본이 저절로 확립되었다.

행실을 깊게 수양하고 지식을 두터이 쌓게 되자, 나이가 많아질수록 덕이 더욱 높아져서 일상생활의 동정(動靜)이 저절로 법도에 맞았다. 겸손하고 공손하며 상서롭고 길하여 얼굴빛과 말소리를 조심하니, 내면에 충만해서 외면에 드러난 것이 순정(純正)하였다. 평소 간결하고 과묵하였으나 남을 대할 적에는 정성스럽고 친밀하여, 어진 사람과 불초한 사람을 막론하고 진실로 복종하지 않는 이가 없었다.

항상 어린 나이에 고아가 된 것을 지극한 애통으로 여겨서 할아버지 참판공을 정성을 다해 섬겨 뜻과 물건의 봉양을 모두 지극히 하니,

109 제자(諸子)와 외가(外家) : 제자는 제자백가(諸子百家)를 가리키고, 외가는 유가(儒家)의 육경(六經) 이외의 전기(傳記)나 잡설(雜說) 등을 이른다.

참판공은 늙도록 자식이 없음을 느끼지 못하였다. 신 부인(申夫人)은 이른 나이에 과부가 되었는데, 선생은 좌우에서 공순하게 받들어 되도록 어머니의 뜻에 알맞게 하였으며, 무릇 집안의 정사를 다스릴 적에는 반드시 어머니에게 여쭌 뒤에 행하였다.

일찍이 남의 곤궁함을 구휼하고자 하여 신 부인에게 상의하자, 신 부인이 있던 것을 다 털어서 베풀고자 하는 청을 따랐으니, 아들과 어머니가 각각 바른 의리를 얻음이 이와 같았다. 일찍이 외갓집에 갔다가 모친이 병환이 있다는 말을 듣고 빨리 돌아왔는데, 산길이 어두워 앞이 보이지 않았다. 이때 호랑이 한 마리가 앞에서 인도해서 날이 밝아올 때에 멈추니, 모두들 효성이 하늘을 감동시켜 이룬 것이라고 말하였다.

계씨(季氏)가 양자로 나갔다가 일찍 요절하고 후사가 없으니, 제수(弟嫂)가 의지할 곳 없는 외로운 몸이 되었다. 선생은 매번 이웃집에 나란히 살면서 집안일을 돌보아주었고, 사자(嗣子)를 세워서 제사를 끊이지 않게 하였다.

먼 선조를 추모하는 일에 더욱더 삼가서 변두(籩豆 제기(祭器))와 어물, 콩을 지극히 정결하게 마련하였고, 노년이 되어서도 살아계신 분을 모시는 것처럼 제사에 정성을 다하였다. 친소(親疏)의 구별 없이 종족(宗族)들을 정성껏 보살폈다. 매번 후진(後進)들을 경계하기를 "선조가 덕을 닦아서 저절로 형제간에 화목을 돈독히 하는 가풍을 물려주셨으니, 감히 선조의 그러한 마음을 마음으로 삼지 않을 수 있겠는가."라고 하셨다. 또 말씀하기를

"또 우리 송가(宋家)를 대족(大族)이라고 칭하는 것은 과거에 급제하고 벼슬을 한 것 때문이 아니라 선대의 행치(行治) 때문이다. 만약

명예와 행실을 갈고 닦지 않아서 가문의 명성을 무너뜨린다면, 비록 과거 급제자와 벼슬하는 자가 배출되더라도 우리 집안의 본색을 잃은 것이다."

라고 하였다.

규문에 질서가 엄숙하였으며, 적절한 방법으로 낮은 이와 어린이를 잘 보살피고 노비를 부리니, 윤리를 바르게 하고 은혜를 돈독히 하는 것 두 가지 모두 지극하였다고 이를 만하다.

출처(出處)의 대절(大節)에 더욱 엄격해서 처음 벼슬할 때부터 상경(上卿)[110]에 이르도록 제수하는 명이 이어지고 은혜로운 유시(諭示)가 거듭 이르렀다. 스승의 일을 신원(伸冤)할 적에 조정에서 반드시 공을 끝까지 초치(招致)하려고 하였으나, 공은 분수와 의리를 헤아려 시종일관 굳게 사양하고 말씀하기를 "당금(當今)의 세상에는 비록 맹자(孟子)와 같은 역량을 가진 자라도 시행하여 조처하기 어려움이 있으니, 내가 벼슬에 나아가지 않는 것은 다만 세상일에 익숙하지 않아서일 뿐만이 아니요, 우활하고 엉성함을 스스로 알기 때문이다."라고 하였다.

이 때문에 글을 올려서 면직(免職)을 청할 적에 일찍이 세상일을 언급한 적이 없고 오직 성학(聖學)의 성취만을 간곡히 아뢰었다. 자신을 숨기고 스스로 행실을 닦아서 성취한 덕을 드러내지 않았으나, 충분히 세상을 장려하고 풍습을 경계할 수 있었으니, 굳이 벼슬에 나아가서

110 상경(上卿) : 일반적으로 정1품과 종1품을 가리키는데, 송치규가 정2품의 정헌대부(正憲大夫)까지 올랐는바, 여기서는 내각의 각 장관이나 조정의 대신(大臣)을 가리킨다.

무슨 일을 한 뒤에야 국가에 보답할 수 있겠는가.

선비들을 지시하고 인도하는 것도 쇠퇴한 세상에 대한 고충(苦衷)에서 나온 것이나, 집지(執贄)를 허락하지 않고 말씀하기를 "이 예(禮)가 이름만 있고 실제가 없으니, 이름을 제거하고 실제를 보존하는 것이 옳다." 하였다. 또 말씀하기를 "명예를 좋아하는 것은 진실로 배우는 자들의 병폐이지만, 지금 세상에는 명예를 좋아하는 선비도 보기 어렵다. 진실로 능히 명예를 좋아한다면 또한 다소나마 몸을 검속(檢束)할 줄을 알아서 무너진 풍속을 바로잡을 수 있을 것이다."라고 하였다.

경학(經學)을 하는 생도와 학자들에게 재목(材木)에 맞는 가르침을 베풀었는데, 평소 말씀하기를

"선비는 기국이 작아서는 안 되니, 전지(田地 바탕 또는 경지(境地))를 개척하지 못하면 큰 임무를 받을 수가 없으니, 이는 주자(朱子)가 큰 뜻을 가진 중생을 보고 싶어 하신[111] 이유이다. 유악(柔惡)은 강악(剛惡)만 못하니,[112] 강악(剛惡)을 가지고 있는 자는 자신의 잘못을

111 주자(朱子)가……하신 : 원문의 '대심중생(大心衆生)'은 범어(梵語)로 '큰 뜻을 가진 중생'이라는 뜻의 'Bodhisattva'를 의역한 것인바, 이 내용은 《주자대전》 권32 〈답장경부(答張敬夫)〉에 보인다. 이것을 음역한 것이 '보리살타(菩提薩陀)' 또는 '보살(菩薩)'이다.

112 유악(柔惡)은 강악(剛惡)만 못하니 : 유악과 강악은 주돈이(周敦頤)의 《통서(通書)》 〈이성명(理性命)〉에 "강선(剛善), 강악(剛惡)이 있고, 유(柔) 또한 강유(柔善), 유악(柔惡)이 있으며, 중(中)이 있다.〔剛善、剛惡, 柔亦如之, 中焉止矣.〕"라고 보이는데, 이 내용은 《논어》 〈학이(學而)〉의 "말을 좋게 하고 얼굴빛을 좋게 하는 사람은 인한 자가 드물다.〔巧言令色, 鮮矣仁.〕"에 대한 운봉 호씨(雲峯胡氏 호병문(胡炳文))의 "위 장에서 말한 '윗사람을 범하기 좋아하는 자는 난을 일으킨다.'라는 것은 강악이고, 이 장에서 말한 '교언영색(巧言令色)'은 유악이니, 성현이 깊이 미워하셨다〔上章好犯上

깨달으면 혹 용맹하게 결단하는 바가 있지만 유약한 자는 비록 스스로 잘못을 알더라도 그럭저럭 세월을 보내고 허물을 고치는 것에 인색해서 하류(下流)로 끝난다."

하였으니, 이것은 바로 쇠한 세상을 염려한 뜻[113]이었다.

세상의 학자들이 일찍이 알고 실천하여 구하려 하지 않고 오로지 구이(口耳)의 학문[114]을 일삼는 것을 참으로 병통으로 여겼다. 호론(湖論)과 낙론(洛論)이 둘로 나뉘면서부터 피차가 서로 다투니, 심하면 눈썹을 치켜세우고 눈을 부릅떠서 곧 원수나 적(敵)과 같이 여겼다. 그러므로 일찍이 용이(容易)하게 함부로 말씀해 주지 않고 묻는 자가 있으면 그제야 말씀하기를 "이것은 초학자(初學者)에게 시급한 바가 아니니, 만일 진실한 마음으로 체인(體認)한다면 장차 마땅히 자득(自得)할 것이다."라고 하였다. 그러나 올바른 견해가 투철(透徹)해서 일

作亂, 是剛惡, 此是柔惡, 聖賢深惡焉.〕"라는 말을 원용한 것이다.

113 쇠한……뜻 : 《논어》 〈미자(微子)〉에 "주(周)나라에 여덟 선비가 있었으니, 백달(伯達)과 백괄(伯适)과 중돌(仲突)과 중홀(仲忽)과 숙야(叔夜)와 숙하(叔夏)와 계수(季隨)와 계와(季騧)이다.〔周有八士, 伯達、伯适、仲突、仲忽、叔夜、叔夏、季隨、季騧.〕"라고 하였는데, 이에 대해 《논어집주(論語集註)》에 "이 편은 공자께서 삼인(三仁)과 일민(逸民)·사지(師摯)·팔사(八士)에 대해서 이미 모두 칭찬하시고 차례대로 품평하셨으며, 접여(接輿)·저닉(沮溺)·장인(丈人)에 대해서도 또 매양 연연히 접하여 인도해 주려는 뜻이 있으셨으니, 모두 쇠미한 세상을 근심하는 뜻이다. 그 느끼신 바가 깊다.〔皆衰世之志也. 斯所感者深矣.〕"라고 한 데서 온 말이다.

114 구이(口耳)의 학문 : 마음속에 깊이 체인(體認)하지 않고, 그저 귀로 들은 것을 입으로 말하는 소인의 천박한 학문을 가리키는바, 《순자(荀子)》 〈권학편(勸學篇)〉의 "소인의 학문은 귀로 들어와 입으로 나간다. 입과 귀의 사이는 4치밖에 안되니, 어떻게 7척의 몸을 아름답게 할 수 있겠는가.〔小人之學也, 入乎耳, 出乎口. 口耳之間則四寸耳, 曷足以美七尺之軀哉?〕"라는 구절에서 연유하였다.

언지하(一言之下)에 옳고 그름을 타파하였다.

이기(理氣)를 논할 적에 말씀하기를

"이(理)는 기(氣)의 주재(主宰)이고 기는 이가 타는 것이다. 기가 처음 생겨난 이유를 근원해보면 비록 진실로 이가 있어서였으나, 이가 비로소 성립하는 바를 논하면 또한 반드시 기에 달려있는 것이다. 선후(先後)가 있으나 실제로 선후가 없고, 이합(離合)이 있으나 실로 이합이 없어서 하나이면서 둘이고 둘이면서 하나인 것이다."

라고 하였다.

사람과 물건의 성(性)을 논하면 이(理)는 같고 기(氣)가 다름을 주장하여 말씀하기를

"기질(氣質)은 다만 사람과 물건이 똑같지 않을 뿐만 아니라 사람마다 똑같지 않고 물건 또한 각기 똑같지 않으며, 본연(本然)은 한갓 사람마다 다 똑같을 뿐만 아니라 물건 또한 사람과 다름이 없으니, 이것이 근본은 하나이나 만 가지로 다르고, 만 가지로 다르나 근본은 하나인 이유이다."

라고 하였다. 그리고 마음의 체(體)를 논할 적에 말씀하기를

"마음의 기(氣)는 성(性)을 상대해서 칭한 것이다. 기의 정상(精爽)은 기질에 국한되지 않아서 방촌(方寸 마음) 가운데 이(理)도 선하고 기(氣) 또한 선하니, 여기에다 '악(惡)'자를 놓을 수 없는 것이다. 만약 본심에 악이 있다고 말한다면 이른바 '처음을 회복한다'는 것은 다만 악을 회복할 뿐이니, 학문이 무슨 필요가 있겠는가. 만약 명덕(明德)을 가지고 '분수(分數 사람에 따른 차별)가 있다.'고 말한다면[115]

115 명덕(明德)을……말한다면 : 남당(南塘) 한원진(韓元震) 등 인물성이(人物性

맹자가 어찌하여 '사람은 누구나 다 요순(堯舜)이 될 수 있다.'라고 하셨겠는가."[116]

라고 하였다.

일찍이 시(詩)를 짓기를 "기(氣)를 받을 때 이(理) 또한 겸하였으니, 어찌 일찍이 하늘의 뜻이 크고 작음을 구별하였겠는가. 모름지기 이(理)는 통하고 기(氣)는 국한된다는 분명한 가르침을 보아야 하니, 저것은 진실로 이지러짐이 없고 이것은 더할 것이 없네.〔稟得氣時理亦兼, 何嘗天意別洪纖? 須看通局分明訓, 彼固無虧此不添.〕"[117]라고 하

異)를 주장하는 호론(湖論)에서 거울과 철(鐵)을 비유로 들어 성인(聖人)과 범인(凡人) 사이에 마음의 본체인 명덕이 차이가 있다고 주장한 명덕분수(明德分數)의 설을 가리킨다. 즉 거울은 철로 만드는데, 철의 좋고 나쁨에 따라 거울의 밝기도 차이가 나는 것처럼 기질의 차이에 따라 허령한 명덕 역시 차이가 난다는 것이다.

116 맹자가……하셨겠는가 : 이 내용은 《맹자》 〈고자 하(告子下)〉에 "사람이면 모두가 요순처럼 될 수 있습니까?〔人皆可以爲堯舜有諸?〕"라는 조교(曹交)의 질문에 맹자가 그렇다고 대답한 것과 〈등문공 상(滕文公上)〉에 "순은 어떤 사람이며, 나는 어떤 사람인가. 본받아서 행하기만 하면 또한 그와 같이 될 수 있다.〔舜, 何人也? 予, 何人也? 有爲者亦若是.〕"라는 안연(顔淵)의 말씀을 가지고 말한 것이다.

117 기(氣)를……없네 : 이 시는 《강재집(剛齋集)》 권1 〈여범여야화호운(與范汝夜話呼韻)〉에 보이고, 시의 내용 중에 '이(理)는 통하고 기(氣)는 국한된다'는 것은 율곡(栗谷) 이이(李珥)가 우계(牛溪) 성혼(成渾)에게 답한 편지인 〈답성호원(答成浩原)〉에 보이는데, 다음과 같이 말하였다. "이(理)와 기(氣)는 원래 서로 떨어지지 않아서 하나의 물건인 것 같으나 다르게 되는 까닭은 이(理)는 무형(無形)이고 기(氣)는 유형(有形)이며 이(理)는 무위(無爲)이고 기(氣)는 유위(有爲)이기 때문이다. 무형과 무위이면서 유형과 유위의 주(主)가 되는 것은 이(理)이고, 유형과 유위이면서 무형과 무위의 기(器)가 되는 것은 기(氣)이다. 이(理)는 무형이고 기(氣)는 유형이므로 이(理)는 통하고 기(氣)는 국한되는 것이며, 이(理)는 무위이고 기(氣)는 유위이므로 기(氣)가 발하면 이(理)가 타는 것이다.〔理氣元不相離, 似是一物, 而其所以異者, 理無

였다.

또 시를 짓기를 "어리석음은 진실로 기(氣)에 달려 있는 것이니, 악이 어찌 마음에 뿌리를 두었겠는가. 부여받은 것은 사람과 물건이 똑같고 편벽되고 온전한 것은 막힘과 열림이 다르다.〔愚誠在氣耳, 惡豈根心哉? 賦與同人物, 偏全異塞開.〕"[118]라고 하였다. 여기에서 성리설(性理說)의 바름을 볼 수 있으니, 어찌 눈과 귀로만 동냥하여 팔아먹는 세상 학자들이 미칠 바이겠는가.

의논을 세울 적에는 되도록 화평을 주장하였으나, 선(善)과 이익은 일도양단(一刀兩斷)하듯 분별하였다. 일찍이 말씀하기를 "현석(玄石)이 세도(世道)의 폐해가 됨은 이윤(尼尹)보다 더 심하고[119] 이광좌(李

形也, 氣有形也; 理無爲也, 氣有爲也. 無形無爲而爲有形有爲之主者, 理也; 有形有爲而爲無形無爲之器者, 氣也. 理無形而氣有形, 故理通而氣局; 理無爲而氣有爲, 故氣發而理乘.〕"《栗谷全書 卷10》

118 어리석음은……다르다 : 이 시는 《강재집(剛齋集)》 권1 〈차재종숙김산공운(次再從叔金山公韻)〉에 보인다.

119 현석(玄石)이……심하고 : 현석은 박세채(朴世采, 1631~1695)의 호이고 이윤(尼尹)은 이구산(尼丘山)이 있는 충청도 노성(魯城)에 거주한 윤증(尹拯, 1629~1714)을 가리킨다. '현석이 세도의 폐해가 됨'은 박세채가 붕당의 폐해가 크다고 하여 붕당을 타파해야 한다고 주장한 것을 이르는바, 스승 송시열을 배반한 윤증보다 이러한 박세채가 더 나쁘다는 말이다. 송나라 구양수(歐陽脩)는 〈붕당론(朋黨論)〉을 지어 붕당 자체가 나쁜 것이 아니라 붕당을 이룬 사람들이 군자(君子)냐 소인(小人)이냐가 더 중요하다고 하였고, 주자(朱子)는 승상(丞相)이었던 유정(留正)에게 군자와 소인을 판연하게 구분하여 군자를 등용하고 소인을 축출하는 것을 자신의 임무로 삼고, 스스로 군자의 당이 되는 것을 꺼려해서는 안 된다고 권면하였는바, 군자의 당으로 자처하는 노론 측에서는 이에 의거하여 이익에 따라 이합집산하는 소론이 붕당을 타파해야 한다고 주장하는 것을 가장 나쁘게 본 것이다. 《宋史 卷319 歐陽脩列傳》《朱子全

光佐)의 흉악함은 사흉(四凶)보다 더하다."[120]라고 하였다.

매번 국세(國勢)가 외롭고 위태로우며 민생이 몹시 곤궁한 것을 염려해서 크게 근심하고 길이 탄식하여 벽을 맴돌면서 잠을 이루지 못하였다. 충군애국(忠君愛國)의 일념(一念)이 찬연(燦然)한 단심(丹心)과 같아서 자기 몸이 초야에 있음을 알지 못하였다.

집이 가난하여 여러 번 끼니를 굶었으나 태연히 대처하였으며, 사양하고 받는 것을 엄격히 해서 만일 의리에 합당한 것이 아니면 지푸라기 하나라도 취하지 않았다. 아드님에게 전성(專城)의 봉양[121]을 받게 되

書 卷28 與留丞相書》

《숙종실록(肅宗實錄)》을 살펴보면, 숙종 9년(1683) 2월 4일에 박세채가 붕당을 타파할 것을 청하는 상소를 올린 일로 시작하여 이러한 내용의 상소와 차자를 계속해서 올렸고, 특히 숙종 20년(1694) 7월 20일에는 숙종이 박세채로 하여금 붕당을 경계하는 교서(敎書)를 짓게 하고서 반포한 내용이 보인다. 윤증은 자신의 아버지인 윤선거(尹宣擧)의 묘갈명(墓碣銘)을 송시열(宋時烈)에게 부탁했는데, 송시열이 박세채가 지은 행장(行狀)을 그대로 인용하고 야유하는 뜻을 내비치자 이에 불만을 품고 스승 송시열과의 관계를 끊었다. 이 두 사람은 모두 당초에 송시열・송준길(宋浚吉) 등 서인들과 학문적 교류를 갖고 예송(禮訟)에서도 서인의 의견을 지지하였으나, 1683년 서인이 노・소론 분리되자 함께 소론의 영수가 되었다.

120 이광좌(李光佐)의……더하다 : 이광좌(1674~1740)와 사흉(四凶)은 모두 소론 인물들로 영조 1년인 1725년 을사년에 소론이 축출되고 노론이 국정을 장악했을 때 노론의 이기진(李箕鎭)이 홍문관 교리에 제수되어 소론을 탄핵하며 오적(五賊)으로 지목하였는바, 이 가운데 유봉휘(柳鳳輝), 조태억(趙泰億), 조태구(趙泰耇), 최석항(崔錫恒)이 사흉이다. 이광좌는 1728년에 정미환국으로 소론정권이 다시 등장하게 되자 영의정에 올랐고, 1730년에 소론의 거두가 되어 주도적으로 영조에게 탕평책을 상소하여 당쟁의 폐습을 막도록 건의하였으며, 왕의 간곡한 부탁으로 노론의 민진원(閔鎭遠)과 제휴, 노론과 소론의 연립 정권을 수립하여 재임기간에는 비교적 격심한 당쟁이 없도록 하는 데 힘썼는바, 이 때문에 사흉보다 더하다고 한 것이다.

자 군주의 은혜에 우러러 감격하고 스스로 감당하지 못할 것처럼 두려워하였으며, 아드님에게 지성으로 은혜에 보답할 것을 도모하라고 권면하였다.

사람들에게 경례(經禮)에 대한 질문에 답할 적에는 반드시 깊이 생각하고 미루어 연구하여 요지를 끝까지 궁구하고서 주밀(周密)하고 신중하게 알려주었는데, 행여 자신을 그르치고 남을 그르칠까 염려하였다. 평소 문장을 좋아하지 않아서 절대로 쓸데없는 글을 짓지 않았는데, 몇 편의 원고가 집에 보관되어있다.

배위(配位)인 정부인(貞夫人) 김씨(金氏)는 부친이 양화(亮和)이니, 사계(沙溪 김장생(金長生)) 선생의 후손이다. 얌전하고 조용하고 정숙하고 명철하였으며, 효도와 공경을 돈독히 겸비하여 시집와서 40년 동안 어려움과 곤궁함을 다 겪었지만, 손님 접대와 제사에 정성을 다하여 빠뜨린 바가 없었다. 선생이 곤궁함을 굳게 지키고 검약함을 지켜서 순수한 덕에 이를 수 있었던 것은 내조에서 얻은 것이 많았다.

계자(系子) 흠성(欽成)은 전(前) 군수(郡守)이고, 세 딸은 김유연(金裕淵), 김기형(金基馨), 권중건(權中建)에게 출가하였다. 군수의 아들은 후수(後洙), 복수(復洙)이고, 사위는 김병우(金炳禹), 조병익(趙炳翼), 김후균(金厚均)이다. 큰 사위의 아들은 만수(萬秀), 복수(福秀)이고, 둘째 사위의 여서(女壻)는 이원일(李源一)이다.

아! 우리 동방의 학문이 율곡(栗谷 이이(李珥))과 사계(沙溪), 우암(尤菴 송시열(宋時烈)) 세 선생에 이르러 처음으로 황폐하고 누추한 것을

121 전성(專城)의 봉양 : 전성은 성읍(城邑)을 맡아 다스린다는 뜻으로, 수령이 되어 부모를 봉양함을 이른다.

개혁하여 체(體)에 밝고 용(用)에 적당하였으니, 비유하면 문왕(文王)이 기주(岐州)를 다스리고 주공(周公)이 예(禮)를 만든 것[122]과 같아서 사문(斯文)의 적종(嫡宗 적통)이 되었다.

선생은 선대(先代)의 후광을 배태(胚胎)하고 능히 정통을 이어서 어린 나이에 도를 구하여 의귀할 바를 얻었다. 그리하여 충신(忠信)을 근본으로 삼고 정성과 독실로써 실천하며, 즐겁게 완미(翫味)하여 깊이 융회(融會)하는 경지에 이르고 마음을 보존하고 길러서 깊고 치밀한 경지에 이르렀다. 박문약례(博文約禮)의 공부가 혼연(渾然)히 모아져 공업(功業)과 뜻이 충만해지는 것이 바로 선생이 처음에 목표한 것이었는데, 하늘이 대질(大耋)[123]의 나이를 빌려 주어 능히 그 소원을 이루어서 우뚝하게 세 조정의 빈사(賓師)와 한 나라의 원로(元老)가 되었으니, 어찌 바른 덕의 증표가 자연히 그러하여 그렇게 된 것이 아니겠는가.

학문한 법도는 세 선생이 이루어 놓은 법을 삼가 지켜서 평이하고 명백하고 친절하고 분명하였고, 문로(門路)가 참되고 올발라 가학(家學)을 따라 낙건(洛建)[124]을 소급하였다. 그리하여 백세(百世)를 전하

122 문왕(文王)이……것 : '문왕이 기주(岐周)를 다스린 것'은 문왕이 기주를 다스릴 때 사민(四民), 즉 홀아비, 과부, 무의탁자, 고아 등 불우한 백성에게 인정(仁政)을 베푸는 정사를 가장 우선하였던 것을 말한다.《孟子 梁惠王下》'주공(周公)이 예(禮)를 만든 것'은 주공이 어린 성왕(成王)을 도와 섭정(攝政)하면서 예악(禮樂)을 제정한 것을 말한다.《禮記 明堂位》

123 대질(大耋) : 해가 기울듯 인생이 얼마 남지 않은 노년기를 이르는 말로 흔히 80세를 이른다.《주역》〈이괘(離卦) 구삼(九三)〉에 "서산에 해가 기우는 형상이니, 질장구 치고 노래 부르지 않는다면 이는 노년을 한탄함이니, 흉하도다.〔日昃之離, 不鼓缶而歌, 則大耋之嗟, 凶.〕"라고 한 데서 온 말이다.

여도 병폐가 없었으니, 아! 아름답다.

내가 일찍이 형강(荊江)[125]을 건널 적에 선생을 길가에서 만나니, 거의 맹만년(孟萬年)의 고사(故事)[126]와 같아서 멀리서 바라보기만 하고 미처 대면하지 못하였다. 그러다가 뒤에 전촌(荃村)에서 배알하였는데, 화순(和順)함이 몸에 온축되어 영화(榮華 덕스러운 모습)가 얼굴과 등에 가득 드러난 모습을 보았다.

선생은 단정히 공수(拱手)하고 무릎 꿇고 앉았는데, 소상(塑像)과 같이 엄숙하여 백원(白原)이 옷깃을 정돈하여 수양한 기상이 있었다.[127] 터득함이 깊고 기른 것이 두터워 도가 밝고 덕이 확립된 것을 여기에서 징험할 수 있었으니, 반백 년이 지난 지금까지도 여전히 남은

124 낙건(洛建) : 정자(程子)와 주자(朱子), 또는 그들의 학문인 정주학(程朱學)을 말한 것으로, 정호(程顥)와 정이(程頤)는 낙양(洛陽)에서, 주자는 복건(福建)에서 살며 강학하였으므로 이렇게 일컬은 것이다.

125 형강(荊江) : 문의(文義)의 남쪽 회덕(懷德)의 북쪽에 위치하여 동에서 서쪽으로 흐르는 금강(錦江)의 상류이다.

126 맹만년(孟萬年)의 고사(故事) : 동진(東晉) 시대 명사(名士)인 맹가(孟嘉)가 상가에 조문하러 가다가 영흥현(永興縣)을 지날 적에 당시의 명사인 허순(許詢)과 우연히 만났으나 미처 대면하지는 못했는데, 조문을 마치고 돌아온 뒤에 찾아보고서 교분을 맺은 고사를 이른다. 만년(萬年)은 맹가의 자이다.《陶淵明集 卷5 晉故西征大將軍長史孟府君傳》

127 백원(白原)이……있었다 : 백원은 송(宋)나라 소옹(邵雍)의 호로, 송치규의 흐트러짐 없는 꼿꼿한 기상을 소옹이 옷깃을 가지런하게 여미고 수양하였던 것에 빗댄 것으로 보이는데, 관련 고사는 자세하지 않다. 소옹이 수양을 철저하게 했던 대표적인 고사로는, 그가 젊었을 때 백원산(百原山)에 은거하여 독서하며 성정(性情)을 수양할 때, 겨울에 화롯불도 피우지 않고 여름에 부채질도 하지 않고 밤에도 잠자리에 들지 않은 것이 3년이나 되었다는 일화가 있다.《人譜類記 卷上 考旋篇》

향기가 나에게 엄습함을 느낀다.

아드님은 내가 선생을 보고 감동함이 있다고 해서 한마디 말로 묘지(墓誌)를 지어줄 것을 요구하였다. 나는 늦게 태어나고 식견이 적으며 늙고 병들어서 곧 죽게 되었으니, 어찌 감히 묘지를 지을 수 있는 범위(範圍)에 들기를 함부로 기대하겠는가.

또 선생의 조예가 지극한 바를 말한다면 자연히 후세의 요부(堯夫)가 있을 것이니,[128] 내가 어찌 감히 기술할 수가 있겠는가. 대략 내가 기뻐하고 복종한 것을 뽑아 서술하고서 명문(銘文)을 이어붙이니, 명문은 다음과 같다.

진실로 문채 나는 문정공은	允文文正
우리 동방의 고정이시네[129]	我東考亭
백세의 스승이 되어서	爲百世師
여러 유자들을 집대성하였네	集群儒成

128 후세의……것이니 : 요부(堯夫)는 송나라 학자 소옹(邵雍, 1011~1077)의 자로, 소옹이 자신의 저술에 대해 자부하여서 당시의 사람들이 몰라주더라도 후세에 자기와 같은 사람이 나오게 되면 반드시 알아줄 것이라고 한 말을 원용하여, 후대에 송치규와 같은 분이 나와서 송치규를 알아주게 될 것이라고 말한 것이다. 소옹은 《황극경세서(皇極經世書)》를 짓고서 책 겉면에 "이 글을 요부에게 올린다.〔文字上呈堯夫.〕"라고 쓴 바 있다. 《朱子語類 卷53 孟子三 公孫丑中》

129 진실로……고정이시네 : 문정(文正)은 송치규의 6대조인 우암 송시열의 시호이고, 고정(考亭)은 주자(朱子)의 별호이다. 주자는 유가 경전을 연구하여 주석으로 집대성하였으며 평생 성인(聖人)이 되는 것을 목표로 학문한 인물이고, 송시열은 《주자대전(朱子大全)》을 연구하여 주석으로 집대성하였고 역시 성인이 되는 것을 목표로 학문한 인물이므로 송시열을 동방의 주자라고 칭한 것이다.

선생보다 도가 더 큰 사람이 없고	道莫與大
선생과 더불어 공을 다툴 자가 없네	功莫與京
직 자의 참된 가르침[130]으로	直字眞訣
가정에 넉넉함을 드리우셨네	垂裕家庭
덕이 후하여 광채가 흘러서	德厚流光
정기가 모여 선생이 탄생하였네	鍾毓先生
자질은 지초와 난초와 같고	芝蘭其姿
정신은 금과 옥과 같았네	金玉其精
효도하고 우애함이	惟孝惟友
백행의 근본이 되었네	源本百行
먼저 그 큰 것을 세우니	先立其大
신을 밝히고 성을 주장함이었네	明信主誠
일찍 용맹하게 정진함에 뜻을 두어	夙志勇往
조종으로 받들고 법도를 드러내었네[131]	祖述憲章

130 직(直) 자의……가르침 : 《송자대전》 부록 권11 〈연보(年譜)〉를 살펴보면 송시열이 유배 갔을 때 증손자에게 써 준 '직(直)' 자를 가리킨다. 송시열이 83세가 되는 1689년에 제주(濟州)로 유배를 갔다. 이해 3월 기사에 "선생은 이미 권상하(權尙夏)에게 후사(後事)를 부탁하였고 또 자손을 훈계하는 데 간곡하고 자상하지 않음이 없었다. 이때 회석(晦錫 송시열의 손자)의 고자(孤子)가 그 외조(外祖) 이단하(李端夏)의 집에서 자라고 있었는데, 선생은 그를 잊지 못하였다. 이에 이공(李公) 에게 편지를 보내어 주자의 '벽립만인(壁立萬仞)'과 '직지일자(直之一字)'로 간곡히 자신의 뜻을 전하고, 이러한 뜻을 회석의 고자에게 가르쳐 주기를 부탁하였다."라고 한 내용이 보이는데, 이를 가리킨다.

131 조종(祖宗)으로……드러내었네 : 이 내용은 《중용장구》 제30장에 "공자는 멀리 요 임금과 순 임금을 조종(祖宗)으로 받들어 높이고, 가까이로는 문왕(文王)과 무왕(武

자나 깨나 생각하니 寤寐思服
강한과 갱장[132]이었네 江漢羹墻
부지런히 힘쓰고 힘쓰니 矻矻孶孶
앞뒤로 예서와 경서가 있었네 後禮先經
성실하고 조심하니 肫肫翼翼
좌우로 수평기와 먹줄이 있는 듯하였네 左準右繩
진실을 쌓고 오래도록 힘쓰니 眞積力久
영원히 그 완성을 보았네 永觀厥成
마음을 공정하게 잡음은 秉心之公
빈 거울 평평한 저울대였고 鑑空衡平
이치를 진실하게 봄은 見理之眞
거북점을 치고 촛불로 비추는 것 같았네 龜卜燭明
덧입은 홑옷 속의 비단 옷이 날로 드러나니[133] 日章錦褧

王)의 법도를 드러내 밝혔다.〔仲尼祖述堯舜, 憲章文武.〕"라고 하였는데, 그 주에 "조술은 멀리 그 도를 높이는 것이요, 헌장은 가까이 그 법을 지키는 것이다.〔祖述者, 遠宗其道; 憲章者, 近守其法.〕"라고 한 것을 원용하였다.

132 강한(江漢)과 갱장(羹墻) : 돌아가신 스승이나 옛 성현을 우러러 사모하는 마음을 뜻한다. '강한'은 공자가 죽은 뒤에 제자들이 유약(有若)의 모습이 공자와 비슷하다고 하여 공자를 섬기던 예로 그를 섬기려고 하자, 증자(曾子)가 이를 반대하면서, "공자께서는 강한으로 씻는 것과 같으며, 가을볕으로 쪼이는 것과 같아서 깨끗하여 더할 수 없다."라고 한 데서 온 말이다. 《孟子 滕文公上》 '갱장'은 옛날 요 임금이 붕어한 뒤에 순 임금이 3년 동안 요 임금을 앙모한 나머지, 앉아 있으면 요 임금이 담장〔牆〕에서 보이고, 밥을 먹을 때면 요 임금이 국〔羹〕에서 보였다고 한 데서 온 말이다. 《後漢書 卷63 李固列傳》

133 홑옷……드러나니 : 덕이 드러나지 않도록 감추었음에도 불구하고 날로 드러났

하늘에서 학의 소리를 들었네[134] 天聞鶴聲
붉은 봉황새가 조서를 물고 왔으나[135] 丹鳳銜詔
흰 구름 속에서 문을 꽉 잠갔네[136] 白雲鎖扃
참된 즐거움을 자득하였고 囂囂眞樂
고결한 절개를 편안히 여겼네 坦坦幽貞
어찌 너무 심하게 하고자 하였겠는가 詎欲已甚
몸과 세상 두 가지 다 잊었기 때문이네 身世兩忘
때를 헤아리고 자신을 헤아려서 量時量己
생을 마치도록 자신을 선하게 하였네 畢生自臧
절개가 확고하여 돌과 같았으니 確乎介石

다는 말이다. 《시경》 〈위풍(衛風) 석인(碩人)〉에 장강(莊姜)을 찬미하여 "석인이 키가 헌칠한데, 비단옷을 입고 홑옷을 덧입었도다.〔碩人其頎, 衣錦褧衣.〕"라고 하였는데, 《집전(集傳)》에 "비단옷을 입고 홑옷을 덧입는 것은 그 문채가 너무 드러나지 않게 하기 위해서이다.〔錦衣而加褧焉, 爲其文之太著也.〕"라고 한 데서 원용한 것이다.

134 하늘에서……들었네 : 이 내용은 《시경》 〈학명(鶴鳴)〉의 "학이 깊은 웅덩이에서 울면 그 소리가 하늘에까지 들린다.〔鶴鳴于九皐, 聲聞于天.〕"라는 구절을 원용한 것으로, '학이 깊은 웅덩이에서 울어 그 소리를 하늘이 들음'은 선비가 학문과 덕행을 초야에서 쌓아 그 명성을 임금이 들었음을 비유한다.

135 붉은……왔으나 : 임금의 조서(詔書)가 내려진 것을 이른다. 후조(後趙)의 임금 석호(石虎)가 일찍이 오색(五色) 종이에 조서를 써서 나무로 조각한 붉은 봉황의 입에 물려 천하에 반포하게 했던 데서 온 말이다. 이에 연유하여 단봉조(丹鳳詔), 오색조(五色詔) 등의 별칭이 있게 되었다. 《晉書 卷106 石季龍載記上》

136 흰……잠갔네 : 흰 구름은 은거지를 비유하는바, 송치규가 은거지에서 임금이 부르는 조서에 응하지 않았다는 말이다. 진(晉)나라 좌사(左思)의 〈은자를 부르다〔招隱〕〉 시의 "그늘진 언덕에 흰 구름 머물고 양지바른 숲에 붉은 꽃 빛나네.〔白雲停陰岡, 丹葩曜陽林.〕"에서 연유하였다.

평소 행실이 더욱 강하였네	素履彌剛
변하지도 않고 이루려고도 하지 않아[137]	不易不成
공용이 절로 드러났네	功用自彰
낭봉[138]하여 충언을 바칠 적에	囊封獻忠
해바라기[139]가 태양을 바라듯이 하였네	葵藿傾陽
도를 호위하고 스승을 위해 신원하니	衛道伸師
세상의 교화도 함께 영화로웠네	世敎與榮
사문의 명망이	斯文之望
태산과 형산[140]보다 더 중하였네	重於岱衡

137 변하지도……않아 : 은둔한 자가 세상에 따라 지조를 변하지도 않고 명성을 이루려고도 하지 않는다는 말로, 《주역》 〈건괘(乾卦) 문언(文言)〉의 "초구에서 '잠겨 있는 용이니 쓰지 말라.'고 한 것은 무슨 말인가? 공자(孔子)가 말씀하기를 '이는 용의 덕을 가지고 은둔한 자이니, 세상에 따라 지조를 변하지도 않으며 명성을 이루려고도 하지 않아, 세상에 은둔하되 근심하지 않으며 남들로부터 인정을 받지 못하여도 근심하지 않는다. 좋은 세상을 만나면 나가서 도(道)를 행하고 좋지 않은 세상을 만나면 은둔하여 자신의 뜻을 확고히 지키는 것이 잠겨 있는 용이다.' 하였다.〔初九曰: 潛龍勿用, 何謂也? 子曰: 龍德而隱者也, 不易乎世, 不成乎名, 遯世无悶, 不見是而无悶. 樂則行之, 憂則違之, 確乎其不可拔, 潛龍也.〕"라는 데서 온 말이다.

138 낭봉(囊封) : 봉사(封事)와 같은 말로, 임금에게 상소문을 올릴 적에 누설되지 않도록 하기 위해 밀봉하는 것을 이른다.

139 해바라기 : 항상 태양을 향하기 때문에 임금을 향한 신하의 일편단심을 비유하는 말로 쓰인다. 《삼국지(三國志)》 권19 〈위서(魏書) 진사왕식전(陳思王植傳)〉에 "태양이 방향을 돌려 비춰 주지 않더라도 태양을 향하는 것은 해바라기의 정성이다.〔太陽雖不爲之回光, 然向之者誠也.〕"라고 보인다.

140 태산(泰山)과 형산(衡山) : 원문의 '대(岱)'는 태산의 별칭인 대종(岱宗)을 칭하는바, 중국에서 제일 중하게 여기는 오악(五岳) 가운데 동악(東岳)인 태산, 남악(南岳)인 형산을 가리킨다. 이 중에 태산은 예부터 중국 사람들이 오악 가운데 으뜸으로 쳤으

사문의 기강이 되니	之綱之紀
준걸스러운 선비들이 본받았네	髦士是型
흰색으로 꾸며 허물이 없으니[141]	白賁無咎
행한 것을 보고서 상서로움을 상고하네[142]	視履考祥
훌륭한 명성에 달존[143]을 겸했으니	令聞達尊
영원한 세상에 크게 빛나리라	永世耿光
옥주[144]의 산	沃州之山
도끼와 같은 무덤에	若斧其塋
울창한 나무가 있는데	鬱鬱拱木

며, 황제들은 이곳에서 봉선(封禪)의 의식을 올렸다.

141 흰색으로……없으니 : 이 내용은 《주역》 〈비괘(賁卦) 상구(上九)〉에 "꾸밈을 희게 하면 허물이 없으리라.〔白賁无咎.〕"고 보이는데, 정이(程頤)의 《역전(易傳)》에 "백(白)은 흰이니, 질소(質素)를 숭상하면 그 본질을 잃지 않는다. 이른바 '질소를 숭상한다.'라고 한 것은 꾸밈이 없는 것이 아니고, 화려함이 실질을 없애지 않게 할 뿐이다.〔白, 素也. 尙質素, 則不失其本眞. 所謂尙質素者, 非无飾也, 不使華沒實耳.〕"라고 풀이하였다.

142 행한……상고하네 : 이 내용은 《주역》 〈이괘(履卦) 상구(上九)〉의 "행실을 보아서 선악과 화복의 조짐을 살피되, 완벽하게 하면 크게 선(善)하고 길하리라.〔視履, 考祥, 其旋, 元吉.〕"는 말에서 온 것이다.

143 달존(達尊) : 사람들이 공통적으로 높이는 삼달존(三達尊)을 가리키는바, 관작〔爵〕, 연치〔齒〕, 덕망(德望)이다. 《맹자》 〈공손추 하(公孫丑下)〉에 "천하에 공통으로 높이는 것이 세 가지가 있으니, 관작이 하나요 연치가 하나요 덕망이 하나이다. 조정에서는 관작보다 더 높은 것이 없고, 거주하는 지방에서는 연치보다 더 높은 것이 없고, 세상을 돕고 백성을 다스림에는 덕망보다 더 높은 것이 없다.〔天下有達尊三, 爵一, 齒一, 德一. 朝廷莫如爵, 鄕黨莫如齒, 輔世長民莫如德.〕"라고 보인다.

144 옥주(沃州) : 지금의 충청북도 옥천(沃川)으로, 우암 송시열 역시 이곳의 구룡(九龍) 마을에서 출생하였다.

혁혁한 영령이 모셔져 있네	赫赫英靈
내가 가장 뛰어난 것으로 명문을 지어	我銘厥最
천세에 밝게 보이노라	遙昭千齡

경주 부윤 박공 묘지명 병서○신해년[145]

慶州府尹朴公墓誌銘 幷序○辛亥

금석(錦石) 박 충헌공(朴忠獻公)[146]에게 휘가 호수(鎬壽)라는 손자가 있었으니, 효도하고 공경하고 마음이 편안하고 깨끗해서 법도 있는 가문의 정직한 선비가 되기에 부족함이 없었다. 애석하게도 음직(蔭職)으로 발신(發身)해서 그릇에 맞는 직임에 크게 쓰이지 못하고, 오직 치적(治績)이 으뜸이라고 일컬어졌으니, 식자들이 대부분 이를 두고 공에 대한 적절한 처우가 아니라고 하였다.

아! 지금 공의 묘에 풀이 이미 몇 해 묵었는데, 사자(嗣子)인 제관(齊寬)이 공의 태석인(太碩人)[147]의 명령으로 직접 불녕(不佞)에게 묘지명을 부탁하였다. 아! 한문공(韓文公)이 마소감(馬少監)의 명문에서 오랫동안 자신이 죽지 않아서 남의 3대가 죽는 것을 보았다고 탄식한

145 신해년 : 1851년(철종2)으로, 매산의 나이 76세 되던 해이다.

146 금석(錦石) 박 충헌공(朴忠獻公) : 금석은 박준원(朴準源, 1739~1807)의 호이고, 충헌은 그의 시호로, 자는 평숙(平叔), 본관은 반남(潘南)이고, 근재(近齋) 박윤원(朴胤源)의 아우이다. 1786년(정조10) 사마시에 합격하고, 그 이듬해에 셋째 딸이 수빈(綏嬪)에 봉해지자, 건원릉 참봉(健元陵參奉)을 거쳐 사복시 주부(司僕寺主簿)·공조 좌랑·보은 현감이 되었다. 1790년에 수빈이 원자(元子)를 낳자 호산(護産)의 노고로 통정대부(通政大夫)에 올라 호조 참의에 임명되었고, 1800년에 순조가 즉위하자 수렴청정을 하던 정순왕후(貞純王后)에 의하여 호조·형조·공조의 판서와 금위대장(禁衛大將) 등 삼영(三營)의 병권(兵權)을 잡게 되었다. 영의정에 추증되었다.

147 태석인(太碩人) : 석인은 부인(婦人)들에게 내리는 작위(爵位)인데, 여기서는 남의 어머니를 높이는 칭호이다.

것[148]은 아마도 나와 동감일 것이다.

공은 자가 미경(美京)이고, 반남 박씨(潘南朴氏)이니, 고려 말의 순신(純臣)인 문정공(文正公) 휘 상충(尙衷)을 시조로 삼는다. 여러 번 전하여 야천(冶川) 문강공(文康公) 휘 소(紹)에 이르러 세상의 유명한 학자가 되었다. 고조는 이조 판서에 추증된 휘 필리(弼履)이고, 증조는 공주 판관(公州判官)으로 좌찬성에 추증된 휘 사석(師錫)이니, 행실을 가다듬고 지조를 힘써서 몸을 드러내지 않았다.

우리 근재(近齋 박윤원(朴胤源)) 선생과 금석(錦石) 충헌공(忠獻公) 휘 준원(準源) 형제에 이르러, 한 분은 도학으로써 당시의 종사(宗師)가 되고 한 분은 공(功)으로써 국가의 충신이 되어 비로소 아주 크게 번창하였다.

공의 선고는 이조 참판에 추증된 휘 종익(宗翊)이니, 금석공(錦石公)의 셋째 아드님으로 일찍 죽고 아드님이 없었는데, 공이 백부(伯父)인 호조 판서 휘 종보(宗輔)의 셋째 아드님으로 이분의 양자가 되었다.

판서공의 배위 달성 서씨(達城徐氏)는 군수 광수(廣修)가 선고이다. 태석인(太碩人) 기계 유씨(杞溪兪氏)는 언우(彦宇)의 따님이니, 시남(市南) 문충공(文忠公)[149]이 그의 선조이다. 태석인이 차마 죽지 못하

148 한문공(韓文公)이……것 : 문공은 당나라의 문장가인 한유(韓愈)의 시호로, 이 내용은 그가 지은 〈전중소감마군묘지(殿中少監馬君墓誌)〉에 "처음부터 지금에 이르기까지 40년도 못되었는데, 그들 할아버지, 아들, 손자 삼대의 죽음을 곡하였으니, 인간 세상에 있어 어떠하겠는가? 사람들이 오래도록 죽지 않고 이 세상에 살아가는 것을 보려고 하는 것은 어째서인가?〔自始至今未四十年, 而哭其祖子孫三世, 于人世何如也? 人欲久不死而觀居此世者, 何也?〕"라고 보인다.

149 시남(市南) 문충공(文忠公) : 시남은 유계(兪棨, 1607~1664)의 호이고, 문충은

고 어린 아들을 키우면서 사랑과 엄함을 모두 극진히 하니, 공은 끝내 성공하여 어머니의 뜻을 유감이 없게 봉양하였다.

벼슬한 행적으로는 무인년(1819) 추은(推恩)으로 영희전 참봉(永禧殿參奉)에 제수되었고, 장악원 주부(掌樂院主簿)와 한성 주부(漢城主簿)를 역임하였다. 신사년(1821)에 남평 현감(南平縣監)으로 나갔는데, 마침 연사(年事)가 큰 기근을 만났으나 힘을 다하여 백성들을 진휼해서 관찰사와 이웃 고을 목사(牧使)들의 칭찬과 장려를 받았다.

계미년(1823)에 신계 현령(新溪縣令)으로 옮기자, 가르침을 먼저 하고 벌을 뒤에 시행하여 어리석은 백성들을 자식처럼 어루만졌다. 신천 군수(信川郡守)로 옮겨서는 이전에 볼 수 없었던 특별한 정사가 많아서 두소(杜召)[150]로 칭송되었다. 무자년(1828) 함흥 판관(咸興判官)으로 옮겼다. 함흥은 큰 고개 아래에 자리하고 있는 곳이어서 일이 매우 번거롭다고 알려졌는데, 여유롭게 정사를 처리하니, 상하가 공을 의지하고 소중하게 여겼다.

경인년(1830)에 서흥 부사(瑞興府使)로 옮겼다. 서흥부는 큰길가에 처해 있어서 사신(使臣)과 부사(副使)의 왕래가 잦았으나, 막힘없이

시호로, 자는 무중(武仲)이다. 김장생(金長生)의 문인이다. 예학과 사학에 정통하였으며, 송시열(宋時烈)·송준길(宋浚吉)·윤선거(尹宣擧)·이유태(李惟泰) 등과 더불어 충청도 유림의 오현(五賢)으로 일컬어졌다. 《가례집해(家禮集解)》를 개작하여 《가례원류(家禮源流)》를 저작하였다. 좌찬성에 추증되었다.

150 두소(杜召) : 두시(杜詩)와 소신신(召信臣)으로, 모두 한나라 때 전후로 남양태수(南陽太守)가 되어 선정을 베푼 인물이다. 당시 백성들은 이들을 칭송하여 "전에는 소부(召父)가 있었는데 뒤에는 두모(杜母)가 있었다." 하였다. 《漢書 卷89 循吏傳 召信臣》《後漢書 卷31 杜詩列傳》

응접하자, 백성들이 어깨의 짐을 내려놓고 쉬게 되었다고 칭송하였다. 임진년(1832)에 화성 판관(華城判官)으로 옮겼는데, 이해에 큰 기근을 당했으나 백성들을 진휼하여 구제하였다.

을미년(1835)에 선혜청 낭관(宣惠廳郎官)으로 차임(差任)되어 창고의 돈과 볏섬을 관리하였는데, 적절한 방도로 조처(措處)하여 공계(貢契)와 시전(市廛)에 딸린 사람들의 마음을 크게 복종시키니, 지금까지도 공의 은혜를 잊지 않고 있다. 정유년(1837)에 나주 목사(羅州牧使)로 나갔는데 어버이 병환 때문에 청원하여 체직하였다.

임인년(1842)에 왕의 특명으로 다시 화성(華城)에 제수되었다. 이때 헌종(憲宗)이 원릉(園陵)에 성묘하려고 행차하였는데, 여기에 필요한 물품과 비용을 마련할 적에 모든 사람들이 "군(君)이 아니면 이 일을 맡을 자가 없다."고 공을 추대하였다.

병오년(1846)에 수릉(綏陵)[151]을 이장할 적에 공로가 더욱 많아서 통정대부(通政大夫)의 품계로 오르고 돈녕부 도정(敦寧府都正)으로 승진하였다. 정미년(1847) 추은(推恩)으로 수빈(綏嬪)이 왕실의 빈(嬪)이 된 지 갑년(甲年)이라고 하여 동부승지(同副承旨)에 제수되었다. 얼마 후 형조 참의에 제수되었다가 곧바로 경주 부윤(慶州府尹)에 제수되었으나, 병환으로 부임하지 못하였다. 아! 이것이 공의 이력의 본말이나, 이것만 가지고 공의 실제 행실을 다 개괄할 수는 없다.

헌종 무신년(1848) 2월 2일에 풍담(風痰)을 앓다가 별세하니, 출생한 무오년(1798) 5월 6일과의 거리는 51년이 된다. 3월 27일에 양근(楊

151 수릉(綏陵) : 순조의 원자이며 익종(翼宗)으로 추존된 효명세자(孝明世子)와 그의 비 신정왕후(神貞王后) 조씨의 능이다. 현재 경기도 구리시 동구릉(東九陵)에 있다.

根)의 용진리(龍津里) 유좌(酉坐)의 언덕에 장례하였다.

당초 공이 독한 병환에 걸렸을 적에, 술사(術師 지관(地官))가 "참판공의 묏자리가 좋지 못하다."라고 하면서 공에게 수장(壽藏)을 따로 찾을 것을 권하였다. 그러나 공은 말씀하기를 "살고 죽는 것은 정해진 운명이 있으니, 어찌 선친의 묘소에 화를 돌리겠는가. 내 사후에 비록 명당자리를 얻는다 하더라도 어버이 무덤 옆에 붙여 장례하는 것만 못하니, 이것이 귀신의 이치와 인정(人情)에 만족스러운 바이다."라 하고서 끝내 참판공의 묘소 가까운 곳에 묘터를 잡으니, 사람들은 모두 "하늘이 공의 효성에 감응하여 좋은 명당을 내려준 것이다."라고 말하였다.

배위 정부인(貞夫人) 동래 정씨(東萊鄭氏)는 이조 참의 관수(觀綏)가 선고이다. 1남 3녀를 낳았으니, 아들은 제관(齊寬)이고, 딸은 김병유(金炳儒)에게 출가하였고 나머지는 어리다.

공은 어려서 양자(養子) 간 곳에서 봉양할 적에 태석인(太碩人)에게 깊은 애정이 있었는데, 언행과 동정(動靜)이 어버이의 뜻을 어길까 두려워하였으며, 평소 늘 조심하여 옥을 잡은 듯이 가득한 물그릇을 받든 듯이 공경하고 조심하였다. 신천(信川)에 부임했을 적에 태석인의 병환 소식을 듣고 샛길로 수백 리를 급히 달려왔는데, 도보로 산길을 걸어가다가 날이 깜깜하여 길을 잃자, 호랑이가 앞에서 공을 인도하여 갔다.

벽란진(碧瀾津)을 건널 적에 풍랑이 일어 배가 거의 전복될 뻔하였으나 공은 얼굴빛을 조금도 변치 않으니, 바람이 잦아들고 물결이 잠잠해져 무사히 건널 수 있었다. 여기에서 공의 지극한 효성과 정력(定力)이 호랑이와 신명(神明)을 감동시켰음을 볼 수 있다.

어린 나이에 이병원(李秉源) 공에게 가서 배웠다. 이공(李公)은 근재(近齋)의 매우 친한 친구로 고결한 절개가 있고 수립한 바가 있었으며 태석인에게는 외삼촌이 되었는데, 순수하고 돈독하게 공을 가르쳤다. 이 때문에 공의 일상생활이 모두 법도가 있고 규범에 맞았다. 평소 책읽기를 좋아하여 손에서 책을 놓지 않았다.

부친이신 참판공이 근재에게 배우기를 원할 적에 지극한 정성이 있으니, 근재가 부자간의 지기(知己)라고 인정하였다. 그런데 불행하게도 단명하여 뜻과 사업을 채우지 못하니, 근재가 종신토록 한스러워 하셨다.

공은 일찍이 생전에 미처 근재에게 배우지 못한 것을 한으로 여겼다. 그러나 공이 큰 기국과 순수한 자질로 만약 일찍 가문의 음직(蔭職)을 통하여 쌀과 소금의 장부를 처리하는 관직에 번잡하게 출입하지 않고 가학(家學)의 문로(門路)를 따라서 학문을 진취하여 확충(擴充)했더라면, 나아가고 성취하는 바가 어찌 여기에서 그쳤겠는가.

공은 일찍이 동호(東湖)에 정자를 마련하여 말년에 노년을 보낼 계획을 갖고 있었는데, 계획이 바람처럼 흘러가고 구름처럼 흩어져서 강호에만 여운이 남아있다. 명문은 다음과 같다.

이와 같은 선비여	士哉若人
깨끗하게 수양하여 몸을 지키니	淸修自持
가학을 계승하기를	家學紹述
자신이 실로 기약하였네	我實期之
음직의 길을 떠돌아다니니	浮遊蔭塗
아전들과 백성들이 그리워하였네	吏懷民思
효성을 미루어 정사를 하니	推孝爲政

풍속이 밝고 밝아졌네　謠俗熙熙

돌아가야겠다는 말년의 계책은　歸歟晩計

당에 집을 지어 지붕을 이는 것이었네[152]　堂構墍茨

흐르는 물과 다투지 않고　流水不競

머무는 구름과 함께 천천히 지냈네　停雲俱遲

나에게 와서 옛 이야기를 하고　造余談故

간혹 슬피 탄식하였는데　間以歔欷

마침내 갑자기 영원히 서거하여　乃忽長逝

내 마음을 서글프게 하네　使我心悲

돌에 새겨서 무덤에 묻는 것을　鑱石掩幽

차마 끝내 사양할 수가 없네　未忍終辭

훌륭한 아드님이 집안을 잘 이어가니　肖胤克家

후손에게 복을 남긴 것이 여기에 있네　垂裕在玆

이에 불후의 글을 지어서　玆爲不朽

천년을 기다리노라　庸俟千期

152 당에……것이었네 : 부친이 지은 집을 이어 받아 수리하여 지낼 것이라는 말이다. 원문의 '당구(堂構)'는 '긍당긍구(肯堂肯構)'의 줄인 말로, 부친의 집이나 가업을 이어 받아 발전시키는 것을 의미한다. 《서경》 〈주서(周書) 대고(大誥)〉의 "만일 아버지가 집을 지어 이미 법을 이루었는데, 그 자식이 기꺼이 당(堂)의 터도 만들려고 하지 않으니, 하물며 기꺼이 집을 구축하겠는가.〔若考作室, 旣底法, 厥子乃不肯堂, 矧肯構?〕"라는 말에서 온 것이다.

문산 이공 묘지명 병서

文山李公墓誌銘 幷序

내가 여홍(汝弘)의 상(喪)에 곡한 후로 추위와 더위를 여러 번 겪었는데, 여홍의 덕스러운 모습과 훌륭한 의논이 일찍이 눈과 귀에 보이고 들리는 듯하지 않은 적이 없었다. 하루는 여홍의 아드님인 종화(鍾和), 종문(鍾文)이 적막한 물가로 나를 찾아와서 말하기를 "선인(先人)을 아시는 분은 어르신 한 분 밖에 없으니, 한 말씀으로 묘소를 아름답게 꾸며주시기를 원합니다."라고 하였다.

내가 말하기를

"내가 어찌 묘지를 써서 불후(不朽)를 도모할 수 있겠는가. 그러나 내가 평생 동안 어리석음을 지키니 세상에 나를 벗으로 취한 자가 없었는데, 유독 그대의 선공(先公)이 나를 사랑하고 좋아함이 돈독하고 지극해서, 왕복한 편지들을 풀칠하고 연결하여 한 글자도 버리지 않기까지 하였다. 자기(子期)가 죽고 나서 내 소리를 내지 않은 지가 오래 되었는데,[153] 지금 명문을 지음에 반드시 영혼의 마음에 분명히 계합(契合)함이 있을 것이다."

153 자기(子期)가……되었는데 : 이 내용은 백아(伯牙)와 종자기(鍾子期)의 지음(知音) 고사를 원용하여, 매산을 알아준 벗인 이재의(李載毅)가 죽어 편지를 왕복하는 일을 중지한 지 오래되었음을 말하였다. 춘추 시대 거문고의 명인인 백아의 연주를 그의 벗인 종자기만이 알아들었는데, 뒤에 종자기가 죽자 백아는 자신의 연주를 알아들을 사람이 없다 하여 거문고의 현(絃)을 끊고 다시는 연주하지 않았다고 한다. 《列子 湯問》

라고 하였다.

공은 휘가 재의(載毅)이고, 호가 문산(文山)이니, 여홍은 그의 자이다. 계통이 선원(璿源)[154]에서 나왔으니, 후릉(厚陵)의 별자(別子)로 덕천군(德泉君)에 봉해지고 시호가 적덕공(積德公)인 휘 후생(厚生)이 시조가 되신다. 휘 빈(斌)과 휘 지강(之綱)에 이르러 부자(父子)가 모두 사마시(司馬試) 양 장(兩場)[155]에 합격하고 또 문과에 급제하여 군수 벼슬을 하면서 대대로 청백함을 전하였는데, 두 분 모두 도승지에 추증되었다.

승지공이 휘 전(瑑)을 낳으니, 경학에 통달하고 기절(氣節)을 좋아하였다. 갑자년과 정묘년 국난(國難)[156]에 백의(白衣)로 호종(扈從)하였는데 난(亂)이 평정되자 도망하여 은둔하였고, 천거로 관직을 제수받았으나 취임하지 않았다. 뒤에 호조 참판에 추증되었다.

이분이 휘 상경(尙敬)을 낳으니, 통제사(統制使)를 지냈다. 정익공(貞翼公) 이완(李浣)[157]과 명성이 나란하였고, 효종을 모시고 심양(瀋

154 선원(璿源) : 선(璿)은 왕실의 존귀함을 표시한 것으로, 선원은 이씨 왕조의 세계(世系)를 말한다.

155 양 장(兩場) : 문과(文科)의 생원(生員)·진사과(進士科)의 초시(初試)와 복시(覆試)에서 초장(初場)·중장(中場)·종장(終場) 중의 두 과장(科場)을 이른다.《大典通編3 禮典 諸科》

156 갑자년과 정묘년 국난(國難) : 갑자년(1624, 인조2)에 일어난 이괄(李适)의 난과 정묘년(1627)에 일어난 정묘호란을 가리킨다.

157 정익공(貞翼公) 이완(李浣) : 정익은 이완(1602~1674)의 시호로, 본관은 경주(慶州), 자는 징지(澄之), 호는 매죽헌(梅竹軒)이다. 효종 때의 무신으로 효종의 북벌(北伐) 정책을 도와 국방 및 군대 정비에 기여하였다. 훈련대장, 형조 판서 등을 거쳐 현종 때에 우의정에 올랐다.

陽)의 질관(質館)[158]으로 들어갔는데, 바로 공의 7대조이시다. 증조 휘 주국(柱國)은 형조 판서로 여러 번 원융(元戎 대장)을 맡고 시호가 무숙(武肅)인데, 정조(正祖)가 심복으로 여겨 마음을 의탁하였다.

조고(祖考) 함(涵)은 좌승지에 추증되었고, 선고(先考) 응오(應五)는 진사(進士)로 호조 참판에 추증되었다. 선비(先妣) 안동 김씨(安東金氏)는 승지 약행(若行)의 따님이다. 영조(英祖) 임진년(1772) 12월 30일에 공을 외갓집에서 낳았다.

공은 그대로 외할아버지께 수학을 하니, 문예가 일찍 성취되어 약관이 되기 전에 이미 감시(監試)[159]의 두 시험에 합격하였으며, 순조(純祖) 신유년(1801)에 경서(經書)의 뜻을 대답하여[160] 생원(生員)이 되었다. 기해년(1839) 3월 9일 상동리(尙洞里)의 정침(正寢)에서 별세하여 5월에 양지(陽智) 장승동(長丞洞) 을좌(乙坐)에 장례하니, 선영을 따른 것이었다. 가선대부 호조 참판(嘉善大夫戶曹參判)을 추증하고 겸직(兼職)이 준례와 같았으니, 이는 아들이 귀하기 때문이었다.

공은 여흥 민씨(驪興閔氏) 참봉 지혁(志赫)의 따님에게 장가드니, 문충공(文忠公) 정중(鼎重)과 문효공(文孝公) 진장(鎭長)이 그 선조이다. 5남 5녀를 낳았으니, 아들 종영(鍾英)은 무과로 승지인데 공보다

158 질관(質館) : 병자호란 이후 청나라에 볼모로 잡혀간 소현세자(昭顯世子)와 봉림대군(鳳林大君)이 머물렀던 처소를 가리킨다.

159 감시(監試) : 국자감시(國子監試)의 줄인 말로, 조선 시대 생원(生員)과 진사(進士)를 뽑던 소과(小科)를 이른다.

160 경서(經書)의 뜻을 대답하여 : 과거(科擧)의 한 종류인 명경과(明經科)를 이른다. 당(唐)나라 때에 처음 시작되었으며 5경, 3경, 2경 등의 명목(名目)이 있었는데, 경서(經書)의 의의(疑意)와 암송 능력을 시험하였다.

먼저 죽었고, 종화(鍾和)는 중군(中軍)이며, 종황(鍾黃)과 종흥(鍾興)은 모두 요절하였고, 종문(鍾文)은 막내이다.

장녀는 부사(府使) 신종락(申從洛)에게 출가하였고, 다음 여서(女壻)는 서정순(徐正淳)이고, 다음은 선전관(宣傳官)인 조존일(趙存一)이고, 다음은 진사인 한영석(韓永錫)이고, 다음은 정연수(鄭延壽)이다. 종영은 종화의 아들 일연(一演)을 데려다 후사로 삼았다.

공은 타고난 자품이 빼어나고 아름다우며 효도와 우애를 천성에서 타고났으니, 무숙공(武肅公)이 특별히 사랑하여 좌우에서 떠나지 않게 하였다. 무숙공은 뜻과 기개가 드높고 매위(韎韋)[161]로서 남에게 굴하는 것을 부끄럽게 여겨 가숙(家塾)을 설치하여 어진 선비를 초치(招致)해서 자손들을 가르쳤다.

공은 일찍부터 류정모(柳鼎模), 남유두(南有斗)[162]를 따라 배웠는데, 두 분은 모두 문학(文學)으로 이름났으니, 공은 진실로 전수 받아 획습한 것이 있었다. 장성하자 근재(近齋 박윤원(朴胤源)) 박 선생(朴先生)에게 예를 묻고, 성담(性潭) 송 문경공(宋文敬公)[163]에게 속수(束

161 매위(韎韋) : 적색의 가죽으로 만든 군복으로, 무관(武官)을 뜻한다.

162 류정모(柳鼎模) 남유두(南有斗) : 두 사람 모두 정보가 자세하지 않은데, 류정모에 대해서는 성대중(成大中, 1732~1812)의 《청성잡기(靑城雜記)》에 "사근 찰방(沙斤察訪) 류정모는 행실이 독실한 선비였지만 관리로서의 실무에는 능하지 못했다.〔沙斤察訪柳鼎模, 篤行士也, 吏事則非所能也.〕"라고 보이고, 남유두는 《청장관전서(靑莊館全書)》에 이덕무(李德懋, 1741~1793)와 교유한 행적이 보인다.

163 성담(性潭) 송 문경공(宋文敬公) : 성담은 송환기(宋煥箕, 1728~1807)의 호이고, 문경은 시호로, 자는 자동(子東), 호는 심재(心齋), 본관은 은진(恩津)이다. 우암 송시열의 5대손이다. 1766년(영조42) 진사시에 합격하고 음보(蔭補)로 출사하여 벼슬이 우찬성에 이르렀다. 학덕을 겸비하여 문하에 많은 제자를 두었다.

脩)의 예(禮)[164]를 행하여 제자가 되니, 두 현자가 기대하고 허여함이 특별히 중하였다.

공은 평소 전심(專心)으로 경서를 연구하였고, 말년에는 《주역》을 더욱 좋아하여 묵묵히 알고 마음으로 터득하였다. 시 짓기를 좋아하여 좋은 경치를 만나면 시를 지었는데 곱게 꾸미기를 일삼지 않았다. 내가 매번 시를 쉽게 짓는 것을 조심하라고 권면하면 공은 웃으며 말씀하기를 "이는 오히려 쓸데없는 설화(說話)를 지어 기휘(忌諱)에 저촉(抵觸)되기 쉬운 것보다는 낫다." 하였다. 유집(遺集)이 집에 보관되어있다.

공은 성도(性度)가 너그럽고 온화하고 기국이 크고 돈후(敦厚)하고 마음이 평탄해서 남과 간격을 두지 않았다. 부모를 봉양하고 죽은 분을 장송(葬送)하는 일과 묘소를 꾸미고 집안에서 제사를 올리는 일에 정성과 힘을 다하였다. 여러 아우들을 한 몸처럼 여기고 그 자녀를 자기 소생과 같이 여겼다. 두 아우가 임소(任所)에서 별세하였는데 여러 고아들을 어루만지고 구휼하여 성장시켜 자립하게 하였으며, 누님을 어머니처럼 섬겨 하루도 빠짐없이 안후(安候)를 물었다. 이것을 종족(宗族)과 인척(姻戚)에까지 미루어가서 친소(親疎)와 후박(厚薄)에 차이를 두지 않았다.

남에게 베풀기를 좋아하여 곤궁한 사람들을 구휼하였는데, 매번 있는 힘을 다한 뒤에야 그만두었다. 혹 남에게 속임을 당하더라도 이후에 그 사람을 예전처럼 대하였고, 또 남의 잘못을 말씀하는 것을 부끄러워

164 속수(束脩)의 예(禮) : '수(脩)'는 육포(肉脯)인데, 속수는 열 개의 육포 묶음을 말한다. 제자가 스승에게 처음으로 가르침을 청할 적에 반드시 폐백이 있어야 하는데, 속수는 폐백 중에서 가장 약소한 것이다.

하였다. 이 때문에 어진 이와 어리석은 이, 귀한 이와 천한 이가 모두 그 덕에 감복하였다. 검소함을 덕으로 삼아서 나쁜 음식과 나쁜 의복을 싫어하지 아니하였는데, 늙어서도 변함이 없었다.

세상의 인연에 담박(淡泊)하였으나, 산수(山水)에는 특별한 애정이 있어서 매번 좋은 철을 그리워하여 홀로 산수를 찾곤 하여 나라 안의 여러 명승지를 다 유람하였다. 이르는 곳마다 질탕(跌宕)하게 술을 마시고 시를 읊어 풍류가 넘쳐났는데, 항상 장백(長白 백두산)과 영주(瀛洲 한라산)를 다녀오지 못한 것을 한탄하였다. 이는 기욕(嗜欲)이 얕아서 천기(天機)가 깊기 때문이니, 때를 편안히 여기고 순하게 대처하여[165] 남과 다툼이 없어서 한가하게 하늘의 노을을 능가하는 깨끗한 행실이 있었다.

평소 교우의 도를 소중히 여겨서 불초(不肖)와 사귄 50년 동안 우정이 막역하였다. 내가 말년에 곤궁하여 궁벽한 호숫가에 머물고 있었는데, 공은 매번 흥(興)을 타고 찾아와 서로 손잡고 시원한 바람을 맞으며 술잔을 들고서 형체를 잊고[166] 상대하니, 누가 주인이고 누가 손님인

165 때를……대처하여 : 삶과 죽음을 모두 편안히 여기면서 천리에 순응하는 것을 말한다. 노담(老聃)이 죽자 그의 벗인 진실(秦失)이 말하기를 "때마침 이 세상에 태어난 것은 태어날 때였기 때문이고, 때마침 세상을 떠난 것은 떠나갈 때였기 때문이니, 사는 때를 편안히 여기고 죽는 때를 순하게 대처하면 슬픔이나 즐거움이 그 사람의 마음에 들어갈 수 없다.〔適來, 夫子時也; 適去, 夫子順也. 安時而處順, 哀樂不能入也.〕"라고 하였는바, 이 말을 원용한 것이다. 《莊子 養生主》

166 형체를 잊고 : 용모나 지위·나이 등 외적 조건에 얽매이지 않고 의기투합하여 사귀는 것을 이르는바, 《장자》〈양왕(讓王)〉의 "정신을 보양하는 자는 형체를 잊고, 형체를 기르는 자는 이욕을 잊으며, 도를 터득한 자는 마음을 잊는다.〔養志者忘形, 養形者忘利, 致道者忘心矣.〕"는 데서 온 말이다.

지 알지 못하였다. 공은 지금 살아있지 않으나 강호에는 여한(餘恨)이 있다.

불초는 일찍이 《논어》의 '충신을 주장하다.〔主忠信〕'[167]는 글을 읽고 말하기를 "이 세상 사람을 차례로 뽑아보건대 이 세 글자를 감당할 분으로는 오직 여홍(汝弘)이 있을 뿐이다."라고 하였다. 정자(程子)께서 "안으로 충신(忠信)을 쌓음은 덕을 진전시키는 것이다."[168]라고 말씀하였는데, 아마도 공이 여기에 가까운 분일 것이다. 마침내 다음과 같이 명문을 짓는다.

세상 사람들이 종신토록	世趨靡靡
좇는 것이 명예와 이익이니	沒身聲利
명예를 가까이하는 뜻이 있으면	有意近名
이 또한 거짓이네	是亦爲僞
아, 공이여	吁嗟乎公
실제의 도리를 실천하였네	脚踏實地
몸을 숨기고 남몰래 수양하여	闇然潛修
항상 자신이 있음을 알았다오[169]	常知有己

167 충신을 주장하다 : 이 내용은 《논어》 〈학이(學而)〉에 보인다.

168 안으로……것이다 : 이 내용은 《주역》 〈건괘(乾卦) 문언(文言)〉의 "군자는 덕을 진전시키고 업(業)을 닦으니, 충신(忠信)이 덕을 진전시키는 것이요, 말을 함에 그 성실함을 세움이 업을 보유하는 것이다.〔君子進德修業, 忠信, 所以進德也, 修辭立其誠, 所以居業也.〕"는 구절에 대한 이천 정이의 《주역전(周易傳)》에 보인다.

169 항상……알았다오 : 《심경부주(心經附註)》 권3 〈우산지목장(牛山之木章)〉에 나오는 노재 허씨(魯齋許氏, 원(元)나라 허형(許衡))의 "천만 사람 가운데 있어도 항상

훌륭한 선인은	毌矣善人
나라의 기강이 되는데	爲國之紀
종족들뿐만 아니라 다른 사람들도	非直宗黨
모두 공의 효도와 공경을 칭찬하였네	咸稱孝悌
효도와 공경으로 집안을 다스리니	孝悌爲政
온 집안이 편안히 구제되었네	一家康濟
유유자적하여 바름을 잃지 아니해서[170]	由由不失
자신의 천군[171]을 지켰네	守我天君
어찌 세상의 학자들이	詎若世儒
양의 바탕에 범의 무늬를 가진 것과 같겠는가	羊質虎文
문산은 높디높으며	文山峨峨
문수는 끊임없이 흘러가네	文水沄沄
연잎 옷 입고 혜초 띠 두르고서[172]	荷衣蕙帶

자신이 있음을 알아야 한다.〔千萬人中, 常知有己.〕"라는 말을 인용한 것인데, 남을 따라 동요되지 않고 언제 어디서나 자기 주체성을 확고히 지키는 것을 말한다.

170 유유자적하여……아니해서 : 이 내용은 맹자가 유하혜(柳下惠)를 "유유자적하게 무례(無禮)한 향인(鄕人)과 함께 있으면서도 스스로 올바름을 잃지 않았다.〔由由然與之偕而不自失焉.〕"라고 평가한 구절을 원용한 것이다. 《孟子 公孫丑上》

171 천군(天君) : 사람의 마음을 가리킨다. 《순자(荀子)》 〈천론(天論)〉의 "마음이 중앙의 빈자리에 있으면서 다섯 가지 감각 기관을 다스리는 까닭에 천군이라고 한다.〔心居中虛, 以治五官, 夫是之謂天君.〕"라고 보이는데, 여기서는 양심을 가리킨다.

172 연잎……두르고서 : '연잎 옷'과 '혜초 띠'는 신선의 옷이나 그러한 옷을 입고 은거하는 사람을 형용한 말로, 《초사(楚辭)》 〈구가(九歌) 소사명(少司命)〉에 "연잎 옷에 혜초 띠 매고 갑자기 왔다가 홀연히 떠나가네.〔荷衣兮蕙帶, 儵而來, 忽而逝.〕"라고 보인다.

초연히 무리 짓지 않았네	超然不群
몸을 천명에 맡겨 두고서	縱軀委命
숨어 수양함을 따랐네	晦養是遵
하늘은 어찌하여 공을 남겨 두지 않고	胡不憖遺
길이 구천에 막혀있게 하였는가	永閟九原
먹지 않은 보답이 있어서[173]	報在不食
후손들에게 넉넉한 복을 남겼네	垂裕後昆
내가 공의 덕을 기록하지 않으면	靡我狀德
누가 그 참됨을 알겠는가	疇識其眞
무덤에 명문을 새겨서	鐫銘玄隧
무궁한 후세에 밝게 보이노라	昭視無垠

173 먹지……있어서 : 《주역》 〈박괘(剝卦) 상구(上九)〉의 "마지막 남은 큰 과일은 먹지 않는다.〔碩果不食.〕"는 구절에 대한 이천 정이의 《주역전》에 "큰 과일이 먹히지 않아 장차 다시 생겨나는 이치를 볼 수 있다."라고 하였는바, 이는 생전에 자신의 복을 다 누리지 않고 자손에게 남겨두었다는 말이다.

예조 판서 숙헌 민공 묘지명 병서
禮曹判書肅獻閔公墓誌銘 幷序

근래 고(故) 대종백(大宗伯) 민 숙헌공(閔肅獻公)이 관사(館舍)를 버린 지 28년이 되었는데, 사자(嗣子)인 시랑(侍郞) 치문(致文)이 장차 글을 새겨 사실을 기재해서 무덤에 넣으려 하면서 나에게 명문을 청하였다. 나는 후생(後生)이므로 감히 나의 성명으로 공의 유택(幽宅 묘소)에 누를 끼칠 수가 없어서 여러 번 사양하였으나, 허락을 얻지 못하고 마침내 참람함을 잊고서 서문을 짓는다.

공은 휘가 명혁(命赫)이고, 자가 명여(明汝)이다. 비조(鼻祖)인 칭도(稱道)는 상의봉어(尙衣奉御)이다. 고려조를 지나 조선조에 들어와서 큰 벼슬이 대대로 이어지고 명망과 덕 있는 분이 배출되니, 굳이 여기에서 자세히 기록할 것이 없다. 호가 인재(訒齋)인 휘 시중(蓍重)에 이르러 아우 노봉(老峯) 문충공(文忠公) 휘 정중(鼎重)과 둔촌(屯村) 문정공(文貞公) 휘 유중(維重)과 함께 현달하여 나라의 충신이 되었고 벼슬이 대사헌으로 좌찬성에 추증되니, 이분이 공의 고조이시다.

증조 휘 진주(鎭周)는 이조 판서로 영의정에 추증되었고 시호가 정간공(貞簡公)이며, 조고 휘 응수(應洙)는 호가 오헌(梧軒)으로 우의정이고 시호가 문헌공(文憲公)이니, 두 대는 모두 깨끗한 덕과 높은 명망이 있었다. 문헌공은 의리를 펴지 못한다[174] 하여 여강(驪江)에

174 의리를 펴지 못한다 : 신축년(1721, 경종1)과 임인년(1722) 두 해에 걸쳐, 후일

물러나 은거하니, 당세 명현(名賢)들이 모두 미칠 수 없는 분이라고 칭찬하였다.

선고 휘 백창(百昌)은 승지로 이조 판서에 추증되니, 공의 귀함 때문이었다. 선비 풍산 홍씨(豐山洪氏)는 음직으로 참판을 지낸 중주(重疇)의 따님이다. 공의 생부(生父)는 이조 참판에 추증된 휘 백헌(百憲)인데, 정간공의 종자(從子)이신 판관 휘 흥수(興洙)의 아드님으로 우의정 문효공(文孝公) 휘 진장(鎭長)의 막내 아드님인 증 이조 참의(贈吏曹參議) 휘 덕수(德洙)에게 출계(出系)하였다. 참판공이 전주 이씨(全州李氏) 현(顯)의 따님에게 장가들어 영조 계유년(1753) 10월 22일에 공을 낳았다.

경술년(1790) 사마시(司馬試)에 합격하였다. 을묘년(1795) 정시(庭試)에 병과(丙科)로 급제하니, 정묘(正廟 정조(正祖))께서는 공의 풍도(風度)를 칭찬하여 넉넉히 전형(典型)이 있다고 말씀하였다. 장차 크게 등용하려는 뜻을 갖고 계셔서 공을 한권(翰圈)[175]에 들였는데,

영조(英祖)가 되는 연잉군(延礽君)의 세제(世弟) 책봉과 대리청정(代理聽政)을 두고 노론과 소론이 극렬하게 대립하다가 사화(士禍)로 진전되었는데, 이때 노론이 영조의 세제 책봉과 대리청정을 주장한 명분인 신임의리(辛壬義理)를 민응수 당대에 펴지 못한 것을 이른다. 신축년과 임인년 당시에 남인(南人) 역관의 딸 장희빈(張禧嬪)의 소생인 경종은 남인에 동정적이던 소론의 보호를 받아왔는데, 경종이 즉위하자 과거 그의 세자 책봉을 반대했던 노론은 위기를 느껴 그의 병약함과 후사(後嗣)가 없음을 빌미로 연잉군의 세제 책봉을 추진, 이를 관철시키고 나아가 대리청정까지 추진하였다. 이에 소론의 김일경(金一鏡) 등이 목호룡(睦虎龍)을 사주하여 노론의 사대신(四大臣)인 김창집(金昌集), 이이명(李頤命), 이건명(李健命), 조태채(趙泰采)를 역모로 무고하게 하여 신임사화를 일으켜 사대신 이하 노론의 주요 세력들을 제거하였다.

175 한권(翰圈) : 예문관의 검열을 뽑는 절차인 한림권점(翰林圈點)을 줄여서 칭한

공은 스스로 노쇠함을 혐의로 여겨 부르는 시험에 응시하지 않았다. 기주관(記注官)의 직임을 대신하였다가 전적(典籍)으로 승진하고 병조 정랑(兵曹正郎)에 제수되었다. 연(輦)을 호종하는 군대에 급료가 없음을 안타깝게 여겨, 장정들을 고용할 적에 요포(料布)를 정함으로써 왕을 모시고 호위하는 일을 중하게 할 것을 건의하였다.

대신(大臣)으로부터 견책(譴責)을 청하는 일을 억울하게 당하였으나, 이 일은 길이 따르는 준례가 되었으니, 유식한 자들이 훌륭하게 여겼다. 대궐에 들어가서는 정언(正言)을 시작으로 지평(持平)과 헌납(獻納), 장령(掌令)과 집의(執義), 사간(司諫)에 이르렀다. 그리고 사복시 정(司僕寺正)과 남학교수(南學敎授), 문겸선전관(文兼宣傳官), 직강(直講), 사성(司成)으로 옮겼으며, 홍문록(弘文錄)에 기록되어 부교리(副校理)로부터 응교(應敎)에 이르렀는데, 응교는 임금이 특별히 제수한 것이었다. 공은 상소를 올려, 어려서 고아가 되어 학문하지 못한 까닭에 임금의 고문(顧問)에 대비할 수 없다고 아뢰었다. 왕명(王命)으로 인하여 억지로 직책에 나아갔으나, 강연(講筵)과 시험 보는 일은 번번이 사양하였다.

순조(純祖) 초년에도 자획(自畫)[176]의 뜻을 아뢰고 '성실무위(誠實無僞)' 네 글자로써 오늘날 정사하는 바탕으로 삼기를 청하니, 여기에서

것이다.

176 자획(自畫) : '반도자획(半途自畫)'의 줄인 말로, 스스로 자신의 한계를 그어 더 이상 진보하지 않는 것을 말하는바, 《논어》 〈옹야(雍也)〉에 공자의 제자 염구(冉求)가 공자의 도를 좋아하지 않는 것은 아니나 힘이 부족하다고 하자, 공자가 "힘이 부족한 자는 중도에 그만두나니, 지금 너는 스스로 한계를 긋고 있다.〔力不足者, 中道而廢, 今女畫.〕"라고 한 데서 온 말이다.

평소 가지고 있는 뜻을 볼 수 있다.

기미년(1799) 오랑캐 군주의 상(喪)[177]에 글을 올려서 "예에 참최복(斬衰服)을 두 번 입지 않는다."[178] 하고 저들의 복제(服制)의 잘못을 고칠 것을 청하였다. 전사관(典祀官)으로 여러 번 상(賞)을 하사 받으니, 이는 공이 사전(祀典)에 능히 청결(淸潔)함을 지극히 하여 상(上)에게 칭찬을 받았기 때문이다.

경신년(1800) 해서(海西)에서 안렴(按廉)을 하였는데,[179] 험한 언덕과 습지라는 이유로 왕사(王事)를 소홀히 할 수 없다 하여 밤낮으로 정성을 다해서 백성의 고통과 고을의 병폐, 관방(關防)의 연혁(沿革)을 많이 정돈하였다. 탐욕스러운 수령들 중에 공의 논계(論啓)로 인하여 체포된 자들이 많았는데, 자신의 억울함을 조사해 달라고 청하는 말을 한 마디도 하지 못하니, 세상에서는 직지사자(直指使者)[180]의 체

177 오랑캐 군주의 상(喪) : 청나라 건륭제(乾隆帝)의 상을 이른다. 건륭제는 1796년 1월 아들인 가경제(嘉慶帝)에게 황위를 물려주고 태상황으로 있다가 1799년 1월 3일에 죽었다. 《承政院日記 正祖 23年 1月 23日》

178 예에……않는다 : 이 내용은 《의례(儀禮)》 〈상복(喪服)〉 부장기장(不杖期章)에 "양자가 된 사람은 그 부모(생부모)를 위해 기년복(期年服)으로 보답한다.〔爲人後者, 爲其父母報.〕"라고 하였는데, 이를 해설한 전문(傳文)에 "대종(大宗)의 후계자가 된 사람은 어째서 자기 부친에 대하여 기년복을 입어야 하는가. 부친에 대한 참최복(斬衰服)을 두 번 입을 수 없기 때문이다. 어째서 두 번 입을 수 없는 것인가. 대종의 중한 자리를 잇는 책임을 맡은 경우, 소종에 대해서는 상복의 등급을 낮춰야 하기 때문이다.〔何以期也? 不貳斬也. 何以不貳斬也? 持重於大宗者, 降其小宗也.〕"라고 보인다.

179 해서(海西)에서 안렴(按廉)을 하였는데 : 해서는 황해도를 가리키는바, 경신년 겨울에 황해도 암행어사가 되어 민정을 살핀 것을 말한다. 《承政院日記 純祖 卽位年 12月 15日》

180 직지사자(直指使者) : 한나라 무제(武帝) 때의 관직인 직지수의사자(直指繡衣

통을 얻었다고 칭찬하였다. 관찰사 정일환(鄭日煥)이 이때 막 권세를 믿고 위세를 부리고 있었는데, 공에게 간곡한 뜻을 보였으나, 공은 의리에 근거하여 응하지 않았다.

임술년(1802) 왕비 책봉을 주청(奏請)하는 서장관(書狀官)으로 연경(燕京)에 갔었는데 청백함과 엄격함으로 자신의 몸을 단속하니, 일행이 감히 금령(禁令)을 범하지 못하였다. 복명(復命)을 하고 통정대부(通政大夫)의 품계에 올라 동부승지(同副承旨)에 제수되고, 차례로 승진하여 좌승지(左承旨)에 이르렀다. 대사간과 병조의 참지(參知)와 참판에 제수되었다. 그리고 형조의 참의(參議)가 된 것이 여러 번인데, 송사를 듣고 결단함이 분명하고 확고하였으며 명교(名教 유교)와 풍화(風化)에 더욱더 정성을 쏟으니, 도성의 백성들이 숙연하였다.

갑자년(1804)에 안동 부사(安東府使)로 나갔는데 풍기(風紀)를 세우고 진작하여 관절(關節 뇌물)이 통하지 않게 하니, 취향이 다른 자들도 공의 정사를 칭찬하였다. 들어와 이조와 예조의 참의가 되었다. 기사년(1809)에 양주 목사(楊州牧使)로 나갔는데, 양주는 기보(畿輔)의 관할(管轄)에 처하여 막 여러 병폐가 일어나고 있었다. 공은 피폐한 뒤를 이어 변혁하고서 등대(登對)의 기회를 통하여 조목조목 아뢰어 시행한 것이 많았다.

겨울에 익묘(翼廟 순조의 세자 익종(翼宗))의 태봉(胎封) 도차사원(都差使員)[181]의 공로로 가선대부로 승진하고 다시 옮겨 대사간에 제수되었

使者)의 줄인 말로, 암행어사를 가리킨다. 수의사자(繡衣使者)라고도 하는데, 비단옷을 입고 지방을 암행하여 지방 관리들의 부패와 무능을 치죄하고 도적들을 다스렸기 때문에 붙여진 이름이다.

다. 그리고 한성부(漢城府)의 좌윤(左尹)과 우윤(右尹), 병조 참판, 동지경연(同知經筵), 동지의금부(同知義禁府), 부총관(副摠管)을 역임하였는데, 강원도 관찰사는 부임하지 않았다. 활인서(活人署)와 빙고(氷庫)의 제거(提擧)가 되었다.

임신년(1812) 효의대비(孝懿大妃 정조(正祖)의 비)의 육순(六旬) 잔치를 할 적에 공이 연갑(年甲)이 같다 하여 가의대부(嘉義大夫)로 승진되었다. 계유년(1813) 겨울에 대비의 주갑(周甲)에 진하(陳賀)할 적에 예방 승지(禮房承旨)로 또다시 자헌대부(資憲大夫)로 승진해서 예조 판서, 도총관(都摠管), 지경연사(知經筵事), 지춘추관사(知春秋館事), 지의금부사(知義禁府使)에 제수되었다. 일로 인하여 파직되었다가 의정부의 좌참찬(左參贊)과 우참찬(右參贊), 공조와 형조의 판서로 서임(敍任)되고 주사 당상(籌司堂上 비변사 당상)에 차임되었으며, 또다시 봉상시(奉常寺)의 제거(提擧)가 되었다.

무인년(1818) 7월 18일 니동(泥洞 지금의 운니동)의 집 정침(正寢)에서 별세하니, 향년이 66세였다. 부음이 알려지자 상은 조회를 폐하고 사제(賜祭)를 하고 부의(賻儀)를 하도록 명하였다. 9월에 충주(忠州) 산척면(山尺面) 매촌(梅村) 건좌(乾坐)에 장례하였다. 숙헌(肅獻)이라는 시호를 하사받았다.

공은 효성과 우애를 천성으로 타고나서 4세에 아버지를 잃고 12세에

181 도차사원(都差使員) : 중앙 또는 관찰사가 특정 임무의 수행을 위해 파견하던 차사원의 우두머리이다. 중앙에서 파견하는 경우는 주로 이조(吏曹)의 관원들 중에서 선임하였고, 지방에서 파견하는 경우는 관찰사가 수령이나 변장(邊將) 혹은 찰방(察訪)들 중에서 선임하였다.

양자로 가서 곧바로 모친상을 당하였는데, 상례(喪禮)를 성인(成人)처럼 집행하였다. 백씨(伯氏) 정랑공(正郎公)이 병환으로 일어나지 못하자, 공은 마마를 앓아 위험한 지경에서 벗어나지 못했으나, 몸소 빈소를 차리고 염습(斂襲)하는 일을 집행하였다. 큰어머니와 형수를 받들어 섬기고 두 질녀를 어루만져 기를 적에, 은혜와 사랑이 순수하고 돈독해서 지극한 정성을 쏟지 않음이 없었다.

제사를 대신 지내고 전택(田宅)을 관리할 적에 정성스럽고 부지런하게 계속 수고하여 가정 안이 조용하고 간략하니, 사람들이 흠잡는 말이 없었다. 더욱 종사(宗嗣)에 마음을 다해서 울음을 삼키며 분주히 지냈는데, 기년(朞年)이 못 되어 장남을 낳아 종사를 맡게 하였으니, 사람들은 "공의 지극한 정성에 하늘이 감동한 것이다."라고 하였다.

이 부인(李夫人)이 평소 풍병(風病)이 있었는데, 공은 밤낮으로 병석을 지켰고 친히 병세(病勢)의 경중을 미리 점쳐서 손가락을 베어 피를 올리기까지 하였다. 거상(居喪)할 적에는 몸이 훼손되어 거의 생명이 온전하지 못할 지경이었으며, 시신에 따르고 관에 따르는 물품으로부터 3년 동안 궤전(饋奠)하는 물품에 이르기까지 마련하지 않은 것이 없어서, 장례하는 일에 유감이 없었다.

본가(本家 생가)의 형제에 대해 마음에서 우러나오는 우애가 지극하여 혹 말하기에 난처한 상황이 생기더라도 얼굴빛에 언짢은 기미를 드러내지 않았다. 백씨인 참판공을 섬길 적에 정성을 다하였다. 참판공이 명예와 직위에 차질이 생기자, 공은 항상 자신의 자력(資歷)이 혹 형보다 앞설까 염려하여 벼슬살이에서 일체의 진취(進取)를 담박하게 잊고 살며 필생동안 은둔해서 스스로 깨끗이 지조를 지키고자 하였다. 아들과 조카를 매우 엄격히 가르쳐서 교도하여 성취시켜 각각 바른 도리를 다하게 하였다.

성품이 베푸는 것을 좋아해서 관계가 소원하거나 신분이 천함을 따지지 않았고, 급한 길사(吉事)나 흉사(凶事)가 있을 경우 힘을 다하여 구휼해서 창고가 모두 빈 뒤에야 그만두었다. 일찍이 해골이 드러난 시체가 길에 있는 것을 보고는 옷을 벗어 염습해서 묻기도 하였다. 사람들이 겨울에 추위를 무릅쓰고 맨몸으로 물을 건너가는 것을 보면 번번이 행차하던 수레를 멈추고서 다리를 수리하게 하니, 길 가던 사람들이 모두 칭송하였다. 어진 마음이 남에게 미침이 이와 같았다.

충성과 사랑을 천성적으로 타고나서 포의(布衣)의 신분일 적에 상소문을 안고 범필(犯蹕)을 하니, 정조께서 여러 번 칭찬을 내리셨다. 석갈(釋褐)[182]을 하고서는, 세도(世道)와 조정(朝廷)의 양상이 무너지고 분열되었는데도, 조금도 격동하지 않고 꿋꿋이 우뚝 서서 부윤공(府尹公)의 유훈(遺訓)인 '하늘이 하는 바를 따르고 작은 지혜에 맡기지 말라.'는 것을 대대로 지키는 부절(符節)로 삼았다.

이때 권력을 잡은 행신(幸臣)이 어두운 밤중에 직접 찾아와서 계속 천거하려고 하였으나, 공은 끝까지 굳게 거절하였고 찾아가서 사례하지도 않았다.

평소 말씀하기를 "나는 조그마한 장점도 없고, 오직 화(禍)와 복(福)에 따라 마음을 바꾸지 않을 뿐이다. 만약 종묘사직의 존망에 관계된 일이 발생하여 사람들이 모두 두려워하여 머뭇거리는 경우가 있으면,

182 석갈(釋褐) : 신분이 낮은 사람이 입는 옷인 갈옷을 벗고 관복을 입는다는 뜻으로 벼슬에 처음 입사(入仕)함을 이르는 말이었는데, 후대에는 문과에 급제한 자들에게 모두 새 옷을 입혀 유가(遊街)를 시켰으므로 문과에 급제함을 이르는 말로 사용하였다.

내가 마땅히 하나뿐인 목숨을 아까워하지 않고 국가의 은혜에 보답할 것이나, 다만 식견이 미치지 못할까 염려된다."라고 하였으니, 평소에 스스로 수립한 것을 여기에서도 볼 수 있다. 말년에 근심스러운 일이 점점 심해져 의논이 더욱 분열됨을 보고서는 벽을 맴돌면서 눈물을 흘리기도 하였다.

공은 기질이 너그럽고 후덕하였으나 한결같이 법도를 따랐고, 조행(操行)이 단정하고 방정하였는데 반드시 의리를 따르고 선조의 법도를 실천하였다. 남에게 알려지기를 구하지 않았으나, 평소 행실을 갈고 닦아 말과 행실이 은연중에 남에게 믿음을 주니, 세상에 나아가고 은둔함과 행하고 쉬는 것에 본래 한결같이 법도에 부합하였다. 그리하여 조정에서 벼슬한 지 이기(二紀 24년) 동안 자신의 지조를 강직하게 지켜서 군주를 잘못이 없도록 인도할 것을 잊지 않았다.

건릉(健陵 정조(正祖))에게 지우(知遇)를 받았는데 갑자기 궁검(弓劍)의 애통[183]을 당하였다. 경오년(1810, 순조10)과 신미년(1811) 사

183 궁검(弓劍)의 애통 : 임금의 서거를 가리키는 말로 '궁검'은 군주가 남긴 활과 검을 이른다. 《사기》〈봉선서(封禪書)〉에 "황제(黃帝)가 수산(首山)에 있는 구리를 채취하여 형산(荊山) 밑에서 정(鼎)을 만들었는데, 정이 완성되자 용 한 마리가 수염을 길게 늘어뜨리고 땅으로 내려와 황제를 맞이하였다. 황제가 용에 올라타자, 여러 신하들과 후궁 70여 명이 따라 올라탔다. 용이 하늘로 올라가자, 나머지 신하들은 용에 타지 못하고 모두 용의 수염을 붙잡으니, 용의 수염과 황제가 지니고 있던 활이 지상으로 떨어졌다. 백성들이 우러러 바라보니, 황제가 이미 하늘로 올라갔으므로 백성들이 그 활과 수염을 안고 통곡하였다. 이 때문에 후세 사람들이 그곳을 '정호(鼎湖)'라고 이름하고, 그 활을 '오호(烏號)'라고 이름하였다."라고 보이며, 검은 당나라 장수절(張守節)이 지은 《사기정의(史記正義)》에 "《열선전(列仙傳)》에 '황제가 스스로 죽을 날을 가려 신하들과 작별하고 죽어 교산(橋山)에 장사지냈는데, 산이 무너지자 관은 텅 비었

이에 역경을 고루 겪고 계속해서 남에게 참소를 받았는데, 진퇴(進退)와 소장(消長)의 기미에 더욱 주의하였으므로 끝까지 남에게 미움을 받았다.[184] 말년에 비록 높고 현달한 지위에 올랐으나 더욱 다시 곤란함을 겪었는데, 공은 때를 편안히 여기고 순함에 처하여 남을 허물하거나 자신을 뉘우치는 일이 없었고, 문을 닫고 병을 요양하면서 종적을 모두 끊고 조용히 지냈다. 이 때문에 공을 아는 자가 적었다.

공은 젊을 때부터 지암(止菴)[185]을 사사(師事)하였는데, 지암의 기대와 바람이 매우 중했었다. 일찍이 말씀하기를 "남과 나 사이에 간격을 두지 않아 자기를 이루고 남을 이루어주는 인(仁)의 경지[186]에 오직

고 그 안에 검과 신발만이 남아 있었다.' 하였다.〔列仙傳云: 軒轅自擇亡日, 與羣臣辭還, 葬橋山, 山崩棺空, 唯有劒舃在棺焉.〕"라고 보이는바, 두 고사를 합하여 말한 것이다.

184 진퇴(進退)와……받았다 : '진퇴와 소장(消長)의 기미'는 치(治)·란(亂)이 반복해서 찾아듦을 뜻하는바, 군자(君子)의 도가 커지고 진보하면 소인(小人)의 도가 소멸하고 퇴보하며, 소인의 도가 커지고 진보하면 군자의 도가 소멸되고 퇴보하는 진리를 이르는데, 이에 의거하여 외부의 유혹에 흔들리지 않고 자신의 지조를 끝까지 관철시키므로 계속해서 소인들에게 미움을 받았다는 말이다.

185 지암(止菴) : 김양행(金亮行, 1715~1779)의 호로, 자는 자정(子靜), 또 다른 호는 여호(驪湖), 본관은 안동(安東)이며, 김신겸(金信謙)의 아들이다. 민우수(閔遇洙)의 문인으로, 벼슬에 뜻을 두지 않고 오직 학문 연구에 전념하여 성리학을 비롯해 예학과 역학에도 조예가 깊었다. 이조 판서에 추증되었고 시호는 문간(文簡)이며 저서로는 《지암집》이 있다.

186 남과……경지 : 충(忠)과 성(誠)을 모두 갖추었음을 말한 것이다. '남과 나 사이에 간격을 두지 않음'은 춘추 시대 때 초(楚)나라의 영윤(令尹)인 자문(子文)이 세 번 벼슬하여 영윤이 되었는데 기뻐하는 기색이 없었고, 세 번 벼슬을 그만두면서도 서운해하는 기색이 없어서 옛날 자신이 맡아보던 영윤의 정사를 반드시 새로 부임해온 영윤에게 알려준 것에 대해 공자가 '충성스럽다〔忠矣〕'고 하였는데, 주자가 "그의 사람됨이 기뻐함과 성냄을 나타내지 않고 남과 자기 사이에 간격이 없어〔物我無間〕 국가가

민(閔) 아무개만이 거의 부끄러움이 없다."라고 하였다.

또한 일찍이 제헌(霽軒) 심공(沈公)[187]에게 찾아가 배우고 족형(族兄)인 관생와(觀生窩) 이현(彝顯)[188]과 중주(中洲) 이 문경공(李文敬公) 직보(直輔)[189]와 도의(道義)로써 교유하여 서로 강마(講磨)하고 경례(經禮)를 널리 섭렵하니, 여러 현자들이 모두 돈독하여 지킴이 있고 내면의 덕을 온축하고 밖으로 드러내지 않는다고 공을 인정하였

있음만을 알고 자신이 있음을 알지 못하였으니, 그의 충성이 대단하다."라고 풀이한 데서 온 말이다.《論語集註 公冶長》'자기를 이루고 남을 이루어주는 인(仁)이 있음'은 《중용장구》 제25장에 "성은 저절로 자신을 이룰 뿐만 아니라 남도 이루어 준다. 자신을 이루는 것은 인이며 남을 이루어 주는 것은 지이니, 본성이 지닌 덕이다.〔誠者, 非自成己而已也, 所以成物也. 成己, 仁也, 成物, 知也, 性之德也.〕"라고 한 데서 원용한 것이다.

187 제헌(霽軒) 심공(沈公) : 제헌은 심정진(沈定鎭, 1725~1786)의 호로 자는 일지(一志), 본관은 청송(青松)이다. 아버지는 심사증(沈師曾)이며, 박필주(朴弼周)・심원행(金元行)의 문인이다. 1753년(영조29) 사마시에 합격하고 1774년에 부솔(副率)에 제수되어 세손(世孫)인 정조를 가르쳤는데, 강설(講說)에 뛰어나 칭송을 받았다. 벼슬은 지중추부사(知中樞府事)에 이르렀으며, 저서에 《제헌집》・《미호언행록(渼湖言行錄)》 등이 있다.

188 관생와(觀生窩) 이현(彝顯) : 관생와는 민이현(1750~1793)의 호로, 자는 공저(公著)이다. 조부는 대사헌 민우수(閔遇洙)이고, 김양행(金亮行)에게 수학하였다. 1777년(정조1) 학행(學行)으로 천거되어 장원서 봉사(掌苑署奉事), 사헌부 장령 등을 지냈다. 유형원(柳馨遠)을 사숙(私淑)하였고, 이직보(李直輔) 등과 교유하였다. 실천적인 학문을 중시하였으며, 사학(史學)과 경제 방면에 능통하였다. 저서로 《관생와유고》가 있다.

189 중주(中洲) 이 문경공(李文敬公) 직보(直輔) : 중주는 이직보(1738~1811)의 호이고, 문경은 그의 시호로, 자는 유종(維宗), 본관은 연안(延安)이다. 1784년(정조8) 유일(遺逸)로 천거되고 벼슬이 이조 판서에 이르렀다. 경사(經史)에 두루 밝아 사림의 중망을 받았다.

다. 그리고 족형 문목공(文穆公) 종현(鍾顯)[190]은 매번 공을 칭찬하여 6척의 고아를 의탁하고 100리의 명을 받들 만하다[191]고 하였으니, 군자가 이것을 사리에 맞는 말이라고 하였다.

배위 청송 심씨(靑松沈氏)는 군수 재진(載鎭)의 따님이니, 청평위(靑平尉) 익현(益顯)이 그의 고조이다. 단정하고 빼어나고 총명하고 민첩하였으며, 일찍부터 《여계(女誡)》[192] 등 여러 책을 익히고 역사책을 널리 공부하였다. 시부모를 효성으로 받들고 동서들에게 온화함으로써 대하였으며, 남편을 섬기고 자녀들을 가르침에 모두 자신의 분수를 다하니, 숙부 제헌공(霽軒公 심정진(沈定鎭))이 '여사(女士)'라고 칭찬하였다. 공과 같은 해에 출생하고 공보다 8년 먼저 별세하였는데, 처음에는 양근(楊根)에 장례하였다가 천장(遷葬)하여 공의 묘 왼쪽에 부장하였다.

190 문목공(文穆公) 종현(鍾顯) : 문목은 민종현(1735~1798)의 시호로, 자는 공기(公紀), 초명은 민종렬(閔鍾烈)이다. 조부는 대사헌 민우수(閔遇洙)이고, 부친은 민백겸(閔百兼)이다. 1766년(영조42) 정시 문과에 급제하고 예조 판서, 홍문관 제학, 이조 판서 등을 지냈다. 《의례(儀禮)》에 능통하여 국가의 예식(禮式)에 대한 많은 소를 올렸다.

191 6척의……만하다 : 이 내용은 《논어》 〈태백(泰伯)〉의 "6척의 어린 임금을 맡길 만하고, 100리의 제후국을 다스리는 임무를 부탁할 만하며, 중대한 일에 임하였을 때 절개를 빼앗을 수 없다면, 군자다운 사람인가? 군자다운 사람이다.〔可以託六尺之孤, 可以寄百里之命, 臨大節而不可奪也, 君子人與? 君子人也.〕"라는 증자(曾子)의 말을 원용한 것으로, 임금을 보필하거나 대신하여 국정(國政)을 수행하는 재상의 직임을 맡을 수 있다는 말이다.

192 여계(女誡) : 정숙한 부녀의 도를 논한 책으로, 한(漢)나라의 역사가 반고(班固)의 누이동생인 반소(班昭)가 궁중에 들어가 황후와 귀인들의 스승이 되자, 이들을 가르치기 위해 지은 책이다.

2남 5녀를 낳으니, 장남 치은(致殷)은 감찰(監察)인데 정랑공(正郎公)의 후사로 나갔다. 차남 치문(致文)은 바로 명문을 청한 자이니, 삼가고 고졸(古拙)하고 검약하여 능히 선조의 아름다움을 계승하여 사우들의 추중(推重)을 받고 있다. 딸들은 이용소(李龍沼), 직장(直長) 송명희(宋明熙), 김노옥(金魯玉), 진사(進士) 김호연(金頀淵), 참판 심의신(沈宜臣)에게 출가하였으며, 서녀(庶女)는 학관(學官) 이인악(李寅岳)에게 출가하였다.

장방(長房)의 아들은 세호(世鎬)와 교관(敎官)인 덕호(德鎬)이고, 여서(女壻)는 참봉 김우현(金佑鉉), 승지 이우(李㘾), 진사 이인직(李寅稷)이다. 차방(次房)의 아들은 참봉 신호(愼鎬), 진사 경호(慶鎬)이고, 여서는 군수 이익재(李益在), 이재신(李載信), 이봉재(李鳳在), 승지 박제헌(朴齊憲)이며, 서자는 돈호(惇鎬)이다. 신호의 아들은 진사 영직(泳稷)과 영목(泳穆), 영년(泳秊)이고, 경호의 아들은 영화(泳和)이다.

이용소의 여서는 김우희(金愚喜)이고, 송명희의 여서는 김익장(金益章)과 진사 이기하(李綺夏)이다. 김노옥의 아들은 진사 풍희(豐喜), 이희(頤喜)이고, 여서는 윤진현(尹進鉉), 검열(檢閱) 이승익(李承益)이다. 김호연의 아들은 관수(觀秀)이고, 여서는 참봉 이용준(李容準)이다. 심의신의 아들은 영택(英澤)이고, 나머지는 모두 어리다.

후세에 명망이 있다 하여 스스로 높이는 자들을 하나하나 뽑아보면, 거개가 결국에는 아름답고 바르고 단정하고 신중하여 마음속으로 그 가부(可否)를 계산하는 부류이다. 그러나 겨우 털끝만큼 작은 이해득실을 만나게 되면 구멍 속에서 머리를 내놓는 쥐나 멍에 뒤의 망아지[193]가 되지 않는 경우가 거의 드물다.

공과 같은 분은 처한 상황이 평탄하든 험하든 언제나 절개를 한결같이 견지하여 검어지고 얇아지는 바가 없으니,[194] 바로 이른바 '충신(忠信)으로써 근본을 삼으면 이것이 먼저 큰 것을 확립하는 것이다.'[195]는 것이다. 효도와 공경이 가정에서 믿음을 받고 정성이 조정에 드러나서, 일할 적에는 어려움을 피하지 않고 말씀할 적에는 혐의쩍음을 돌아보지 않았다.

국정(國政)에 몸을 바치면 급하게 할 바와 사양할 바를 알고[196] 군주를 사랑하면 혹시 군주가 잘못이 있을까 염려해서 개연(慨然)히 분발

193 머리를……망아지 : 의심이 많은 쥐와 힘이 약한 망아지를 가지고 굳센 지조가 없어서 곧바로 결단을 못하고 망설이는 사람을 비유한 것이다. 일반적으로 쥐는 의심이 많아 동굴 속에서 머리를 밖으로 내놓고 형세를 관망하며 망설이고, 망아지는 어미 말을 따라 멍에 아래로 들어가 있어서 수레를 끄는 일에 익숙하지 못하다.《史記 卷107 魏其武安侯傳》

194 검어지고……없으니 : 이 내용은《논어》〈양화(陽貨)〉의 "갈아도 얇아지지 않으니 단단하다고 말하지 않으랴. 물들여도 검어지지 않으니 희다고 말하지 않으랴.〔不曰堅乎? 磨而不磷. 不曰白乎? 涅而不緇.〕"는 구절을 원용하여 절개가 확고함을 말한 것이다.

195 충신(忠信)으로써……것이다 : 이 내용은 명도(明道) 정호(程顥)의 "성(性)이 선(善)함을 알고 충신을 근본으로 삼으면 이것이 먼저 그 큰 것을 확립하는 것이다.〔知性善, 以忠信爲本, 此先立其大者.〕"라는 말에 보인다.《二程外書 卷2 朱公掞問學拾遺》 '큰 것'은 마음을 가리키는바,《맹자》〈고자 상(告子上)〉의 "먼저 큰 것인 마음을 확립해 놓으면 작은 것인 이목(耳目)의 욕구에 의해서 마음이 뺏기는 일이 없을 것이니, 이렇게 하면 바로 대인이 되는 것이다.〔先立乎其大者, 則其小者不能奪也, 此爲大人而已矣.〕"라는 데서 온 말이다.

196 급하게……알고 : 이 내용은《국어(國語)》권4〈노어 상(魯語上)〉의 "현자는 어려운 상황은 급하게 여기고 쉬운 일은 다른 사람에게 양보한다.〔賢者, 急病而讓夷.〕"라는 말을 원용한 것이다.

하여 공정(公正)하도록 한 것이 많았으나, 자신의 정직함을 조금도 남에게 자랑하지 않았으니, 유림(儒林)의 석덕(碩德)들이 질박한 행실을 공에게 양보한 것이 어찌 진실이 아니겠는가. 공과 같이 중망(重望)을 담당하고서 실상이 세상에 드러났음에도 그릇에 맞는 쓰임을 다하지 못한 것을 통하여 또한 수신(守身)의 중대함을 볼 수 있으니, 이로써 명문을 지을 만하다. 명문은 다음과 같다.

대대로 이어져온 여흥 가문에 驪興世冑
문충, 문정, 문헌공이 계셨네 文忠貞憲
순수한 덕과 명절이 醇德名節
세상의 표준이 되었네 爲世表準
아름답고 훌륭한 손자가 있어서 有美肖孫
능히 수양하고 실천하였네 克修克踐
들은 바를 높여서[197] 尊厥所聞
예의를 방패로 삼았으며[198] 干櫓禮義
정사에 시행하여 施於爲政
감히 실추함이 없으니 罔敢失墜

197 들은 바를 높여서 : 이 내용은 증자(曾子)가 "군자가 들은 바를 높이면 고명해지고, 들은 바를 실천하면 광대해지나니, 고명함과 광대함이 다른 데에 있는 것이 아니라 뜻을 두는 데에 있을 뿐이다.〔君子尊其所聞, 則高明矣; 行其所聞, 則廣大矣. 高明廣大, 不在于他, 在加之志而已矣.〕"라고 한 데서 온 말이다. 《大戴禮記 卷5》

198 예의를 방패로 삼았으며 : 이 내용은 《예기》 〈유행(儒行)〉에 "선비는 충신으로 갑주를 삼고, 예의로 방패를 삼으며, 인을 머리에 이고 다니고, 의를 가슴에 안고 처한다.〔儒有忠信以爲甲冑, 禮義以爲干櫓, 戴仁而行, 抱義而處.〕"라고 보인다.

절개를 확고하게 지키고　確確其守
스스로 강직하게 힘썼네　矯矯自礪
울창하여 늦게까지 푸르른 공이여　鬱鬱晩翠
차가운 계절을 크게 견뎌냈네[199]　大耐寒歲
장벽과 같이 우뚝하시니　巖巖墻壁
어찌 여기에 문채를 가하겠는가　寧加藻繪
무릇 명망을 기르는 자들은　凡厥養望
거개가 외면을 중시하였으니　擧多循外
누가 우리 공처럼　疇若我公
오로지 내면을 수련하였겠는가　專修其內
공경하고 공경하여 게을리하지 않았고　翼翼匪懈
일신을 돌보지 않고 충성을 바쳤네[200]　謇謇匪躬
공의 행적의 근원을 살펴보면　原公始終
오직 효와 충이었네　惟孝與忠
누가 근본이 없다고 말하랴　誰云無本

199 울창하여……견뎌냈네 : 민명혁이 늦게까지 소나무와 같은 굳은 지조를 지켰음을 말한 것이다. 《논어》 〈자한(子罕)〉에 공자가 "날씨가 추워진 뒤에야 소나무와 측백나무가 뒤늦게 시듦을 알 수 있다.〔歲寒然後, 知松柏之後彫.〕"라고 한 말씀과 송나라 때 범질(范質)이 조카인 범고(范杲)가 품계를 올려 주기를 청하자, "활짝 핀 정원의 꽃은 일찍 피지만 먼저 시들고, 더디게 자라는 시냇가의 소나무는 울창하게 늦도록 푸르다.〔灼灼園中花, 早發還先萎. 遲遲澗畔松, 鬱鬱含晩翠.〕"라는 시를 지어 깨우쳐 주었던 것을 원용하였다. 《宋史 卷249 范質列傳》

200 일신을……바쳤네 : 이 내용은 《주역》 〈건괘(蹇卦) 육이(六二)〉의 "왕의 신하가 국가의 어려움에 충성을 다하는 것은 자신의 몸을 위해서가 아니다.〔王臣蹇蹇, 匪躬之故.〕"는 말을 원용한 것이다.

스승의 가르침을 높였네　師教是崇
높인 분은 누구인가　所崇維何
바로 지암옹이었네　曰止菴翁
우물을 깨끗하게 치웠는데도 먹지 않았으나　井渫不食
길러서 다하지 않았네[201]　養而不窮
후손에게 넉넉한 복을 드리우니　垂裕後昆
복록이 길이 융성하리라　茀祿永隆
매향의 산중에　梅鄉之嵌
공의 높은 무덤이 있으니　有封其窿
공경히 지문을 올려서　虔薦石章
묘소에 밝게 게시하노라　昭揭幽宮

201 우물을……않았네 : 자신을 수양하여 덕과 능력을 갖추었는데도 크게 등용되지 못하였으나, 우물처럼 끊임없이 물건을 길러주었다는 뜻인바, 《주역》〈정괘(井卦) 구삼(九三)〉에 "우물이 깨끗한데도 먹어 주지 않아 내 마음에 슬픔이 된다.〔井渫不食, 爲我心惻.〕"라는 말과 〈정괘(井卦) 단(彖)〉에 "물속에 들어가서 물을 퍼올림이 정(井)이니, 정(井)은 길러서 다하지 않는다.〔巽乎水而上水井, 井, 養而不窮也.〕"라는 말을 인용한 것이다.

청수 김공 묘지명 병서
清修金公墓誌銘 幷序

아! 이곳은 청수 선생(淸修先生) 김공(金公)의 묘소이다. 공은 일찍이 조정에서 벼슬하였는데, 벼슬을 칭하지 않고 호를 칭한 것은 말년에 공이 맹세하고 원한 것이 여기에 있기 때문이다. 공은 휘가 종선(宗善)이고 자가 성보(城甫)이고, 청풍 김씨(淸風金氏)이다. 시조는 고려 때 시중을 지낸 대유(大猷)이시다.

조선조에 들어와서 휘 식(湜)은 대사성(大司成)으로 시호가 문의공(文毅公)이니, 도학(道學)을 창도(倡道)하고 밝혀서 기묘명현(己卯名賢)이 되었다. 5세를 전하여 휘 육(堉)에 이르니, 영의정으로 시호가 문정공(文貞公)이다. 이분이 휘 우명(佑明)을 낳으니, 청풍부원군(淸風府院君)으로 시호가 충익공(忠翼公)이다.

충익공에게 세 아들이 있었으니, 휘 만주(萬冑)는 이조 판서에 추증되었고, 휘 석익(錫翼)은 한성 좌윤(漢城左尹)이었고, 휘 석연(錫衍)은 공조 판서로 시호가 정희공(貞僖公)이다. 정희공의 장자인 휘 도제(道濟)는 안성 군수(安城郡守)를 지내고 좌찬성에 추증되었는데, 판서공의 후사가 되었다.

셋째 아들인 진사로 좌찬성에 추증된 휘 도영(道泳)은 좌윤공(左尹公)의 후사가 되었다. 이분이 판돈녕(判敦寧)으로 시호가 효정공(孝靖公)인 휘 성응(聖應)을 낳았다. 효정공의 장자인 청원부원군(淸原府院君)으로 시호가 정익공(貞翼公)인 휘 시묵(時默)이 또다시 군수공(郡守公)의 아들로 영의정에 추증된 성집(聖集)의 후사가 되니, 이분이 공의 조고이시다. 선고 휘 기대(基大)는 공조 참의로 이조 참판에 추증되었고, 선비 연안 이씨(延安李氏)는 그 선고가 장원(長源)이다.

배위는 정부인(貞夫人)에 추증된 덕수 이씨(德水李氏)로, 홍모(弘模)의 따님이고 문충공(文忠公) 단하(端夏)의 5세손이다. 공보다 몇 년 먼저 태어났고, 공보다 11년 먼저 별세하여 공의 묘 왼쪽에 부장하였다. 1녀를 낳았는데, 비녀를 할 때에 요절하였다.

계배(繼配) 정부인 은진 송씨(恩津宋氏)는 응정(應鼎)의 따님이다. 1남을 낳았으니, 군수인 익철(益哲)이다. 군수는 후사가 없어서 원식(元植)을 양자로 삼았는데, 지금 순안 현령(順安縣令)이다. 공에게 서녀가 있으니, 현감 이도연(李陶淵)에게 출가하였다.

공은 영조(英祖) 병술년(1766) 10월 7일에 출생하였다. 경술년(1790) 정조(正祖)가 친히 태묘(太廟)의 제10실(十室)에 제향할 적에 하교하시기를 "성후(聖后)의 본가(本家)의 적장손(嫡長孫)은 마땅히 일명(一命)[202]이 있어야 한다. 더구나 청풍부원군의 자손이 또다시 청원부원군의 봉사손이 되었으니, 일이 우연치 않다. 마침 오늘을 만났으니, 거두어 등용하는 일은 내 사사로움을 위한 것이 아니요, 사리(事理)상 당연한 것이다." 하시고는 특별히 돈녕부 참봉(敦寧府參奉)을 제수하였다.

신해년(1791) 승중(承重) 조비(祖妣)의 상(喪)[203]을 만났다. 갑인년

202 일명(一命) : 조선 시대 최하위 품계인 종구품(從九品)의 관직을 말한다.

203 승중(承重) 조비(祖妣)의 상(喪) : 승중은 상제(喪祭)나 종묘의 중한 책임을 전해 받는다는 뜻으로, 아버지를 여읜 맏아들이 조부나 조모의 상을 당한 경우를 말하는데, 여기서는 아버지가 먼저 죽고 뒤에 할머니의 상을 당하여 적손(嫡孫)이 아버지 대신 삼년복을 입는 것을 말한다.

(1794) 광릉 참봉(光陵參奉)에 제수되었다가, 제용감 봉사(濟用監奉事)와 상서원 직장(尙瑞院直長)으로 옮겼고, 장악원 주부(掌樂院主簿)로 승진하였으며, 평시서 주부(平市署主簿)와 영(令)으로 옮겼다.

무오년(1798)에 상신(相臣)이 아뢰기를 "김 아무개는 집에 있을 적에는 독서를 좋아하고 관원이 되어서는 몸을 삼갔으며 관리의 일에 막히는 바가 없으니, 먼저 수령을 제수할 것을 청합니다."라고 하니, 기미년(1799) 의령 현감(宜寧縣監)에 제수되었다.

경신년(1800) 정순성후(貞純聖后 영조의 계비 정순왕후)가 수렴청정을 할 적에 특별히 공을 우부승지로 제수하여 성궁(聖躬)을 보호하게 하였다. 여러 번 제수되어 좌승지에 이르렀는데, 중간에 형조와 호조의 참의, 돈령부 도정(敦寧府都正)에 제수되었다. 병인년(1806) 영변부사(寧邊府使)에 제수되었다가 무진년(1808) 다시 승정원으로 돌아왔다.

기사년(1809) 익묘(翼廟 순조의 세자 익종(翼宗))가 탄강(誕降)하니, 진하(陳賀)하는 승지로서 가선대부(嘉善大夫)의 품계에 오르고 여러 번 동지의금(同知義禁), 한성부의 좌윤과 우윤, 부총관, 동돈녕(同敦寧), 형조 참판에 제수되고 장원서(掌苑署)의 제거(提擧)가 되었다.

경오년(1810) 11월 24일 안국동 집 정침에서 고종명(考終命)하니, 향년이 45세였다. 부음이 알려지자, 상은 매우 서글퍼하여 은혜로운 윤음(綸音)을 내려서 애통하고 애석한 마음을 깊이 전하였고, 큰아들이 장성하기를 기다려 등용하게 하였으며, 부의(賻儀)를 더 많이 내리고 관원을 보내어 치제(致祭)하였다.

신미년(1811) 정월 청수동(淸修洞) 별장에 있는 뒷산에 장례하였는데, 상이 명하여 부(部)의 경계에 얽매이지 말고 장례하도록 허락하였다. 뒤에 양주(楊州) 도봉산(道峯山) 아래로 천장(遷葬)하였고, 또다시 춘천(春川) 안보역촌(安保驛村)에 있는 충익공(忠翼公)의 묘소 뒤에 천장하니, 이는 공의 평생 행적의 대략(大略)이다.

공은 어릴 때부터 밝고 슬기로워서 겨우 말을 배울 나이에 이미 사리의 합당하고 합당하지 않음을 분별하였다. 7~8세에 이술원(李述源)공에게 나아가 배웠다. 이공은 성품이 고상하고 간략해서 세상에 눈에 차는 사람이 없었으나, 유독 공을 매우 소중하게 허여하였다. 수년 동안 여러 경서(經書)를 통달하고 전심으로 학문을 해서 삼례(三禮)[204]를 겸하여 연구하였다.

영리함과 명석함이 사람들보다 뛰어나니, 눈으로 한 번 본 것은 바로 기억해서 역대의 역사와 선유(先儒)의 유서(遺書)와 국조(國朝)의 전고(典故)를 왕왕 자기의 말처럼 외워서 종신토록 잊지 않았다. 평소 문을 닫고 책상을 대하여 공부하였는데, 독서 외에 다른 일이 있음을 알지 못하였다.

말년에 《서경(書經)》을 좋아하여 스스로 말하기를 "즐거워하여 음식 맛을 잊었다."고 하였다. 본조의 제현(諸賢) 중에는 퇴계(退溪) 이선생(李先生)을 흠모하여 퇴계의 문집과 《언행록(言行錄)》을 항상 책상에서 치우지 않고 말씀하기를 "있어도 없는 듯이 하고 꽉 차도 비어있는 듯이 하며 남이 잘못을 범하여도 따지지 않는 경지[205]에 해당하는

204 삼례(三禮) : 세 가지 예서로, 《주례(周禮)》·《의례(儀禮)》·《예기》이다.

205 있어도……경지 : 증자(曾子)가 안연(顏淵)의 겸허한 덕성(德性)을 칭탄한 말인바, 《논어》〈태백(泰伯)〉에 "유능하면서도 무능한 사람에게 묻고, 많이 알면서도 적게 아는 사람에게 물으며, 있어도 없는 듯이 하고 꽉 차도 비어있는 듯이 하며 남이 잘못을 범하여도 따지지 않음을, 옛날에 나의 벗이 이에 종사하였다.〔以能問於不能, 以多問於

분은 오직 퇴옹(退翁)뿐이다."라고 하였다. 그리고 외직으로 영남 고을을 맡게 되자, 도산서원(陶山書院)을 직접 찾아가서 배알하였는데 한동안 머뭇거리고 차마 떠나가지 못했으니, 이는 바로 기미(氣味)가 서로 가깝기 때문이었다.

천성이 효성스러워 일찍 부모를 잃고 평생토록 슬픈 마음을 머금었다. 그리고 새벽에 일어나 사당을 배알하였는데, 심한 병이 아니면 폐하지 않았다. 조모(祖母)를 섬김에 효성을 다해서 항상 좌우의 곁을 떠나지 않고 말씀과 웃음을 온화하게 해서 되도록 조모의 뜻에 맞추었으며, 거상(居喪)할 적에 한결같이 《예경(禮經)》을 따라서 3년 동안 중문(中門)에 들어가지 않았다.[206] 선영(先塋)을 꾸미는 것과 집안에서 제사를 올리는 것에 힘써 예절과 법칙을 다하였는데, 항상 검소하게 하고 슬퍼하는 것[207]을 근본으로 삼았다.

누님을 어머니처럼 섬겼고, 생질(甥姪)을 자식처럼 여겨 자기 가숙(家塾)에서 교육하였다. 이것을 종족(宗族)과 손님과 친구에게까지 미

寡, 有若無, 實若虛, 犯而不校, 昔者吾友嘗從事於斯矣.〕"라고 보인다.

206 3년……않았다 : 중문(中門)은 부인이 거처하는 안뜰로 들어가는 문인바, 삼년상을 치르는 동안 부인을 만나러 안채로 들어가지 않았다는 말이다. 《예기》 〈잡기 하(雜記下)〉에 "부모의 삼년상에는, 자기 일은 말하되 남을 위해 논설하지 않고 대답은 하되 묻지 않으며, 의려와 악실 안에서는 남과 함께 앉지 않고, 악실의 안에 있을 적에는 때로 일이 있어 예를 행할 적에 어머니를 뵙는 경우가 아니면 중문에 들어가지 않는다.〔三年之喪, 言而不語, 對而不問. 廬、堊室之中, 不與人坐焉. 在堊室之中, 非時見乎母也, 不入門.〕"라고 보인다.

207 검소하게……것 : 이 내용은 《논어》 〈팔일(八佾)〉에 "예는 사치하기보다는 차라리 검소하여야 하고, 상은 형식적으로 잘 다스려지기보다는 차라리 슬퍼하여야 한다.〔禮, 與其奢也, 寧儉; 喪, 與其易也, 寧戚.〕"라고 보인다.

루어서 윤리를 바로잡고 은혜를 돈독히 하였는데, 매사에 지극하지 않음이 없었다.

집안에 있을 적에는 사물에 마음을 두지 않고 또한 집안 식구의 가산(家産)을 묻지 않았다. 그러나 관직에 처해서는 직분을 다하였고, 아전과 백성들을 집안 식구처럼 아껴 병이 들면 자기 몸의 머리와 눈을 구원하듯이 하였으며, 돌아올 때는 지푸라기 하나라도 받아서 자신에게 누가 생기는 일이 없게 하였다. 이 때문에 두 고을의 백성과 현자들이 오래도록 사랑하고 사모하였다.

공의 집안은 두 번 천인(天姻)을 맺어[208] 대대로 충정(忠貞)을 돈독히 하였는데, 공은 나라에 대한 근심과 군주를 사랑하는 마음을 천성으로 타고나서 항상 종국(宗國)을 돌아보고 왕왕 눈물을 흘리며 슬픔을 이기지 못하였다. 매번 승지로 강연(講筵)에 오를 때마다 경전과 역사책을 근거해서 반복하여 아뢰었는데, 아뢴 것이 모두 천덕(天德)과 왕도(王道)였다.

경(敬)을 주장하여 근본을 세움에 더더욱 정성을 다하여 해맑은 소리와 좋은 말씀으로써 이것을 발표하니, 옆에서 보는 자들이 찬탄하지 않음이 없었다. 생각이 깊고 과묵하신 성상께서도 기뻐하는 기색을 드러내셨고, 혹은 책을 읽으라고 명하고서 귀를 기울여 듣기도 하셨다.

몸가짐을 조심하여 궁중을 출입한 수십 년 동안 옛 사람처럼 온실의

208 두……맺어 : 청풍(淸風) 김씨 집안에서 현종(顯宗)의 비인 명성왕후(明聖王后, 1642~1683)와 정조(正祖)의 비(妃)인 효의왕후(孝懿王后, 1753~1821) 두 분의 왕비가 나왔으므로 이렇게 말한 것이다. 명성왕후는 청풍부원군(淸風府院君) 김우명(金佑明)의 딸이고, 효의왕후는 김시묵(金時默)의 딸이다.

나무를 말하지 않았고,[209] 일찍이 의복과 음식에 마음을 쓰지 아니하여 비록 외척의 신분이었으나 자신을 빈한한 선비처럼 봉양하였다.

공은 타고난 자품이 지극히 높아서 밝고 순수하고 지혜로웠으며, 정신이 깨끗하고 기운이 온화하여 덕이 행실에 부합하였다. 남을 평탄하게 대하고 지나치게 한계를 긋지 않으니, 어진 사람과 어리석은 사람, 귀한 사람과 천한 사람 할 것 없이 모두 기뻐하고 복종하였으며, 취향이 다른 자들도 "당대에 참된 사대부는 오직 공 한 사람이 있을 뿐이다."라고 하였다.

공은 오로지 내면을 수양하여 기뻐하고 노여워함을 겉으로 드러내지 않고 상대와 나 사이에 간격을 두지 않았다. 그러나 본래 척도(尺度 법도)가 있어서 무릇 인물을 비교하여 평가함에 매우 정밀하여 어긋나지 않았으며, 마음가짐이 공평하여 좋아하고 싫어하며 사랑하고 미워함이 처하는 곳마다 모두 정도(正道)에 맞았다. 이 때문에 대면(對面)해서 상대방을 타이르고 경계할 적에 사정을 보아주거나 용서하는 바가 없더라도, 사람들이 유감을 갖지 않았다.

말년에 학문을 더욱더 좋아해서 거처함이 편안하고 이용함이 깊게 되었다.[210] 일찍이 벼슬살이에 뜻을 빼앗겨 능히 전일(專一)하고 정밀

209 옛 사람처럼……않았고 : 조정에서 벼슬하면서 언행을 조심하였음을 가리키는 말로, 한나라 성제(成帝) 때 박사(博士)였던 공광(孔光)은 인품이 주밀하고 근실하여 조정의 일을 외부에 전혀 말하지 않았는데, 한 번은 어떤 사람이 중서성(中書省)의 온실(溫室)에 심어져있는 나무가 무엇이냐고 묻자, 침묵하고 응답하지 않다가 다른 말을 하였던 데에서 온 말이다. 《漢書 卷81 孔光傳》

210 거처함이……되었다 : 자득(自得)을 통해 학문의 경지가 더욱 높아지게 됨을 말한 것으로, 《맹자》 〈이루 하(離婁下)〉의 "군자가 깊이 나아가기를 도(道)로써 함은

(精密)하게 이치를 연구하지 못한 것을 한탄하였다. 그러나 여러 책을 널리 다 보고서 성인의 말씀으로 절충하였고, 여러 행실을 순수하고 돈독하게 하여 선철(先哲)에게 부끄러움이 없도록 하여, 입과 몸에서 말과 행실을 가릴 것이 없었다. 평소 공의 내면과 외면을 상고해보면, 남에게 말할 수 없는 것이 없어서 완전히 적자(赤子)의 마음[211]을 가진 분이고 천리(天理)의 바름을 순수하게 갖춘 분이니, 아마도 맹자께서 말씀한 '대인(大人)'에 공이 해당할 것이다.

불초는 공과 더불어 일찍 오거(伍擧)와 성자(聲子)의 우호(友好)[212]를 의탁하였으니, 귀와 눈에 삼삼한 공의 깨끗한 의표와 바른 지조와 옳은 말씀과 지극한 의논을 머리에서 잊을 수가 없다. 그러나 이것을 여기에 다 쓰고자하면 번다해지는 잘못을 범하게 된다. 그러므로 큰 것만 들었으니, 그 나머지는 이것을 통해 또한 알 수 있을 것이다.

불초가 처음 학문에 뜻을 두었을 적에 유익한 말씀을 청하자, 공은 대답하기를 "쓸데없는 사려(思慮)를 다 제거하고 잡된 문자를 다 버리

자득하고자 해서이니, 자득하면 거처하는 것이 편안하고, 거처하는 것이 편안하면 이용함이 깊게 되고, 이용함이 깊으면 좌우에서 취함에 그 근원을 만나게 된다.〔君子深造之以道, 欲其自得之也. 自得之, 則居之安, 居之安, 則資之深, 資之深, 則取之左右, 逢其原.〕"라는 데서 온 말이다.

211 적자(赤子)의 마음 : 거짓 없이 순수한 마음을 말하는바, 《맹자》〈이루 하(離婁下)〉에 "대인이란 어린이의 순수한 마음을 잃지 않은 사람이다.〔大人者, 不失其赤子之心者也.〕"라고 보인다.

212 오거(伍擧)와 성자(聲子)의 우호(友好) : 선대부터 대대로 교분이 있음을 말한다. 춘추 시대 초(楚)나라의 오삼(伍參)과 채(蔡)나라의 자조(子朝)가 교분이 있었는데, 그들의 아들인 오거와 성자도 그 교분을 이었던 고사를 원용한 것이다. 《春秋左氏傳 襄公26年》

고 주자(朱子)의 '반일(半日) 동안은 정좌(靜坐)하고 반일 동안은 독서하라.'는 말씀[213]을 따르되, 《논어》를 가져다가 고개를 숙여 읽고 고개를 들고 생각하여 말은 충신(忠信)하게 하고 행실은 공경스럽게 하는 방법에 날마다 종사하면, 이것이 참으로 신단(神丹)이요 묘약(妙藥)이네." 하였으니, 여기에서 공이 학문한 절도(節度)를 볼 수 있다.

불초가 늙고 병들어 거의 죽게 되었으나 끝내 도(道)를 듣지 못했으니, 매번 공의 은혜로운 가르침을 생각하면 자연스레 책을 덮고 크게 탄식함을 금치 못한다.

공은 항상 근재(近齋 박윤원(朴胤源)), 영재(寧齋)[214] 두 현자를 섬겼다. 또 영서(潁西) 임공(任公)[215]과 노주(老洲) 오공(吳公) 등 제공(諸公)과 벗하여 형적(形蹟)에 구애받지 않고 기꺼이 더불어 왕복(往復)하며 교유하였다. 근재가 일찍이 공을 칭찬하시기를 "자질이 순수하고 아름다워, 혁혁한 가문에서 생장(生長)하였음에도 사치한 습기(習氣)가 없다. 상신(相臣)은 왜 문학(文學)으로 등용할 것을 청하지 않고

213 주자(朱子)의……말씀 : 인용한 내용은 《주자어류(朱子語類)》 권116 〈주자13(朱子十三) 훈문인4(訓門人四)〉에 보인다.

214 영재(寧齋) : 오윤상(吳允常, 1746～1783)의 호로, 자는 사집(士執), 본관은 해주(海州)이다. 대제학을 지낸 순암(醇菴) 오재순(吳載純)의 아들이며 노주(老洲) 오희상(吳熙常)의 형으로, 김원행(金元行)의 문하에서 배웠다. 학문이 뛰어나고 행실이 효성스러웠으며 경전(經傳)을 탐독하였는데, 37세의 나이에 요절하였다.

215 영서(潁西) 임공(任公) : 영서는 임로(任魯, 1755～1828)의 호로, 자는 득여(得汝), 본관은 풍천(豐川)이다. 1777년(정조1)에 아버지인 임종주(任宗周)가 홍국영(洪國榮)에 의해 단천(端川)에 유배되었다가 별세하자, 과거를 포기하고 학문에만 전력하였다. 학문이 높아지자 나라의 부름이 이어져서 1809년(순조9) 제용감 부봉사(濟用監副奉事)로 출사하고 외직으로 충원 현감(忠原縣監) 등을 지냈다.

마침내 아전의 일로 등용할 것을 청하였는가."라고 하며 나라에서 등용하는 것이 공이 기른 바와 맞지 않음을 깊이 한탄하셨다.

공은 문간공(文簡公) 이시원(李始源)[216]과 세한(歲寒)의 교분[217]을 의탁하였다. 이공의 아드님인 봉수(鳳秀) 자강(子岡)이 공의 상(喪)에 곡하고 슬퍼하여 불초에게 급히 편지를 보내기를 "공의 허심탄회하고 학문을 좋아하고 박식(博識)하며 윤리가 돈독하고 지조가 청고(淸高)함은 당대에서 얻을 수 있는 것이 아니다."라고 하였으니, 군자가 이것을 진리를 아는 말이라고 하였다.

공은 매우 원대한 마음과 큰 운치가 있어서 항상 주염계(周濂溪)와 소강절(邵康節)이 마음을 살핀 학문[218]을 선호하였고, 깊은 산중에 집

216 문간공(文簡公) 이시원(李始源) : 문간은 이시원(1753~1809)의 시호로, 자는 경심(景深), 본관은 연안(延安)이다. 1795년 식년 문과에 급제하고 벼슬이 이조 판서에 이르렀다.

217 세한(歲寒)의 교분 : 우의(友誼)를 평생토록 꿋꿋이 지키는 교분이라는 말로, 《논어》 〈자한(子罕)〉에 공자가 "날씨가 추워진 뒤에야 소나무와 측백나무가 뒤늦게 시듦을 알 수 있다.〔歲寒然後, 知松柏之後彫.〕"라고 한 데서 온 말이다.

218 주염계(周濂溪)와……학문 : 염계는 북송(北宋) 때 성리학자인 주돈이(周敦頤, 1017~1073)의 호이고, 강절(康節)은 북송 때 학자인 소옹(邵雍, 1011~1077)의 시호로, 정호(程顥), 정이(程頤), 장재(張載)와 함께 '북송오자(北宋五子)'로 칭해지는데, 모두 마음공부를 중요하게 여겼기 때문에 이렇게 말한 것이다. 주돈이의 〈양심설(養心說)〉에 "맹자가 말씀하기를 '마음을 기름은 욕심을 적게 하는 것보다 더 좋은 것이 없으니, 그 사람됨이 욕심이 적으면 비록 보존되지 못함이 있더라도 보존되지 못함이 적을 것이요, 사람됨이 욕심이 많으면 비록 보존됨이 있더라도 보존됨이 적을 것이다.' 하셨다. 내가 생각건대 마음을 기름은 욕심을 적게 함에 그칠 뿐만이 아니라 욕심을 적게 하여 욕심이 없음에 이르러야 하니, 욕심이 없으면 진실〔誠〕이 확립되고 밝음〔明〕이 통한다. 진실이 확립됨은 현인이고 밝음이 통함은 성인이니, 이는 성현이 천성에서

을 짓고 정(靜)을 주장하고 진(眞)을 기를 것을 원하였으나, 형세에 막혀 뜻을 얻지 못하였다. 말년에야 비로소 청수동(淸修洞) 안에 집을 샀는데, 흥이 일면 홀로 가서 야인(野人)의 복식(服飾)을 하고 청려장(靑藜杖)을 짚고서 바위굴과 냇가의 누대에서 소요하였다. 혹은 여러 날 동안 돌아갈 것을 잊고 세속 밖에서 표연히 독립(獨立)하려는 뜻을 갖기도 하였다.

공은 젊어서 '송재(松齋)'라는 호를 쓰고 또 '거인(居仁)'이라는 호도 썼는데 말년에 '청수(淸修)'라고 칭하였다. 공은 매번 불초를 청수동으로 데리고 가서 바람을 맞으며 술잔을 잡고서 명리(名理 성리(性理))를 담론할 때마다, 나에게 화산(華山)을 나누어주어[219] 말년을 즐겁게 보

나온 것이 아니고 반드시 마음을 길러서 이르는 것이다. 마음을 기름의 좋음은 큰 것이 이와 같으니, 그 사람에게 달려 있을 뿐이다.〔孟子曰: 養心, 莫善於寡欲, 其爲人也寡欲, 雖有不存焉者寡矣, 其爲人也多欲, 雖有存焉者寡矣. 予謂: 養心, 不止於寡而存耳, 蓋寡焉, 以至於無, 無則誠立明通. 誠立, 賢也; 明通, 聖也, 是聖賢非性生, 必養心而至之, 養心之善有大焉, 如此, 存乎其人而已.〕"라고 하였다.《通書述解 卷下 通書後錄》 선천상수학(先天象數學)을 주장한 소옹은 "선천의 학문은 심법(心法)이다. 그러므로 선천도(先天圖)는 모두 마음속에서 만 가지 변화를 일으키니, 만사가 마음에서 생기기 때문이다. 선천의 학문은 성실함을 주장한다. 지극히 성실하면 신명에 통할 수 있으나 성실하지 못하면 도를 터득할 수 없다.〔先天學, 心法也. 故圖皆自中起萬化, 萬事生乎心也. 先天學, 主乎誠. 至誠, 可以通神明, 不誠則不可以得道.〕"라고 하였고, "선천의 학문은 마음이고, 후천의 학문은 자취이다.〔先天之學, 心也; 後天之學, 迹也.〕"라고 하여 마음공부의 중요성을 강조하였다.《皇極經世書 卷13 觀物外篇上》

219 화산(華山)을 나누어주어 : 자신이 은거하고 있는 산의 절반을 떼어주어 함께 은거한다는 말로, 북송(北宋) 진종(眞宗) 때의 명신인 장영(張詠, 946~1015)이 젊었을 때 화산에 은거하고 있던 진단(陳摶)을 찾아가 만나보고 화산에 은거하고 싶어 하자, 진단이 "다른 사람은 몰라도 공이라면 화산의 절반을 나누어주겠다."라고 한 고사를 인용한 것이다.《夢溪筆談 卷20》

내기로 약속했는데, 미처 과축(薖軸)[220]을 하기 전에 공이 갑자기 서거하였다. 혁혁(奕奕)한 정령(精靈)이 동천(洞天)과 구름 낀 골짝에 있을 터인데, 원대한 풍류를 다시 볼 수가 없으니, 아! 슬프다. 명문은 다음과 같다.

크게 드러난 훌륭한 덕이여 顯顯令德
문의공과 문정공이었네 文毅文貞
도를 창도하고 선을 행하여 倡道行善
영원한 후세에 모범이 되었네 永世儀刑
공의 몸에 이르러 迄于公躬
능히 가문의 명성을 이었네 克紹家聲
오랫동안 쌓아 빛나서 길하니 積久暉吉
하늘이 넉넉하게 주셨네 天畀斯贏
태어날 적에 순수한 정기를 받아서 生稟純粹
안연과 정명도에 거의 가까웠네[221] 庶隣顏程

220 과축(薖軸) : 산수(山水)의 사이에 은거하여 지냄을 말하는바, 《시경》〈위풍(衛風) 고반(考槃)〉의 제2장에 "고반이 굽은 구릉에 있으니, 석인의 마음이 관대하도다.〔考槃在阿, 碩人之薖.〕"라고 한 것과 제3장에 "고반이 높은 평지에 있으니, 석인이 한가히 소요하도다.〔考槃在陸, 碩人之軸.〕"라고 한 것에서 끝의 두 글자를 따온 말이다. '고반'은 은사(隱士)의 집이라고도 하고 은사가 맴도는 곳이라고도 한다.

221 태어날……가까웠네 : 안연(顏淵)은 타고난 자품이 성인(聖人)에 가까웠고 명도(明道) 정호(程顥)는 자품이 순수하였는바, 김종선의 타고난 자품을 이분들에 빗댄 것이다. 안연에 대해서는 《맹자》〈공손추 상(公孫丑上)〉에 공손추가 "자하·자유·자장은 모두 성인의 한 부분을 가지고 있고 염유·민자·안연은 성인의 전체를 갖추고 있었으나 미약했다.〔子夏、子游、子張, 皆有聖人之一體, 冉牛、閔子、顏淵, 則具體

얼음 병에 비친 가을 달과 같아서[222]	氷壺秋月
밑바닥까지 깨끗하였네	徹底其淸
금옥의 아름다움이	金玉之章
찬란하게 이루어졌네	斐然其成
인을 구하고 자기를 위하는 학문을 하여	求仁爲己
실제를 실천하고 명성을 잊었네	踏實忘名
여러 가지 찬란한 아름다움은	焯焯衆美
경학을 연구함에 근본하였네	本之硏經
굳이 과거에 급제할 필요가 있겠는가	何必釋褐
홀을 바로잡고 조정에서 능력을 드날렸네	正笏揚廷
궁궐에서 납약[223]을 하여	廈氈納約
마침내 참된 정성을 보였네	乃見眞誠
만일 공이 뜻을 얻었다면	苟使得志
만물이 다 편안했으리라	萬物咸寧

而微.〕"라고 한 데에 보이고, 정호에 대해서는 아우 이천(伊川) 정이(程頤)가 "순수하기는 정제된 금과 같고 온윤하기는 좋은 옥과 같다.〔純粹如精金, 溫潤如良玉.〕"라고 한 데에 보인다. 《宋名臣言行錄 外集 卷2 程顥》

222 얼음……같아서 : 얼음으로 된 호리병에 비친 가을 달과 같다는 뜻으로, 청백하고 개결한 인품과 덕성을 갖춘 인물을 비유한다. 등적(鄧迪)이 주자의 스승 연평(延平) 이동(李侗)의 인품을 "마치 빙호추월과 같아 티 없이 맑고 깨끗하니 우리들이 미칠 수 없다.〔如氷壺秋月, 瑩徹無瑕, 非吾曹所及.〕"라고 한 데에 보인다. 《宋史 卷428 道學列傳 李侗》

223 납약(納約) : 신하가 군주를 깨우칠 적에 군주가 알고 있는 것으로부터 잘 인도한다는 뜻으로, 《주역》 〈감괘(坎卦) 육사(六四)〉에 "맺음을 들이되 통한 곳으로 하면 끝내 허물이 없으리라.〔納約自牖, 終无咎.〕"라고 보인다.

현가를 하여 남을 믿게 하고 응하게 함이 絃歌孚應
그림자가 형체를 따른 것과 같았네[224] 如影隨形
닭을 잡아서 나온 한 점 고기로 割鷄一臠
어찌 태갱과 형갱을 측량하겠는가[225] 焉測泰鉶
헌면[226]을 진흙처럼 여기니 泥塗軒冕
이경[227]이 무슨 소용이 있었겠는가 何有貳卿
자나 깨나 깊이 은둔해서 寤寐肥遯
비형을 길이 맹세하였네[228] 永矢泌衡

224 현가(絃歌)를……같았네 : 큰 재능을 가진 사람이 작은 고을을 다스려서 그 고을이 마치 그림자가 형체를 따르듯 곧바로 교화됨을 말하는바, 김종선이 지방의 수령이 되어 정사를 잘한 것을 표현한 것이다. '현가'는 거문고 따위의 현악기 소리에 맞추어 부르는 노래인데, 공자의 제자인 자유(子游)가 무성(武城)의 읍재(邑宰)로 있을 적에 교화를 베풀어 백성들이 모두 현가를 하였으므로 공자가 그곳을 지나다가 현가 소리를 들은 고사에서 온 말이다. 《論語 陽貨》

225 닭을……측량하겠는가 : '닭을 잡음'은 뛰어난 재주를 지닌 사람이 작은 고을을 다스리는 것을 비유하고, '태갱(泰羹)'은 상고(上古)인 당우(唐虞) 이상의 시대에 나라의 큰 제사에 사용한 국이고, '형갱(鉶羹)'은 삼왕(三王) 이후의 시대에 큰 제사에 사용한 국을 가리키는바, 작은 고을에서 베푼 김종선의 치적을 가지고 그가 나라의 예악을 맡을 수 있는 큰 재능을 가졌음을 나라에서 헤아리지 못하였다는 말이다. 원문의 '할계(割鷄)'는 《논어》 〈양화(陽貨)〉에, 공자가 자유(子游)가 다스리는 무성(武城)에 가서 현가(絃歌) 소리를 듣고는 "닭을 잡는 데에 어찌 소 잡는 칼을 쓰느냐?〔割雞, 焉用牛刀?〕"라고 농담한 데서 온 것이다.

226 헌면(軒冕) : 높은 관리가 타는 초헌(軺軒)과 머리에 쓰는 면류관으로, 높은 벼슬을 이른다.

227 이경(貳卿) : 아경(亞卿)과 같은 말로, 보통 육조(六曹)의 참판을 이른다.

228 자나……맹세하였네 : 원문의 '비둔(肥遯)'은 《주역》 〈둔괘(遯卦) 상구(上九)〉에 "상구는 여유 있는 은둔이니, 이롭지 않음이 없다.〔上九肥遯, 無不利.〕"라고 보이고,

수초부[229]를 짓기 전에　未賦遂初
많은 수명을 누리지 못하고 갑자기 죽었네　遽斬遐齡
죽어서 아득한 구천으로 떠났으나　大化冥漠
명성과 영령은 없어지지 않으리라　不昧聲靈
수춘산에　維壽春山
공의 높은 무덤이 있네　睾如其塋
그윽하게 잠긴 덕을 드러내어　發潛闡幽
명문을 지어 묘소에 넣네　納銘玄扃
내가 감히 아첨하는 말을 하여　靡敢諛辭
공의 밝은 덕에 누를 끼치랴　玷累公明
영원한 후세에도 불후할 것이니　永世不朽
바로 청수 선생이네　淸修先生

'비형(泌衡)'은 《시경》 〈진풍(陳風) 횡문(衡門)〉의 "횡문의 아래여. 쉬고 놀 수 있도다. 샘물이 졸졸 흐름이여. 이 물 마시면 굶주림을 달래 즐길 수 있네.〔衡門之下, 可以棲遲. 泌之洋洋, 可以樂飢.〕"라는 데서 온 말로, 모두 은거지를 비유하는바, 김종선이 평생 은둔을 지향하는 삶을 살았음을 이른다.

229 수초부(遂初賦) : 진(晉)나라의 문장가인 손작(孫綽)이 지은 부로, 은거 생활의 즐거움을 노래한 작품인바, 김종선의 은거를 이것으로 비유하였다. 《晉書 卷56 孫綽列傳》 '수초'는 벼슬을 그만두고 초야에 은거하려던 처음의 소원을 이루었다는 뜻이다.

증 예조 참판 한공 묘지명 병서

贈禮曹參判韓公墓誌銘 幷序

상(上)의 11년 신미년(1811)에 토적(土賊)인 홍경래(洪景來) 등이 서쪽 변방에서 군대를 일으켜 정주성(定州城)을 함락하고 점거하니, 정주 사람인 전 공릉령(前恭陵令) 한호운(韓浩運) 공이 적을 꾸짖으며 복종하지 않다가 죽었다. 이 일이 알려지자, 특별히 가선대부 예조참판 겸 동지경연 춘추관 의금부사 오위도총부 부총관을 추증하고 그 마을에 정려문(旌閭門)을 세워 '충신지문(忠臣之門)'이라 하였다.

다음 해에 명하여 정주의 동쪽 달천(㺚川) 가에 제단(祭壇)을 설치하고 해마다 적을 격파한 날에 공 및 공과 동시에 충절을 세운 여러 사람들을 제사하게 하였다. 그리고 비석을 다듬어 이 일을 기록하게 하고 그 사당에 사액(賜額)하기를 '표절(表節)'이라 하였으며, 또 공의 아들 계린(季麟)에게 관직을 내리도록 명하니, 조정에서 표창하고 아름답게 여긴 은전(恩典)이 고루 갖추어졌다.

공은 자가 문익(文翼)이며, 선대는 청주(淸州) 사람이니, 고려 때 태사(太師)를 지낸 난(蘭)이 바로 시조이시다. 흥보(興輔), 웅태(雄泰), 순빈(順彬)과 가흥(嘉興) 김정만(金鼎滿)은 바로 공의 증조, 조고, 부친과 외조이다. 공의 집안은 대대로 정주에 거주하여 크게 현달하지 못하였는데, 공에 이르러 떨쳐 일어났다.

공은 부친이 병환이 있을 적에 울면서 북극성에 기도하고 손가락을 베어 피를 올렸으며, 처음 벼슬할 적에는 녹미(祿米)를 짊어지고 와서 어머니를 공양하였다. 침관(寢官 능참봉(陵參奉))이 되자, 조석(朝夕)의 공양 때가 되면 번번이 울며 말하기를 "나에게는 노모(老母)가 계시니, 이 음식을 차마 목으로 넘길 수가 없다." 하고는 그 절반을 싸 가서 달고 맛있는 음식을 올렸으니, 지극한 효성이 천성에서 나온 것이 대체로 이와 같았다.

첩괄(帖括)로 경신년(1800) 과거에 급제하여[230] 성균관 학유(成均館學諭)와 전적(典籍), 능령(陵令)을 역임하였다. 전형(銓衡)을 맡은 자가 공의 명성을 듣고는 한 번 불러 들여서 장차 대각(臺閣 사헌부(司憲府)와 사간원(司諫院))에 의망(擬望)하려고 했는데, 공은 웃으면서 응하지 않고 말씀하기를 "나를 만나보고자 하는 것은 아마도 내가 어질다고 여겨서일 것이다. 그런데 내가 명함을 가지고 가서 중요한 관직을 얻는다면, 이것은 이익으로써 부름에 내가 이익으로써 나아가는 것이니, 양쪽 모두 의리를 잃는 것이다. 나는 차마 할 수 없다."라고 하였다. 이 때문에 종신토록 조용(調用)되지 못하였다.

서쪽의 경계(홍경래의 반란)가 심해지자, 공은 분한 나머지 살고 싶어 하지 않는 마음을 품고서 당시의 정승을 배알하고는 자신이 가서 적을 타일러 항복시키게 해달라고 청하였다. 순무영(巡撫營)의 진(津 나루터)에서 반전(盤纏 여비(旅費))을 보냈으나 공은 받지 않고서 검을 차고 도보로 갔는데, 곧바로 성(城) 밖에 도착하여 말씀하기를 "너희들은 나와서 내 말을 들으라." 하였다.

230 첩괄(帖括)로……급제하여 : 첩괄은 당(唐)나라 때 명경과(明經科) 중 첩경(帖經)의 응시자가 경서(經書)의 어려운 부분을 뽑아 노래처럼 만들어 기억하기 편하게 만든 것을 가리키는데, 후대에는 경서의 몇 글자를 가린 뒤 고시생에게 대답하게 하는 시험을 칭하기도 하였는바, 한호운이 경신년 별시(別試) 문과에 급제한 것을 말한다.

적이 누구냐고 묻자, 공은 대답하기를 "나는 한모(韓某)이니, 성에 가득한 너희들의 생명들을 살려주기 위해서 왔다."라고 하였다. 적이 공을 데리고 들어가자, 홍경래가 자기 무리를 보내 공에게 돌아갈 것을 권하였다.

공은 큰소리로 말씀하기를 "내가 홍경래를 깨우쳐 주고자 하노라." 하였다. 홍경래가 "와서 무슨 일을 하고자 하는가?"라고 물으니, 공이 말씀하기를 "내가 너를 타일러서 항복하게 하고자 한다." 하였다. 홍경래가 말하기를 "당신은 무슨 관직을 맡고 있기에 죽음을 잊고 와서 이와 같은 말을 하는가?" 하자, 공이 말씀하기를 "너 또한 왕의 교화를 받는 사람 가운데 하나이다. 네가 속히 항복하지 않으면 하늘이 너를 멸망시킬 것이요, 협박을 받아 너를 따르는 저들도 장차 너 때문에 남김없이 다 죽을 것이다." 하고는 여러 적들을 돌아보고 말씀하기를 "너희들이 미련하고 미련해서 역(逆)과 순(順)을 알지 못하는구니. 내가 너희들을 불쌍히 여겨서 살 길을 가리켜 보이노니, 진실로 능히 너희의 괴수(魁帥)를 참수하고 나와서 항복하면, 너희들에게 죄를 내리지 않을 것이다."라고 하였다.

홍경래가 말하기를 "그대는 한효자(韓孝子)가 아닙니까. 속히 당(堂)으로 올라오시오, 내가 장차 음식을 드리겠습니다."라고 하고는 공을 유인하고자 하였다. 공이 꾸짖기를 "내가 어찌 역적을 따라 음식을 먹겠는가."라고 하였다. 홍경래가 큰 소리로 무릎을 꿇으라고 하였는데, 공은 꽂아놓은 나무와 같이 꼿꼿이 서 있었다. 토적의 무리인 최완근(崔完根)이 공의 발을 찔러 피가 줄줄 흘렀으나, 공은 끝내 동요하지 않고 크게 꾸짖기를 처음과 같이 하였다.

홍경래가 말하기를 "저분은 효자이니, 죽일 수 없다." 하고는 그 무리인 우군칙(禹君則)에게 부탁하여 관군의 허실(虛實)을 정탐하게 하였다. 공은 또다시 꾸짖기를 "내가 어찌 개와 쥐새끼 같은 무리를 위해 왕사(王師)의 기밀을 누설하겠는가."라고 하였다. 우군칙은 끝내 공의 뜻을 빼앗지 못하였고, 공은 마침내 살해되었다.

공은 죽을 때에도 오히려 큰소리로 꾸짖기를 그치지 않았다. 이날은 바로 임신년(1812) 3월 12일이니, 출생한 신사년(1761)과의 거리는 52세가 된다. 토적이 공의 시체를 대자리로 싸서 성 아래로 던지니, 공의 아들 맹린(孟麟)이 시신을 업고 돌아왔다. 맹린이 복수하기 위하여 종군(從軍)하였는데, 성이 격파되자 최완근의 배를 갈라서 간을 씹어 먹었다.

이해 9월에 공의 초빈(草殯)을 열었는데 안색이 살아 있을 때와 똑같이 늠름하였다. 오로봉(五老峯) 아래에 있는 부인의 묘 오른쪽 건좌(乾坐)를 파서 장례하였다. 부인 양천 허씨(陽川許氏)는 누(壘)의 따님이니, 두 아들 맹린과 계린(季麟)을 낳았다. 맹린은 요절하였는데 두 아들을 두었고, 막내는 지금 동부령(東部令)으로 한 아들을 두었는데, 아들들은 모두 어리다.

공은 학문을 좋아하고 옛 의리를 사모하여 여행을 할 적이면 밤에 항상 등불을 켜놓고 책을 읽었다. 선철의 좋은 말씀과 아름다운 행실을 보면 반드시 격앙(激昂)되어 감발(感發)하고는, 급히 써서 벽에 게시하여 좌우명(座右銘)으로 삼았다. 이불에 회초리를 두었으니, 때때로 스스로 종아리를 쳐 옥루(屋漏)에서 부끄러운 일이 생기는 것[231]을 경

231 옥루(屋漏)에서……것 : 옥루는 집안 서북쪽에 가장 깊숙한 구석에 있어서 남의 눈에 띄지 않는 곳인바, 이곳에 혼자 있으면 부끄러운 일을 저지르기 쉽기 때문에 이렇

계한 것이다.

일찍이 오촌(鰲村) 송치규(宋穉圭) 공의 풍모를 듣고 즉시 신을 신고 회천(懷川)으로 달려갔다. 때는 한 겨울이어서 얼음과 눈 때문에 가는 길이 험하였으나, 공은 끝내 속수(束脩)의 예를 행하였고,[232] 돌아와서 스승의 가르침을 연역(演繹)하여 밤낮없이 노력하였다.

관직에 있을 적에 근친(覲親)하는 말미를 얻고는 즉시 도성문(都城門)을 나왔다. 혹자가 매우 급하게 가는 이유를 물으니, 공은 "하직하고서 곧바로 출발하지 않으면 이것은 군주를 속이는 것이다."라고 하였으니, 일마다 옳음을 따르는 것이 이와 같았다.

아! 국가가 태평한 지 5백 년에 백성들이 병란을 알지 못해서, 황지(潢池)의 작은 무리[233]가 하루아침에 갑자기 일어남에 열흘이 되기도 전에 도(道)의 절반이 수비를 하지 못하고 멀리서 풍문을 듣고는 붕궤(崩潰)하여 항복하거나 달아나니, 당시의 일은 참으로 한심(寒心)스러웠다. 공은 관수(官守)의 책임과 군부(君父)의 명령이 있지 않았으니,

게 말한 것이다. 《시경》 〈대아(大雅) 억(抑)〉에 "네가 깊은 거실에 있을 때를 보건대, 거의 옥루에도 부끄럽지 않도다.〔相在爾室, 尙不愧于屋漏.〕"라고 한 데서 온 말이다.

232 속수(束脩)의 예를 행하였고 : 속수는 제자가 스승에게 처음으로 가르침을 청할 적에 올리는 폐백 중에서 가장 약소한 것인바, 예를 행하여 제자가 되었다는 말이다.

233 황지(潢池)의 작은 무리 : 황지는 물이 고인 작은 못을 이르는바, 민란(民亂)을 일으킨 무리를 가리킨다. 전한(前漢) 선제(宣帝) 때에 발해(渤海) 지방에 민란이 일어나자, 공수(龔遂)를 발해 태수로 임명하여 도둑을 토벌하게 하였는데, 공수가 "이번의 반란은 굶주림과 추위에 시달리는 백성들을 관리들이 제대로 돌보지 않으므로 폐하의 어린아이(백성)들이 폐하의 무기를 훔쳐서 황지 가운데에서 한번 장난을 쳐 본 것일 따름입니다.〔陛下赤子盜弄陛下之兵于潢池中耳.〕"라고 한 데서 유래하였다. 《漢書 卷89 龔遂傳》

참으로 이른바 '어떻게 생겼는지 알지 못했다.'[234]는 것이다. 그런데도 공은 만 번 죽을 계책을 내어서 한 번도 목숨을 돌아보지 않고 난에 달려가기를 즐거운 땅으로 달려가는 것처럼 하였고, 자기 몸이 죽게 되어도 후회하지 않았다. 이에 구차히 살고자 하는 왕신(王臣)의 마음을 부끄럽게 하고 막 일어나는 난역(亂逆)의 기운을 꺾어서 반년이 되기 전에 적을 섬멸시킬 수 있었으니, 이것은 바로 공이 한 목숨을 바친 공(功)으로 이루어진 것이었다.

옛 현인(賢人)이 이른바 '적을 꾸짖는 혓바닥이 백만의 정예병보다 강하다.'는 것[235]이 어찌 진실이 아니겠는가. 옛 책에 이르기를 "충신(忠臣)은 반드시 효자의 가문에서 구한다." 하였으니,[236] 공(公)에게 실로

234 어떻게……못했다 : 당나라 현종(玄宗) 때 안녹산(安祿山)이 반란을 일으키자 하북(河北)의 모든 성이 모두 함락되었는데, 오직 안진경(顔眞卿, 709~785)이 태수로 있던 평원군(平原郡)만 성을 굳게 지켜 함락되지 않았다. 처음에 하북의 모든 성이 함락되었다는 소식을 들은 현종이 탄식하며, "하북 24개 고을에 충신이 한 사람도 없단 말인가." 하였는데, 안진경이 보낸 사자가 이르자 현종이 크게 기뻐하면서 "짐은 안진경이 어떤 사람인지 알지 못했는데, 하는 일이 마침내 이와 같구나.〔朕不識眞卿何如人, 所爲乃若此.〕"라고 하였는바, 이 고사에서 온 말이다.《新唐書 卷153 顔眞卿列傳》

235 옛 현인(賢人)이……것 : 인용한 내용은, 안녹산(安祿山)의 반란 때 상산 태수(常山太守)로서 의병을 일으켜 안녹산의 반군에 대항하여 싸우다가 사사명(史思明)에게 패하고 사로잡혀 사지가 찢기면서도 혀가 끊어질 때까지 준열하게 안녹산을 꾸짖었던 안고경(顔杲卿, 692~756)을 칭탄할 때 인용되는 글인데, 옛 현인은 누구인지 자세하지 않다. 안고경은 안녹산에 의해 상산 태수(常山太守)가 되었고 안녹산은 반란을 일으킨 뒤 안고경에게 고관대작이 입는 붉은 색깔의 도포를 주었다. 그러나 안고경은 군대를 일으켜 안녹산을 토벌할 것을 꾀하여 상산에서 혈전을 벌였는데, 성이 함락되자 안녹산을 꾸짖기를 "오랑캐야, 어찌 나를 빨리 죽이지 않느냐." 하며 끝까지 굴복하지 않다가 죽었다.《新唐書 卷192 忠義列傳 顔杲卿》

236 옛 책에……하였으니 : 옛 책은 《후한서(後漢書)》로, 인용한 내용은 〈위표전(韋

이러한 점이 있다.

공은 일찍이 나를 따라 종유해서 의기(義氣)로 서로 감동하니, 나 또한 공에게 선우돈암(鮮于遯菴)과 황집암(黃執菴)의 동류(同流)[237]로 기대해서 세한(歲寒)의 교분[238]을 의탁하였다. 내가 영남에 있을 적에 서쪽에서 난리가 났다는 말을 듣고는 공이 반드시 죽었을 것이라고 생각하였으니, 이는 그의 평소 성품이 굳세고 열렬해서 항상 온전한 죽음을 얻지 못할까 두려워했기 때문이다.

공은 끝내 제자리를 얻고 죽어서 과연 내가 바라던 바를 저버리지

彪傳)〉에 "공자가 이르시기를 '어버이를 효도로 섬기기 때문에 충성을 임금에게 옮길 수 있나니, 충신은 반드시 효자의 가문에서 구하는 것이다.' 하였다."〔孔子曰: 事親孝, 故忠可移於君, 是以求忠臣, 必於孝子之門.〕"라고 보인다.《後漢書 卷56》

237 선우돈암(鮮于遯菴)과 황집암(黃執菴)의 동류(同流) : 돈암은 선우협(鮮于浹, 1588~1653)의 호이고 집암(執菴)은 황순승(黃順承, 1652~1718)의 호인바, 모두 평안도 출신이기 때문에 한호운과 동류라고 한 것이다. 선우협은 자가 중윤(仲潤), 본관은 태원(太原)이다. 학행으로 천거되어 성균관 사업 등에 제수되었으나 사직하고 후진 양성에 전념하였다. 심성이기(心性理氣)를 깊이 연구하였으며, 특히《주역》에 통달하였다. 평안도에 거주하였으므로 '관서부자(關西夫子)'라고 칭하여졌다. 시호는 문간(文簡)이며, 저서로《돈암전서》가 있다. 황순승은 자가 득운(得運), 본관은 제안(齊安)이며, 김창협(金昌協)과 권상하(權尙夏)의 문인이다. 효성이 지극하였으며 고집이 세기로 유명하였는바, '평양(平壤)의 황고집'이란 말도 그의 고집스런 행동으로 인해 생긴 이름이다. 그에 대한 일화가 이덕무(李德懋)의 문집에 보이는데, 이덕무는 "황고집이 물정에 어두운 사람처럼 보이지만 오히려 편협한 사람의 정신을 일깨운다."라고 칭찬하였으며,《대동기문(大東奇聞)》과 장지연(張志淵)의《일사유사(逸士遺事)》에도 보인다. 행의(行義)로 천거되어 경릉 참봉(敬陵參奉)에 제수되었으며, 사도시 직장(司導寺直長)과 전생서 직장(典牲署直長)을 역임하였다.《陶菴集 卷50 直長執菴黃公行狀》

238 세한(歲寒)의 교분 : 우의(友誼)를 평생토록 꿋꿋이 지키는 교분이라는 말로, 자세한 내용은 246쪽 주217 참조.

않았으니, 어찌 진실로 나도 함께 영화롭지 않겠는가. 계린(季麟)이 능히 선친의 정의(情誼)를 이어서 때때로 와서 글을 배웠는데, 또 묘지명을 부탁하였다. 나는 사람을 불후하게 할 수 있는 자가 아니나, 공에 대해 깊이 알고 공을 참되게 신복(信服)한 것으로는 나만 한 사람이 없을 듯하다. 내가 공의 명문을 짓지 않는다면 누가 짓겠는가. 마침내 다음과 같이 명문을 짓는다.

열렬한 한공이여	烈烈韓公
수많은 남자 중에 으뜸이었네	萬夫之特
처음 벼슬하면서 지조를 지켜	釋褐守躬
단단한 절개가 돌보다 더 강하였네	彌介于石
갖옷 입은 사람들 속에서 갈옷을 입고서도	衆裘我絺
태연히 자득하였으니[239]	夷然自得
이는 평소에	玆其素日
책을 읽은 공력이었네	讀書之力
국가의 위급함에 순국함은	殉國家急
평소 가슴속에 축적한 바였네	素所蓄積
분발하여 몸을 돌보지 않고	奮不顧身

239 갖옷……자득하였으니 : 갖옷은 값비싸고 따뜻한 옷이고 갈옷은 싸고 허름한 옷인바, 한호운이 허름한 복장으로 값비싼 옷을 입은 사람들 속에 끼어 있어도 부끄러워하지 않고 태연하였다는 말이다. 이 내용은 공자(孔子)가 제자 자로(子路)에 대해 "해진 솜옷을 입고서 여우나 담비의 갖옷을 입은 사람과 함께 서 있으면서도 부끄러워하지 않는 사람은 유(由)일 것이다.〔衣敝縕袍, 與衣狐貉者, 立而不恥者, 其由也與.〕"라고 한 말씀을 원용한 것이다. 《論語 子罕》 유는 자로의 이름이다.

의리로써 적을 타일렀네	以義諭賊
칼과 톱 앞에서 담소하고	談笑刀鋸
솥과 가마솥을 가리키며 질타하였네	指叱鼎鑊
미련한 효경[240]들은	蠢爾梟獍
교화하여 고치기가 어렵네	難以化革
계속해서 큰 소리로 꾸짖으니	抗聲不絶
죽을 것이 명백하였네	死則明白
지사가 인을 이룸이	志士成仁
어쩌면 이리도 우뚝하였는가	一何卓卓
우리 기자의 땅으로 하여금	俾我箕邦
영원히 사람의 표준을 세우게 하였네[241]	永樹人極
응당 영령이 있어서	應有英靈
벽력으로 변화하여	化爲霹靂
한 지방의 요망한 기운을	一方妖祲

240 효경(梟獍) : 효(梟)는 어미를 잡아먹는 올빼미이고 경(獍)은 아비를 잡아먹는 파경(破獍)이라는 짐승으로, 흉악하고 배은망덕한 사람을 비유하는바, 토적(土賊)의 무리를 가리킨다. 《漢書 卷25 郊祀志》

241 우리……하였네 : 기자(箕子)는 주(周)나라 무왕(武王) 때 조선의 평양(平壤)으로 옮겨와 기자조선(箕子朝鮮)을 세웠는데 후대 사람들에게 기성(箕聖)으로 추앙되는 인물이고, '사람의 표준'은 인간 세상의 최고의 표준이 되는 윤리·도덕을 가리키는바, 평안도 정주(定州) 출신의 한호운이 죽음을 두려워하지 않고 충성을 바쳐 토적을 꾸짖은 것이 우리나라의 윤리 기강을 세우게 하였다는 말이다. 기자는 은(殷)나라 주왕(紂王)의 숙부인데, 은나라가 멸망한 후에 주나라 무왕의 물음에 답하여 천하를 다스리는 아홉 가지의 대법(大法)인 홍범구주(洪範九疇)를 가르쳐 주고 조선의 평양으로 옮겨와 기자조선을 세웠다고 전해진다. 기(箕)는 나라 이름이고 자(子)는 작위이다.

하루가 지나기 전에 소탕하였으리라	不日淸廓
효는 하늘의 법이요	孝卽天經
충은 사람의 법칙이니	忠爲人則
이 두 가지에	維斯二者
공이 실로 부끄러움이 없네	公實無怍
적각과 오두[242]가	赤脚烏頭
고택을 아름답게 꾸미고	賁若故宅
우뚝한 오봉산에	五峯巖巖
남은 사당이 조용하네	遺廟侐侐
선비들 함께 달려와서	衿紳騈趨
희생과 단술을 끊임없이 올리네	牲醴無射
바로 그 옆에 묘를 쓰니	卽墓于傍
네 척의 봉분이 지붕과도 같네	四尺若屋
이두[243]에 글을 새김에	琢辭螭頭
나는 부끄러운 기색이 없네	我無愧色
천년만년이 지나도록	歷千萬億
영원히 없어지지 않으리라	其永無泐

242 적각(赤脚)과 오두(烏頭) : 일반적으로 '오두적각(烏頭赤脚)'이라고 칭하는데, 윗부분은 검고 기둥은 붉은색으로 된 정려문을 가리킨다.

243 이두(螭頭) : 비석의 두부에 뿔 없는 용의 모양을 아로새기기 때문에 묘비나 송덕비를 가리키는 말로 쓰인다.

대사간 이공 묘지명 병서
大司諫李公墓誌銘 幷序

정종대왕(正宗大王 정조(正祖))은 성스럽고 지혜로움을 하늘에서 타고난 분이시다. 그래서 군주와 스승의 도리를 겸하고서 인재 양성을 훌륭한 정치를 이룩하는 급선무로 여기셨다. 이때 대사간 이공(李公)이 뛰어난 성적으로 과거에 급제하고 정밀한 선발(選拔)을 받아 제왕(帝王)의 도를 돕고 문교(文教)를 아름답게 꾸몄으니, 아! 아름답다.

공은 휘가 익진(翼晉)이고 자가 치명(穉明)이니, 어려서부터 총명하고 민첩하였으며 효성스럽고 우애로운 천성을 갖추었다. 10세에 부친상을 당하였을 적에 성인(成人)처럼 거상(居喪)하였다. 복상(服喪)이 끝나고 나서 동몽(童蒙)으로서 교관(敎官)을 따라 입시(入侍)하였는데, 영조(英祖)께서 "후일 조정에서 벼슬하면 무엇으로써 군주를 섬기겠느냐?"라고 물으셨다. 공은 대답하기를 "마땅히 어버이를 섬기는 도리로써 섬기겠습니다."라고 하니, 상은 순실(純實)함을 가상히 여겼다. 차츰 장성하자 경사(經史)를 널리 통하였고, 문장을 지을 적에 민첩하고 총명하여 사람들을 놀라게 하였다.

계사년(1773) 사마시에 합격하였는데, 공은 공령(功令 과거(科擧))의 여러 문체 중에서 사륙문(四六文)[244]을 더욱 잘하였다. 여러 번 성균

244 사륙문(四六文) : 수사(修辭)하는 데 4자와 6자의 대구(對句)를 쓰고 음조(音調)를 맞추며 고사를 많이 쓰는 한문체(漢文體)로, 변려문(騈儷文)이라고도 불리는데, 과문(科文)에 주로 이 문체를 썼다.

관 시험에서 장원하였는데, 고사(故事)에 따라 입격(入格)한 자는 의례히 입선한 정문(程文)[245]을 외게 하였으나, 정조는 특명으로 공에게 외는 것을 면하게 하였다. 경자년(1780) 감제(柑製)[246]에 장원하였는데, 사은(謝恩)하는 전문(箋文)을 지어 올리라고 명하자, 공은 걸음을 따라 즉시 글을 지으니, 경연관이 까치발을 하고 구경하였다.

뒤에 백씨(伯氏)인 대간공(大諫公)[247]이 입시하자, 상은 하교하시기를 "네 아우가 시문(時文)[248]을 폐하지 않았는가? 방방(放榜)한 뒤에 마땅히 문신(文臣)의 선발[249]에 들어야 할 것이니, 급제하였다 하여 전제(筌蹄)로 여기지 말라."[250] 하셨다.

245 정문(程文) : 과거 시험에서 작성한 일정한 법식이 있는 글을 말한다.

246 감제(柑製) : 황감제(黃柑製)로, 해마다 제주도에서 귤을 진상하면 임금이 이를 성균관과 사학(四學)의 유생들에게 내리고 실시하던 과거이다. 《열양세시기(洌陽歲時記)》에 "제주도는 감귤을 생산하여 매년 공물로 바친다. 동짓달과 섣달 두 달 사이에 귤이 서울에 이르면, 임금은 성균관 유생들에게 감귤을 하사하고 절일제(節日製)의 준례에 따라 친히 시험 제목을 내어 상재생(上齋生)을 뽑는데, 수석을 차지한 유생에게는 문과에 급제시킨다. 이것을 황감제라 한다."라고 보인다.

247 백씨(伯氏)인 대간공(大諫公) : 이익진의 형인 이우진(李羽晉, 1741~?)으로, 대사간을 지냈기 때문에 이렇게 칭한 것이다. 이우진은 자가 성익(聖翼)으로, 숙부인 이명석(李命錫)에게 출계하였다. 1773년(영조49) 증광 문과에 급제하고, 홍문관 부수찬, 대사간 등을 지냈다.

248 시문(時文) : 과거에 응시하기 위하여 공부하는 문체를 이른다.

249 문신(文臣)의 선발 : 초계문신(抄啓文臣)의 선발을 이른다. 정조(正祖) 때 인재 양성을 목적으로 당하 문신(堂下文臣) 중에서 학문이 특출한 사람을 뽑아 규장각에 소속시켜 학문을 연마하게 하고 매월 제술(製述)과 강서(講書) 시험을 치르게 하였는데, 이 가운데 우수한 사람에게는 승진의 길을 열어주었는바, 여기에 선발 상주된 사람을 초계문신이라 한다.

250 급제하였다……말라 : 전제(筌蹄)의 제(蹄)는 토끼를 잡는 올무이고 전(筌)은

임인년(1782) 정시(庭試), 전시(殿試)에 응하여 괴원(槐院 승문원)에 예속되었다. 계묘년(1783) 강제문신(講製文臣)에 피선(被選)되었는데, 매번 시험을 볼 때마다 상은 공의 시권(試卷)을 가리키며 말씀하시기를 "참으로 관각(館閣 홍문관과 예문관)의 솜씨이다."라고 하였다. 가장 높은 점수를 받았다 해서 명하여 6품직에 승진시키고 병조 좌랑에 제수하였다.

뒤에 병조의 참지와 참의, 예조 정랑에 제수되었고, 사간원에서는 정언으로부터 대사간에 이르렀다. 그리고 사헌부의 지평과 장령, 홍문관의 부수찬·수찬·부교리·교리, 지제교, 종부시 정(宗簿寺正), 금위영 종사관(禁衛營從事官), 호남 경시관(湖南京試官)을 역임하였다. 여러 번 승지에 제수되어 좌승지에 이르렀고 호조와 형조의 참의, 조사오위장(曹司五衛將)을 지냈다. 이천(伊川)과 남양(南陽), 곡산(谷山)과 춘천(春川), 안변(安邊)의 부사(府使)를 지냈다. 이것이 공의 내외(內外) 관직의 경력이다.

갑진년(1784) 조참(朝參)에서 정언(正言)으로 12가지의 일을 조모조목 아뢰었는데 거의 다 윤허(允許)를 받았다. 옥당(玉堂)에 있을 적에 상소하여 6가지 일을 아뢰었는데, 성학(聖學 제왕의 학문)을 힘쓰고 연모(燕謀)[251]를 남겨주며, 인재를 등용하고 민생을 구휼하며, 의리

물고기를 잡는 통발인데, 곧 목적을 달성하고 나면 잊어버리는 방편을 이르는바, 황감제에 장원급제한 것에서 그치지 말고 초계문신(抄啓文臣)의 선발에 뽑힐 수 있도록 더 매진하게 해야 한다는 말이다. 전제는 장자(莊子)가 "통발은 물고기를 잡는 도구인데 물고기를 얻으면 통발은 잊고, 올무는 토끼를 잡는 도구인데 토끼를 잡으면 올무는 잊는다."라고 한 데서 온 말이다. 《莊子 外物》

251 연모(燕謨) : 자손을 위해 좋은 계책을 남겨 줌을 뜻하는 말로, 《시경》〈문왕유성

를 밝히고 풍속을 바로잡는 것이었다.

공은 또 말씀하기를 "형서(刑書 법률 서적)는 《대명률(大明律)》[252]을 준용(遵用)하고 있고 또 《속대전(續大典)》과 《수교집록(受教輯錄)》[253]이 있으므로 법률을 적용함에 억울함이 없고 법을 적용함이 알맞습니다. 그러나 하나로 통일하여 전체를 다 모은 책이 없으면 참고하기가 어려우니, 청컨대 《속대전》의 예(例)에 따라서 유별(類別)로 모아 간행하기를 청합니다." 하니, 이것이 《대전통편(大典通編)》이 나오게 된 이유이다.

을사년(1785) 호남에서 시험을 관장하게 되어 조정(朝廷)에서 하직하자, 임금께서 간곡하게 반복하여 장려하고 타이르셨다. 공은 명령을 받들고 감동하여 한결같은 마음으로 시험을 공정하게 관장하니, 선비들의 바람에 흡족하였다.

〈文王有聲)〉에 "후손에게 계책을 남겨 주어 공경하는 아들을 편안하게 하셨다.〔詒厥孫謀, 以燕翼子.〕"라고 한 데서 온 것이다.

252 대명률(大明律) : 중국 명(明)나라의 기본 법전으로, 주원장(朱元璋)이 제위에 오르기 전인 1367년에 기틀을 만들었으며, 즉위한 이후인 1373년에 형부 상서(刑部尙書) 유유겸(劉惟謙)에게 편찬을 명하여 이듬해에 완성시켰다. 이후 1389년과 1397년 두 차례에 걸쳐 수정하였다. 조선에서는 건국 초인 1389년에 수정본을 들여와 현행법과 보통법에 적용하였다.

253 속대전(續大典)과 수교집록(受教輯錄) : 《속대전》은 《경국대전(經國大典)》 시행 이후에 공포된 법령 중에서 시행할 만한 법령을 추려서 편찬한 통일 법전으로, 1746년(영조22)에 완성하였는데, 《경국대전》의 많은 부분을 개정·증보한 법전이다. 《수교집록》은 이익(李翊)·윤지완(尹趾完)·최석정(崔錫鼎) 등이 왕명을 받아 《대전후속록(大典後續錄)》 이후에 각 도 및 관청에 내려진 수교·조례(條例) 등을 모아 편찬한 법전으로, 1698년(숙종24)에 완성하였으며, 《속대전》 편찬에 기초가 되었다.

병오년(1786) 40세가 되었다 하여 상의 명으로 문신강제(文臣講製)에 제수되었으며, 석거(石渠)[254]에서 책을 교정할 때마다 번번이 명령에 응하여 교정에 참여하였다. 정미년(1787) 수빈(綏嬪)의 가례(嘉禮)에 도청(都廳)을 맡은 공로[255]로 표창 받아 통정대부로 승진하고 승선(承宣 승정원의 승지)에 제수되었다.

여름에 이천 부사(伊川府使)로 나갔다. 이때 여러 번 기근을 만나서 이곳저곳에서 환부(萑苻)[256]의 경계가 있었는데, 맨 처음 기전(畿甸 경기도 일대)에서 출현하니, 이것을 '청계적(淸溪賊)'이라 이름하였다. 수색하여 체포하는 자들이 산에 사는 백성 중에 남의 담을 뚫고 넘어가 도둑질하는 자를 잡아들이고는 청계적의 일당으로 오인하고 그 공을 과장하여 포상해주기를 바랐다. 공이 마침 춘천(春川)을 조사하다가 그 실정을 알고는 매우 많은 사람들을 온전히 살려주었다.

팔도의 향교(鄕校)에는 의례히 학름(學廩)을 두어 거재(居齋)하는 유생들을 길렀으나, 이천(伊川)에만 이것이 없었다. 공은 관찰사에게 공문을 보내어 다른 주부(州府)에 의거하여 학전(學田)을 획급(劃給)하도록 하였다. 고을에 정재(定齋) 박 문열공(朴文烈公)의 서원(書院)

254 석거(石渠) : 한(漢)나라 때의 장서각(藏書閣)인 석거각(石渠閣)을 이르는데, 여기에서는 규장각을 가리킨 것이다.

255 수빈(綏嬪)의……공로 : 수빈은 정조(正祖)의 후궁이자 순조(純祖)와 숙선옹주(淑善翁主)의 사친(私親)인 수빈 박씨를 가리키는바, 가례는 1787년(정조11) 2월 12일에 거행되었는데, 당시 설치한 가례청(嘉禮廳)에서 이익진이 도청(都廳)에 차하(差下)되었다.《承政院日記 正祖 11年 1月 8日》

256 환부(萑苻) : 춘추 시대 정(鄭)나라의 도적들이 출몰했던 늪지대의 이름인데, 도둑의 소굴을 뜻한다.《春秋左氏傳 昭公20年》

이 있었는데[257] 서원의 규약이 처음 만들어지자, 공은 토전(土田)을 구획(區畫)하여 여기에 소속시켰다.

임자년(1792) 승지로서 승정원에 있을 적에, 영남 유생인 이우(李㙖) 등 만여 명이 상소문을 만들어 상에게 올리려 하였으나, 태학(太學 성균관)의 회통(回通)이 없어서 상소문이 궁궐의 금문(禁門)에서 저지당하자, 후원(喉院 승정원)을 통해 올리려고 하였다. 공이 말씀하기를 "유생의 상소문에 태학의 근실(謹悉)이 없는 것은 들여보내어 임금님께 아뢸 수 없는 것이 준례(準例)이니, 승정원이 어찌 준례를 어기고서 봉입(捧入)하는 것을 허락하겠는가."라고 하였다. 그런데 얼마 후에 상소문이 이미 승정원에 이르니, 공이 예전의 의논을 지켜서 퇴각하자, 그 당류(黨類)가 떼 지어 일어나 공을 침해하고 배척하였다. 공이 글을 올려 책임을 지고 물러나자, 임금은 파직하고 서용(敍用)하지 말도록 명하였다.

얼마 후 서용되어 형조와 병조의 좌이(佐貳)[258]에 임명되고 승정원으

257 고을에……있었는데 : 정재(定齋)는 박태보(朴泰輔, 1654~1689)의 호이고, 문열(文烈)은 시호로, 서원은 1695년(숙종21)에 이천(伊川) 유림의 공의로 박태보의 학문과 덕행을 추모하기 위해 창건하여 위패를 모신 화산서원(花山書院)을 가리킨다. 박태보는 자가 사원(士元), 본관은 반남(潘南)으로, 서계(西溪) 박세당(朴世堂)의 아들이다. 1677년(숙종3) 알성 문과에 장원으로 급제하고 벼슬이 홍문관 응교(應敎)에 이르렀다. 1689년 기사환국(己巳換局) 때 인현왕후(仁顯王后)의 폐위를 강력히 반대하여 소를 올렸다가 심한 고문을 받고 진도(珍島)로 유배 도중 장독(杖毒)으로 노량진에서 별세하였다. 화산서원은 선현 배향과 지방 교육의 일익을 담당하여오던 중 1870년(고종7) 대원군의 서원철폐령으로 훼철되었다.

258 형조와 병조의 좌이(佐貳) : 좌이는 보좌관을 뜻하는 말로 육조(六曹)의 참판이나 참의를 가리키는데, 이익진은 이해 10월에 형조 참의와 병조 참의에 제수되었다.

로 옮겼다. 이때 전교(傳敎)를 작환(繳還)[259]할 적에 중관(中官 내시)에게 청(請)하지 않은 일을 가지고 임금의 명령을 소홀히 했다 하여 여러 승지들을 모두 왕부(王府 의금부)로 내려 보내 치죄(治罪)하게 하니, 공은 창성(昌城)으로 귀양 갔다가 한 달 남짓 뒤에 용서를 받았다.

공은 활 쏘는 솜씨가 매우 정밀하였다. 공이 적소(謫所)에 있을 적에, 상께서 후원(後苑)에서 한가로이 활쏘기를 하시다가 하교하시기를 "작은 허물로 인해서 나의 활 쏘는 벗을 보지 못한 지가 오래되었다." 라고 하셨는데, 얼마 후에 환(環)을 하사하였다.[260]

계축년(1793)에 남양 부사(南陽府使)로 부임하였다. 전(前) 부사가 정사를 잘못함으로 인해 아전과 백성들이 서로 화합하지 못하니, 임금이 명하여 후임자를 정밀하게 선발하도록 하였는데, 전부(銓部 이조)에서 공을 선발하여 명에 응하였다. 공이 하직할 적에 상은 하교하시기를 "그대는 다년간 가까운 자리에 있어서 내가 일찍부터 그대의 마음속에 보존한 바를 알고 있다. 본 고을은 바로 큰 추위에 시달린 나머지 반드시 봄처럼 따뜻한 정사를 바랄 것이다."라고 하셨다.

공이 정사(政事)를 살핀 지 몇 달 만에 여러 사무가 모두 제대로 거행되었다. 남양부(南陽府)는 수원(水原)과 접경이어서 성(城)과 대

《承政院日記 正祖 16年 10月 18日, 28일》

259 작환(繳還) : 임금의 전교(傳敎)에 잘못된 부분이 있다고 여겨질 경우, 승지가 전교를 하달하지 않고 되돌려 올리고 환수하기를 청하는 것을 이른다.

260 환(環)을 하사하였다 : 유배 간 신하를 사면한 것을 말한다. 《순자(荀子)》〈대략(大略)〉에 "임금이 조정을 떠난 신하에 대해서 용서하지 않고 결별하는 뜻을 보일 때에는 한쪽이 떨어진 결옥(玦玉)을 보내고, 다시 조정으로 불러들일 때에는 고리가 완전히 이어진 옥환을 보낸다."라고 한 데서 온 말이다.

궐을 경영하여 세울 적에 책응(策應)이 매우 많았으나, 공이 방도를 잘 마련하여 조처하니 일이 아무런 소요 없이 잘 이루어졌고, 흉년을 만나서는 가난한 집을 뽑아 진휼(賑恤)하니 굶어죽는 백성들이 없었다. 임기가 차자, 서반직(西班職 중추부)으로 서용되었다.

정사년(1797) 정월에 승지로서 장차 대가(大駕)를 따라 화성(華城)에 가게 되었는데, 호부(虎符 병조)로 광주(廣州)의 병력을 징발할 적에 공이 병부(兵符)를 잘못 발부한 일로 인해 경기도 연변(沿邊)으로 유배를 명해 유배지가 안산(安山)으로 정해졌다. 다시 고양(高陽)으로 고쳐 쓰도록 명을 내렸다가 이어서 행주(杏州)의 촌사(村舍)에 머물 것을 명하였는데, 행주에서 거한 지 며칠 만에 용서를 받고서 돌아와 곧바로 서용되니, 춘추관(春秋館)의 교정(校正)을 맡기려고 해서였다.

무오년(1798) 9월 임금이 손수 권점(圈點)을 친 여러 책[261]을 교정하는 일이 있었는데, 여러 각신(閣臣) 및 신구(新舊)의 여러 초계문신(抄啓文臣)들과 더불어 번갈아 주자소(鑄字所)에 숙직할 적에, 교정하는 일이 많다 해서 특별히 승지를 체직하여 그 일을 전임(專任)하게 하였다.

11월에 대가(大駕)가 선희궁(宣禧宮)[262]에 행차할 적에 연(輦)을 멈

261 손수……책 : 정조(正祖)가 삼례(三禮)와 《사기(史記)》, 《한서(漢書)》, 송(宋)나라 5가(五家)의 책, 당(唐)나라 육지(陸贄)와 당송팔대가(唐宋八大家)의 글을 읽고 권점(圈點)을 쳐서 규장각 관원들에게 명하여 30권으로 편찬하게 하고 《사부수권(四部手圈)》으로 명하였는바, 이 책을 가리킨다. 《正祖實錄 22年 11月 30日》

262 선희궁(宣禧宮) : 영조의 후궁이자 사도세자의 사친(私親)인 영빈(暎嬪) 이씨(李氏)의 신판(神版)을 봉안한 궁을 가리킨다.

추고 공에게 명해서 지영(祗迎)하는 사람들을 거느리고 궁내(宮內)로 들어와 임금을 모시게 한 다음 어제시(御製詩)를 써서 내렸다. 지영하는 사람들에게 명하여 화답의 시를 올리게 하였고, 이어서 공에게 하사한 어제시와 어필(御筆 임금이 쓰던 붓)을 전가(傳家)의 보물로 삼으라고 명하였다.

이보다 앞서 백씨(伯氏)가 회양 부사(淮陽府使)로 나갈 적[263]에 판여(板輿)로 모셔다가 봉양하였는데,[264] 이해 섣달에 어버이의 병환 소식을 접하고 밤낮으로 달려갔으나, 이미 미칠 수가 없었다. 그리하여 능히 효도를 끝마치지 못한 것을 종신의 지극한 애통으로 여겼다. 이때 공은 이미 노년이었는데도 거상에 예를 다하여 상복을 몸에서 벗지 않았고 궤전(饋奠)을 남에게 대행하도록 하지 않았는데, 3년을 하루같이 하였다.

공이 막 급히 회양으로 달려갈 적에, 상(上)은 급한 노정에 추위를 무릅쓰는 것을 민망히 여기시고는 내각(內閣)의 관리를 보내어 털옷을 하사하고 경연관에게 하교하시기를 "이모(李某)가 비록 초토(草土)에 있으나,[265] 책을 교정하는 것은 구애될 일이 아니다."라고 하여, 매번

263 백씨(伯氏)가……적 : 백씨는 이익진의 형인 이우진(李羽晉)으로, 정사년(1797) 7월에 회양 부사(淮陽府使)에 제수되었다. 《承政院日記 正祖 21年 7月 11日》

264 판여(板輿)로 모셔다가 봉양하였는데 : 판여는 푹신한 부들방석을 깐 수레로, 주로 노인을 태울 때 쓰는바, 지방관으로 부임해서 늙은 어버이를 맞이하여 봉양함을 말한다. 진(晉)나라 반악(潘岳)이 장안 영(長安令)으로 옮겼다가 박사(博士)로 제수되자, 벼슬을 버리고 〈한거부(閑居賦)〉를 지었는데, "태부인을 마침내 판여에 모시고 가벼운 수레에 올라, 멀리는 왕기를 구경하고 가까이는 집의 동산을 돌았다.〔太夫人乃御板輿, 升輕軒, 遠覽王畿, 近周家園.〕"라고 보인다. 《晉書 卷55 潘岳列傳》

쪽지에다가 잘잘못을 논하여 올리게 하였다.

경신년(1800)에 신선의 수레가 하늘에 오르니,[266] 공은 원통하고 원통하여 살고 싶지 않은 것처럼 통곡하였다.

신유년(1801)에 백씨가 서쪽 변방으로 귀양을 갔다가 용서를 받고 돌아온 뒤에 공은 다시 반열을 따라 나란히 승지가 되었다. 이때 순조가 자주 강연(講筵)에 나오셨는데, 공은 정밀하고 간절하게 아뢰었다. 충헌공(忠獻公) 박준원(朴準源)은 궁중에서 숙직하고 있다가 공이 아뢴 바를 듣고서 "참으로 훌륭한 강관(講官)이다."라고 찬탄하였다.

겨울에 곡산 군수(谷山郡守)로 나갔는데, 어사(御史) 이면구(李勉求)가 글로 아뢰어 아름다운 정사를 표창할 것을 청하였다. 정묘년(1807)에 임기가 차서 조정으로 돌아왔다.

기사년(1809) 가을에 또다시 춘천 부사(春川府使)로 나갔는데, 아전 중에 권세를 믿고 청탁을 하려는 자가 있었다. 공이 동요하지 않자, 그 아전이 유감을 풀고자 하여 몰래 전패(殿牌)[267]를 도둑질하였다. 공이 끝까지 조사해서 실정을 파악하여 옥사가 이미 이루어졌는데,

265 초토(草土)에 있으나 : 상중(喪中)에 상주가 멍석을 깔고 흙덩이를 베고 자는 데서 온 말로, 상중을 의미한다.

266 신선의……오르니 : 원문의 '선어(仙馭)'는 죽은 임금이 신선이 되어 타고 가는 수레라는 뜻으로 임금의 상여를 비유하고, '빈천(賓天)'은 하늘의 손님이 되었다는 뜻으로 존귀한 사람의 죽음을 이르는 말인바, 모두 임금의 승하를 비유한 것이다.

267 전패(殿牌) : 각 고을의 객사(客舍)에 '전(殿)'자를 새겨서 세운 나무패를 말한다. 이는 임금을 상징하는 것으로 매월 초하루와 보름에 관리들이 모여 배례(拜禮)하고 공무로 지방에 간 관원도 배례하였으며, 만일 이를 훼손하거나 모독하면 불경으로 처리되어 본인뿐 아니라 수령과 그 고을까지도 처벌당하였다.

관찰사가 문안(文案)에 착오가 있다는 이유로 장계를 올려 처벌할 것을 청하여 법조문을 적용해 고신(告身 임명장)을 빼앗는 것으로 처결하였으나, 용서하라는 특명을 내렸다.

신미년(1811)에 내직으로 옮겨서 여러 번 좌승지에 제수되었으나 곧바로 체직되었다. 계유년(1813)에 대사간에 제수되었다가 6월에 안변 부사(安邊府使)에 제수되었다. 갑술년(1814)에 큰 기근을 만났는데, 공은 마음을 다하여 백성들을 구휼해서 상사(上司)를 번거롭게 하지 않으니, 관찰사가 표창을 청하였다. 이때 지릉(智陵)[268]이 무너졌다는 보고가 있어 본부(本府)에 명해서 편리한 대로 보수하게 하였다. 공이 힘을 다하여 경영하여 필요한 경비를 백성에게 거두지 않고도 공사가 성취되었다.

돌아오자 어사(御史) 정기선(鄭基善)이 선정(善政)을 칭찬하여 아뢰니, 이로부터 제수하는 명이 여러 번 내렸는데, 사은숙배(謝恩肅拜)한 것도 있고 하지 않은 것도 있었다.

기묘년(1819)에 왕세자가 관례를 행하였다. 진하(陳賀)할 적에 공은 나이가 노쇠하고 병환이 있었는데도 병환을 무릅쓰고 반열에 참여하였다. 자제들이 이것을 난감해하자, 공은 말씀하기를 "내가 망극한 은혜를 받았으니, 비록 쓰러지고 넘어지는 일이 있더라도, 의리상 사가(私家)에서 편안히 거처할 수 없다."하고 연일 대궐에 나아갔다. 공은 물러 나와 병환이 심해져서 4월 1일 임술(壬戌)에 준수방(俊秀坊)의 집에서 고종명(考終命)하였다. 출생한 정묘년(1747)과의 거리는 73세

268 지릉(智陵) : 조선 태조(太祖)의 증조부인 익조(翼祖)의 능으로, 함경남도 안변(安邊)의 서쪽 서곡현(瑞谷縣)에 있다.

가 된다. 5월 신유일(辛酉日)에 충주(忠州) 금생면(金生面) 무수리(無愁里) 병좌(丙坐)에 장례하였다.

공은 계통(系統)이 선원(璿源)[269]에서 나왔으니, 성종(成宗)의 별자(別子)인 무산군(茂山君) 휘 종(悰)이 시조이다. 이분이 부안군(扶安君) 휘 석수(碩壽)를 낳았는데, 이릉(二陵)의 변고[270]에 우계(牛溪) 성문간공(成文簡公)과 함께 송산(松山)의 시신을 살펴보고서 거짓임을 자세히 아뢰어[271] 마침내 궁검(弓劒)을 다시 봉분(封墳)하였다.[272] 이분이 완성군(完城君) 휘 수영(秀英)을 낳았고, 이분이 순평군(順平君) 휘 선봉(善鳳)을 낳았고, 이분이 한성 판관(漢城判官) 휘 필험(必馦)

269 선원(璿源) : 선(璿)은 왕실의 존귀함을 표시한 것으로, 이씨 왕조의 세계(世系)를 말한다.

270 이릉(二陵)의 변고 : 임진왜란 때 왜적들이 성종(成宗)과 정현왕후(貞顯王后) 윤씨(尹氏)의 묘인 선릉(宣陵)과 중종(中宗)의 능인 정릉(靖陵)을 파헤친 사건을 말한다.

271 우계(牛溪)……아뢰어 : 우계는 성혼(成渾, 1535~1598)의 호이고, 문간(文簡)은 그의 시호이다. 송산(松山)은 경기도 양주(楊州)의 지명으로 임진년(1592) 9월에 정릉(靖陵)이 도굴될 때 불탄 것으로 의심된 중종(中宗)의 시신과 신주를 임시로 봉안해놓은 곳이다. 이 사건 이후 6개월 만에 정릉 개장 도감(靖陵改葬都監)을 설치하여 모든 재신(宰臣)들에게 송산의 정릉을 봉심(奉審)할 것을 명하였는데, 성혼은 지중추부사(知中樞府事)로서 봉심에 참여하고 이석수(李碩壽, 1524~1598)는 중종 때 여러 번 입시(入侍)하여 중종 생전의 모습을 잘 알고 있다는 이유로 봉심에 참여하여 송산에 봉안하고 있는 불탄 시신을 자세히 살피고서 중종의 것이 아님을 밝혀냈는바, 이를 두고 한 말이다. 《국역선조실록 선조 26년 5월 5일, 6월 28일》《燃藜室記述 卷16 宣祖朝故事本末 二陵之變》

272 궁검(弓劒)을 다시 봉분(封墳)하였다 : '궁검'은 군주가 죽으면서 남긴 활과 검으로, 죽은 군주를 비유하는바, 선릉과 정릉을 개장한 것을 이른다. 활과 검에 대한 자세한 고사는 228쪽 주183 참조.

을 낳았다. 처음에 완성군이 혼조(昏朝)의 금용(金墉)의 변고[273]를 만나서 순평군과 함께 경도(經道)를 지킬 것을 헌의(獻議)하였다. 순평군의 부인인 엄씨(嚴氏)는 정축년 변란[274]에 판관공의 부인인 구씨(具氏)와 함께 순절하여 정려문(旌閭門)을 받았다.

판관공에게 선교랑(宣教郎)을 지낸 아들 휘 시번(時蕃)이 있었는데, 이분이 공의 고조이시다. 증조는 휘 방직(邦稷)이고, 조고는 휘 창문(昌文)이며, 선고는 휘가 명복(命復)이니 진사(進士)로 문학과 행실로 사우들의 추중(推重)을 받았다. 선비(先妣) 김해 허씨(金海許氏)는 첨추(僉樞) 원(垣)의 따님이니, 기묘사화(己卯士禍)의 명신(名臣)으로서 판서에 추증된 백기(伯琦)가 그 선조이다.

공은 타고난 자품이 온화하고 순수하며 풍도(風度)가 단아하고 고상하여 말씀과 걸음걸이가 정밀하고 자세하고 단정하고 후중하였다. 일찍 아버지를 잃는 슬픔을 당하여 종신토록 슬픈 마음을 머금었다. 편모(偏母)를 모실 적에 순종하여 뜻을 어김이 없었으며, 백씨를 섬길 적에 사랑과 공경이 모두 지극하여 50년 동안 분가하지 않고 함께 살았는데도 가정에 서로 비난하는 말이 없었다. 뜻을 가다듬고 학업에 힘써서

273 혼조(昏朝)의 금용(金墉)의 변고 : '혼조'는 광해군을 이르고 '금용(金墉)'은 인목대비를 서궁(西宮)에 유폐시킨 일을 말한다. 금용은 본래 중국 하남성(河南省) 낙양현(洛陽縣)의 서북쪽에 있는 성(城)의 이름으로, 삼국 시대 위(魏)나라 명제(明帝)가 여기에 성을 쌓고 성안에 서궁(西宮)을 두었는데, 그 뒤 가평(嘉平) 6년(254)에 훗날 진(晉)나라의 경제(景帝)로 추존된 사마사(司馬師)가 위주(魏主)인 조방(曹芳)을 여기에 유폐시켰고, 뒤에 진(晉)나라의 양후(楊后), 민회태자(愍懷太子), 가후(賈后)가 모두 여기에 유폐되었다. 《讀史方輿紀要 河南 河南府 洛陽縣》

274 정축년 변란 : 병자년(1636, 인조14)에 일어나 이듬해인 정축년에 끝난 병자호란(丙子胡亂)을 가리킨다.

문학이 일찍 성취되었으나, 스스로 문예를 가지고 자랑하지 않았다.

더욱 추기(樞機)[275]를 삼가서 입으로 조정의 잘잘못을 말하지 않았다. 몸가짐을 삼가고 간략히 해서 교유(交遊)를 좋아하지 아니하니, 문과 담장이 쓸쓸해서 유인(幽人), 일사(逸士)와 같았다. 발자취가 권문세가(權門勢家)에 이르는 일이 드물어서 비록 남들로부터 친애(親愛)와 우호(友好)를 받지 못했으나 또한 미움을 받지도 않았다.

세도(世道)가 변역(變易)할 때를 당하자, 이해(利害)와 화복(禍福)에 유혹을 받거나 핍박을 당하는 자들은 혹 동분서주(東奔西走)하면서도 오히려 화를 면하지 못하였는데, 공은 편안하고 고요하게 자신의 지조를 지켜서 행동거지가 평상시와 같았으나 또한 화가 이르지 않았다. 하대부(下大夫 정3품을 가리킴)의 지위에 있은 지가 삼기(三紀 36년)였으므로 높은 계급에 후배와 젊은 사람이 많았으나 태연히 대처하였다.

관직에 부임했을 적에는 청렴결백하여 떳떳한 봉급 외에 한 가지도 사사로이 취한 것이 없었다. 다섯 번 주군(州郡)을 맡았는데도 집이 경쇠가 매달려 있는 형세[276]와 같아서 집에는 동복(僮僕)이나 노비가

275 추기(樞機) : 추(樞)는 문의 지도리이고 기(機)는 쇠뇌의 오늬를 먹이는 곳인바, 중요한 기관으로 곧 말을 이른다. 《주역》 〈계사전 상(繫辭傳上)〉에 "말과 행실은 군자의 추기이다.〔言行, 君子之樞機.〕"라고 하였으며, 이천(伊川) 정이(程頤)는 〈언잠(言箴)〉에서 말을 '추기'라고 하였다.

276 경쇠가……형세 : 집안이 지극히 가난하여 텅 비어 있음을 비유하는 말이다. 《국어(國語)》 〈노어 상(魯語上)〉에 "집은 경쇠를 걸어놓은 것 같다.〔家如懸磬.〕" 하였는데, 위소(韋昭)의 주(注)에 "집안이 텅 비어 서까래만 있는 것이 마치 경쇠를 걸어놓은 것 같은 것이다."라고 하였다.

없었고 마구간에는 마부와 말이 없었다. 말년에는 더욱더 몸을 거두어 물러가서 여러 아들을 가르쳤는데, 항상 임금의 은혜를 감히 잊어서는 안 되고 교유의 도를 반드시 삼가야 한다고 간곡히 신칙(申飭)하였다.

자손들이 모두 학문을 좋아하고 검약함을 지키니, 여기에서 공이 몸으로 보인 가르침의 효과를 알 수 있다. 《만향재고(晩香齋稿)》 몇 권이 집안에 보관되어 있다.

배위 연일 정씨(延日鄭氏)는 처사 순(栒)의 따님이고, 송강(松江 정철(鄭澈)) 문청공(文淸公)의 후손이다. 공보다 1년 뒤늦게 출생하고 공보다 8년 먼저 별세하였다. 부인은 효성을 다하여 시어머니를 봉양하고 정성을 다하여 선조의 제사를 지냈고, 남편을 순종하여 섬기고 동서들과 화목하게 지냈으며, 궁핍한 사람이 있으면 때를 놓칠까 급히 구휼하였다. 경사(經史)를 대략 통달해서 사람이나 사물에 대처하는 의리에 밝았다. 그러므로 공이 매번 말씀하기를 "내가 조정에서 벼슬할 적에 처신을 잘 할 수 있었던 것은 많은 내조를 받았기 때문이다."라고 하였다.

공이 부인의 상(喪)으로 빈소(殯所)에 있을 적에 마침 관서(關西)의 황지(潢池)의 경계[277]를 만났다. 도성(都城)의 사람들이 모두 놀래니, 사대부로서 상(喪)을 당한 자가 모두 갈장(渴葬)[278]을 하였으나, 공은

277 관서(關西)의 황지(潢池)의 경계 : 황지(潢池)는 민란(民亂)을 가리키는바, 1811년(순조11) 12월 18일 평안도(平安道) 일대인 관서 지방에서 발발한 홍경래(洪景來)의 난을 이른다. 홍경래와 우군칙(禹君則) 등이 중심이 되어 일으킨 대규모 농민반란(農民叛亂)으로, 이해 12월 29일 박천(博川)에서 관군에게 패하자 정주성(靜州城)으로 퇴각해 농성하였는데, 이듬해 4월 19일에 진압되었다. 황지에 대한 자세한 내용은 256쪽 주233 참조.

여러 아드님에게 명하기를 "나라에 난리가 있을 적에 벼슬살이하는 집에서 상을 당하여 경황없이 행동하면 민심이 더욱 안정되지 못하고 두려워할 것이다. 내가 이제 늙어서 장차 죽게 되었으니, 비록 한마디 말을 하여 민심을 안정시키지는 못하나, 어찌 파란(波瀾)을 조장하는 짓을 할 수 있겠는가." 하고는 한결같이 경례(經禮)를 따랐으며, 혹시라도 경례를 어기는 사람을 본받는 일이 없었다. 부인을 처음에는 부평(富平)의 선영에 장례하였다가 훗날 공의 묘소의 왼쪽에 부장(祔葬)하였다.

5남을 두었으니, 장남 정은(正殷)은 진사이고, 차남 정로(正魯)는 생원, 진사 두 시험에 합격하였고, 다음은 정풍(正豐)인데, 이들은 모두 공보다 먼저 죽었다. 그 다음은 정홍(正洪)이고 다음은 정완(正完)이다. 측실의 딸이 둘이니, 장녀는 박영현(朴永鉉)에게 출가하고 차녀는 양종술(梁鍾述)에게 출가하였다.

정은은 1남 2녀를 낳았으니, 아들은 숙면(肅冕)이고, 딸은 한응문(韓應聞)과 백형수(白珩洙)에게 출가하였는데, 백형수는 현재 군수(郡守)이다. 정로는 2남 1녀를 낳았으니, 아들은 태면(泰冕)과 진사인 화면(華冕)이고, 딸은 권덕인(權悳仁)에게 출가하였다.

정풍은 아들이 없어서 화면을 데려다가 후사(後嗣)로 삼았고, 딸은 맹흠석(孟欽奭)에게 출가하였다. 정홍은 1남 1녀를 낳았으니, 아들은 수면(需冕)이고, 딸은 유진원(兪進源)에게 출가하였다. 정완은 4녀를 낳았는데, 장녀는 홍일정(洪一貞)에게 출가하고, 차녀는 박병주(朴秉

278 갈장(渴葬) : 장사(葬事)를 서둘러 급히 치르는 것으로, 사람이 죽어서부터 장사 지내기까지 일정한 기간이 있는데도 불구하고 그 기간을 당겨 장사 지내는 것을 이른다.

周)에게 출가하였으며, 나머지는 어리다. 박영현에게는 딸 넷이 있고, 양종술에게는 아들 하나가 있다. 내외의 증·현손은 기록하지 않는다.

공은 포의(布衣)의 신분일 때부터 성주(聖主)에게 지우(知遇)를 받았는데, 과거에 급제하자 임금께서 더욱 융숭한 사랑과 관심을 주셨다. 그리하여 거의 20년 동안 유악(帷幄)에서 모시면서 학문을 숭상하는 정치를 도와서 국가의 성대함을 세상에 울리게 하였다. 비유하자면 하늘이 단비를 내리고 큰 조화가 유행하면, 초목이 이에 껍질을 터뜨리고 솔개와 물고기가 이에 날고 뛰는 것과 같으니, 참으로 훌륭하다.

공의 막내 아드님과 여러 손자들이 불초에게 현당(玄堂)[279]의 글을 부탁하였는데, 불초가 노쇠하고 병약하여 죽게 되어서 명을 따르지 못한 지가 오래되었다. 항상 갑자기 바람 앞의 촛불 신세가 되어 간곡한 정성에 부응하지 못할까 두려워하였는데, 이제 병을 무릅쓰고 다음과 같이 명문을 짓는다.

훌륭한 이공이여	允矣李公
일찍 과거에 급제해서 명성을 드날렸네	早策令名
띠를 드리우고 조정에 올라	垂紳揚庭
성명한 군주에게 인정을 받았네	受知聖明
석거각과 백호관[280]에서	石渠虎觀

279 현당(玄堂) : 무덤을 비유하는바, 《문선(文選)》에 실린 사조(謝朓)의 〈제경황후애책문(齊敬皇后哀策文)〉에 "푸른 장막을 언덕에 펴니 현당의 문이 열렸구나.〔翠帟舒皐, 玄堂启扉.〕" 하였는데, 여연제(呂延濟)의 주에 "현당은 무덤 속이다.〔玄堂, 謂墓中也.〕"라고 하였다.

280 석거각(石渠閣)과 백호관(白虎觀) : 한나라 선제(宣帝)와 장제(章帝)가 각각 석

여러 경전을 묻고 논란하였네 問難群經

보불이 휘황하고 黼黻煌煌

패경이 찬란하였네[281] 瓊佩琤琤

단혈의 봉황새[282]가 丹穴之羽

성률에 화응하였고 應律和聲

남산의 검은 표범의 털이 南山之毛

안개를 만나 문장을 이루었네[283] 遇霧成章

다섯 고을을 다스릴 적에 五邑絃歌

대강 순량의 자취를 따랐네 粗迹循良

거각과 백호관에서 학사(學士)들과 함께 친히 오경(五經)을 강론하며 《석거의주(石渠議奏)》와 《백호의주(白虎議奏)》를 펴낸 고사를 인용한 것으로, 규장각 등을 비유한 것이다.

281 보불(黼黻)이……찬란하였네 : '보불'은 임금의 대례복(大禮服)에 놓은 수로, 보는 도끼 모양의 흑백색, 불은 아(亞)자 모양의 흑청색으로 수를 놓은 것인데, 여기서는 임금의 훌륭한 문장을 의미한다. '패경(佩瓊)'은 옥패(玉佩)와 경거(瓊琚)로 모두 옥으로 만들어서 패용하는 장식물인데, 이 또한 임금의 문장을 비유하였다.

282 단혈(丹穴)의 봉황새 : 단혈은 봉황이 산다는 전설상의 단산(丹山)인데, 여기서는 이익진을 아름다운 깃털을 가진 봉황에 빗대었다. 《산해경(山海經)》 〈남산경(南山經)〉에 "단혈의 산에……새가 사는데, 그 모양은 닭과 같고 오색 무늬가 있으니 봉황이라고 한다.〔丹穴之山……有鳥焉, 其狀如鷄, 五采而文, 名曰鳳皇.〕"라고 보인다.

283 남산의……이루었네 : 이 내용은 유향(劉向)의 《열녀전(列女傳)》 권2 〈도답자처(陶答子妻)〉에 "남산의 검은 표범이 안개비 내리는 7일 동안이나 사냥을 하지 않는 이유는 어째서인가? 털을 윤택하게 하여 무늬를 이루고자 하므로 숨어서 해로움을 피하는 것이다.〔南山有玄豹, 霧雨七日而不下食者, 何也? 欲以澤其毛而成文章也, 故藏而遠害.〕"라는 말을 원용한 것으로, 흔히 재주를 감추고 속세를 떠나 은거하는 사람을 비유하는 말로 쓰이는데, 여기서는 현귀한 신분에 연연하지 않고 오랫동안 낮은 관직에서 자신의 덕과 학문을 길렀던 주인공을 비유한 것이다.

근본이 있었으니	本之則存
효도와 우애로 인을 행하였네	孝弟爲仁
이것을 정사에 베풀어서	施於有政
백성들을 거의 순박하게 교화하였네	庶幾化醇
지위가 높은 덕에 걸맞지 못하였으니	位不稱德
정권을 잡은 자에게 따져 묻노라	致詰秉勻
물이 맑고 산이 엄숙하니	水淸山肅
중주의 언덕이네	中州之原
우뚝한 봉분이 있으니	有衈斧封
명철한 부인이 함께 묻혔네	從以哲媛
아름다움과 덕이 나란히 합치하니	齊芳合德
생전과 사후에 모두 훌륭하네	死穀偕臧
덕을 두터이 남겨	厚積遺贏
후손들에게 넉넉한 복을 전하였네	垂裕流光
명문으로 이것을 바르게 써서	銘以貞之
무궁한 후세에 고하노라	用詔無疆

매산집

제43권

묘지명
墓誌銘

순계 이공 묘지명 병서

醇溪李公墓誌銘 并序

아, 이는 순계(醇溪) 이공(李公)의 묘이다. 공은 과거에서 장원 급제하여 높은 벼슬에 올랐지만, 관명(官名)을 게시하지 않고 야호(野號)를 일컬은 것은 공의 평생의 지취가 여기에 있었기 때문이다. 공은 휘가 정리(正履)이고 자는 심부(審夫)로, 계통이 선원(璿源)[1]에서 나왔으니, 영릉(英陵 세종)의 별자이신 계양군(桂陽君) 충소공(忠昭公) 휘 증(璔)[2]이 시조이시다. 9대(代)가 전해져서 관찰사 휘 덕영(德英)[3]에 이르러, 곧은 도를 지녀서 명릉(明陵 숙종)의 명신이 되었으니, 이분이 공의 고조이시다. 증조는 휘 계화(繼華)이며, 조부는 휘 보천(輔天)으로, 지극한 행실과 감추어진 덕이 있었으므로 배우는 자들이 '유안처사(遺安處士)'라고 사시(私諡)[4]하였다. 선고(先考)는 휘 재성(在

1 선원(璿源) : 선(璿)은 왕실의 존귀함을 표시한 것으로, 선원은 이씨 왕조의 세계(世系)를 말한다.

2 휘 증(璔) : 세종의 아들 계양군(桂陽君) 이증(李璔, 1427~1464)으로, 자는 현지(顯之), 시호는 충소(忠昭)이다. 세종과 신빈(愼嬪) 김씨(金氏) 사이의 소생으로, 수양대군(首陽大君)의 측근이 되어 계유정난(癸酉靖難)을 도와, 세조(世祖)가 즉위한 뒤에 좌익공신(左翼功臣) 1등에 책록되었다.

3 휘 덕영(德英) : 이덕영(李德英, 1659~1721)으로, 자는 계형(季馨), 본관은 전주(全州)이다. 1695년(숙종21) 별시문과에 병과로 급제하여 문한관(文翰官)을 거쳐 정언(正言)이 되었다. 1699년 지평(持平)에 올랐으며, 이어 장령·헌납·집의·사간·보덕 등을 역임하였다. 1712년 승지에 발탁되고, 황해·함경도 관찰사를 역임하다가 사은부사로 청나라에 다녀와서 대사간이 되었으며, 재직 중에 별세하였다.

誠)[5]으로, 문학이 맑게 수양되어 정묘(正廟 정조)의 칭찬을 받았으며, 침랑(寢郎)에 제수되었으나 나아가지 않았으니, 3대(代)가 모두 문학과 행실로써 이름이 드러났다. 선비(先妣)는 전주 유씨(全州柳氏)로, 현감(縣監) 은(慭)이 그 선고이시다.

공은 나면서부터 뛰어난 자질을 품부 받아서 겨우 성동(成童)이 되었을 때에 이미 사예(詞藝)에 통달하였고, 자라면서 점차 명성이 자자해졌다. 정묘년(1807, 순조7)에 진사(進士)가 되었다. 신사년(1821, 순조21)에 강릉 참봉(康陵參奉)에 제수되었고, 의금부 도사(義禁府都事)로 옮겼다. 부름을 받아 군자감 봉사(軍資監奉事)로 옮겼는데, 출납을 잘 헤아렸으며, 환곡 운반의 이해(利害)와 본말(本末)을 묵묵히 연구하여서 〈방적설(邦積說)〉과 〈방폐설(邦弊說)〉 등을 저술하였다.

기축년(1829, 순조29)에 외직으로 나가 의령 현감(宜寧縣監)이 되었는데, 고을의 풍속이 사납고 드세어 아전들 중에 농간을 부리는 자가 많았다. 공이 이들을 효유하여서 말하기를, "너희들은 어찌하여 부모께서 낳아주신 몸으로 간사히 속이고 훔친다는 오명을 무릅쓴단 말이냐. 염치와 수오(羞惡)는 바로 너희들의 본심이니, 각기 고하여 경계하여서 개혁하기를 도모하라." 하니, 이에 모두 서로 속이지 말자고 경계

4 사시(私諡) : 학덕(學德)이 높은 선비에게 사후에 친속이나 문인이 지어주는 시호를 말한다.

5 휘 재성(在誠) : 이재성(李在誠, 1751~1809)으로, 자는 중존(仲存), 호는 지계(芝溪), 본관은 전주이다. 박지원(朴趾源)의 처남이자 지우였으며, 이서구(李書九)·이덕무(李德懋)·박제가(朴齊家) 등 북학파의 일원들과도 교유하였다. 평생 벼슬하지 않았으며 만년에 능참봉에 제수되었으나 나아가지 않았다. 문집으로 《지계집(芝溪集)》이 있었다고 하나 현재 전하지 않는다.

하였다. 고을에 퇴계(退溪) 이 문순공(李文純公)의 향약(鄕約)[6]이 있었는데, 옛 것을 정비하고 폐해진 것을 일으켜서 알맞게 참작하여 가감하여서 월말에 조사하여 상과 벌을 시행하니, 백성들의 풍속이 크게 화순해졌다. 고을에 거두어들인 환곡이 수만 석이 있었는데, 쌓아서 저장함이 법도가 없어서 허위로 처리한 것이 과반이었다. 공이 사창(社倉)의 법식에 의거하고자 하여 조례(條例)를 가지고서 상부의 관영에 의논하였는데, 도백(道伯 관찰사)이 평소 공과 지취가 달랐으나 공의 치적을 제일이라 칭찬하여 한 도(道)를 권려하였다.

경인년(1830, 순조30)에 익묘(翼廟)의 부음이 이르자,[7] 수령들이 어떤 상복(喪服)을 입어야 할지를 결정하지 못해 의심하고 있었는데, 공이 《국조상례보편(國朝喪禮補編)》에 기재된 바에 근거하여 "상께서 입으실 복은 참최복에 해당하고, 신하와 백성은 기년복을 입어야 한다."라고 하였다. 아전과 백성들을 거느리고 거애(擧哀)[8]하고서 성복(成服)하고, 도백(道伯 관찰사)에게 달려가서 위문하였는데, 베로 만든 건(巾)을 쓰고 삼으로 만든 짚신을 신고, 자최복(齋衰服)을 입고서 갔다. 도백이 건(巾)과 질(絰)을 갖추고서 위문을 받자, 여러 수령들이

6 퇴계(退溪) 이 문순공(李文純公)의 향약(鄕約) : 이황(李滉, 1501~1570)이 제정한 향약으로, 퇴계는 이황의 호, 문순은 그의 시호이다. 이황의 제정한 향약으로는 1556년(명종11)에 예안(禮安)에 낙향했을 때 제정한 〈예안향약(禮安鄕約)〉이 알려져 있다.

7 익묘(翼廟)의 부음이 이르자 : 익묘는 익종(翼宗)의 묘호로, 순조의 아들인 효명세자(孝明世子)인바, 훗날 익종으로 추존되었다. 효명세자는 1830년(순조30) 5월 6일에 창덕궁(昌德宮) 희정당(熙政堂)에서 훙서(薨逝)하였다. 《純祖實錄 30年 5月 6日》

8 거애(擧哀) : 국상(國喪)이 있을 때 슬피 망곡(望哭)을 행하는 것을 이른다.

모두 창졸간에 공에게서 복을 빌려서 차례대로 예(禮)를 마치고서 나오니, 도백이 공이 예(禮)를 잘 안다고 칭찬하였다.

신묘년(1831, 순조31)에 어버이의 상(喪)을 당하여서 여막에서 거처하면서 예(禮)를 다하였다. 갑오년(1834, 순조34)에 순묘(純廟 순조)께서 승하하시자 죽을 마시고 거적에서 잤으며, 방상(方喪)[9]의 예절이 고례(古禮)에 미치지 못하는 사람을 보면 오열하면서 눈물을 흘렸다.

을미년(1835, 헌종1)에 등극경과(登極慶科)에서 급제하니, 금릉(金陵) 남공철(南公轍)[10] 공과 연천(淵泉) 홍석주(洪奭周)[11] 공이 편지를 보내어 축하하면서 말하기를, "조정에서 적임자를 얻었다."라고 하였다. 규례대로 전적(典籍)에 붙였다. 병신년(1836, 헌종2)에 기주관(記注官)으로서 《순조실록(純廟實錄)》을 편수하는 일에 참여하였다. 가을에 관서(關西)의 장시관(掌試官)이 되었는데,[12] 청탁을 하는 선비가

9 방상(方喪) : 신하가 임금의 초상에 입는 복제로, 임금의 상을 당했을 때 부모상을 당한 경우에 견주어 참최 삼년(斬衰三年)으로 복을 입는 것을 말한다. 《예기》 〈단궁 상(檀弓上)〉에 "신하가 임금을 위해 방상 3년을 입는다.〔方喪三年.〕"라고 하였는데, 이에 대해 유씨(劉氏)가 "방상은 부모의 상에 견주어 의(義)로써 은혜를 아우르는 것이다.〔方喪, 比方於親喪而以義竝恩也.〕"라고 하였다. 《禮記集說 檀弓上》

10 금릉(金陵) 남공철(南公轍) : 1760~1840. 금릉은 그의 호이고 자는 원평(元平), 본관은 의령(宜寧), 시호는 문헌(文獻)이며, 벼슬이 영의정에 이르렀다.

11 연천(淵泉) 홍석주(洪奭周) : 1774~1842. 연천은 그의 호이고 자는 성백(成伯), 본관은 풍산(豊山), 시호는 문간(文簡)이며, 벼슬이 좌의정에 이르렀다.

12 가을에……되었는데 : 이정리(李正履)는 1836년(헌종2) 7월에 평안 도사(平安都事)에 제수되었고, 이로 인해 관서 지방의 시험을 관장하게 되었다. 《承政院日記 憲宗 2年 7月 18, 21日》

있으면 의리를 가지고서 깨우쳐주니, 관서의 선비로서 경시(京試)에 나아가던 이들이 이 소식을 듣고서 다투어 발길을 돌렸다. 동당시(東堂試)[13]의 제술(製述) 시험이 경학을 하는 유생이 익힌 바가 아니라고 하여 강송(講誦)만을 오로지 취하여서, 정원수는 적고 응시자는 많아 걸러낼 수가 없었는데, 시험을 본 유생들에게 아울러 내주어 공공(公共)으로 권점하여 인하여 방목(榜目)으로 삼으니, 선비들이 모두 가마 앞에서 늘어서서 절하고는 "우리 스승이신 선생께서 나오셨다."라고 하였다.

부교리(副校理)에 제수되어 처음에 《논어》 첫 편을 강할 때에, 나아가서 말하기를 "성인(聖人)의 학문은 '효제(孝悌)'와 '충신(忠信)'과 '인애(仁愛)'에 지나지 않습니다. 전하께서 이 여섯 글자에 있어서 친근하고 절실하게 완미하여서 진실하게 공력을 더하신다면, 성인(聖人)의 학문이 자연히 성취될 것입니다." 하였다. 그리고 '널리 사람들을 사랑하되 인(仁)한 이를 친히 해야 한다〔泛愛親仁〕'[14]는 뜻에 미쳐서는 말하기를, "인군은 만백성에 있어서 한 사람이라도 아끼지 않는 이가 없어서 두루 덮어주고 고루 감싸주지만, 만약 어질고 현명하여 덕이 있는

13 동당시(東堂試) : 대과(大科)나 문과(文科)의 속칭으로, 여기서는 문과 향시(鄕試)를 이른다. 본래 '동당'은 진(晉)나라의 궁전 이름인데 이곳을 한때 과장(科場)으로 이용하였기 때문에 과거를 뜻하는 말이 되었으며, 고려 시대에는 과거시험의 본고시(本考試)인 예부시(禮部試)를 동당시라고 칭하였는데, 조선조에서도 그대로 사용되었다.

14 널리……한다 : 이 말은 《논어》 〈학이(學而)〉 제6장에 공자가 "자제(子弟)가 들어가서는 효도하고 나와서는 공손하며, 행실을 삼가고 말을 진실하게 하며, 널리 사람들을 사랑하되 인(仁)한 이를 친히 해야 하니, 이것을 행하고 여력이 있으면 여가를 이용하여 글을 배워야 한다.〔子曰: 弟子入則孝, 出則弟, 謹而信, 汎愛衆, 而親仁, 行有餘力, 則以學文.〕"라고 한 부분에 보인다.

사람을 얻어서 가까이 하지 않는다면, 간사하고 아첨하는 이들이 뒤섞어 나와서 은혜와 덕택이 내리지 못할 것입니다. 신은 바라건대, 전하께서는 대소의 신료들에 있어서 반드시 이러한 사람을 취하여서 아침저녁으로 좌우에 두고서 측근에서 모시게 하고, 또한 조심하며 삼가고 신중하여서 허물을 만들지 않는 사람을 취하여서 널리 초야의 학문과 재덕을 갖춘 선비를 구하게 하여서 감별하여 선발하고 장려하여 등용해서 초야에 남겨진 현능한 이가 없도록 하소서. 그런 뒤에야 인(仁)한 이를 친히 한 공효가 팔방에 미칠 수 있을 것입니다." 하였다. 후에 주강(晝講)하는 때를 말미암아, 밤에 고요하여 아무 일도 없어서 이를 틈타 게을러지기 쉬운 때에 소대(召對)를 겸하여 행하기를 청하고, 또 고사(古事)를 써서 올리게 하여서 보고서 성찰하시는 데에 대비하게 하도록 청하였다. 공은 항상 진강(進講)을 하려할 때마다 미리 재계하여서 지극한 정성을 다하였으니, 성상의 도량이 깊고 그윽하였으나 공에게 여러 번 자문하시었다.

남응중(南膺中)의 옥사(獄事)[15]가 일어나자 문사랑(問事郎)[16]이 되

15 남응중(南膺中)의 옥사(獄事) : 1836년(헌종2)에 남응중(1810~1836) 등이 일으킨 역모 사건을 말한다. 남응중은 남경중(南慶中), 문헌주(文憲周), 남공언(南公彦) 등과 함께 충청도 목천(木川)에서 작당하여 은언군(恩彦君)의 손자를 왕으로 추대하고 반역을 도모하였으나, 이속(吏屬) 천기영(千璣英)의 고변으로 발각되었다. 관련자들이 체포되자 일본으로 탈출하려고 동래에 있는 왜관(倭館)에 들어가 탈출을 도와줄 것을 청하였지만, 거절당하고 관헌에 인도되었다. 남응중은 결국 능지처참의 형을 받았고, 이 모의에 가담했던 이들도 극형에 처해졌다. 《憲宗實錄 2年 12月 12, 18, 19, 21, 23, 24日》

16 문사랑(問事郎) : 문사낭청(問事郎廳)의 준말로, 죄인을 심문할 때에 기록과 낭독을 담당하는 직책을 맡은 임시 벼슬이다.

었는데, 죄수들의 공초가 망측하여 장차 진신(搢紳)들을 일망타진하려 하였다. 이 때에 홍석주(洪奭周) 공이 안옥대신(按獄大臣)으로서 온 세상에 독이 전파될까 두려워하여서, 동료 정승들을 이끌고서 청대(請對)하였는데, 말이 뜻을 전달하지 못한 채로 물러났다. 그러자 탄핵하는 상소가 곧장 나와서 홍공(洪公)을 몹시 급하게 몰아붙이니, 상께서 갑자기 발계(發啓)한 삼사(三司)를 견파(譴罷)하여 대각(臺閣)이 텅 비게 되었다.[17] 공이 마침 헌납(獻納)에 제수된 상태에서 합계(合啓)에 참여하지 못하였는데, 헌장(憲長 대사헌(大司憲))이 공의 이름을 넣어 연명(聯名)하여서 대간(臺諫)을 모두 쫓아내서는 안 된다고 논하였다. 이 때에 홍공(洪公)과 시종 주선하여서 홍공에게 결단코 다른 뜻이 없었음을 아는 사람은 오직 공뿐이었으니, 헌장(憲長)이 올린 상소의 말은 더욱 공이 참여하여 들은 바가 아니었다. 공은 글을 올려 스스로 인혐(引嫌)하여서 파직해 내쫓아주기를 청하였는데,[18] 대간(臺諫) 권대긍(權大肯)이 '공(公)을 저버리고 자기 당(黨)을 위해 죽는다'

17 이 때에……되었다 : 1836년(헌종2) 12월 24일 밤에 좌의정 홍석주(洪奭周) 등 국청(鞫廳)의 여러 대신들이 청대(請對)하여 당시 수렴청정 중이던 대왕대비 순원왕후(純元王后)를 뵙고서 남응중(南膺中) 일당의 공초 내용과 관련하여 논하였는데, 이 일이 문제가 되어 탄핵상소가 올라오고 급기야 삼사(三司)가 합계(合啓)하여서, 결국 이 일로 홍석주는 관직을 삭탈당하고 문외출송의 처벌을 받았다.《承政院日記 憲宗 2年 12月 24, 25, 28日》

18 공은……청하였는데 : 1837년(헌종3) 1월 10일에 당시 헌납(獻納)으로 있던 이정리(李正履)가 상소를 올려서 합계(合啓)할 당시 신병이 있었고 또 부향(祔享)의 일로 재계하였던 까닭에 합계에 참여하지 못하였으며, 이윽고 삼사(三司)를 견파(譴罷)하라는 명이 있었을 때에는 사간원의 현직(現職)이 자신뿐이어서 규례대로 연명하였을 뿐이라고 변론하였다.《承政院日記 憲宗 3年 1月 10日》

는 말로써 논죄하여서[19] 마침내 영암(靈巖)에 유배되었다. 용서를 받고 가릉(嘉陵)[20]으로 돌아와 구황(救荒)에 대한 글을 저술하고 상평(常平)의 유법(遺法)을 강구하였다.

기해년(1839, 헌종5)에 절사(節使 동지사(冬至使))의 서장관에 차임되었는데, 경사에 돌아올 때쯤 양적(洋賊)이 국경을 넘어왔다가 현장에서 발견되어 도륙되었다. 공은 국경의 금제(禁制)가 엄격하지 않음을 걱정하여서, 만상(灣上 의주(義州))에 이르러 방(榜)을 붙여 효유하여 여러 비장(裨將)들이 음란하고 교묘한 짓을 하는 습속과 쇄마구인(刷馬驅人)[21]의 무리가 횡행하여서 수치를 끼치는 습속을 절실히 경계하니, 일행이 정돈되어 엄숙하였다.

복명하고서 다시 교리(校理)에 제수되었다.[22] 제(齊)나라 왕이 아대부(阿大夫)를 삶아 죽인 일[23]을 진강할 때에, 이를 인하여 말하기를,

19 대간(臺諫)……논죄하여서 : 1837년(헌종3) 1월 12일에 집의(執義) 권대긍(權大肯)이 상소하여, 이정리(李正履)가 시임 대관(時任臺官)으로서 병을 칭탁하고는 율(律)을 더하자는 청(請)에 참여하지 않았으며, 또다시 부르는 명을 어기고서 마침내 우선 정계(停啓)하는 지경에 이르렀다고 하면서 이는 공(公)을 저버리고 자기 당(黨)을 위해 사력을 다하는 행위이므로 유배 보내야 한다고 주장하였다.《承政院日記 憲宗 3年 1月 12日》

20 가릉(嘉陵) : 가릉군(嘉陵郡)을 가리키며 지금의 경기도 가평이다.

21 쇄마구인(刷馬驅人) : 중국에 사신 갈 때에 방물(方物)을 말에 싣고 가는 사람으로, 민간에서 징용하였다.

22 다시 교리(校理)에 제수되었다 : 이정리(李正履)가 1840년(헌종6) 3월 20일에 교리에 제수된 것을 가리킨다.《承政院日記 憲宗 6年 3月 20日》

23 제(齊)나라……일 : 제나라 위왕(威王) 때에 아(阿) 지방을 맡아 다스리던 아 대부(阿大夫)가 탐학한 짓을 하면서도 위왕의 곁에 있는 사람들에게 뇌물을 바쳐 정사를 잘한다는 소문이 나게 하자, 위왕이 전야(田野)가 개간되지 않아 백성들이 굶주리고

"악을 다스림에 있어서, 악인으로 하여금 염치를 알게 하는 것보다 좋은 방법이 없습니다. 본조(本朝)에서는 인후한 도리로 나라를 세워, 가르침을 먼저 베풀고 형벌을 그런 뒤에 가하였습니다. 혹 탐관오리로서 불법을 저지른 자가 있으면 대헌(臺憲)이 먹으로 그 문에 칠을 해서 사람 사이에 끼지 못하게 하여, 지금까지도 사헌부의 하례(下隷) 중 '먹자〔墨尺〕'[24]로 명명하는 자가 있으니, 국조의 전장(典章)이 삼대(三代)와 함께 일컬어질 수 있는 것은 이런 유(類)가 여기에 해당됩니다." 라고 하였다. 또 말하기를, "마음의 본체는 거울과 같아서 곱거나 추한 것을 숨길 수가 없습니다. 반드시 수시로 연마하고 씻어내어서 때가 모이지 않게 해야 하니, 그런 뒤에야 마음이 항상 맑아서 사리(事理)가 분명해질 것입니다. 독서하여 학문을 진전시키는 것이 바로 연마하고 씻어내는 도구입니다." 하였다.

또 관직(館職)을 사직하는 상소를 인하여서 진달하기를, "제왕의 학문은 근기(根基)를 쌓고 간가(間架)를 세우는 것입니다. 《대학연의(大學衍義)》나 《성학집요(聖學輯要)》와 같은 책은 성현(聖賢)의 심법(心法)과 치국(治國)의 규모에 있어서 더욱 상세하게 열거하였습니다. 이 두 책에 있어서 차분히 강구한다면 반드시 근기와 간가의 학문에 도움이 되는 점이 있을 것입니다." 하였다.[25]

있는데도 뇌물을 바치면서 명예를 구하였다는 이유로 아 대부를 팽형(烹刑)에 처하게 하였다. 그러자 이를 보고 신하들이 두려워하여 제나라가 크게 다스려졌다고 한다. 《史記 卷46 田敬仲完世家》

24 먹자 : 먹자〔墨尺〕는 사헌부(司憲府)에 속한 나장(羅將) 혹은 사령(使令)을 가리킨다.

25 또 관직(館職)을……하였다 : 이정리(李正履)는 부수찬(副修撰)으로 있으면서

3월에 상께서 인릉(仁陵)에 친제(親祭)를 올릴 때에 집례(執禮)로서 공로를 인정받아 통정대부에 올랐고,[26] 공조참의(工曹參議)에 제수되었다. 6월에 외직으로 나가 북청 부사(北青府使)가 되었는데, 교화를 급선무로 여겨서 가장 먼저 행실이 독실한 선비를 찾아가서 모이기로 약속하여 학문을 논하였고, 수업을 청하는 이는 관사에 두고서 주자서(朱子書)를 전수하면서 친히 구두를 바로잡아주었다. 예속(禮俗)이 무지몽매한 것을 걱정하여서, 도암(陶庵)의 예서(禮書)[27]를 향숙(鄉

사직하는 상소를 올렸는데, 이 상소의 내용은 《승정원일기》 헌종 8년(1842) 2월 14일 기사에도 보인다. "근기(根基)를 쌓고 간가(間架)를 세우는 것"이라는 말은 승정원일기에 실린 이정리의 상소의 해당 부분을 참고하면 다음과 같다. "신이 듣건대 제왕의 학문에는 근기(根基)가 있고 간가(間架)가 있으니, 신심(身心)과 성명(性命), 수신(修身)과 제가(齊家)와 치국(治國)과 평천하(平天下)의 요점은 이른바 근기이고, 예악(禮樂)과 전장(典章), 구경(九經)과 팔병(八柄)의 도구는 이른바 간가입니다.……정자(程子)가 '9층의 대(臺)를 만들 때에 모름지기 그 근기를 크게 하여야 비로소 가능할 것이다.' 하였고, 주자(朱子)가 '《대학》으로 간가를 만들고 다른 책으로 메워 보충하여야 한다.' 하였으니, 근기가 견고하지 않고 간가가 정해지지 않고서 성왕(聖王)의 공업(功業)을 성취할 수 있는 경우는 없습니다.〔臣聞帝王之學, 有根基有間架, 身心性命修齊治平之要, 此所謂根基也, 禮樂典章九經八柄之具, 此所謂間架也.……程子曰: 如作九層之臺, 須大其基方得. 朱子曰: 大學作間架, 以他書塡補云. 蓋未有根基不固、間架不定而能成就聖功者也.〕"

26 3월에……올랐고 : 인릉(仁陵)은 순조(純祖)의 능으로, 당시 있었던 친제(親祭)에서 이정리(李正履)가 집례(執禮)를 맡은 일로 인하여 가자(加資)된 사실이 《헌종실록》 8년(1842) 3월 12일 기사에도 보인다.

27 도암(陶庵)의 예서(禮書) : 도암은 이재(李縡, 1680~1746)로, 자는 희경(熙卿), 호는 도암·한천(寒泉), 본관은 우봉(牛峰)이며, 농암(農巖) 김창협(金昌協)의 문인이다. 예학(禮學)에 밝아 많은 저술을 편찬하였는데, 대표적인 것으로 《사례편람(四禮便覽)》이 있다.

塾)에 나누어주었다. 구포(瞿圃) 이명연(李明淵)[28] 공의 사당에 배알하고, 향유(鄕儒)들에게 교조(敎條)를 따르도록 훈계하였다. 황명(皇明)의 호 한림(胡翰林) 극기(克己)[29]가 자정(自靖)[30]하여 우리나라로 와서 남겨진 사당이 본읍(本邑)에 있었는데, 공이 가서 배알하고서 묘비명(墓碑銘)을 지었다. 북쪽 땅에 면화(綿花)가 생산되지 않아서, 남쪽 지방의 장사꾼들이 빛바랜 옷과 해진 솜을 가득 싣고 와서 북쪽의 재화와 교역하면 관아에서 따라서 이를 징수하였는데, 공이 징수에 일정한 법도가 없는 것을 부끄럽게 여겨 모두 정지하였다. 백성들이 사슴을 사냥하고 물고기를 잡아서 이를 생업으로 삼았는데, 잡은 것이

28 구포(瞿圃) 이명연(李明淵) : 1758~1803. 자는 여량(汝亮), 호는 구포, 세종의 아들인 광평대군(廣平大君) 이여(李璵)의 후손이다. 1790년(정조14) 성균관의 유생으로 있으면서 전강(殿講)의 수석이 되었고, 그 해에 증광 문과 전시에 급제하여서 승문원 부정자에 임명된 이래, 사간원 정언·사헌부 집의 등을 지냈다. 시폐를 극간한 이유로 탄핵을 받아 외직으로 나가 1799년(정조23) 북청 부사(北靑府使), 영흥 부사(永興府使)를 지냈으며, 정조가 세상을 떠난 뒤 두문불출하였다. 《老洲集 卷17 永興府使李公墓誌銘》

29 호 한림(胡翰林) 극기(克己) : 호극기(?~?)는 송(宋)나라 유학자인 호안국(胡安國)의 17세손으로, 1620년에 진사가 되었는데, 등주(登州)에서 배를 탔다가 표류하여 황해도 봉산군(鳳山郡)에 이르러 북방에 정착하게 되었고, 함경도 이성(利城)과 북청(北靑)에서 거주하였다. 문장을 잘 짓고 천문, 지리, 의약, 복서에 두루 밝았다고 한다. 《碩齋稿 卷9 海東外史 胡克己》

30 자정(自靖) : 은(殷)나라 태사(太師)인 기자(箕子)가 주왕(紂王)의 서형(庶兄)인 미자(微子)에게 "스스로 의리에 편안하여 사람마다 스스로 선왕(先王)에게 뜻을 바칠 것이니, 나는 떠나가 은둔함을 돌아보지 않겠다.〔自靖, 人自獻于先王, 我不顧行遯.〕"라고 한 데서 온 말로, 본래는 스스로 의리에 맞게 처신하여 그 처지를 편안하게 여긴다는 뜻인데, 후세에는 은둔하여 지조를 지킴을 가리키는 말로 많이 사용하였다. 여기서는 명나라에 대한 지조를 지켰다는 뜻으로 말한 것이다. 《書經 微子》

있으면 번번이 빼앗아 관아에 귀속시켰다. 그러자 공이 말하기를, "관에서 녹용과 물고기를 구하고자 한다면, 본래 봉전(俸錢)이 있다." 하고는, 명하여 그만두게 하였다. 주검을 매장하고는 부자(富者)가 고문해 죽였다고 무함한 사람이 있었는데, 공이 직접 가서 파내어 검사하여서 옥사가 바로잡힐[31] 수 있었다.

공이 평소에 뇌저(腦疽)를 앓았는데, 돌아옴에 크게 퍼져서 바깥 관사에 나가 머무르면서, 계씨(季氏)에게 보내는 편지를 입으로 불러주어 쓰게 하고서 편안하게 별세하였으니, 이 때가 계묘년(1843, 헌종 9) 7월 27일이었다. 태어나서 갑자(甲子)가 한 번 돌아오는 환갑날에 21일 못 미친 때였다. 공의 병이 심해지자, 사민(士民)들이 모여들었고 촌부(村婦)들이 향을 사르고서 들어 올려 낫기를 기원하였으며, 상(喪)이 나자 달려와서 울부짖기를 마치 동기(同氣)를 곡하는 것과 같이 하였다. 마침 장마로 물이 불어났는데 준걸한 선비들이 물에 들어가 상여를 끌었고, 치제(致祭)하고 제문(祭文)을 지으며 가마(加麻)[32]한 이들이 몹시 많았다. 8월에 가평(加平) 태봉리(台峰里) 경좌(庚坐)에 장사지내니, 선영(先塋)을 따른 것이었다.

31 바로잡힐 : 원문의 '평번(平反)'은 잘못된 판결로 억울하게 죄를 입은 일을 다시 조사하여 바로잡는 것을 말한다. 한 소제(漢昭帝) 때 준불의(雋不疑)가 경조 윤(京兆尹)이 되어 현(縣)을 순행하면서 죄수들을 조사하고 돌아올 적마다, 노모가 불의에게 "이번에는 평번을 해서 몇 사람이나 살렸느냐?"라고 물었는데, 만일 평번을 해서 죄를 감해 준 일이 많으면 기뻐하고, 평번한 것이 없으면 노하여 밥도 먹지 않았다는 고사에서 온 말이다. 《漢書 卷71 雋不疑傳》

32 가마(加麻) : 애도의 표시로 스승이나 존경하는 사람의 상(喪)에, 겉옷에 삼베 조각을 붙이는 것을 말한다.

공은 충서(忠恕)가 바탕을 이루었고, 넓은 학식을 자질로 삼았으며 겸허함과 검약함을 겸비하였다. 새벽에 가묘에 배알하고서 몸소 삼태기와 빗자루를 잡았고, 제향(祭享)을 올릴 때에 재계하고 삼갔으며 정갈하게 제수를 장만하여 공경하고 삼갔다. 항상 대종(大宗)의 사당이 세워지지 못한 것을 안타깝게 여겨서 소종(小宗) 가까이로 옮기길 도모하여서 사시(四時)의 정제(正祭)를 거행하였다. 시조의 사친인 신빈(愼嬪)[33]의 묘가 남양(南陽)에 있었는데, 여러 후손들을 이끌어서 세일제(歲一祭)[34]를 행하였다. 조위(祧位)[35]가 장차 차방(次房)의 시골집으로 옮겨가게 되자, 공이 자청하여서 대신 섭행(攝行)하였다. 외선조(外先祖)의 기일에 반드시 제수를 도와서, 넉넉하지 못할지언정 빠뜨리는 것이 없도록 하였으니, 이는 모두 효(孝)를 미루어 행한 것들이었다.

평소에 항상 삼가고 침묵하여서, 당시 정사의 득실과 민생의 좋고 나쁨을 눈썹 사이에 어렴풋하게 드러낼 뿐이었다. 관직을 지닌 이들이 일체 일을 처리함에 있어서 인심을 교화하는 데에 근본을 두지 않는 것을 항상 수치스럽게 여겼다. 자신을 봉양하는 데에 있어서 담박하게 하여서 거친 음식도 이어가지 못하였으나, 생각은 세상의 굶주린 이들

33 시조의 사친인 신빈(愼嬪) : 신빈은 세종의 후궁인 신빈 김씨(愼嬪金氏, 1406~1464)로, 이정리(李正履)의 시조인 계양군(桂陽君) 이증(李璔, 1427~1464)이 세종과 신빈 김씨 사이의 소생이기에 이렇게 말한 것이다.

34 세일제(歲一祭) : 친진(親盡)한 조상에 대하여 1년에 한 번씩 묘제(墓祭)를 지내는 것을 말한다.

35 조위(祧位) : 제사를 지내는 대(代)의 수가 다 된 조상의 신주로서 체천(遞遷)할 신위를 가리킨다.

에게 있었다. 한번은 흉년을 만남에, 종이 봉지를 만들어 쌀 한 되씩을 담아 족인(族人)들의 궁핍함을 구제하여서, 굶주려 죽는 것을 면하게 하였다. 소년이었을 적에 과장(科場)에서 돌아오다가 어떤 사람이 춥고 굶주려 땅에 엎드려있는 것을 보고는 들쳐 메고서 순라(巡邏)의 포막(鋪幕)에 이르러서 그가 따뜻해져 되살아나기를 기다렸다. 어떤 사람이 도둑을 만나 의관(衣冠)을 잃었는데, 새벽에 머리를 늘어뜨린 행색으로 와서 급한 상황을 고하자, 자신의 것을 내어 주면서 그 사람의 성명도 묻지 않았다. 이와 같은 일이 몹시 많았기에 이루 다 기록할 수가 없다.

연석(筵席)에 출입할 때마다 성덕(聖德)을 이루는 것을 자신의 임무로 여겼는데, 한때의 동료들이 지취가 화합되지 못하자, 공이 개연히 말하기를, "오늘날의 급선무로서 무엇이 이보다 크겠는가. 만약 나에게 다른 일을 요구하지 않고 여기에만 전심하게 한다면 반드시 온 힘을 다할 것이니, 이 직임으로 늙어 죽더라도 여한이 없을 것이다." 하였다. 옛날에 황상(黃裳)이 말하기를, "덕을 진전시키고 학업을 닦아 옛날의 철왕(哲王)을 따르고자 한다면, 반드시 천하의 제1등인을 등용해야 한다."라고 하였다.[36] 공이 거의 이에 해당되었거늘 그 뜻과 소원을 마치지 못하였으니, 애석하도다.

공은 어려서부터 배우기를 좋아하여서 당대의 명사들과 두루 교유

36 옛날에……하였다 : 황상(黃裳, 1146~1194)은 자는 문숙(文叔), 호는 겸산(兼山)으로, 융경부(隆慶府) 보성(普成) 사람이다. 가왕부(嘉王府), 즉 영종(寧宗)의 익선(翊善)이 되었을 때, 광종 황제가 유시를 내려 "가왕의 학문은 모두 경의 공이오."라고 하자, 황상은 인용한 글과 같이 대답하였는데, 이에 광종이 천하의 제1등인이 누구냐고 물으니 황상은 주희(朱熹)라고 대답하였다. 《資治通鑑後編 卷129 宋紀 光宗》

하였는데, 노주(老洲) 오 문원공(吳文元公 오희상(吳熙常)), 연천(淵泉) 홍공(洪公 홍석주(洪奭周)), 대산(臺山) 김매순(金邁淳) 공과 같은 이들과 모두 더불어서 의견을 주고받았다. 만년에는 사서(四書)와 정주(程朱)의 글에 전심하여서, "우리 유가의 법이 마침내 여기로 귀결된다."라고 하였다.

일찍이 심(心)과 성(性)과 명(命)과 이(理)에 대한 설을 논하여서 말하기를, "본연(本然)과 기질(氣質)은 네 가지가 모두 이를 소유하고 있으니, '기질은 심(心)에 속하며 본연은 성(性)에 속한다.'라고 해서는 안 된다."라고 하였다. 정자(程子)의 이른바 "미발(未發)일 때에는 기(氣)가 작용하지 않기 때문에 선(善)만 있고 악(惡)은 없다."라는 것[37]을 종지로 삼고서, 일상생활에서 이(理)에서 발하고 기(氣)에서 발하는 분별을 관찰하여서 이를 가지고 취사하였다. 지(知)와 행(行)의 선후를 논할 때에는 주자(朱子)의 이른바 "중간을 막아 끊어내어서 양쪽으로 공부를 지극히 하여야 한다."라는 것을 법도로 삼았다. 전대(專對)[38]의 사행에서 이것으로써 중국의 유자(儒者)들에게 말해주어서

37 정자(程子)의……것 : 이는 본래 주자(朱子)의 말로, 《근사록(近思錄)》 권1에 정이(程頤)가 "성(性)은 곧 이(理)이다. 천하의 이치가 그 말미암아 나온 바를 근원해 보면 불선함이 없으니, 희노애락이 미발(未發)했을 때에 어찌 일찍이 불선함이 있겠는가.……〔性卽理也. 天下之理, 原其所自來, 未有不善, 喜怒哀樂未發, 何嘗不善?……〕"라고 한 부분에 대한 주자(朱子)의 주(註)에 보인다.

38 전대(專對) : 사신(使臣)을 뜻하는 말이다. 외국에 나간 사신이 문제가 생기면 자신의 전권으로 대응하는 데서 온 말로, 《논어》 〈자로(子路)〉의 "《시경》 3백 편을 외우더라도 정치를 맡겨줌에 제대로 해내지 못하고 사방에 사신 감에 혼자서 처결하지 못한다면, 비록 많이 외운들 어디에 쓰겠는가.〔誦詩三百, 授之以政, 不達, 使於四方, 不能專對, 雖多, 亦奚以爲?〕"라는 구절에서 유래하였다.

육(陸)과 왕(王)의 한 쪽으로 치우친 견해[39]를 극력 분별하였다. 유자(儒者)들 중에 명(明)을 사모하는 마음을 읊조리는 이들을 위하여 본국에서 강론한 존주(尊周)의 대의(大義)[40]를 서술하여 은일된 역사의 빠진 점을 보완하게 하였다. 또 이전 현인들의 학술의 원류를 서술하고서, 요약하여 《연원록(淵源錄)》의 뒤에 덧붙였다.

일찍이 백성과 국가의 이로움과 병폐에 대해 극론하되, 반드시 《대학장구》의 마지막 장(章)의 두 단락의 가르침을 거론하여서 여러 번 뜻을 지극히 하였다. 또 말하기를, "'나라가 사치하면 검소함으로써 보여준다'[41]는 것은 옛사람의 은미한 권도(權道)이고, '장사가 세 배의 이익을 보는 것을 군자가 안다'[42]는 것은 시인이 탄식한 바이다. 사대부

39 육(陸)과……견해 : 육(陸)과 왕(王)은 남송(南宋)의 학자 육구연(陸九淵, 1139~1192)과 명(明)나라 때의 학자 왕수인(王守仁, 1472~1528)으로, 육구연은 자는 자정(子靜), 호는 상산(象山), 시호는 문안(文安)이고, 왕수인은 자는 백안(伯安), 호는 양명(陽明), 시호는 문성(文成)이다. 육구연이 '심즉리(心卽理)'의 주관적 유심론(主觀的唯心論)을 주창하여 주희(朱熹)의 '성즉리(性卽理)'와 천리인욕설(天理人欲說)에 대항하였는데, 이때부터 유학은 심학(心學)과 이학(理學)의 두 학파로 갈라졌다. 뒤에 육구연의 학문은 왕수인에게 계승되어 양명학(陽明學)으로 발전하였다.

40 존주(尊周)의 대의(大義) : 《춘추(春秋)》의 기본 의리로, 천자의 나라인 주(周)나라를 높이고 오랑캐를 배격하는 것이다. 여기에서는 과거 천자의 나라였던 명(明)나라를 종주국으로서 높임을 이른다.

41 나라가……보여준다 : 원문의 '국사시검(國奢示儉)'은 《예기》 〈단궁 하(檀弓下)〉에 "나라가 사치하면 검소함으로써 보여 준다.〔國奢示之以儉.〕"라고 한 증자(曾子)의 말을 축약하여 말한 것이다.

42 장사가……안다 : 원문의 '식가삼배(識賈三倍)'는 《시경(詩經)》 〈대아(大雅) 첨앙(瞻卬)〉에 "마치 장사가 세 배의 이익을 보는 것을 군자가 아는 것과 같다.〔如賈三倍, 君子是識.〕"라고 한 데서 온 말이다.

들이 석갈(釋褐)[43]을 하자마자 이미 전택(田宅)과 구마(裘馬)에 전심하고 있다면 다른 데에는 뜻이 없음을 알 수 있으니, 훗날 어디에서 손을 빌려 절약과 검소함으로써 상(上)을 인도하겠는가." 하였다. 항상 권문귀족들을 피하여 멀리하여서, 조병현(趙秉鉉)[44]이 조정의 대신들을 모아 연회를 벌이면서 공을 초대하였으나 공은 가지 않았으니, 그 강직하게 스스로 지조를 지킴이 이와 같았다.

문장에 있어서는 송(宋)의 증자고(曾子固)[45]과 황조(皇朝)의 귀희보(歸熙甫)[46]를 가장 아꼈으며, 저술한 시문집 몇 권이 있다. 《구황초략(救荒草略)》, 《독서만필(讀書漫筆)》, 《춘추고례(春秋考例)》, 《독사평번(讀史平反)》 4부는 모두 공이 손수 편찬한 것이며, 《영릉치치고(英陵致治考)》 한 책은 장차 성의를 다하여 교정하여서 미나리와 햇볕을 바치는 데[47]에 대비하고자 하였던 것인데, 겨우 원고의 반 정도를

43 석갈(釋褐) : 신분이 낮은 사람이 입는 옷인 갈옷을 벗고 관복을 입는다는 뜻으로 벼슬에 처음 입사(入仕)함을 이른다.

44 조병현(趙秉鉉) : 1791~1849. 자는 경길(景吉), 호는 성재(成齋)·우당(羽堂), 본관은 풍양(豐壤)으로 벼슬이 대제학에 이르렀다. 조만영(趙萬永)·조인영(趙寅永) 등과 함께 풍양 조씨 세도정치를 이끈 중심인물이었다.

45 송(宋)의 증자고(曾子固) : 북송(北宋)의 문장가로 당송팔대가 가운데 한 사람인 증공(曾鞏, 1019~1083)으로, 자고는 그의 자이다

46 황조(皇朝)의 귀희보(歸熙甫) : 명(明)나라 때 문장가 귀유광(歸有光, 1506~1571)으로, 희보는 그의 자이다.

47 미나리와……데 : 원문은 '근폭지헌(芹曝之獻)'으로, 하찮은 것이라도 임금을 생각하여 바치고자 하는 아랫사람의 정성을 가리킨다. 송나라의 한 농부가 추운 겨울을 지내고 봄철의 따스한 햇볕을 쬐면서 이 햇볕이야말로 더없이 좋은 것이라고 여겨 임금에게 바치려고 하였는데, 그 마을의 한 부자가 그에게 "옛날에 미나리를 즐겨 먹던 가난한 농부가 그 지방 부호에게 미나리를 바쳤다가 부끄러움을 당한 일이 있는데 바로

완성하였다.

배위는 평산 신씨(平山申氏)로 온화하고 자애로웠으며 숙부인(淑夫人)에 추증되었으니, 통덕랑(通德郞) 광근(光謹)의 따님이며, 참판(參判) 기(耆)는 그 조부이시다. 1남 석용(碩鏞)은 뜻이 굳세고 각고하며 성실하여서 가업을 잘 이어가는 행실을 지녔다. 손자는 5명으로, 장손은 연소(淵韶)이고, 나머지는 어리다. 공의 아우 전(前) 현감(縣監) 정관(正觀)이 내가 공과 종유하던 벗 중 말석에 있었다고 하여 분수에 넘치게도 묘지명을 구하니, 공과 종유한 지 오래되어 공에게 깊이 심복한 사람으로 마땅히 나만한 이가 없겠기에 감히 노쇠하였다 하여 사양하지 못하였다. 훗날 군자로서 공의 학술의 올바름과 덕행의 훌륭함과 경륜의 풍부함과 문장의 성대함을 구하는 이들은 이 글에서 보면 알 수 있을 것이다. 아, 오늘날 어디에서 얻을 수 있겠는가. 옛날에 이른바 "걷고 난 뒤에 수레의 공용을 알게 된다"라고 한 것이 어찌 참으로 그렇지 않겠는가.

명(銘)은 다음과 같다.

시에서 무성한 다북쑥[48]을 노래하고	詩歌菁莪
이에 연비어약[49]에 이르렀네	爰及飛躍

그대가 그린 사람이다."라고 한 고사에서 나온 말이다.《列子 楊朱》

48 무성한 다북쑥 : 원문의 '청아(菁莪)'는《시경》〈소아(小雅) 청청자아(菁菁者莪)〉에서 온 말로, 인재를 교육하여 무성한 다북쑥을 기름과 같이 한다는 뜻이다. 모서(毛序)에서는 '인재 기르는 것을 즐거워한 시'라고 하였다.

49 연비어약(鳶飛魚躍) : 만물이 천리에 순응하여 본성대로 제자리를 얻고 살아가는 모습을 비유한 말이다.《시경》〈대아(大雅) 한록(旱麓)〉에 "솔개는 날아 하늘에 이르

훌륭한 많은 선비들이여	思皇多士
이 왕국에서 능히 내었도다[50]	克生王國
공이 성세에 응함에	公應昌辰
상서로운 봉황이자 기린[51]과 같았네	瑞鳳祥麟
왕의 조정에서 드러내어 지성으로 호령하여[52]	揚庭孚號
홀 바로잡고 띠를 드리웠네	正笏垂紳
선을 몹시 좋아함이	優於好善
악정자와 같았네[53]	樂正是似
범순부[54]처럼 계옥[55]하니	淳夫啓沃

고, 물고기는 못에서 뛰논다.〔鳶飛戾天, 魚躍于淵.〕"라고 하였다.

50 훌륭한……내었도다 : 《시경》〈대아(大雅) 문왕(文王)〉에 "훌륭한 많은 선비들이 이 왕국에서 태어났네. 왕국에서 능히 인재를 내었나니, 주나라의 동량이 되리로다.〔思皇多士, 生此王國. 王國克生, 維周之楨.〕"라고 한 데서 온 말이다.

51 봉황이자 기린 : 상서로움의 증표가 되는 것으로, 여기서는 걸출한 인재를 뜻한다.

52 왕의……호령하여 : 《주역(周易)》〈쾌괘(夬卦)〉 괘사(卦辭)에 "쾌는 왕의 조정에서 드러냄이니, 지성으로 호령하여 위태롭게 여기는 마음이 있게 하여야 한다.〔夬揚于王庭, 孚號有厲.〕"라고 한 데서 온 말이다.

53 선을……같았네 : 악정자(樂正子)는 이름이 춘(春)으로 증자(曾子)의 제자이다. 그가 노나라에서 벼슬하자 맹자께서 이 말을 듣고 "기뻐서 잠을 이루지 못하였다."라고 말씀하였는데, 이를 의아하게 여긴 공손추가 그 이유를 묻자 맹자가 "그 사람됨이 선(善)하기 때문이다." 하였다. 공손추가 "선을 좋아하는 것으로 족합니까?" 하자, 맹자가 "선을 좋아하는 것은 천하를 다스리는데도 충분하거늘 하물며 노나라에 있어서랴.〔好善優於天下, 而況魯國乎?〕"라고 한 내용이 《맹자》〈고자 하(告子下)〉에 보인다.

54 범순부(范淳夫) : 북송(北宋)의 명신(名臣)인 범조우(范祖禹, 1041~1098)로 순부는 그의 자이다. 그는 평소에 남의 잘못을 말하지 않았으나, 일을 당하면 원칙을 지켜 조금도 숨기지 않고 시비(是非)를 분별하였다. 신종(神宗) 때 사마광(司馬光)과 함께 《자치통감(資治通鑑)》을 기술하고, 당나라의 역사 비평서인 《당감(唐鑑)》을 저

용안에 기쁜 빛이 있었네 天顔有喜

육일거사[56]의 정사요 六一政事

남풍[57]의 문장이었네 南豐文章

백리 고을 다스림에 소 잡는 칼을 썼으니[58] 百里牛刀

백성들이 공수이자 황패[59]라 하였네 民曰龔黃

술하였다. 《宋史 卷337 范祖禹列傳》

55 계옥(啓沃) : 신하가 자기의 식견으로 임금을 잘 계도(啓導)하는 것을 이른다. 《서경(書經)》 〈열명(說命)〉에, 은(殷)나라 고종(高宗)이 그 재상 부열(傅說)에게 "그대의 마음을 열어 나의 마음을 적시라.〔啓乃心, 沃朕心.〕"라고 한 데서 유래하였다.

56 육일거사(六一居士) : 송(宋)나라 때 문장가이자 정치가인 구양수(歐陽脩, 1007~1072)를 가리킨다. 육일거사는 그의 호이다. 당송팔대가(唐宋八大家)의 한 사람으로서 문장가로 유명하지만, 인종(仁宗) 때 간관(諫官)을 지내고 추밀 부사(樞密副使) 등을 거쳐 참지정사(參知政事)를 지내는 등 정치가로도 업적을 남겼다.

57 남풍(南豐) : 송(宋)나라 남풍(南豐) 출신인 증공(曾鞏, 1019~1083)을 말한다. 자는 자고(子固)이다. 가우(嘉祐) 진사로 중서사인(中書舍人)에 발탁되었다. 당송팔대가(唐宋八大家)의 한 사람으로, 경술(經術)에 깊고 문장에 정교하였다. 저서로는 《원풍유고(元豐類稿)》가 있다.

58 소……썼으니 : 큰 재능을 작은 일에 시행함을 말한다. 《논어(論語)》 〈양화(陽貨)〉에, 공자가 자유(子游)가 다스리는 무성(武城)에 가서 현가(絃歌) 소리를 들으시고, "닭을 잡는 데에 어찌 소 잡는 칼을 쓰느냐?〔割雞, 焉用牛刀?〕"라고 말한 데서 온 것이다.

59 공수(龔遂)이자 황패(黃霸) : 모두 훌륭한 관리로 알려진 이들이다. 공수는 한(漢)나라 남평양(南平陽) 사람으로 자는 소경(少卿)이다. 성품이 강직하여 간쟁을 잘하기로 유명하였고, 발해 태수(渤海太守)로 있으면서 백성들에게 패검(佩劍)을 팔아 소를 사서 농사에 힘쓰도록 권장하는 등 훌륭한 치적을 많이 남겼다. 《漢書 卷89》 황패는 한나라 양하(陽夏) 사람으로 자는 차공(次公)이다. 율령(律令)에 밝았으며 하남(河南)과 영천(潁川)의 태수를 거쳐 승상(丞相)에 오르고 건성후(建成侯)에 봉해졌다. 《史記 卷96》

숙향처럼 전대함에[60]	叔向專對
임금의 명을 욕되게 하지 않았네	不辱君命
내 손복과 석개[61]를 본받아	我儀孫石
사학을 물리치고 정학을 지켰네	闢邪衛正
육·왕·모·대[62]의 무리가	陸王毛戴

60 숙향(叔向)처럼 전대(專對)함에 : 숙향은 춘추 시대 진(晉)나라 사람 양설힐(羊舌肹)의 자(字)로, 학식이 풍부하여 외국에 사신 가서나 외국의 빈객을 접대할 적에 응대(應對)를 잘하기로 이름이 높았다. 전대는 사신(使臣)을 뜻하는 말인바, 외국에 나간 사신이 문제가 생기면 자신의 전권으로 대응한다는 뜻으로, 《논어》〈자로(子路)〉의 "《시경》 3백 편을 외우더라도 정치를 맡겨줌에 제대로 해내지 못하고 사방에 사신 감에 혼자서 처결하지 못한다면, 비록 많이 외운들 어디에 쓰겠는가.〔誦詩三百, 授之以政, 不達, 使於四方, 不能專對, 雖多, 亦奚以爲?〕"라는 구절에서 유래하였다.

61 손복(孫復)과 석개(石介) : 모두 훌륭한 선비로 알려진 송(宋)나라의 문인이다. 소식(蘇軾)의 〈학교공거차자(學校貢擧箚子)〉에 "경서(經書)를 통달하고 옛것을 잘 배우기로는 손복, 석개만한 이가 없다.〔通經學古者, 莫如孫復石介.〕"라고 한 내용이 보인다. 손복(992~1057)은 송(宋)나라 인종(仁宗) 때의 문인으로 자는 명복(明復)이며 평양(平陽) 사람이다. 태산(泰山)에 살면서 《춘추좌씨전》을 가르쳤는데 명성이 널리 알려져 과거를 거치지 않고 국자감 직강(國子監直講)에 제수되었었으며, 태산학파(泰山學派)를 창도하여 석개, 문언박(文彦博) 등 유수한 학자를 배출해 송학(宋學)의 선구가 되었다. 석개(1005~1045)는 자가 수도(守道)이며 봉부(奉符) 사람이다. 학문에 독실하여 경서(經書)를 깊이 연구하였으며, 국자감 직강(國子監直講), 태자중윤(太子中允)을 역임하였는데 엄격하기로 유명하였으며 조래 선생(徂徠先生)으로도 일컬어졌다. 《宋史 卷432 孫復列傳, 石介列傳》

62 육(陸)·왕(王)·모(毛)·대(戴) : 육구연(陸九淵, 1139~1192)과 왕수인(王守仁, 1472~1528), 모기령(毛奇齡, 1623~1716)과 대진(戴震, 1724~1777)을 가리킨다. 육구연은 남송(南宋)의 학자로 호는 상산(象山)이며, '심즉리(心卽理)'의 주관적 유심론(主觀的唯心論)을 주창하여 주희(朱熹)의 '성즉리(性卽理)'와 천리인욕설(天理人欲說)에 대항하였는데, 명(明)나라 때의 학자 왕수인이 이를 계승하여 양명학(陽明

제멋대로 흘러 하늘에 닿으니	橫流稽天
손을 내젓고 담소하여서	麾之談笑
참된 근원을 트이게 하였네	疏淪眞源
서양 오랑캐가 돼지처럼 날뛰니[63]	洋醜豕蹢
가까이 닥친 재앙[64]에 근심이 간절하였네	憂切剝床
우리 행장을 정돈하여	整我行李
우리 강토를 물들이지 않게 하였네	無染我疆
처음을 궁구하고 끝을 살펴봄에	原始要終
명성과 실제가 순수하였네	名實純粹
성인 문하의 사교[65]를	聖門四敎
거의 갖추지 않음이 없었으니	庶無不備
군자들이 의지하고	君子所依

學)으로 발전시켰다. 모기령은 명말청초의 학자로 양명학(陽明學)의 영향을 받았으며 고증학에 조예가 깊었는데, 인용은 방대했지만 상세하게 확인하지 않아 오류가 많다는 비판을 받았으며, 《사서개착(四書改錯)》을 지어 주자를 비판한 바 있다. 대진은 청(淸)나라의 경학가로 모기령과 마찬가지로 고증학에 조예가 깊어, 훈고를 구하고, 훈고를 통해 의리를 구할 것을 주장하였다.

63 돼지처럼 날뛰니 : 원문의 '시촉(豕蹢)'은 《주역》 〈구괘(姤卦) 초육(初六)〉에 "파리한 돼지가 날뛰려는 마음이 간절하다.〔羸豕孚蹢躅.〕"라고 한 데서 온 말이다.

64 가까이 닥친 재앙 : 원문의 '박상(剝床)'은 《주역》 〈박괘(剝卦) 육사(六四)〉에 "상을 깎아 살갗에 이르니 흉하다.〔剝牀以膚, 凶.〕"라고 한 데서 온 말로, 그 상전(象傳)에 "상을 깎아 살갗에 이르는 것은 재앙이 매우 가까워진 것이다.〔剝牀以膚, 切近災也.〕"라고 하였다.

65 사교(四敎) : 문(文)·행(行)·충(忠)·신(信)을 가리킨다. 《논어(論語)》 〈술이(述而)〉에 "공자가 네 가지 덕목으로 가르쳤는데, 즉 문(文)·행(行)·충(忠)·신(信)이었다.〔子以四敎, 文行忠信.〕"라고 한 데서 온 말이다.

소인들이 의탁하였네 小人所庇

공이 오고 공이 떠남에 公來公去

설산이 가볍고 무거워졌으니[66] 雪山輕重

어찌하여 억지로라도 남겨두어서 胡不慭遺

우리의 동량기둥을 높이지 않았단 말인가[67] 以隆余棟

보답을 누리지 못하여 報在不食

후손에게 넉넉하게 남겨주었네 垂裕遺贏

울창한 저 가릉에 菀彼嘉陵

고요한 무덤이 있노라 有侐佳城

산과 골은 변할지라도 陵谷雖變

훌륭한 명성은 사라지지 않으리라 不泐令名

나의 글에 부끄러움이 없으니 我辭靡媿

천년토록 밝게 드러나리라 昭視千齡

66 설산이 가볍고 무거워졌으니 : 두보(杜甫)가 엄무(嚴武)에게 준 시에서 엄무(嚴武)에 대해 "공이 오니 설산이 무거워지고 공이 가니 설산이 가벼워졌네.〔公來雪山重, 公去雪山輕.〕"라고 한 데서 온 표현으로, 상대방의 덕망을 찬양하는 말이다.《杜少陵詩集 卷16 贈左僕射鄭國公嚴公武》

67 어찌하여……말인가 :《시경》〈소아(小雅) 시월지교(十月之交)〉에 "억지로라도 원로 한 분을 남겨두어, 우리 임금을 지키게 하지 않는구나.〔不慭遺一老, 俾守我王.〕"라고 한 표현을 원용한 것이다. '동량기둥을 높이다'라는 것은《주역》〈대과괘(大過卦) 구사(九四)〉 효사(爻辭)에 "구사는 들보기둥이 높으니 길하다.〔九四, 棟隆, 吉.〕" 라고 한 데서 온 말인데, 그 〈상전(象傳)〉에 "들보기둥이 높으면 길한 것은 아래로 휘어지지 않기 때문이다.〔棟隆之吉, 不橈乎下也.〕"라고 하였다.

가평 군수 이공 묘지명 병서

加平郡守李公墓誌銘 幷序

오문원(吳文元) 선생께서 징악산(澄岳山)에서 도(道)를 강론하실 때에[68] 이경인(李敬人) 공이 먼저 책 상자를 짊어지고 와서 《대학(大學)》을 수학하니, 선생께서 기대하고 허여하기를 매우 중하게 하였다. 공은 고아한 회포로 겸손하고 퇴양하였으므로 비록 학문으로 자처하지는 않았으나, 처음을 궁구하고 끝을 살펴보건대 한 가지 일이라도 도(道)에서 벗어난 것이 없었으니, 바로 이른바 "나는 반드시 그를 배웠다고 하리라."[69]라는 경우이다. 아, 훌륭하도다.

공은 휘는 정하(正夏)이고, 경인(敬人)은 자(字)이다. 계통이 공족(公族)에서 나왔으니, 영릉(英陵 세종(世宗))의 별자(別子)인 광평대군(廣平大君) 장의공(章懿公) 휘 여(璵)[70]가 시조이시다. 대대로 하간(河

68 오문원(吳文元)……때에 : 오문원은 오희상(吳熙常, 1763~1833)으로 자는 사경(士敬), 호는 노주(老洲), 본관은 해주(海州), 시호는 문원이다. 1800년(정조24) 천거로 세자익위사 세마(世子翊衛司洗馬)에 제수되고, 황해도 도사 등을 지낸 뒤, 벼슬에서 물러나 광주(廣州)의 징악산(徵嶽山)에 은거하고 이후 찬선(贊善) 등 여러 관직에 제수되었으나 모두 사양하고 나아가지 않았다. 징악산(澄岳山)은 징악산(徵嶽山)을 가리킨다.

69 나는……하리라 : 《논어》 〈학이(學而)〉에 자하(子夏)가 "어진 이를 어질게 여기되 여색을 좋아하는 마음과 바꾸며, 부모를 섬기되 그 힘을 다할 수 있으며, 임금을 섬기되 그 몸을 바칠 수 있으며, 벗과 사귀되 말함에 성실함이 있으면 비록 배우지 않았다고 말하더라도 나는 반드시 그를 배웠다고 이를 것이다.〔賢賢易色, 事父母, 能竭其力, 事君, 能致其身, 與朋友交, 言而有信, 雖曰未學, 吾必謂之學矣.〕"라고 한 내용이 보인다.

間)과 동평(東平)의 풍모[71]가 있었는데, 우의정 충정공(忠貞公) 휘 후원(厚源)[72]에 이르러서 정사공신(靖社功臣)에 책록되어 완남부원군(完南府院君)에 봉해져 선류(善類)의 종주가 되었다. 3대(代)가 전해져 휘 현록(顯祿)[73]에 이르러서, 대사헌으로 완릉군(完陵君)에 봉해졌

70 휘 여(璵) : 이여(李璵, 1425~1444)로, 자는 환지(煥之), 호는 명성당(明誠堂), 시호는 장의(章懿)이다. 아버지는 세종이며, 어머니는 소헌왕후(昭憲王后) 심씨(沈氏)이다. 1432년(세종14) 광평대군(廣平大君)에 봉해지고 1436년 성균관에 입학하였으며 1437년 무안대군(撫安大君)의 후사가 되었다. 1438년 새로 개척한 북변(北邊)의 국방강화와 풍속교화를 위하여 서울에 경재소(京在所)를 두고 종친으로 하여금 이를 주관하도록 하였을 때에 종성(鐘城)을 맡았다. 20세의 나이로 요절하였다.

71 하간(河間)과 동평(東平)의 풍모 : 하간과 동평은 모두 한(漢)나라의 종실로 왕에 봉해졌는데, 덕이 있고 학문에 밝아 당대에 명성이 높았다. 여기서는 이에 빗대어 상대방의 집안의 학문이 높음을 칭송한 것이다. 하간은 한(漢)나라 경제(景帝)의 아들인 하간왕 유덕(劉德)을 가리킨다. 그는 학문을 닦고 고도(古道)를 좋아하였는데, 특히 고서(古書)를 좋아하여 금백(金帛)을 주고 민간에서 많이 구입하였으므로 책이 매우 많았다고 한다.《漢書 卷53 景十三王傳》동평은 한나라 광무제(光武帝)의 여덟째 아들인 동평왕 유창(劉蒼)을 가리킨다. 그는 경술(經術)을 좋아하고 지혜가 있었다. 명제(明帝)가 "일간에 동평왕은 집에 있으면서 무엇이 가장 즐거운가?"라고 묻자, "선(善)을 하는 것이 가장 즐겁습니다."라고 대답했다 한다.《後漢書 卷42 光武十王列傳 東平憲王蒼》

72 휘 후원(厚源) : 이후원(李厚源, 1598~1660)으로, 자는 사진(士晋)·사심(士深), 호는 우재(迂齋), 본관은 전주(全州), 시호는 충정(忠貞)이다. 1623년(인조1) 인조반정 후 정사공신(靖社功臣) 3등으로 완남군(完南君)에 봉해졌으며, 1627년(인조5) 정묘호란이 일어나자 총융사로 변란에 임하여서, 포로를 잡은 공로로 녹훈되었다. 외직과 한성부 서윤을 거쳐 1635년 증광 문과에 병과로 급제하였다. 이후 지평·장령을 지냈고, 병자호란에 남한산성이 포위되었을 때에 남한산성의 고수를 적극 주장하였으며, 주화론에 반대하였다. 1650년(효종1) 효종의 북벌모의에 참모가 되어 북벌계획에 앞장섰다. 그 후 벼슬이 우의정에 이르렀다.

으니, 이 분이 공의 오세조이시다. 고조는 휘 권중(權中)이니, 생원시에 장원하여 무주 부사(茂朱府使)를 지내고 이조참판에 추증되었다. 증조는 휘 의행(義行)이니, 대사헌으로 완성군(完城君)에 봉해졌다. 조부는 휘 명연(明淵)[74]이니, 문과에 급제하여 영흥 부사(永興府使)를 지내고 이조참판에 추증되었으며, 호는 구포(瞿圃)이다. 바른 도리로 임금을 섬겨 군신 간에 뜻이 계합됨이 두터웠으나, 권세 있고 총애받는 신하의 뜻을 누차 거슬러서 조정에서 편히 있지 못하였다. 선고(先考)는 휘 인창(寅昌)이다. 선비(先妣)는 안동 김씨(安東金氏)로, 첨지중추부사(僉知中樞府事)로 이조참판에 추증된 이례(履禮)[75]가 그 선고(先考)이시다.

공은 총명함을 타고 나서, 8세에 필로(蹕路)를 따라 관광(觀光)하였는데,[76] 정묘(正廟 정조)께서 특별히 공에게 앞으로 나오기를 명하시어

73 휘 현록(顯祿) : 이현록(李顯祿, 1684~1730)으로, 자는 영보(永甫), 본관은 전주(全州)이다. 음서로 헌릉 참봉(獻陵參奉)에 기용되어 장원서 봉사·전주부 판관 등을 거친 뒤 1722년(경종2) 알성문과에 을과로 급제하여 예조 좌랑에 올랐다. 그러나 그 해에 신임사화가 일어나 소론의 음모를 규탄하다가 순흥부에 유배되었고, 1724년에 영조가 즉위하면서 풀려났다. 1726년(영조2) 종묘를 개수한 공로로 통정(通政)에 올랐고 1727년 정미환국으로 다시 노론이 세력을 잃게 되자 파직되었다가, 1728년 이인좌(李麟佐)의 난에서 공을 세워 완릉군(完陵君)에 봉해졌다. 벼슬이 대사헌에 이르렀다.

74 휘 명연(明淵) : 이명연(李明淵, 1758~1803)으로, 자는 여량(汝亮), 호는 구포(瞿圃)이다. 자세한 내용은 293쪽 주28 참조.

75 이례(履禮) : 김이례(金履禮, 1740~1818)로, 자는 화보(和父), 호는 수곡(修谷), 본관은 안동(安東)이다. 덕천 군수(德川郡守) 등을 지냈으며, 벼슬이 첨지중추부사(僉知中樞府事)·조사오위장(曹司五衛將)에 이르렀다. 《老洲集 卷18 郡守金公墓表》

76 필로(蹕路)를 따라 관광(觀光)하였는데 : 필로는 왕의 거둥 때 어가(御駕)가 지나가는 길을 뜻하며, 관광은 《주역(周易)》 〈관괘(觀卦) 육사(六四)〉에, "나라의 빛을

하문하고서 구포공(瞿圃公)의 손자임을 아시고는 행동거지에 법도가 있음을 칭찬하여, "기개가 너의 조부를 매우 닮았으니, 훗날 반드시 큰 인물이 될 것이다."라고 하였다. 스승에게 나아갈 때가 되자, 구포공의 명으로 확재(擴齋) 민공(閔公)[77]에게 청하여 수업을 받으니, 민공이 자(字)에 대한 설(說)을 지어서 기대하고 면려하였다. 갑오년(1834, 순조34)에 선공감 감역(繕工監監役)에 제수되었는데, 국장도감(國葬都監) 별공작(別工作)으로 공로를 인정받아 을미년(1835, 헌종1)에 의금부 도사(義禁府都事)로 승진하였다.[78] 당직(當直)으로 명에 나아갔는데 승정원의 하례(下隷)가 걸음을 재촉하면서 거만한 말을 하니, 공은 즉시 병을 핑계대고서 벼슬에 나아가지 않았다.

이윽고 장악원 주부(掌樂院主簿)에 제수되었고, 서부 영(西部令)으로 옮겼다가, 외직으로 나가 삼가 현감(三嘉縣監)이 되었다. 부임하자마자 판결하기 어려운 살인 사건이 일어났는데 공이 그 실정을 캐내니, 도백(道伯 관찰사)이 그 숙달됨을 몹시 칭찬하였고, 의심스러운 옥사(獄事)나 큰 사건이 있으면 공에게 맡겨 심리(審理)하게 하는 일이

보는 것이니, 왕에게 나아가 손님이 되는 것이 이롭다.〔觀國之光, 利用賓于王.〕"라고 한 데서 온 말로, 임금을 뵙는다는 뜻이다.

77 확재(擴齋) 민공(閔公) : 민치복(閔致福, 1766~1814)으로, 자는 원리(元履), 호는 확재, 본관은 여흥(驪興)이다. 김양행(金亮行)·이직보(李直輔)의 문인으로, 벼슬하여 동몽교관(童蒙敎官) 등을 지내고 남평 현감(監南平縣)에 이르렀다. 《老洲集 卷16 擴齋閔公墓誌銘》

78 국장도감(國葬都監)……승진하였다 : 이정하(李正夏)는 1835년(헌종1) 5월 2일 별공작 가감역(別工作假監役)으로 공로를 인정받아 승서(陞敍)되었고, 그 다음 달에 의금부 도사(義禁府都事)에 제수되었다. 《承政院日記 憲宗 1年 5月 2日, 6月 8日》

많았다. 큰 흉년을 만나자 공은 정성을 다하여 구휼하여서, 먼저 몸소 절약하고, 권분(勸分)[79]하되 요호(饒戶)에는 시행하지 않았으며, 진휼곡(賑恤穀)을 반드시 다른 지역에서 사들여서 빈민(貧民)과 부민(富民)에게 모두 도움이 되게 하니, 읍(邑)이 이로 인해 온전히 살아나게 되었다.

의령(宜寧)을 겸하여 관할하게 되었을 때에, 도백(道伯)이 인근에서 사들인 환곡을 의령에 옮긴 지 겨우 수개월 만에 완전히 납부하기를 요구하니, 백성들이 명을 감당할 수 없었다. 공은 "비록 한 때 겸임하는 것이라 하더라도 이미 백성들을 병들게 함을 알았다면 어찌 차마 좌시할 수 있겠는가." 하고, 도백(道伯)에게 그 실정을 낱낱이 아뢰었으나 저지당하였다. 공은 자신의 거취(去就)를 가지고서 논쟁하여서 마침내 그 반을 거두어들이게 되었으니, 의령의 백성들이 송덕비를 세워서 은혜를 기렸다.

무술년(1838, 헌종4)에 가평 군수(加平郡守)로 승진하였는데, 또 거듭된 흉년을 겪어서 백성과 물자가 시들어 쇠해지고, 관아가 헐어서 무너졌다. 도백(道伯)에게 곡식을 청하고 또 봉록을 내어 보태고서, 범희문(范希文)의 절서(浙西)에서의 유의(遺意)[80]을 사용하여 굶주린

79 권분(勸分) : 지방 수령이 흉년에 관하의 부유한 자에게 사적(私的)으로 진휼(賑恤)에 필요한 곡식의 일부를 부담하도록 권하여 빈민을 구제하게 한 일을 말한다. 《牧民心書 賑荒 勸分》

80 범희문(范希文)의 절서(浙西)에서의 유의(遺意) : 범희문은 송(宋)나라의 명재상 범중엄(范仲淹, 989~1052)으로, 희문은 그의 자이다. 범중엄이 절서(浙西)를 다스리던 황우(皇祐) 2년(1050)에 오중(吳中)에 큰 흉년이 들었는데, 범중엄이 이 지역 사람들이 배 타고 겨루는 놀이를 좋아하고 또 불사(佛事)를 좋아함을 알고는, 태수(太

백성들을 모집해 부역(赴役)하게 하였다. 그리하여 백성들에게 거두어들이지 않았으나 관아가 경관을 새롭게 바꾸었으며, 백성들도 굶주려 죽는 이가 없게 되었다. 어떤 현귀(顯貴)한 이가 가까운 곳을 지나가는 일이 있었는데, 읍이 주전(廚傳)[81]에 해당되었다. 아전들이 여러 읍들이 성대하게 물자를 공급한 일을 가지고서 공에게 아뢰었는데, 공은 "상례(常例)에서 더 보탤 수 없다."라고 하여, 마침내 옛 전례를 따라서 대접하였다. 그 사람이 이로 인하여 아랫사람들을 단속하고 또 공에게 친밀한 뜻을 보였으나, 공은 끝내 나아가서 사례하지 않았으니, 신념을 지키는 데에 있어서 엄격하였던 것이 이와 같았다.

백성들 중에 자신의 아버지가 다른 사람에게 살해되었다고 고발한 자가 있었는데, 조사해보니 실상이 없었으므로 도백(道伯)에게 그 정황을 열거하고서 옥안(獄案)은 갖추지 않았었다. 고발한 자가 이에 원수 집안에 뇌물을 요구하였는데, 공이 이를 엄하게 꾸짖으니, 고발한 자가 부끄럽고 한스럽게 여겨 주사(籌司 비변사)에 잘못을 들추면서 하소연하였다. 당시 재상이 갑자기 듣고서는 옥사(獄辭)를 성립하여서, 마침내 애초에 검사하여 알아보지 않았다고 하여서 공을 파직시켰다.[82] 얼마 지나지 않아 본도(本道)에서 심리함에, 피고자가 억울하게

守)가 날마다 호숫가에서 잔치를 열게 하여 남는 재산으로 백성들에게 은혜를 베풀 수 있게 하고, 한편으로는 사찰을 짓는 토목 공사를 일으키게 하여서 매일 천 명의 인부들이 먹고 살 수 있게 하였다. 그 결과 그 해에 절동(浙東), 절서(浙西) 지방에서 오직 항주(杭州)만이 편안하여 유민이 없었다고 한다. 《宋名臣言行錄 前集 卷7 范仲淹》

81 주전(廚傳) : 주(廚)는 숙식(宿食), 전(傳)은 역마(驛馬)의 뜻으로, 지방에 나가는 관원에게 경유하는 역참(驛站)에서 음식과 역마를 제공하는 것을 말한다.

82 당시……파직시켰다 : 1842년(헌종8) 5월 25일에 경기 감사(京畿監司) 이약우(李

받았던 무함을 시원하게 씻어내었다. 그 후 어사(御使)가 권력 있는 이에게 아첨하여서, 관영의 재물을 미처 갚지 않았다고 해서, 공을 감죄하여 문의(文義)에 편배(編配)하였다.[83] 공은 누추한 집을 골라 거처하면서 발이 당(堂) 아래로 내려가지 않았으며, 《논어》에서 의심스러운 뜻을 차기(箚記)하여서 《곤형록(困衡錄)》이라 이름 붙였다.

계묘년(1843, 헌종9)에 용서를 받고 돌아옴에, 도성 안을 좋아하지 않아서 송추(松楸)[84]에서 수명을 마치고자 하였는데, 품은 뜻을 이루지 못한 채 갑진년(1844, 헌종10) 11월 2일에 졸하였으니, 태어난 신해년(1791, 정조15)으로부터 54세가 된다. 을사년(1845, 헌종11) 정월에 원배(元配) 파평 윤씨(坡平尹氏)의 무덤에 묘혈(墓穴)을 파서 합장하였으니, 바로 광주(廣州)의 궁촌(宮村)에 있는 선영(先塋)의 유좌(酉坐)였다. 윤 숙인(尹淑人)은 군수(郡守) 오영(五榮)의 따님으로, 부덕

若愚)의 장계(狀啓)가 올라와 가평 군수(加平郡守) 이정하(李正夏)를 우선 파직하게 하라 하였고, 이후 의금부 조목(義禁府照目)이 올라와 살인 사건은 중대한 것인데 이정하가 애당초 검안하지 않고 지레 마감했다 하여서 해당 법률을 적용해야 한다고 하였다. 《承政院日記 憲宗 8年 5月 25日, 6月 5·9日》

83 그 후……편배(編配)하였다 : 1842년(헌종8) 7월에 경기 암행 어사(京畿暗行御史) 이제달(李濟達)이 올린 서계(書啓)에서, 전 가평 군수(加平郡守) 이정하(李正夏)가 공관을 수리할 때에 영환(營還) 2500석을 빌려와서 그 중 1800석을 아직 갚지 않았다고 하면서, 체직된 일로 인해 그렇게 된 것이지만 법을 어겼음을 면하기 어렵다고 하였다. 이 일로 인하여 장(杖) 100대에 해당하는 속전을 거두고, 고신을 추탈하며, 유삼천리(流三千里) 정배(定配)의 명이 내려졌으나, 공로를 참작하여 한 등급 죄를 감하여서 결국 충청도 문의현(文義縣) 덕류역(德留驛)에 도삼년(徒三年) 정배(定配)의 명을 받았고, 이듬해 10월에 풀려났다. 《承政院日記 憲宗 8年 7月 24日, 8月 9·10日, 9年 10月 25日》

84 송추(松楸) : 소나무와 가래나무를 심어 놓은 곳으로 선산 또는 고향을 가리킨다.

(婦德)을 지녀서 공이 선을 행하도록 보좌하였는바, 오 문원(吳文元) 선생께서 묘지명을 지으셨다.[85] 계배(繼配) 곡산 한씨(谷山韓氏)는 석붕(錫朋)의 따님으로, 공이 별세하자 하종(下從)하기로 결심하고서 배를 찔러서 거의 죽을 뻔하였고, 장례를 지내고 나서 마침내 독을 먹고 별세하였으니, 공이 집안의 모범이 된 교화를 징험할 수 있다. 공의 묘의 왼쪽에 합장하였다. 두 숙인(淑人)이 모두 혈육이 없었으므로 종질(從姪) 범승(範承)을 데려다가 후사로 삼았다.

공은 올곧은 자질을 지니고 대범하고 소탈한 심성을 지녀서 평소에 항상 얼굴에는 뻐기는 기색이 없었고 행동에는 구차함이 없었다. 비록 고생하고 궁핍해 굶주려서 온갖 어려움을 갖가지로 겪었으나, 근심을 드러내지 않았다. 효성을 지녀서, 일찍 부모님을 여의어 미처 극진히 봉양하지 못한 것을 애통해하였다. 그리하여 그 정(情)을 제사를 올리는 데에 써서, 반드시 제수(祭需)를 지극히 풍성하고 정결하게 하였으며, 새 음식은 아직 올리지 않았으면 먼저 입에 들이지 않았다. 조비(祖妣)이신 홍 부인(洪夫人)이 눈병을 앓아 실명하자, 공이 대신 수저를 잡아드리고 치료에 정성을 바쳐서 병이 조금이나마 나아질 수 있었다. 종가(宗家)가 몹시 가난하여 제사를 빠뜨리면, 반드시 힘을 다하여 이를 마련하였으며, 선조들의 문헌을 널리 수집하고 함께 기록하여 유(類)대로 모아서 책을 이루었다.

아우를 몹시 아껴서, 함께 이불을 덮고 상을 나란히 하고 지내서

85 오 문원(吳文元)……지으셨다 : 오 문원은 오희상(吳熙常, 1763~1833)으로, 문원은 그의 시호이다. 해당 묘지명은 《노주집(老洲集)》 권16 〈유인윤씨묘지명(孺人尹氏墓誌銘)〉에 보인다.

노년에 이르기까지 거의 두 몸임을 알지 못하였으나, 잘못이 있으면 규계하고 꾸짖되 조금도 가차를 두지 않았다. 벗과 사귀는 도리에 있어서 돈독하였으나 망령되이 사귀지 않아서, 함께한 사람들이 모두 근후한 장자(長者)들이었으며, 아무 일 없이 초대하거나 방문하여서 억지로 담소하면서 부화뇌동하지 않았다. 확재공(擴齋公)의 맏아들 태용(泰鏞)[86]은 바로 공의 이종사촌동생이었는데, 마음과 뜻이 계합되어 시종 간격이 없이 친밀하였다. 태용이 별세하자 상례(喪禮)와 장례(葬禮)를 주선하였고 몸소 장지를 살폈으며, 그 고아를 마치 자기 자식처럼 여겼다.

집에서 지낼 때에 치산(治産)에 힘쓰지 않았으며, 두 읍(邑)을 맡게 되었을 때에 얼음과 소태나무의 지조[87]를 지키고자 스스로 힘썼다. 혹자가 훗날을 위한 계책을 세우기를 권하면, 그때마다 웃으면서 "내 익히 보았으니, 재산을 많이 쌓다가 재앙이 뒤따르는 것을 항상 두려워한다네."라고 하였다. 굴뚝에 밥 짓는 연기가 왕왕 일어나지 않았으나 마치 알지 못하는 듯이 하였고, 궁핍한 이들을 널리 구휼하기를 마치 자기 몸이 굶주리고 목마른 것처럼 급히 여겼다. 그리하여 상자와 바구니에 남아서 모아둔 것이 없어 관직에서 물러나자 먹고 살기가 어려웠

86 확재공(擴齋公)의 맏아들 태용(泰鏞) : 확재 민치복(閔致福)의 아들인 민태용(閔泰鏞, 1791~1840)으로, 자는 자형(子亨), 본관은 여흥(驪興)이다. 1829년(순조29) 정시에서 을과 1위로 급제하여 벼슬이 이조참의에 이르렀다.

87 얼음과 소태나무의 지조 : 맑은 얼음물을 마시고 쓰디쓴 소태나무를 씹으면서 굳게 지키는 절조를 말한다. 당(唐)나라 백거이(白居易)의 시에 "3년 동안 자사로 있으면서, 맑은 얼음물을 마시고 쓰디쓴 소태를 씹었노라.〔三年爲刺史, 飮氷復食蘗.〕"라고 한 데에서 온 말이다.《白樂天詩集 卷1 三年爲刺史》

지만 편안하게 여겼다. 읍을 다스림에 있어서 가혹하게 살피는 것을 명철함으로 여기지 않았으며, 형벌을 준엄하게 하여서 위의(威儀)를 세우지 않았고, 재능을 과시하여 명예를 사는 것을 부끄럽게 여겨서 단지 실심(實心)을 미루어 실정(實政)을 행할 따름이었다. 그러므로 아전들은 공을 꺼리고 백성들은 공을 그리워하였으니, 묘당(廟堂 의정부)에서 정치를 잘 하였다 하여 천거하기까지 하였다.

공은 어려서 외가에서 길러졌는데 외조부이신 수곡공(修谷公 김이례(金履禮))은 덕이 돈후하고 행실이 순후하였고 학문에 연원이 있었으며, 구포공(瞿圃公 이명연(李明淵))은 몸소 청렴하고 검소함을 솔선하여서 가르침은 부지런하였고 예(禮)는 엄격하였다. 공은 친가와 외가로부터 교화를 받아 지취가 절로 올발랐으며, 어렸을 때부터 이미 자제(子弟)의 직분을 능히 수행하였다. 점차 장성하여서는 사우(師友)를 좇아 항상 마음을 잡아 보존하여 선현들을 계술하고자 전전긍긍하였다.

평소에 병을 많이 앓아 병약하여서 옷을 가누지 못할 정도였는데, 항상 마음을 맑게 하고 욕심을 적게 하는 것을 법도로 삼아서, 여색을 가까이하지 않았고 지나친 화려함을 기뻐하지 않았으며 희롱하고 친압함을 일삼지 않았고 완호하는 물건을 쌓아두지 않았다. 오직 고금의 서화를 아꼈으나, 구하는 이가 있으면 내어주면서 어렵게 여기는 기색이 없었다. 문장에 있어서 몹시 진력하지는 않았고 또 저술하는 것을 좋아하지 않았으나, 글을 지으면 저절로 법도에 맞았다.

아! 공은 식견과 사려가 심원하고 지취는 고결함을 숭상하여서, 일찍부터 중망(重望)을 받아 모두 원대한 일을 이룰 것이라고 추대하였다. 스스로 종성(宗姓)으로서 세록(世祿)을 받았다 하여, 나라를 돌보아 생각하여서 비록 작은 하나의 명(命)에 처하더라도 하루의 책임을 바칠 것을 생각하여 반드시 본분을 다하고자 하였다. 요로에 있는 이들 중에 공과 소싯적에 교유한 이들이 많았으니, 만일 능히 그 사이에서 주선하였다면 한번 과거에 급제하는 일을 조석 간에 이룰 수 있을 터였으나, 공은 스스로 수약(守約)[88]하여서 조금도 뜻을 굽히지 않았으니, 이것이 어찌 세상을 잊는 데에 과감하였던 것이겠는가. 올바른 방도를 말미암지 않고서 얻는 것을 미워하였던 것이다. 이 때문에 둥근 자루에 모난 자루를 넣듯이 세상과 맞지 않아 궁핍하고 굶주린 채 별세하였으니, 이것은 구포공(瞿圃公)이 남긴 법도에 영광이 있는 것이자, 또한 문원공(文元公)이 기대하신 바를 저버리지 않을 수 있는 것이었다.

공의 아우 헌하(獻夏) 이징(而徵)이 울면서 나에게 말하기를, "우리 형님이 교유하였던 분들이 모두 돌아가셨으니, 우리 형님을 아는 이는 오직 그대만이 남아있을 뿐입니다. 그대의 글을 얻어 묘소에 묘지명으로 삼고자 합니다." 하니, 내가 "네."라고 하였다. 나는 공과 더불어 3대(代)의 우호가 있어 마음으로 사귀었고 형적에 얽매이지 않았으므로, 그 우호가 오랠수록 더욱 진실하니, 어찌 감히 노쇠하였다 하여 사양하겠는가. 마침내 명(銘)을 짓노라. 명(銘)은 다음과 같다.

아, 경인이여	吁嗟乎敬人
적자의 마음[89]을 잃지 않아	不失赤子之心

88 수약(守約) : 지킴에 있어서 그 요점을 터득함을 말한다. 《맹자(孟子)》 〈공손추 상(公孫丑上)〉에 "맹시사의 지킴은 기(氣)이니 또 증자의 지킴이 그 요점을 터득함만 못하다.〔孟施舍之守氣, 又不如曾子之守約也.〕"라고 하였다.

89 적자의 마음 : 거짓 없이 순수한 마음을 말한다. 《맹자》 〈이루 하(離婁下)〉에 "대인이란 어린이와 같은 순수한 마음을 잃지 않은 사람이다.〔大人者, 不失其赤子之心者

처자처럼 능히 몸을 지켰네 克守處子之身
재주가 보불[90]의 화려함을 도울 수 있었으나 才可以贊黼黻之華
다만 오두미의 녹봉[91]에 굽혀졌고 而秖屈五斗
어짊이 백세[92]의 수명에 오를 수 있었으나 仁可以躋期頤之壽
육순을 채우지 못하였네 而未滿六旬
근심하고 곤궁하여 憂戚厄窮
몸과 이름이 모두 인멸되었으니 身名俱湮
내 푸른 하늘에 따지고자 하노라 吾欲致詰于蒼旻
공의 몸에 있어 인색하였던 것이 嗇于厥躬者
마땅히 후손에게 넉넉할 것이니 宜羸于後昆
매우 밝게 드러난 것을 적어 끝없는 후세에 알리노라
載其孔昭而詔之無垠

也.〕"라고 한 데서 온 말이다.

90 보불(黼黻) : 임금의 대례복(大禮服)에 놓은 수로, 보는 도끼 모양의 흑백색, 불은 아(亞)자 모양의 흑청색으로 수를 놓은 것인데, 여기서는 임금의 계획을 보좌하고 나라를 경영하는 데 도움이 되는 문장을 말한다.

91 오두미(五斗米)의 녹봉 : 오두미는 '다섯 말의 쌀'이라는 뜻으로, 수령의 적은 녹봉을 이른다. 진(晉)나라의 은사인 도잠(陶潛)이 팽택 현령(彭澤縣令)으로 있을 때에 군(郡)에서 파견한 독우(督郵)의 시찰을 받게 되었다. 아전이 도잠에게 의관을 갖추고 독우에게 인사를 해야 한다고 하자, 도잠이 탄식하며 "내가 오두미의 녹봉 때문에 허리를 꺾어 시골의 어린아이에게 굽실거릴 수는 없다.〔我不能爲五斗米, 折腰向鄕里小兒.〕"라고 하고는, 즉시 수령의 인끈을 풀어 놓고 고향으로 돌아간 고사가 전한다.《晉書 卷94 陶潛列傳》

92 백세 : 원문의 기이(期頤)는 나이 일백 세를 말한다.《예기(禮記)》〈곡례 상(曲禮上)〉에 "100세를 기(期)라 하니, 봉양을 받는다.〔百年曰期, 頤.〕"라고 한 데서 온 말인바, 100세를 '기'라고 한 것은 100세가 인간 수명의 기한이 되기 때문이다.

화순 현감 박공 묘지명 병서

和順縣監朴公墓誌銘 幷序

난공자(欒共子)가 말하기를, "사람은 세 분의 은혜로 살아가기에 섬기기를 똑같이 하여야 한다." 하였으니,[93] 스승의 윤서(倫序)는 임금이나 아버지와 같지만, 이 의리가 강구되지 않은 지가 오래되었다. 순정한 행실로 홀로 우뚝 선 선비로서, 스승을 위하여 자정(自靖)[94]하여 바람 앞에서 다리를 꼿꼿이 세워서 이 세상에서 표준이 되는 이가 있지 않으면, 스승의 도(道)는 혹 거의 사라지게 될 것이다. 그러한 사람이 누구라 할 것인가? 고(故) 현감(縣監) 박공(朴公)으로, 휘는 화문(和文), 자는 도기(道器)인 분이 바로 그런 분이다.

공은 약관(弱冠)의 나이에 어버이의 명으로 백운산인(白雲山人)을 따라 수학하였는데, 백운산인이 몹시 중하게 기대하고 허여하였다. 백운산인이 추삭(追削)되는 죄율을 입자, 공은 지성으로 애통해하고

93 난공자(欒共子)가……하였으니 : 이 말은 《소학집주(小學集註)》 〈명륜(明倫)〉에 보이는바, 난공자가 "사람은 세 분의 은혜로 살아가기에 섬기기를 똑같이 하여야 한다. 아버지는 나를 낳아 주시고, 스승은 나를 가르쳐 주시고, 임금은 나를 먹여 주셨으니, 아버지가 아니면 태어나지 못하고 임금이 먹여 주지 않으면 자라지 못하고 스승이 가르쳐 주지 않으면 알지 못하니, 낳아 주신 것과 똑같다.〔民生於三, 事之如一. 父生之, 師教之, 君食之, 非父不生, 非食不長, 非教不知, 生之族也.〕"라고 한 데서 온 것이다.

94 자정(自靖) : 스스로 의리에 맞게 처신하여 편안하게 여긴다는 뜻이다. 은(殷)나라 태사(太師)인 기자(箕子)가 주왕(紂王)의 서형(庶兄)인 미자(微子)에게 "스스로 의리에 편안하여 사람마다 스스로 선왕(先王)에게 뜻을 바칠 것이니, 나는 떠나가 은둔함을 돌아보지 않겠다.〔自靖, 人自獻于先王 我不顧行遯.〕"라고 보인다. 《書經 商書 微子》

사모하여서, 화순(和順)의 임소로부터 벼슬을 그만두고 산림의 초려로 돌아와서 종신토록 다시 출사하지 않았다. 혹 백운산인을 헐뜯는 사람이 있으면 공은 "제자를 대하여 그 스승을 헐뜯어서야 되겠는가." 하였으니, 그 엄려함이 이와 같았다.

공의 맏아들 시우(始愚)가 선인의 훌륭함을 능히 이어받아서 공의 품행과 치적을 서술하여 묘지명을 구하였다. 삼가 행장을 살펴보건대, 공은 어버이를 섬김에 있어서 효성이 독실하였고, 공무를 받듦에 있어서 충성을 바쳤으니, 단지 스승을 위하여 본분을 다하였을 뿐만이 아니다. 그러니 이는 난씨(欒氏 난공자(欒共子))의 가르침에 부끄러움이 없는 것이자, 배운 바를 저버리지 않은 것이다. 은미한 것을 드러내고 그윽한 것을 밝히는 일을 어찌 그만둘 수 있겠는가.

공은 고령(高靈) 사람이니, 고려의 대장군(大將軍) 지순(之順)이 비조가 된다. 본조에 들어와서 읍취헌(挹翠軒) 휘 은(誾)이 곧은 도리를 지니고서 직간을 하였다가 갑자년에 사화를 입었다.[95] 증손인 부제학(副提學) 휘 경업(慶業)은 혼조(昏朝 광해군(光海君))를 만나 정인홍(鄭仁弘)과 이이첨(李爾瞻) 등 적당들을 탄핵하여[96] 또한 직신(直臣)으로

95 읍취헌(挹翠軒)……입었다 : 읍취헌은 연산군 때의 문신이자 시인인 박은(朴誾, 1479~1504)으로 자는 중열(仲說), 호는 읍취헌이다. 1496년(연산군2) 18세의 약관으로 식년 문과에 급제하고 벼슬이 수찬에 이르렀는데, 1498년에 유자광(柳子光)의 간사함에 대해 탄핵하였다가 모함을 받아 파직되었고, 1501년(연산군7) 옥에 갇혔다가 26세 때인 1504년에 갑자사화로 인해 처형되었다.

96 증손인……탄핵하여 : 경업은 박경업(朴慶業, 1568~?)으로, 자는 응휴(應休), 호는 암수(巖叟)이며, 벼슬이 부제학(副提學)에 이르렀다. 1614년(광해군6) 장령(掌令)으로 있으면서 정청(庭請)에 참여하지 않고 정인홍(鄭仁弘), 이이첨(李爾瞻), 홍여순(洪汝諄) 등이 계축옥사(癸丑獄事)를 일으킨 것을 탄핵하였다가 외직으로 나가 동래

이름이 드러났다. 문경 현감(聞慶縣監)으로 사복시 정(司僕寺正)에 추증된 휘 번(蕃)과 이조참의(吏曹參議)에 추증된 휘 원서(元瑞)와 은율 현감(殷栗縣監)으로 이조참판(吏曹參判)에 추증된 휘 경진(敬鎭)[97]은 공의 고조와 증조와 조부 삼대(三代)이시다. 선고(先考)이신 휘 근순(謹淳)은 덕망을 지녔는데, 어버이의 상을 당함에 상을 견뎌내지 못하고 별세하였다. 선비(先妣)이신 광산 김씨(光山金氏)는 현감(縣監) 준재(俊材)의 따님으로, 충정공(忠貞公) 운택(雲澤)[98]은 그 조부이시다. 여사(女士)의 풍모가 있었는데, 원릉(元陵 영조) 갑술년(1754, 영조30) 4월 7일에 공을 낳으셨다.

나면서부터 빼어나고 특출하며 단정하고 진실한 자품을 지녀서 점차 장성함에 처신함이 노성(老成)한 사람과 같았다. 스승에게 나아가는 때에 이르러서는, 《소학(小學)》, 사서(四書), 《근사록(近思錄)》 등의 책을 전수받아 연구하고 실천하여서 한결같이 법도를 따랐다. 어렸을 때부터 어버이의 뜻을 기쁘게 해드리기를 힘써서, 좌우에서 부지런히 섬겨서 곡진하고 주도면밀하게 하였다. 신묘년(1771, 영조47)에

부사(東萊府使)에 보임되었다.

97 휘 경진(敬鎭) : 박경진(朴敬鎭, 1705~1770)으로, 자는 사상(士常)이다. 1738년(영조14) 진사시에 합격하고 천거로 벼슬하여 광릉 참봉(光陵參奉), 목릉 참봉(穆陵參奉) 등을 거쳐 은율 현감(殷栗縣監)에 제수되었다.

98 충정공(忠貞公) 운택(雲澤) : 김운택(金雲澤, 1673~1722)으로, 자는 중행(仲行), 호는 백운헌(白雲軒), 시호는 충정이다. 1704년(숙종30) 춘당대 문과에 병과로 급제한 뒤 벼슬이 형조참판에 이르렀으나, 1722년(경종2) 신임사화로 소론이 집권하자 영변(寧邊)에 유배되었다가, 다시 반역을 도모한다는 무고를 입고 노론 4대신과 함께 장살(杖殺)되었다. 뒤에 이조판서에 추증되었다.

가서 외조부를 뵙고 부친의 상(喪)으로 인해 별빛을 이고서 밤낮을 달려 돌아오니, 몸과 마음이 야위어서 기절하였다가 비로소 소생하고는, 모친께서 북당(北堂)에 계시다 하여서 애써 슬픔을 억누르며 예(禮)를 따랐다. 상기(喪期)를 마치고서 화려하고 성대한 옷을 입지 않았고, 봉양을 마치지 못하였다 하여 종신토록 애통함을 품어서 신알(晨謁)할 때마다 눈물을 흘렸다. 묘가 30리 떨어져 있었는데, 초하루면 반드시 성묘하여서 늙어서도 이를 폐하지 않았으며, 무덤가에 올라 통곡하여서 남헌(南軒)과 송강(松江)의 예(禮)[99]를 사용하였다.

홀어머니를 봉양함에 있어서 마음을 받드는 것과 물질로 봉양하는 것을 모두 갖추어서, 큰 연고가 아니면 잠시도 곁을 떠나지 않아 한결같은 마음으로 공경하고 삼갔으며 수저를 떠서 드신 음식이 많은지 적은지를 속으로 세어서 어머니의 안부를 점검하였다. 한밤중에도 여러 번 일어나서 창 밖에 귀를 대고서 기식(氣息)을 알아차렸다. 탕약을 시중들면서 해를 마쳐서 띠를 풀지 않고 눈을 붙이지 않았으며 손수 도규(刀圭)를 잡고서 약을 조제하고 드실 음식을 돌보아서, 밤낮으로 초조하게 걱정하여 모습이 마르고 초췌하였으니, 보는 이들이 감동하여 눈물을 흘렸으며, 향리에서 이를 취해 법으로 삼았다.

어머니의 병이 위독해지자 목욕재계하고서 하늘에 기도하였고, 손가락을 베어 피를 바치고 똥을 맛보아 차도를 징험하였다. 상(喪)을

99 남헌(南軒)과 송강(松江)의 예(禮) : 남헌은 남송(南宋)의 도학자이자 문신인 장식(張栻, 1133~1180)의 호이며, 송강은 조선 중기의 문신인 정철(鄭澈, 1536~1593)의 호이다. 이 두 사람은 상기(喪期)를 마친 뒤에도 부모의 묘소에 가면 곡을 하였다고 하는데, 이 예(禮)를 뜻한다.

당하자 정(情)을 다해서 부여잡고 울부짖으며 가슴을 쳐서 거의 목숨을 잃을 지경이었으며, 염빈(斂殯)을 하고 장례와 제사를 지내는 일에 정성과 힘을 다하고자 힘썼다. 슬픔으로 경황이 없는 창졸간에도 반드시 고례(古禮)와 부합하고자 하였고, 3년 동안 궤전(饋奠)[100]을 행하되 몸소 주관하여서 노복들에게 맡기지 않았다. 신종추원(愼終追遠)[101]에 관계된 일이라면 모두 세밀하고 자상하게 하여서 마음에 부합된 후에야 그만두었다.

도신(道臣 관찰사)이 그 행실을 천거하여, 경신년(1800, 정조24)에 경릉 참봉(章陵參奉)에 제수되었다. 이때에 정묘(正廟 정조)께서 승하하시니, 공은 활과 수염을 부여잡지 못한 것[102]을 애통하게 여기고 녹봉

100 궤전(饋奠) : 거상하는 동안 제사의 형식을 갖추지 않고 아침과 저녁에 음식을 올리는 예(禮)를 말한다.

101 신종추원(愼終追遠) : 《논어집주》 〈학이(學而)〉에 증자(曾子)가 "종(終)을 신중히 행하고 먼 조상들을 추모하면 백성들의 덕(德)이 돈후한 데로 돌아갈 것이다.〔愼終追遠, 民德歸厚矣.〕"라고 하였는데, 이에 대한 주희(朱熹)의 주(註)에 "신종(愼終)이란 초상(初喪)에 그 예(禮)를 다하는 것이요, 추원(追遠)이란 제사(祭祀)에 그 성(誠)을 다하는 것이다. 백성의 덕(德)이 후한 데로 돌아간다는 것은 아래 백성들이 교화되어서 그 덕이 또한 후한 데로 돌아감을 말한다. 종(終)이란 사람들이 소홀히 하기 쉬운 것인데 이것을 삼가고, 멀리 돌아가신 분은 사람들이 잊기 쉬운 것인데 능히 추모한다면 후하게 하는 방법이다. 그러므로 이것을 자신이 하면 자신의 덕이 후해지고, 아래 백성들이 교화되면 그 덕이 또한 후한 데로 돌아가는 것이다.〔愼終者, 喪盡其禮; 追遠者, 祭盡其誠. 民德歸厚, 謂下民化之, 其德亦歸於厚. 蓋終者, 人之所易忽也, 而能謹之; 遠者, 人之所易忘也, 而能追之, 厚之道也. 故以此自爲, 則己之德厚, 下民化之, 則其德亦歸於厚也.〕"라고 하였다.

102 활과……것 : 임금의 갑작스러운 죽음을 신하가 슬퍼할 때 쓰는 표현으로, 《사기》 〈봉선서(封禪書)〉에 "황제(黃帝)가 수산(首山)에 있는 구리를 채취하여 형산(荊

으로 어버이를 미처 봉양하지 못한 것을 안타깝게 여겨서, 임명장을 받들고는[103] 눈물을 흘리면서 세상에 뜻이 없었으나, 당시 사람들이 유일(遺逸)로 지목할까 염려하여 억지로 애써서 직분에 나아갔다. 의영고 참봉(義盈庫奉事), 태릉 직장(泰陵直長), 평시서 주부(平市署主簿)로 승진되었다.

을축년(1805, 순조5)에 화순 현감(和順縣監)에 제수되었는데, 읍(邑)을 다스림에 근본을 바르게 하고 근원을 맑게 하여 혹시라도 뽐내려하지 않았다. 유가(儒家)의 교화를 급선무로 여겨 고을의 향교를 중수하고 초하루와 보름에 고을의 유생들을 모아서 향약(鄕約)을 설행하고 경전(經傳)을 강론하였으며, 출중한 선비들을 골라 입학하게 하여서 부추와 소금[104]을 보태주어서 학업을 권면하기를, 대략 명도(明

山) 밑에서 정(鼎)을 만들었는데, 정이 완성되자 용 한 마리가 턱의 수염을 길게 늘어뜨리고 땅으로 내려와 황제를 맞이하였다. 황제가 용에 올라타자, 여러 신하들과 후궁 70여 명이 따라 올라탔다. 용이 하늘로 올라가자, 나머지 신하들이 용에 타지 못하고 모두 용의 수염을 붙잡으니, 용의 수염과 황제가 지니고 있던 활이 지상으로 떨어졌다. 백성들이 우러러 바라보니, 황제가 이미 하늘로 올라갔으므로 백성들이 그 활과 수염을 안고 통곡하였다.〔黃帝采首山銅, 鑄鼎於荊山下, 鼎旣成, 有龍垂胡髥, 下迎黃帝. 黃帝上騎, 群臣後宮從上龍七十餘人. 龍乃上去, 餘小臣不得上, 乃悉持龍髥, 龍髥拔墮黃帝之弓. 百姓仰望, 黃帝旣上天, 乃抱其弓與胡髥號.〕"라고 한 데서 유래하였다.

103 임명장을 받들고는 : 원문의 '봉격(奉檄)'은 격서(檄書)를 받고 벼슬길에 나가는 것으로, 본래 어버이를 봉양하기 위해 벼슬했던 모의(毛義)의 고사에서 온 말이다. 후한(後漢) 말엽 여강(廬江)의 은사인 모의가 안양(安陽) 수령에 임명하는 격문을 받고는 매우 기뻐하였는데, 마침 방문했던 장봉(張奉)이 이것을 보고 비속하게 여겼으나, 모의가 모친이 세상을 떠난 뒤에는 일체 벼슬자리에 나아가지 않자, 비로소 그가 벼슬길에 나아간 것이 모친을 위해서였음을 알았다고 한다.《後漢書 卷69 劉趙淳于江劉周趙列傳 毛義》

道) 선생이 진성(晉城)에서 펼친 정사[105]와 같이 하였다.

벼슬에서 물러나 돌아갈 때에 행낭이 텅 비어 있어서 거친 밥도 이어 가지 못하였으며, 경서(經書)와 사서(史書)에 전심하여서 세간의 총욕(寵辱)을 마음에 들이지 않았다. 임종할 때에 부녀자들을 물리쳐서 가까이 오게 하지 말도록 하였으며, 관을 정돈하여 먼지를 털어내고 자손들에게 유언하기를 땅을 골라서 장례하지 말고 선고(先考)와 선비(先妣)의 묘역에 장례 지내어 돌아가서 부모님을 모시어 소원을 이룰 수 있게 하도록 하였으니, 이것이 실로 임신년(1812, 순조12) 12월 2일이었는바, 향년 59세이다. 계유년(1813, 순조13)에 충주(忠州) 도남산(道南山)의 신좌(辛坐)에 장례 지내고, 얼마 뒤 같은 언덕의 갑좌경향(甲坐庚向)의 자리에 장례 지냈으니, 유언을 따른 것이었다. 멀고 가까운 사람들이 조문하면서 "향선생(鄕先生)[106]께서 돌아가셨다." 하

104 부추와 소금 : 원문의 '해염(薤鹽)'은 '제염(齏鹽)'과 같은 뜻으로 공부하는 학생이 먹는 음식을 가리킨다. 한유(韓愈)의 〈송궁문(送窮文)〉에 "태학에서 4년을 공부하는 동안, 아침에는 부추를 먹고 저녁에는 소금을 먹었다.〔太學四年, 朝虀暮鹽.〕"라고 한 데서 온 말이다.

105 명도(明道)……정사 : 명도는 송(宋)나라 때 학자 정호(程顥, 1032~1085)의 호이며, 진성(晉城)은 산서성(山西省)에 있던 지명이다. 정호는 진성 영(晉城令)이 되었을 때에 효제충신(孝悌忠信)의 도리를 가르쳐서 부역에 서로 협조하게 하고 환난에 서로 구휼하게 하였다. 또 시골에 향교를 설치하여 문풍(文風)을 일으켜서 부임한 지 10여 년 만에 교화가 크게 행해져 유복(儒服)을 입은 자가 수백 명에 달하게 만들었다고 한다. 《二程全書 卷11 明道先生行狀》

106 향선생(鄕先生) : 그 지역 출신의 명망 높은 선비를 일컫는 말이다. 옛날에 치사(致仕)한 뒤 시골로 내려온 중대부(中大夫)를 태사(太師)로 삼고 치사한 사(士)를 소사(少師)로 삼아, 향학(鄕學)에서 자제들을 가르치게 하고 이들을 '향선생'이라고 명명하였다. 《儀禮 士冠禮》

였다. 벼슬하는 사대부와 유생들이 그 효성을 존모하여 글을 올려서 임금께 호소하여 끝내 작설(綽楔)[107]의 은전을 입게 되었으니, 천리(天理)가 사람의 마음에 있는 것을 속일 수 없도다.

공은 타고난 자품이 도(道)에 가까워서 몸가짐이 공손하고 공경하였으며, 기욕(嗜慾)이 본래 적어서 궁핍하더라도 지키는 바를 바꾸지 않아, 항상 온공(溫公)의 이른바 '평소에 다른 사람에게 말할 수 없는 일을 한 적이 없었다'는 것[108]으로써 스스로를 면려하였다. 온화한 기운으로 다른 사람을 훈도(薰陶)하여 담소할 때에 화락하고 공손하였으나, 의리와 이익, 선과 악의 분변에 있어서는 한 칼로 두 동강을 내듯이 하여서, 구부리고 우러르면서 시속을 따르려는 뜻이 없었다. 문호(門戶)를 위한 계책을 하여 과거 공부를 겸하여서 일곱 번 크고 작은 향시(鄕試)에는 합격하였으나 끝내 급제하지 못하였다. 부모님이 모두 돌아가신 후로는 위기지학에 전념하여서 침잠하여 밝히고 연역함이 더욱 증자(曾子)와 자사(子思), 정자(程子)와 주자(朱子)의 책에 있었으며, 우리나라에 있어서는 석담(石潭 이이(李珥))과 화양(華陽 송시열(宋時烈)) 두 선현을 독실하게 믿었다. 예서(禮書)를 전공하여 경례(經禮)와 곡례(曲禮)[109]를 깊이 궁구하여서 집안의 법도로 삼았다.

107 작설(綽楔) : 정문(旌門)과 같은 뜻으로, 효자(孝子)나 충신(忠臣) 등을 정표(旌表)하기 위하여 문 옆에 세운 대(臺)를 이른다.

108 온공(溫公)의……것 : 온공은 송(宋)나라의 재상 사마광(司馬光, 1019~1086)으로, 사후 온국공(溫國公)에 봉해졌으므로 이렇게 부른 것이다. 《소학(小學)》〈선행(善行) 실경신(實敬身)〉에 그가 "내가 다른 사람보다 나은 점이 없으나, 다만 평소의 한 일 중에 남에게 말하지 못할 것은 있었던 적이 없다.〔吾無過人者, 但平生所爲, 未嘗有不可對人言者耳.〕"라고 한 말이 보인다.

제부(諸父)를 아버지와 같이 섬겨서, 숙부께서 거처하는 곳이 조금 멀었지만 아침저녁으로 가서 문안하되 비바람으로 인해 문안을 폐하지 않았다. 손윗누이 한 명이 곤궁하게 과부로 지냈는데, 봉양하여 한솥밥을 먹으면서 어머니처럼 섬겼으며, 별세하자 정성을 다하여 상례(喪禮)와 제례(祭禮)를 도왔고, 고아가 된 생질들을 길러서 때에 맞추어 결혼하게 하였다. 종형제(從兄弟)를 동기간처럼 대하였으며, 몸소 솔선하여서 가르쳐서 성립(成立)하게 하였다. 집안의 내외의 구분이 엄격한 것이 마치 조정의 예법과 같았으며, 노복을 대함에 있어서 관대함과 장엄함을 알맞게 하였고, 종족과 붕우에 이르기까지 친목을 강구하고 믿음을 도탑게 하여 모두에게서 환심을 얻었다. 음관(蔭官)에 머물러 있느라 뜻을 조금도 시행(試行)할 수 없었지만, 시속을 근심함이 진실한 정성에서 나왔으니, 그 평생의 자취를 살펴보건대 거의 "독실하게 믿으면서 배우기를 좋아하고, 죽음으로써 지켜 도를 잘 행한"[110] 자에 가깝다.

공은 안동 유씨(安東柳氏) 한(扞)의 따님에게 장가들었는데, 집안을 다스림에 있어 근검하여서, 정성으로써 선조들에게 제사를 지내고 자애로움으로써 친족들을 돈독하게 하였다. 공과 같은 해에 태어나 공보다 32년 먼저 별세하여서, 묘에 합부(合祔)하였다. 다시 의령 남씨(宜寧南氏) 용오(容五)의 따님에게 장가들었는데, 공경하고 자혜로워

109 경례(經禮)와 곡례(曲禮) : 예(禮)에 있어서 대강(大綱)이 되는 것을 경례라 하고, 그 대강을 실천하기 위하여 필요한 절차에 관한 것을 곡례라 한다. 《예기》 〈예기(禮器)〉에, "경례가 3백 가지이고 곡례가 3천 가지인데, 그 근본을 따져 보면 경(敬) 한 가지일 뿐이다.〔經禮三百, 曲禮三千, 其致一也.〕"라고 하였다.

110 독실하게……행한 : 이 말은 《논어》 〈태백(泰伯)〉에 보인다.

서 자녀들을 의로운 방도로써 가르쳤고, 전배(前配)의 아들들을 자기 소생과 다름없이 여겼다. 공보다 20년 뒤에 태어나 공보다 19년 뒤에 별세하여서, 도남산(道南山)의 경좌(庚坐)에 합장하였다. 아들은 장남은 시우(始愚)이며, 차남 영우(甯愚)는 양자로 나갔는데 요절하였고, 딸은 신국현(申國顯)에게 시집갔으니, 이들은 유씨(柳氏)의 소생이다. 계배(繼配)는 두 딸을 낳았는데, 김기하(金箕廈)와 어명설(魚命卨)에게 시집갔다. 손자는 주명(周命)과 주성(周性)으로, 주성(周性)은 영우(甯愚)의 후사를 이었다.

공은 지위가 공이 지닌 덕(德)에 걸맞지 않고, 누린 수명이 공이 지닌 인(仁)에 걸맞지 않아서, 행의(行義)와 풍절(風節)이 우뚝하여 계술할 만하였으나 거의 민몰되어 일컬어지지 않았다. 그런데도 행록(行錄)에서 사실을 기록함에 한 글자도 과장된 말이 없으니, 선현의 이른바 "사람은 모름지기 좋은 자손이 있어야 한다."라는 말이 어찌 참으로 그렇지 않겠는가. 내가 일찍이 공의 지우를 입었으니, 감히 글쓰기를 굳이 사양하지 않은 것은 뒤에 죽는 자의 책임을 다하고자 함이다. 마침내 줄이기를 위와 같이 하여서 범중엄(范仲淹)의 묘비에 보리를 실은 배의 일[111]을 기재하지 않았던 것을 따르고, 이어서 명(銘)

111 보리를……일 : 송(宋)나라 범중엄(范仲淹)이 수양(睢陽)에 있을 때 아들 순인(純仁)를 시켜 고소(姑蘇)에서 보리 5백 섬을 운반해 오게 하였다. 범순인이 배에 보리를 싣고 단양(丹陽)에 이르렀을 때 석만경(石曼卿)을 만났는데, 그가 돈이 없어 부모의 장례를 치르지 못하고 있음을 알고는 보리를 실은 배를 주고 홀로 말을 타고 돌아왔다. 범순인이 돌아와서 부친 범중엄에게 석만경의 사정을 말하자, 범중엄이 어찌하여 보리를 실은 배를 주지 않았느냐고 하였고, 범순인은 이미 주고 왔다고 대답하였다.《宋名臣言行錄 前集 卷7》

을 짓는다. 명(銘)은 다음과 같다.

나의 삼강을 세우니	立我三綱
임금과 부모와 스승이었네	君父與師
처한 곳에 따라서 목숨을 바쳤으니[112]	所在致死
이를 병이[113]라 하네	是曰秉彝
지난 옛날부터 낱낱이 뽑아보건대	歷選往古
능히 인륜을 다한 사람이 드물었네	鮮克盡倫
아 박공이여	吁嗟朴公
효제하여 인을 행하였네[114]	孝悌爲仁
백운산인에게서 옷자락 잡고 수학하여[115]	摳衣白雲

112 처한……바쳤으니 : 《소학(小學)》 〈명륜(明倫)〉에 난공자(欒共子)가, "사람은 세 분의 은혜로 살아가기에 섬기기를 똑같이 하여야 한다.……그러므로 똑같이 섬기되 오직 있는 바에 목숨을 바쳐야 한다.〔民生於三, 事之如一.……故一事之, 唯其所在, 則致死焉.〕"라고 한 말이 보인다.

113 병이(秉彝) : 사람이라면 누구나 천성적으로 마음에 가지고 있는 떳떳한 성품을 말한다. 《시경(詩經)》 〈대아(大雅) 증민(烝民)〉에 "하늘이 백성을 내시니 사물이 있는 곳에 법이 있도다. 백성이 지닌 본성은 이 아름다운 덕을 좋아하도다.〔天生蒸民, 有物有則. 民之秉彝, 好是懿德.〕"라고 한 데서 온 말이다.

114 효제(孝悌)하여 인(仁)을 행하였네 : 《논어(論語)》 〈학이(學而)〉에 다음과 같이 보인다. "유자(有子)가 말하였다. '그 사람됨이 효도하고 공경하면서 윗사람을 범하기를 좋아하는 자는 드무니, 윗사람을 범하기를 좋아하지 않고서 난(亂)을 일으키기를 좋아하는 자는 있지 않다. 군자(君子)는 근본(根本)을 힘쓰니, 근본이 확립되면 도(道)가 발생(發生)하는 것이다. 효(孝)와 제(弟)라는 것은 인(仁)을 행하는 근본일 것이다.'〔有子曰: 其爲人也孝弟, 而好犯上者鮮矣, 不好犯上, 而好作亂者未之有也. 君子務本, 本立而道生, 孝弟也者, 其爲仁之本與.〕"

이 문덕을 아름답게 하였네[116] 懿玆文德
학이 깊은 웅덩이에서 울어서[117] 鶴鳴九皐
열 집 사는 작은 마을에 소 잡는 칼을 썼네[118] 牛刀十室
상전벽해의 변화가 일어나 滄桑幻化
참소하는 말[119]을 뒤미처 이루어내니 貝錦追成

115 옷자락 잡고 수학하여 : 원문의 '구의(摳衣)'는 옷자락을 잡는다는 뜻으로, 스승 앞에 나아가 강론을 듣는 것을 말한다. 《예기》 〈곡례 상(曲禮上)〉의 "스승에게 나아갈 적에는 옷자락을 잡고 구석을 향해 종종걸음으로 가서 앉고, 반드시 삼가서 응대해야 한다.〔摳衣趨隅, 必愼唯諾.〕"라는 구절에서 유래하였다.

116 이……하였네 : 이 말은 《주역》 〈소축괘(小畜卦) 상(象)〉에 "바람이 하늘 위를 운행하는 것이 소축이니, 군자는 이를 본받아 문덕을 아름답게 한다.〔風行天上, 小畜, 君子以, 懿文德.〕"라고 한 데서 온 것인데, 이에 대해 주자(朱子)는 본의(本義)에서 "문덕을 아름답게 함은 후하게 쌓으나 멀리 베풀지 못함을 말한 것이다.〔懿文德, 言未能厚積而遠施也.〕"라고 하였다.

117 학이……울어서 : 재덕(才德)이 많은 군자가 비천한 환경에 처해 있음을 뜻한다. 《시경》 〈소아(小雅) 학명(鶴鳴)〉에 "학이 구고에서 울거든, 소리가 하늘에 들리도다.〔鶴鳴于九皐, 聲聞于天.〕"라고 한 데서 온 말로, 원문의 '구고(九皐)'는 아홉 물웅덩이로 수택(水澤)의 깊은 곳을 의미한다.

118 열……썼네 : 큰 재능을 작은 일에 시행함을 말한다. 원문의 '십실(十室)'은 《논어(論語)》 〈공야장(公冶長)〉에서 공자(孔子)가 "열 가구 쯤 되는 작은 고을에도 반드시 나처럼 충신한 사람은 있겠지만, 나처럼 학문을 좋아하는 사람은 없을 것이다.〔十室之邑, 必有忠信如丘者焉, 不如丘之好學也.〕"라고 한 데서 온 말이며, '우도(牛刀)'는 《논어》 〈양화(陽貨)〉에, 공자가 자유(子游)가 다스리는 무성(武城)에 가시어 현가(絃歌) 소리를 들으시고, "닭을 잡는 데에 어찌 소 잡는 칼을 쓰느냐?〔割雞, 焉用牛刀?〕"라고 말한 데서 온 것이다.

119 참소하는 말 : 원문의 '패금(貝錦)'은 자개무늬의 비단으로, 남의 작은 허물을 큰 죄로 만들어 참소하는 것을 말하는데, 여기서는 박화문(朴和文)의 스승인 백운산인(白雲山人)이 참소를 당하여 추삭(追削)된 것을 빗대어 표현한 것이다. 《시경》 〈소아(小

백운산에서 머리를 들고서 翹首雲山
슬퍼하며 울음을 삼켰네 惻惻呑聲
표연히 멀리 떠나서 飄然遐擧
형적에 구애되지 않았으니 不拘形跡
마침내 오두막을 바라보고 乃瞻衡宇
마침내 소나무와 국화를 돌보았네[120] 乃眷松菊
누가 그 아름다움과 나란할 것인가 孰幷其美
옛날에 화정[121]이 있었네 和靖在昔
좌우로 법도에 맞아 左規右繩
아침저녁으로 힘쓰고 두려워하였네[122] 日乾夕惕

雅) 항백(巷伯)〉의 "조금 무늬가 있는 것으로 이 자개무늬 비단을 이루도다. 참소하는 저 사람 또한 너무 심하지 아니한가.〔萋兮斐兮, 成是貝錦. 彼譖人者, 亦已大甚.〕"라는 말에서 유래한다.

120 마침내 오두막을……돌보았네 : 벼슬을 버리고 물러나 은둔함을 뜻하는바, 원문에서 '형우(衡宇)'는 가로나무 하나로 문을 단 누추한 오두막을 말한다. 도연명(陶淵明)의 〈귀거래사(歸去來辭)〉에 "마침내 오두막을 바라보고 기뻐 달려가니, 종들은 환영하고 어린아이는 문에서 기다린다. 세 오솔길은 황폐해졌으나 소나무와 국화는 그대로 남아 있다.〔乃瞻衡宇, 載欣載奔, 僮僕歡迎, 稚子候門. 三徑就荒, 松菊猶存.〕"라고 하였는데, 이를 원용하였다.

121 화정(和靖) : 북송 시대 은사(隱士)이며 시인인 임포(林逋, 967~1028)의 시호이다. 그는 평생 벼슬하지 않고 독신으로 지냈으며, 항주(杭州) 서호에 있는 고산(孤山)에 매화 3백 그루를 심고 학을 길러, 사람들이 매처학자(梅妻鶴子)라고 부를 정도로 청고하게 살았는바, 여기서는 이 고사를 빌어 상대방을 고결함에 비유한 것이다. 《宋史 卷457 林逋列傳》

122 아침저녁으로 힘쓰고 두려워하였네 : 《주역(周易)》 〈건괘(乾卦) 구삼(九三)〉에서 "군자가 종일토록 힘쓰고 힘써 저녁까지도 두려워하면 위태로우나 허물이 없게 된

그림자를 거두고 숨어서 덕을 길러서[123]	息影養晦
설산이 이로 인해 무거워졌네[124]	雪山爲重
의리를 잡고 자정[125]하니	秉義自靖
부녀자와 아이들도 모두 칭송하였네	婦孺咸頌
빛나는 붉은 정려를	煌煌丹楔
보고 듣는 이들 모두 공경하네	瞻聆俱聳
훌륭한 자손이 있어	有美嗣胤
능히 가학을 이었으니	克紹家學
두터운 덕 광채를 전함에[126]	惇德流光

다.〔君子終日乾乾, 夕惕若, 厲無咎.〕"라고 한 말을 원용한 것이다.

123 숨어서 덕을 길러서 : 원문의 '양회(養晦)'는 '준양시회(遵養時晦)'를 줄여 쓴 것으로 때를 따라 힘과 덕을 기르면서 자신을 숨김을 말한다. 《시경》〈주송(周頌) 작(酌)〉에 "아, 성대한 왕사로서 도를 따라 힘을 길러 때로 감추어 크게 밝아진 뒤에야 이에 큰 갑옷을 쓰셨도다.〔於鑠王師, 遵養時晦, 時純熙矣, 是用大介!〕"라고 한 데서 온 말이다.

124 설산이……무거워졌네 : 두보(杜甫)가 엄무(嚴武)에게 준 시에서 엄무(嚴武)에 대해 "공이 오니 설산이 무거워지고 공이 가니 설산이 가벼워졌네.〔公來雪山重, 公去雪山輕.〕"라고 한 데서 온 표현으로, 상대방의 덕망을 찬양하는 말이다. 《杜少陵詩集 卷16 贈左僕射鄭國公嚴公武》

125 자정(自靖) : 스스로 의리에 맞게 처신하여 편안하게 여긴다는 뜻이다. 은(殷)나라 태사(太師)인 기자(箕子)가 주왕(紂王)의 서형(庶兄)인 미자(微子)에게 "스스로 의리에 편안하여 사람마다 스스로 선왕(先王)에게 뜻을 바칠 것이니, 나는 떠나가 은둔함을 돌아보지 않겠다.〔自靖, 人自獻于先王 我不顧行遯.〕"라고 보이는데, 후세에는 은둔하여 지조를 지킴을 가리키는 말로 많이 사용한다. 《書經 商書 微子》

126 두터운……전함에 : 이 말은 본래 《춘추곡량전(春秋穀梁傳)》 희공(僖公) 15년 기사에 "덕이 두터운 자는 광채가 전해지고, 덕이 박한 자는 비천함이 전해진다.〔德厚者流光, 德薄者流卑.〕"라고 한 데서 나온 말로, 덕이 두터우면 그 영향이 오래 전해져

보답이 자신이 아닌 후손에게 있었네　　報在不食
우뚝한 도남산에　　崔崔道岡
가래나무[127] 울창하도다　　鬱鬱梓木
선행을 기록하여 묘비에 새겨　　紀善燔塼
무한한 후세에 알리노라　　用詔無極

자손들이 복을 받게 된다는 뜻으로 쓰이게 되었다.

127 가래나무 : 소나무와 함께 주로 묘 주위에 심었기 때문에 전하여 무덤이나 선영(先塋)을 가리키는 말로 쓰인다.

효자 조공 묘지명 병서
孝子趙公墓誌銘 幷序

조씨(趙氏)는 멀리 세계(世系)가 있다. 시조 휘 천혁(天赫)은 중국에서 진사과에 급제하고 고려(高麗)에서 큰 공훈을 세워서 가림백(嘉林伯)에 봉해졌으니, 자손이 그대로 관향으로 삼았다. 이로부터 이어 내려와서, 본조에 들어와 높은 벼슬에 오른 이들이 이어졌다. 휘 익(翊)[128]은 군자감 정(軍資監正)이었고, 이 분이 휘 응공(應恭)[129]을 낳았으니, 황해 도사(黃海都事)이다. 도사공(都事公)은 두 아들을 두었는데, 장남 휘 찬(璨)은 호가 신수재(愼守齋)로, 천거되어 세자익위사 세마에 제수되었으나 나아가지 않았으며, 차남은 운강공(雲江公) 원(瑗)[130]이다. 신수공(愼守公)의 아들 휘 희성(希聖)은 음보로 벼슬하여 군자감 참봉(軍資監參奉)이 되었으니, 도의(道義)와 문학(文學)의 세가(世家)로서 우리나라의 명문이 되었다. 참봉공(參奉公)은 전의

128 휘 익(翊) : 조익(趙翊, 1474~1547)으로, 자는 익지(翊之), 본관은 임천(林川)이다. 1504년(연산군10)에 식년 문과에 병과로 급제하여 벼슬이 군자감 정(軍資監正)에 이르렀다.

129 휘 응공(應恭) : 조응공(趙應恭, ?~?)으로, 자는 숙형(叔亨), 본관은 임천(林川)이다. 1543년(중종38)에 진사시에 급제하고 같은 해에 식년시 문과에 급제하여 벼슬이 황해 도사(黃海都事) 겸 춘추관 기주관(春秋館記注官)에 이르렀다.

130 운강공(雲江公) 원(瑗) : 조원(趙瑗, 1544~1595)으로, 자는 백옥(伯玉), 호는 운강, 본관은 임천(林川)이다. 1572년(선조5) 별시 문과에 병과로 급제하여 이조좌랑, 삼척 부사(三陟府使), 승지(承旨) 등을 역임하였다.

이씨(全義李氏)로 사과(司果) 영윤(令胤)의 따님에게 장가들어서 휘 복형(復馨)을 낳으셨으니, 이 분이 공이시다.

공은 자가 여방(汝芳)이니, 효성을 타고나서 어버이를 섬김에 사랑과 공경이 도타워서 마음을 받드는 것과 물질로 봉양하는 것을 모두 갖추어 봉양하였다. 출중한 행실과 특출한 일로서 신명을 감격시키기를 왕상(王祥)[131]과 검루(黔婁)[132]처럼 한 것이 진실로 이루 다 셀 수 없이 많았다. 참봉공(參奉公)이 병을 잘 앓아서 왕왕 위독하였는데, 공은 몸소 도규(刀圭)[133]를 잡고서 정성을 다하여 치료하고 간병하였다.

어느 날 아버지의 병세가 갑자기 심해지자, 공은 산을 나와서 약을 짓다가 저물녘 길에서 돌아가는 방법을 잊었는데, 홀연 큰 호랑이가 길 좌측에 엎드려 있었다. 공은 조금도 두려워하지 않고 가르쳐서 말하

131 왕상(王祥) : 삼국 시대 위(魏)나라 말엽부터 서진(西晉) 초기까지의 인물로, 효성이 지극하여 어머니가 겨울에 생선을 드시고 싶어 하시기에 강에 가서 옷을 벗고 얼음을 깨고 들어가서 고기를 잡으려고 하자, 잉어 두 마리가 얼음 위로 뛰어나왔다고 한다. 《晉書 卷33 王祥列傳》《小學 善行》

132 검루(黔婁) : 남제(南齊)의 효자로 알려진 유검루(庾黔婁)를 말한다. 유검루가 잔릉 현령(孱陵縣令)이 되었는데, 현에 부임한 지 10일도 못되어 갑자기 놀라서 온몸에 땀이 흐르므로 이상하게 여겨 벼슬을 버리고 집으로 돌아오니, 아버지 유이(庾易)가 병에 걸려 있었다. 의원이 "병의 차도를 알려면 변을 맛보아야 하는데, 변이 달면 병세가 더하고 쓰면 형세가 호전된다."라고 하자, 검루는 직접 변의 맛을 보았는데, 그 맛이 달고 미끄러우므로 더욱 근심하고 괴로워하였다. 이에 저녁이 되면 매양 북극성에 머리를 조아리고 자신이 대신 죽기를 축원하였다. 그러자 하늘이 감동하여 그달 그믐까지 아버지의 수명을 연장시켜 주었다고 한다. 《南史 卷50 黔婁列傳》《小學 善行》

133 도규(刀圭) : 약(藥)의 양(量)을 헤아리는 기구로, 모양이 규(圭)와 비슷하여 이러한 이름이 붙여졌다.

기를, "정황이 급박하니, 네 비록 이물(異物)이지만 저지해서는 안 된다." 하였다. 호랑이가 이에 앞으로 나와 머리를 숙이고 꽁무니를 들고서 마치 타기를 청하는 것처럼 하였다. 공이 비로소 그 뜻을 헤아리고서 그 등에 몸을 올려 탔다. 호랑이가 이에 일어나서 가는데, 빠르기가 마치 날아가는 것과 같아서 순식간에 집에 도착하였고, 호랑이는 이에 종적이 사라졌다. 약을 올려서 부친의 병이 나으니, 모두 효성이 감동시킨 것이라 일컬었다.

어버이의 병이 위급해지자 손가락을 베어서 피를 올렸고, 삼년상을 치를 때에 여막에서 살면서 상을 마쳤으며, 아침저녁으로 사당을 뵙고 성묘하였고, 기일에 곡할 때에 처음 상(喪)을 당하였을 때와 같이 하여, 그 슬픔이 이웃사람들을 감동하게 하니, 이를 말미암아 명성이 널리 퍼져서 한 도(道)의 사람들이 존경하고 복종하였다. 공의 실제 행실들을 들어서 조정에 알리자, 조정에서 특별히 정려하여서 '효자지문(孝子之門)'이라 하였다.

애초에 공의 조고(祖考)이신 도사공(都事公)께서 민세경(閔世卿) 공의 사위가 되었는데, 민공(閔公)이 충주(忠州)에 살면서 고령의 나이에 자식을 잃었다. 그러자 공의 조비(祖妣)께서 경강(敬姜)이 집안을 다스렸던 것[134]과 같은 덕(德)을 지니고서 산남(山南)이 부모님을 영화롭게 봉양하였던 것[135]과 같은 복을 누리고 있었으나, 친정으로

134 경강(敬姜)이……것 : 경강은 춘추 노(魯)나라의 대부였던 공보 목백(公父穆伯)의 아내이자 공보 문백(公父文伯)의 어머니로, 일찍 과부가 되었으나 아들을 잘 교육하고 근검하게 집안을 다스려서, 현숙하며 예(禮)를 잘 아는 여인으로 알려졌다.《國語 魯語下》《小學 稽古》

135 산남(山南)이……것 : 산남은 당(唐)나라 때에 산남서도 절도사(山南西道節度

돌아가 부모님을 뵙고서 수수(瀡瀡)로 봉양할[136] 것을 결심하였다. 그러자 아들인 신수공(愼守公)이 판여(板輿)[137]로 모시고서 외가에 가서 모여, 어머니의 마음에 능히 순종하여 외조부를 돌아가실 때까지 봉양하고, 그대로 충주(忠州)에서 살아 후손들이 번창하였다. 이는 실로 신수공(愼守公)의 순전한 효가 이룬 바이자, 공의 지극한 효행이 세상의 모범이 된 것에 연원이 있음을 여기에서 징험할 수 있다.

공은 백형(伯兄)을 아버지처럼 섬겼고, 이것이 동당(同堂)의 친족들에게까지 미쳐서 지극히 돈독하고 화목하기를 힘썼으며, 조상을 높이고 종통(宗統)을 공경하는[138] 의리를 더욱 깊이 유념하였다. 평소에 항상 스스로 단속하여서, 먼저 덕행에 힘쓰고 그런 뒤에 문예(文藝)를

使)를 지낸 최관(崔琯)을 말한다. 최관의 증조모인 장손 부인(長孫夫人)이 나이가 많아 치아가 없어 밥을 먹지 못하였는데, 최관의 조모인 당 부인(唐夫人)이 시어머니인 장손 부인을 효성으로 섬기면서 젖을 먹여서 곡식을 먹지 않고도 건강하게 지낼 수 있도록 하였다. 병이 위독해지자 장손 부인은 집안 식구들이 모인 자리에서 "며느리의 은혜를 무엇으로도 갚을 수 없으니, 며느리의 자손들이 모두 며느리처럼 효도하고 공경하기를 바란다."라고 하였다. 《小學 善行》

136 수수(瀡瀡)로 봉양할 : 부드럽고 맛있는 음식으로 부모를 봉양하는 것이다. '수수'는 전분을 음식에 섞어 부드럽게 만드는 조리법의 일종으로, 《예기(禮記)》 〈내칙(內則)〉에서 부모를 음식으로 봉양하는 방법을 말하면서 "근(堇), 환(荁), 분유(枌榆)의 날것과 말린 것을 잘 조리하여 부드럽게 하고 기름진 것으로 맛있게 한다.〔堇荁枌榆免薨, 瀡瀡以滑之, 脂膏以膏之.〕"라고 하였다.

137 판여(板輿) : 부들방석을 깔아 푹신하게 만든 노인용 가마를 이른다.

138 조상을……공경하는 : 《예기(禮記)》 〈대전(大傳)〉에 "사람의 도는 부모를 친애하는 것이니, 부모를 친히 하기 때문에 조상을 높이고, 조상을 높이기 때문에 종통을 공경하고, 종통을 공경하기 때문에 종족을 수합한다.〔人道親親也, 親親故尊祖, 尊祖故敬宗, 敬宗故收族.〕"라고 한 데서 온 말이다.

닦아 선조의 아름다움을 능히 이어서, 동시대의 사람들에게 흠모를 받고 중히 여겨졌으니, 백형(伯兄)과 이름을 나란히 함에 서로 겸손하게 사양하였다. 만년에 곤지(昆池) 가에 헌(軒) 하나를 짓고서 긴 베개를 함께 베고 큰 이불을 함께 덮고서[139] 함께 즐거워하면서 시를 읊으며 자적하여 인(仁)과 지(智)의 취향[140]에 묵묵히 계합되었으니, 모두들 '조 처사(趙處士)'라고 일컬으면서 말하기를, "옛날에도 효도하고 우애하는 행실을 지닌 이가 있었으나, 조씨(趙氏) 가문의 이난(二難)[141]과 같은 경우는 드물다."라고 하였다.

현종(顯宗) 을사년(1665, 현종6) 10월 16일에 별세하였으니, 태어난 기유년(1609, 광해군1) 9월 5일로부터 57세가 된다. 충주의 팔봉산(八峯山) 뒤 공산(公山)의 해좌(亥坐)에 장례하였다. 배위(配位)는 단양 우씨(丹陽禹氏)로 직장(直長) 극의(克儀)가 그 선고(先考)이시다.

139 긴……덮고서 : 형제간에 우애가 있음을 비유한 것이다. 당 현종(唐玄宗)이 우애가 깊었는데, 이에 대해 "상이 평소 우애하여서, 근세 제왕들 중에 여기에 미칠 수 있는 이가 없다. 처음에 즉위하여서 긴 베개와 큰 이불을 만들어 형제와 함께 잤다.〔上素友愛, 近世帝王莫能及. 初卽位, 爲長枕大被, 與兄弟同寢.〕"라고 한 내용이 보인다.《資治通鑒 卷211 唐紀 玄宗 開元2年》

140 인(仁)과 지(智)의 취향 :《논어》〈옹야(雍也)〉에 "인자는 산을 좋아하고 지자는 물을 좋아한다.〔仁者樂山, 知者樂水.〕"라고 보인다.

141 이난(二難) : 난형난제(難兄難弟)와 같은 말로, 덕행과 학문이 뛰어난 형제를 가리켜 이난이라고 한다. 후한(後漢) 때 진식(陳寔)의 여섯 아들 가운데 진기(陳紀)와 진심(陳諶)이 가장 덕행이 뛰어났는데, 하루는 진기의 아들 진군(陳群)과 진심의 아들 진충(陳忠)이 각기 자기 아버지가 낫다고 다투다가 조부에게 묻자, 진식이 "원방은 형 되기 어렵고 계방은 아우 되기 어렵다.〔元方難爲兄, 季方難爲弟.〕"라고 한 데서 온 말이다. 원방은 진기의 자이고, 계방은 진심의 자이다.《世說新語 德行第一》

묘에 합부(合祔)하였다. 5남을 낳았으니, 경완(景完)·경우(景遇)·경환(景煥)·경관(景觀)·경민(景敏)이고, 딸은 이민부(李敏溥)에게 시집갔다. 정진(正震)·정행(正行)·정오(正五)·정구(正九)는 경우(景遇)의 소생이고, 정한(正韓)은 경환(景煥)의 소생이며, 정태(正泰)는 경관(景觀)의 소생이다. 증손과 현손 이하는 기록하지 않는다.

공이 별세한 후에 여러 번 회겁(灰劫)[142]을 겪느라 공사(公私)의 문헌들이 소실되어 남은 것이 없게 되었으니, 유고(遺稿) 또한 풍부하였으나 전해지지 않는다. 애석하도다. 그러나 징험할 것이 없는 데서 징험한다면 이것이 바로 믿을 수 있는 것이 되니, 주워 모아서 엮을 것이 없기 때문이다. 또 공의 족손(族孫)인 상서(尙書) 덕윤(德潤)씨가 정려기(旌閭記)를 지어서 대를 이은 아름다움을 서술하고 기이한 행적을 적었는바, 이는 확실한 사실로서 전할 수 있는 것[143]이니, 어찌 많을 필요가 있겠는가. 공의 6대손인 재희(在熙)가 나를 종유하면서 묘도(墓道)에 새길 묘지명을 요청하니, 그 정성이 간곡하여 병을 무릅쓰고 명(銘)을 짓는다.

142 회겁(灰劫) : 보통 겁회(劫灰)라고도 하는데, 여기서는 전란(戰亂)을 가리킨다. 우주가 한 번 생성해서 존속하는 기간을 1겁(劫)이라 하고, 겁이 다하면 세찬 불길이 하늘과 땅을 태우는데, 여기서 생겨난 재를 겁회(劫灰)라 하는바, 이는 곧 재앙을 뜻한다. 한 무제(漢武帝) 때에 곤명지(昆明池)를 파니 땅속에서 검은 재가 나왔는데, 서역(西域)에서 온 승려 축법란(竺法蘭)이 이를 보고 겁회라고 하였다. 《高僧傳 卷1 竺法蘭》

143 확실한……것 : 《춘추》 환공(桓公) 5년에 "봄 정월 갑술·기축에 진후 포가 죽었다.〔春正月, 甲戌、己丑, 陳侯鮑卒.〕"라고 하였는데, 《춘추곡량전(春秋穀梁傳)》에 "어찌하여 죽은 날짜를 두 개나 기록하여 죽었다고 하였는가? 《춘추》의 의리는 사건이 확실한 것은 확실한 것 그대로 전하고 의심스러운 것은 의심스러운 것 그대로 전하기 때문이다.〔卒何爲以二日卒之? 春秋之義, 信以傳信, 疑以傳疑.〕"라고 하였다.

만 가지 선과 백 가지 행실이 萬善百行
모두 효에서 비롯되네 咸源於孝
효와 제는 인을 행하는 근본이니 孝悌爲仁
근본이 확립되면 도가 생기네[144] 本立生道
가림의 영기가 빛나 嘉林炳靈
대대로 행의가 독실하였네 世篤行義
아, 공이여 吁嗟乎公
선대의 아름다움을 능히 이었도다 克紹先懿
옥을 잡고 가득 찬 그릇을 받들 듯이 하여[145] 執玉奉盈
그 품부 받은 바를 온전히 하였네 用全其受
지극한 정성이 귀신을 감동시켜서 至誠格神
믿음이 금수에 미쳤네 孚及猛獸
종신토록 근심을 안고서 抱終身憂
그리워하고 마음에 품었네 婉戀懷袖
《효원》에서 하나하나 꼽아보건대 歷選孝苑
왕찬체가 으뜸이었네[146] 讚諦爲首

144 효와……생기네 : 《논어(論語)》 〈학이(學而)〉에, 유자(有子)가 말하기를 "군자는 근본을 힘쓰니, 근본이 확립되면 도(道)가 생겨난다. 효(孝)와 제(悌)는 그 인(仁)을 행하는 근본일 것이다.〔君子務本, 本立而道生. 孝弟也者, 其爲仁之本與!〕"라고 하였다.

145 옥을……하여 : 부모님을 공경히 받드는 것을 말한다. 《예기(禮記)》 〈제의(祭義)〉에 "효자는 마치 손에 옥을 잡고 있는 것 같이 하고, 가득 찬 그릇을 받들고 있는 듯이 하며, 공경하고 삼가서 마치 들고 있는 것을 이기지 못하듯이 하고 장차 잃지나 않을까 걱정하는 것처럼 한다.〔孝子如執玉, 如奉盈, 洞洞屬屬然, 如不勝, 如將失之.〕"라고 한 데서 온 말이다.

공을 증자[147]라고 하더라도	公謂曾子
또한 지나치지 않을 것이네	亦未有餘
빛나는 정려문이여	煌煌旌楔
그 문려에 정표하였네	表厥門閭
내가 바라던 바가 아니니	非我思存
어찌 명예를 돌아보겠는가	肯恤名譽
준양시회[148]하여서	遵養時晦
초연히 천유[149]하였네	脫然天遊
시종일관 도를 따라서	與道終始
운명을 편안히 여겨 근심하지 않았네	安命不憂

146 효원에서……첫머리였네 : 《효원(孝苑)》에 전하기를, 당(唐)나라의 효자(孝子) 왕찬체(王讃諦)가 어려서 어버이를 여의어, 땅을 다져서 봉분을 완성하기까지 20년 동안 상복을 벗지 않았는바, 검남(劍南) 지방의 효자 16명을 뽑아 아뢰게 하였는데, 그 중 왕찬체가 가장 처음에 있었다고 한다. 《淵鑑類函 卷271 孝三》

147 증자 : 공자의 제자인 증삼(曾參)으로, 효행에 뛰어났다. 《맹자》 〈이루 상(離婁上)〉에 "증자는 부모님의 뜻을 받들어 섬겼다고 할 수 있으니 부모님을 섬길 때 증자와 같이 하는 것이 좋다.〔若曾子, 則可謂養志也, 事親若曾子者可也.〕"라고 하였다.

148 준양시회(遵養時晦) : 때에 따라 힘과 덕을 기르며 자신을 숨김을 이른다. 《시경》 〈주송(周頌) 작(酌)〉에 "아, 성대한 왕사로서 도를 따라 힘을 길러 때로 감추어 크게 밝아진 뒤에야 이에 큰 갑옷을 쓰셨도다.〔於鑠王師, 遵養時晦, 時純熙矣, 是用大介!〕"라고 한 데서 온 말이다.

149 천유(天遊) : 정신이 아무런 구속 없이 자연 속에 노니는 것으로, 《장자》 〈외물(外物)〉에 "사람의 마음에는 그 무엇에도 구속되지 않는 천유가 있다. 방에 공간의 여유가 없으면 며느리와 시어머니가 다투고, 마음에 천유가 없으면 여섯 개의 감각을 담당하는 기관이 서로 싸운다.〔心有天遊. 室無空虛, 則婦姑勃谿, 心無天遊, 則六鑿相攘.〕"라고 하였다.

자손들 번창하여[150]	孫曾詵詵
문호에 가득하네	充衍門楣
여기에서 징험할 수 있으니	卽玆可驗
천도는 선인에게 보시하네	天道報施
이로써 선을 권면하니	聊以勸善
후인에게 이를 남겨주었네	後人是貽
나의 말을 믿지 못하겠다면	如我不信
이 비명을 볼지어다	視此銘詩

150 번창하여 : 원문의 '선선(詵詵)'은 많은 모양으로 자손이 번창한 것을 가리킨다. 《시경(詩經)》〈주남(周南) 종사(螽斯)〉에, "메뚜기가 많이 모였으니, 마땅히 네 자손이 많겠구나.〔螽斯羽, 詵詵兮, 宜爾子孫, 振振兮.〕"라고 한 데서 온 말이다.

증 지평 현암 송공 묘지명 병서
贈持平玄巖宋公墓誌銘 幷序

도암(陶庵) 이 선생(李先生)이 한천(寒泉)에서 도(道)를 강론할 때에,[151] 멀고 가까운 곳에서 수업을 청하러 온 선비들이 열 명, 백 명으로 헤아려졌는데, 현암(玄巖) 송공(宋公) 휘 단(端)이 가장 먼저 스승으로 섬겨서, 이행상(李行祥)[152] 공, 성덕붕(成德朋)[153] 공과 함께 인향(仁鄕) 삼처사(三處士)로 일컬어졌다. 순묘(純廟 순조) 때에 이르러서, 고(故) 영상(領相) 금릉(金陵) 남공(南公)이 연석에서 세 공(公)의 행의(行誼)의 실제를 진달하여, 특별히 공을 사헌부 지평(司憲府持平)에 추증하였다.[154] 식자들이 문정공(文正公 이재(李縡))의 문하에 현

151 도암(陶庵)……때에 : 도암은 이재(李縡, 1678~1746)의 호이다. 자는 희경(熙卿), 본관은 우봉(牛峰), 시호는 문정(文正)으로, 1702년(숙종28) 문과에 급제하고 벼슬이 대제학을 거쳐 의정부 좌참찬에 이르렀는데, 1727년(영조3) 정미환국(丁未換局)으로 문외출송(門外黜送)되자, 이후 용인의 한천(寒泉)에 은거하면서 학문의 도야와 후진 양성에 전념했다.

152 이행상(李行祥) : 1725~1800. 자는 공리(公履), 호는 왕림(旺林), 본관은 연안(延安)이다. 이재(李縡)의 문인으로 스승을 깊이 흠모하여 유고를 정리하여 출간하기도 하였다. 정조 때 천거로 광릉 참봉(光陵參奉)에 제수되었으나 나아가지 않았다가, 1794년(정조18)에 첨지중추부사(僉知中樞府事)에 올랐고, 1824년(순조24)에 좌승지(左承旨)로 추증되었다.

153 성덕붕(成德朋) : ?~? 이재(李縡)의 문인으로, 민우수(閔遇洙)로부터 주자 문하의 백풍(伯豐), 즉 오필대(吳必大)와 같다는 칭찬을 들었던바, 오필대는 주자가 공자의 고족제자인 안연(顏淵)에 비유했던 인물이다. 평생 처사로서 벼슬하지 않았으며, 1824년(순조24)에 지평(持平)으로 추증되었다.

암(玄巖)이 있었던 것은 마치 공자(孔子)의 문하에 자로(子路)가 있었던 것과 같다고 하였으니, 아, 아름답도다.

공은 자(字)가 숙하(叔夏)이며, 계통이 여산(礪山)에서 나와서, 여러 대(代)가 고려조에 크게 현달하였다. 본조(本朝)에 들어와서, 휘 질(軼)[155]은 중묘(中廟 중종) 정국공신(靖國功臣)으로 책록되어 상상(上相 영의정)에 이르렀다. 휘 인(寅)[156]은 여성위(礪城尉)로 호는 희암(頤庵)이니, 문(文)과 예(禮)로써 이름이 났는바, 이 분이 공의 6대조이시다. 증조는 휘 희업(熙業)[157]으로, 장악원 첨정(掌樂院僉正)으로

154 순묘(純廟)……추증하였다 : 세 사람의 추증은 1810년(순조10)에도 용인(龍仁) 유생들의 상소로 건의가 올라왔으나 이루어지지 못했다가, 1824년(순조24) 3월에 다시 경기도 유생들의 상소가 올라와 조정에서 논의가 이루어져 11월에 이행상(李行祥)은 승정원 좌승지로, 송단(宋端)과 성덕붕(成德朋)은 사헌부 지평으로 추증되었다.《承政院日記 純祖 10年 12月 3日, 24年 3月 15日·10月 26日·11月 5日》금릉(金陵) 남공(南公)은 남공철(南公轍, 1760~1840)로, 금릉은 그의 호이며, 벼슬이 영의정에 이르렀다. 이 일과 관련해서 남공철이 올렸던 계(啓)는《영옹재속고(穎翁再續藁)》권2〈청이행상송단성덕붕특가포증계(請李行祥宋端成德朋特加褒贈啓)〉에 보인다.

155 휘 질(軼) : 송질(宋軼, 1454~1520)로, 자는 가중(可仲), 본관은 여산(礪山), 시호는 숙정(肅靖)이다. 1477년(성종8) 친시 문과에 을과로 급제하여 벼슬을 하였고, 1506년(중종1) 중종반정 때에 예조판서로서 정국공신(靖國功臣) 3등에 책록되고, 여원군(礪原君)에 봉해졌다. 이후 내외의 벼슬을 두루 거쳐 영의정에 이르렀으며, 여원부원군(礪原府院君)에 봉해졌다.

156 휘 인(寅) : 송인(宋寅, 1517~1584)으로, 자는 명중(明仲), 호는 이암(頤菴), 본관은 여산(礪山), 시호는 문단(文端)이다. 10세에 중종의 셋째 서녀인 정순옹주(貞順翁主)와 결혼하여 여성위(礪城尉)가 되고, 명종 때 여성군(礪城君)에 봉해졌다. 의빈부·충훈부·사옹원·상의원 등에서 관직을 역임하고, 도총관에 이르렀다. 시문과 글씨에 능하였으며, 저서로《이암유고(頤菴遺稿)》가 있다.

157 휘 희업(熙業) : 송희업(宋熙業, 1586~1661)으로, 자는 극가(克家), 호는 호은

좌찬성(左贊成)에 추증되었으며, 호성군(壺城君)에 봉해졌다. 조부는 휘 전(瑼)으로, 대사헌(大司憲)에 추증되었으며 낭릉군(朗陵君)에 봉해졌다. 선고(先考)는 휘 세승(世升)으로 성균 진사(成均進士)이다. 선비(先妣)는 덕수 이씨(德水李氏)로, 진사(進士) 희만(喜萬)의 따님이다.

공은 숙묘(肅廟 숙종) 임진년(1712, 숙종38) 11월 1일에 태어났으니, 지기(志氣)가 높고도 컸으며 인륜(人倫)이 독실하였다. 10세에 중형(仲兄)과 놀다가 발에 차여서 기절하였는데, 이윽고 부모님이 연유를 물으시자 끝내 대답하지 않았으니, 중형이 꾸지람을 들을까 염려하였던 것이었다. 17세에 이 선생(李先生 이재(李縡))에게 나아가 수학하면서 겸하여 과거 공부를 하여서 장차 회시(會試)에 나아가려 하였는데, 시관(試官)의 뜻으로 청탁하기를 권하는 사람이 있자, 공이 말하기를, "내 어찌 한 번 과거에서의 득실을 가지고 마음속에 부끄러운 일을 하겠는가." 하였다. 또 회시에서 홀연 마음이 동하여 곧장 나왔는데, 조부께서 과연 그 전날 피로한 기색을 보이셨으니, 그 지극한 성품이 감통(感通)한 것이 이와 같았다.

어버이를 섬길 때에 공경하고 삼가서[158] 조금도 게을리 함이 없었고,

(壺隱), 본관은 여산(礪山)이다. 광해군 때에 단양 군수(丹陽郡守) 등을 역임하고, 인조 때에 형조좌랑·간성 현감(杆城縣監)·고양 군수(高陽郡守) 등을 지내고서 장악원 첨정(掌樂院僉正)에 이르렀다. 좌찬성(左贊成)에 추증되었으며, 공훈을 세습하여 호성군(壺城君)에 봉해졌다.

158 공경하고 삼가서 : 원문의 '동촉(洞屬)'은 《예기(禮記)》 〈제의(祭義)〉에 "효자가 부모의 제사를 지낼 때는 마치 손에 옥을 잡고 있는 것 같이 하고, 가득 찬 그릇을 받들고 있는 듯이 하며, 공경하고 삼가서 마치 들고 있는 것을 이기지 못하듯이 하고

두 형에게 있어서 능히 기쁜 낯빛으로 섬기는 도리를 다하여서, 옷이 더럽고 해진 것을 보면 그때마다 자신의 새로 만든 옷과 바꾸었다. 종형(從兄)이 주마감(走馬疳)을 앓았는데, 공이 종기를 빨아서 즉시 나을 수 있었다. 친척과 붕우 중에 역병에 걸려 죽는 이가 있으면, 사람들이 모두 두려워하여 피하였으나 공은 홀로 가서 살펴서 상(喪)을 치르는 일에 유감이 없도록 하였고, 공 또한 무탈하였다.

성공(成公 성덕붕(成德朋))과 이공(李公 이행상(李行祥)) 두 공 및 이인석(李仁錫) 공, 이경장(李慶章) 공과 교의가 가장 돈독하였다. 공들은 규모가 각각 달랐으나, 이익을 위해 빼앗지 않고 구차히 영합하지 않으며 사생(死生)과 궁달(窮達)에 있어서 근심하지 않은 것으로 말하면 마치 한 수레바퀴 자국에서 나온 것처럼 똑같았다. 이인석 공이 집안이 몹시 가난하여 공이 집을 빌려주었는데, 오래지 않아 이공(李公)이 집과 대지를 아울러서 헐값에 내다팔았다. 그러자 공은 태연히 말하기를, "원작(元爵 이인석(李仁錫)의 자(字))이 나에게 있어서와 같은 사이가 아니라면, 어찌 이런 일을 하겠는가. 처지를 바꾸었다면 나 역시 그랬을 것이다." 하였고, 이공(李公) 역시 말하기를, "내가 숙하(叔夏)에 있어서와 같은 사이가 아니라면 어찌 이런 일을 하겠는가. 처지를 바꾸었다면 그 역시 그랬을 것이다."라고 하였다. 공에게 딸이 있었는데, 이경장 공이 자신의 아들과 혼인을 맺고자 하였으나, 공이 아직 결정하지 못한 상태에서 이공(李公)이 별세하고 말았다. 공이 애통해하면서 말하기를, "좋은 벗이 떠났으니, 살아있을 때의 뜻을 저버려서는 안

장차 잃지나 않을까 걱정하는 것처럼 한다.〔孝子如執玉, 如奉盈, 洞洞屬屬然, 如不勝, 如將失之.〕"라고 한 데서 온 말이다.

된다." 하고, 마침내 딸을 그 아들에게 시집보내니, 사람들이 모두 의롭게 여겼다.

집안이 자주 텅 비어서 겨울에 입는 갖옷과 여름에 입는 갈옷을 이어가지 못하였으나 항상 편안하게 여겼으며, 사양하고 받는 데에 있어서 반드시 삼갔다. 다른 사람과 접할 때에 간격을 두지 않아서 단지 한 덩어리의 온화한 기운[159]이었으며, 다른 사람의 곤궁함을 급하게 여겨 왕왕 자신을 돌아보지 않았고, 자신에게 있어서는 이와 반대로 하였다. 그러므로 선생께서 몹시 중하게 장려하고 추켜세워서, 백 리의 땅을 맡기고 육척의 어린 임금을 맡길 수 있다고[160] 허여하였다. 평소에 의론이 준엄하고 엄정하여 음(陰)과 양(陽), 선(善)과 악(惡)의 구별에 있어서 대의(大義)로써 결단하여서 조금도 망설임이 없었다. 사문(斯文)의 아직 결정되지 않은 안건이나 아직 끝마쳐지지 않은 일의 경우에는, 의논이 공에게 미치면 그때마다 말을 마치자마자 판단하기를 마치 한 칼로 두 동강이를 내듯이 하였다.

선생의 상(喪)이 여관에서 일어났는데[161] 황급하고 급박한 중에 예

159 한……기운 : 원문의 '일단화기(一團和氣)'는 온화한 태도로, 본래 송(宋)나라 학자 정호(程顥)를 형용하면서 "명도 선생은 앉아 있을 때에는 흙으로 빚은 소상처럼 근엄하지만 다른 사람을 접할 때에는 혼연히 한 덩어리의 온화한 기운이다.〔明道先生坐如泥塑, 接人則渾是一團和氣.〕"라고 한 데서 온 말이다. 《二程全書 卷12》

160 백……있다고 : 《논어(論語)》 〈태백(泰伯)〉에 "증자가 말했다. '육척의 어린 임금을 맡길 만하고, 백 리쯤 되는 제후국을 다스리는 임무를 부탁할 만하며, 중대한 일에 임하였을 때 절개를 빼앗을 수 없다면, 군자다운 사람인가? 군자다운 사람이다.'〔曾子曰: 可以託六尺之孤, 可以寄百里之命, 臨大節而不可奪也, 君子人與? 君子人也.〕"라고 한 표현을 원용한 것이다.

161 선생의……일어났는데 : 도암(陶庵) 이재(李縡, 1680~1746)는 만년에 용인의

(禮)를 잃는 데에 이르지 않을 수 있었던 데에는 공과 성공(成公), 이공(李公) 두 공의 힘이 컸다. 그 사이에 여러 사람들의 설이 분분하였는데, 공이 완곡하고 자세하게 처리하여 끝내 서로 석연해졌으니, 논하는 이들이 공이 변고에 처하여 권의(權宜)를 통달하여서 올바름을 얻었다고 하였다. 선생께서 일찍이 《근사록(近思錄)》 한 부를 손수 써서 공에게 주었으니, 바로 주자(朱子) 문하에서 예서(禮書)를 전했던 뜻[162]이었다. 이 때문에 공은 선생의 위패를 모신 곳과 선생이 편집한 책에 있어서 참여하여 듣지 않은 것이 없었으니, 그 사문(師門)에 공이 있는 것이 또한 적지 않다.

공이 교유한 이들 중에는 당대의 명류(名流)들이 많았다. 김상익(金相翊)[163] 공, 이경옥(李敬玉)[164] 공, 윤면승(尹勉升)[165] 공과 같은 이들

한천(寒泉)에서 지냈는데, 1746년(영조22) 10월에 집안 식구들의 요청으로 옛집인 고양 화전(花田)으로 옮기려고 출발하였다가, 도중에 광주(廣州)의 악생촌사(樂生村舍)에서 별세하였으니, 이 일을 말한 것이다. 《老洲集 卷18 陶菴李先生墓表》

162 주자(朱子)……뜻 : 주희(朱熹)는 사위이자 제자인 황간(黃榦, 1152~1221)에게 자신이 저술한 《의례경전통해(儀禮經傳通解)》라는 예서(禮書)를 맡기고, 유언(遺言)으로 부족한 부분을 보충하도록 하였는바, 이를 가리킨다. 황간은 그 뜻을 이어받아 누락된 상례(喪禮)와 제례(祭禮)를 보충하여 《의례경전통해속(儀禮經傳通解續)》을 저술하였다.

163 김상익(金相翊) : 1721~1781. 자는 중우(仲祐), 호는 현암(弦菴), 본관은 광산(光山)이다. 1759년(영조35) 별시 문과에 을과로 급제하여 도승지·이조참의·전라도 관찰사 등을 역임하였고, 1777년(정조1) 홍인한(洪麟漢)·정후겸(鄭厚謙) 등의 역모에 가담하였다는 이유로 지도(智島)에 유배되어 그곳에서 죽었다.

164 이경옥(李敬玉) : 1718~? 자는 백집(伯執), 본관은 한산(韓山)이다. 1754년(영조30) 증광문과에 병과로 급제하여 영춘 현감(永春縣監)·의주 안핵어사(義州按覈御史)·사헌부 집의(司憲府執義)·대사간(大司諫)·공조판서(工曹判書) 등을 두루

이 모두 공을 찬미하고 칭송하여 말하기를, "바르고 곧고 강직하고 방정함을 바탕으로 삼고 갈고 닦아서 증익함을 배움으로 삼았도다. 이름과 품행을 보옥(寶玉)처럼 중시하였고, 재물과 이익을 초개(草芥)처럼 하찮게 보았다. 기절과 의리가 있는 바라면 죽더라도 후회하지 않았으며, 경세제민의 뜻이 미치는 바라면 어렵더라도 구애됨이 없었으니, 그로 하여금 실제 일을 행하는 데에 시행하게 하였다면 반드시 선생의 뜻을 크게 발휘함이 있었을 것이다."라고 하였으니, 아, 이것은 공을 잘 알아본 것이다. 무릇 지금 때를 만나지 못한 사람은 반드시 후에 때를 만나게 되며, 사람들의 뜻에 부합되지 못하는 사람은 반드시 하늘의 뜻에 부합되는 법이다. 그러나 때를 만나고 부합되는 것이 또한 공에게 무슨 상관이 있겠는가.

전배(前配)인 연일 정씨(延日鄭氏)는 포은(圃隱 정몽주(鄭夢周)) 선생의 후손으로, 선고(先考)는 통덕랑(通德郞) 찬지(纘志)[166]이며, 소부는 남노병마절도사(南道兵馬節度使)로 판서(判書)에 추증된 덕징(德徵)[167]이시다. 계배(繼配)인 의령 남씨(宜寧南氏)는 통덕랑(通德郞)

역임하였다.

165 윤면승(尹勉升) : 1720～? 자는 순지(順之)·체건(體健), 본관은 파평(坡平)이다. 1768년(영조44) 문과에 급제하여 승정원 승지·사간원 대사간(司諫院大司諫)·예조참의 등을 두루 역임하였다.

166 찬지(纘志) : 정찬지(鄭纘志, 1691～1755)로, 자는 선보(善甫), 호는 고암(顧菴), 본관은 영일(迎日)이다. 처사로서 평생 벼슬에 나아가지 않았다.

167 덕징(德徵) : 정덕징(鄭德徵, 1657～1739)으로, 자는 성유(聖由), 본관은 영일(迎日)이다. 24세에 무과에 급제하여 이후 벼슬이 경상우도 병마절도사 및 동지중추 겸 부총관에 이르렀다.

태중(泰重)의 따님이니, 여사(女士)의 행실이 있어서 종족과 향당에서 어질게 여겼다. 2남1녀를 두었으니, 장남 이중(履中)은 공보다 먼저 졸하였고, 차남은 황중(璜中)이며, 딸은 이송연(李松然)에게 시집갔으니, 바로 이경장(李慶章) 공의 아들이다. 측실이 낳은 아들은 필중(弼中)과 일찍 졸한 각중(慤中)과 어린 막내가 있다. 손자 문익(文翼)과 문징(文徵) 및 아직 시집가지 않은 손녀는 장방(長房)의 소생이고, 계방(季房)은 4녀를 두었는데, 1명은 모인(某人)에게 시집갔으며 나머지는 어리다. 사위 이송연(李松然)의 아들은 창석(昌錫), 붕석(鵬錫), 신석(申錫), 용석(用錫)이며, 필중(弼中)의 자녀들은 어리다. 공은 정종(正宗 정묘) 모년 모월 모일에 별세하였으니, 묘는 용인(龍仁) 호다동(虎多洞) 좌묘(坐卯)의 언덕에 있는바, 전배(前配)와 후배(後配)를 모두 합장하였다.

나는 공의 덕의(德義)를 듣고 평소 광세지감(曠世之感)[168]이 있었는데, 공의 외증손인 학사(學士) 이승헌(李承憲)이 공의 후손들의 간청을 인하여 무덤의 비명을 지어주길 부탁하니, 감히 끝내 사양할 수 없기에 병을 무릅쓰고 명(銘)을 짓노라. 명(銘)은 다음과 같다.

훌륭하도다	善乎
성 처사가 공을 위해 지은 제문에	成處士祭公之文曰
"학문은 왕도와 패도를 궁구하여서	學究王覇
장구에 얽매이지 않았으며	不屑屑於章句

168 광세지감(曠世之感) : 원문의 '광감(曠感)'은 광세지감을 줄여 쓴 것으로 동시대에 태어나지 못해서 서로 만나지 못한 것에 대한 감회를 말한다.

일은 강령을 제시하여	事挈綱維
겉치레에 구속받지 않았네	不拘拘於邊幅
자신의 견해를 버리는 도량으로	捨己之量
지극히 어리석은 이의 말도 들었으며	聽於至愚
선을 좋아하는 넉넉함은	好善之優
마음 깊은 곳에서 나왔네" 하였으며	發於衷曲
이 처사가 공을 위해 지은 제문에	李處士祭公之文曰
"선을 행하는 용기가 드높아서	仡仡乎其爲善之勇
마치 흐르는 강물이 트인 것과 같았고	若流水之決
남을 접하는 정성이 간절하여	懇懇乎其接人之誠
친소간에 차이를 둔 적이 없었네	曾不間於疏戚
이전의 현인들에게 비교해보면	方諸前修
호걸한 진씨와 사씨와 같았네" 하였네	陳豪謝拓
아아	嗚呼
두 공이 공을 잘 알았던 것이 몹시 절실하니	二公之知公者深切
형언함에 거의 실착이 없도다	庶形言之無失
지금 공의 옷과 신을 간직한 묘소에	今於公衣履之藏
공경히 전인들이 서술한 바를 읊노라	敬以誦前人之述

관호 신공 묘지명 병서

觀湖愼公墓誌銘 幷序

호남(湖南)은 산천이 웅건하고 수려하며 풍속이 호방하고 준걸하여, 기절과 도의를 숭상하고 명예와 절조를 중시하니, 관호(觀湖) 신공(愼公)과 같은 분이 바로 그러한 사람이다. 공은 대대로 영암(靈巖)에서 살다가, 나주(羅州)로 옮겨서 거처하였다. 당시에 역적 윤취상(尹就商)의 아들 윤지(尹志)[169]가 오래도록 본주(本州)에서 유배생활을 하면서 은밀하게 모반할 의도를 품고서 호남의 명사(名士)들과 교유하면서 암암리에 서로 규합하였다. 공이 우거하던 곳이 윤지(尹志)가 머물던 곳과 가까웠는데, 윤지가 공의 명망과 덕행을 사모하여 누차 만나보기를 요청하였으나 공은 끝내 가지 않았다. 윤지가 먼저 공을 찾아오자 공은 단지 안부인사만 하고 말았으니, 윤지가 무안해져서 돌아가서는 편지를 써서 은근한 뜻을 보였는데, 공은 또 그 편지를 불태우고 답하지 않았다. 본주(本州)의 목사(牧使) 이하징(李夏徵)[170]

169 역적……윤지(尹志) : 윤지(1688~1755)는 자는 사심(士心), 본관은 함안(咸安)으로 소론파의 영수였던 아버지 윤취상(尹就商)의 아들이다. 진사시를 거쳐 1723년(경종3) 문과에 급제한 뒤 사간원 정언에 제수되고 이어 사헌부 지평이 되었으나, 1724년(영조 즉위년) 김일경(金一鏡)의 옥사에 연루되어 아버지 윤취상은 고문 끝에 죽고, 그 자신도 이후 30년 동안 제주와 나주에서 유배생활을 하였다. 조정에 불만을 품고서 1755년(영조31) 나주 객사에 나라를 비방하는 괘서를 써 붙였는데, 이 사건으로 한양으로 압송되었고 친국 끝에 아들 윤광철(尹光哲)과 이하징(李夏徵)·박찬신(朴纘新) 등 관련자들과 함께 처형당하였다.

170 본주(本州)의 목사(牧使) 이하징(李夏徵) : 이하징(1686~1755)은 본관은 한산

이 윤지와 반역을 모의하여 한통속이 되었는데, 또 공을 만나보길 요청하였으나 공은 끝내 뜻을 굽히지 않았다. 두 역적이 복주(伏誅)될 때에 이르러서 호남의 선비들 중에 연루되어 화를 입은 이들이 많았으나, 공은 홀로 초연히 연루되지 않았으니, 기미를 본 명철함이 정운룡(鄭雲龍)과 오희길(吳希吉)이 정여립(鄭汝立)을 배척하여 끊어버렸던 것[171]에도 뒤지지 않는다. 아, 훌륭하도다.

(韓山)이며, 1721년(경종1) 사마시에 합격하고 나주 목사 등을 지냈는데, 나주로 귀양 온 윤지(尹志)와 가깝게 지내면서 이효식(李孝植) 등과 모의하여, 변란으로 벼슬을 할 수 없게 된 부류들과 소론 집안의 자제들을 규합하였다. 1755년(영조31) 나주 객사에 나라와 노론을 비방하는 괘서를 써 붙였는데, 이 사건으로 한양으로 압송되어 친국 끝에 윤지·윤광철(光哲)·박찬신(朴纘新) 등과 함께 처형되었다.

171 정운룡(鄭雲龍)과……것 : 정운룡(鄭雲龍, 1542~1593)은 자는 경우(慶遇), 호는 하곡(霞谷), 본관은 하동(河東)이다. 장성(長城)에 살면서 현감 이계(李啓)가 선비들을 가르치려고 학교를 세워 초빙하여서 스승이 되었는데, 정여립(鄭汝立)이 이계에게 제수(祭需) 물자를 요구하는 것을 보고는, 정여립과 아울러 그와 친분이 두터웠던 동인의 영수 이발(李潑)과도 교분을 끊었다. 후에 이 일로 태자사부에 제수되었다. 오희길(吳希吉, 1556~1625)은 자는 길지(吉之), 호는 도암(韜庵), 본관은 나주(羅州)이다. 정여립(鄭汝立)의 문하에 있었으나 스승이 이이(李珥)와 성혼(成渾)을 비방하는 말을 듣고 잘못된 점을 편지로 적어 스승에게 올렸다가 노여움을 샀다. 후에 정여립의 모반사건에 연루되어 투옥되었으나 편지가 발견되어 석방되고 참봉에 제수되었다. 한편 정여립(鄭汝立, 1546~1589)은 자는 인백(仁伯), 본관은 동래(東萊)이며, 1570년(선조2)에 식년 문과에 을과로 급제하여 서인(西人) 편에 있으면서 이이(李珥)와 성혼(成渾)의 촉망을 받았는데, 1585년에 홍문관 수찬이 된 뒤로 당시 집권세력인 동인(東人) 편으로 돌아서서 이이를 배반하고 성혼, 박순(朴淳)을 비판하였다. 선조(宣祖)가 이를 불쾌히 여기자 벼슬을 버리고 고향으로 돌아가서 진안(鎭安) 죽도(竹島)에 서실을 지어놓고 대동계(大同契)를 조직하여 전국적으로 확대시켜 나갔는데, 1589년에 모반을 꾀하고 있다는 황해도 관찰사 한준(韓準) 등의 고변이 있자 아들 정옥남(鄭玉男)과 함께 피신하였다가 본인은 자살하고 정옥남은 체포되었다. 서인 대신

공은 휘는 사전(師典), 자는 사휘(士徽)이니, 계통이 중국에서 나왔다. 휘 수(修)라는 분은 본래 송(宋)나라 개봉부(開封府) 사람으로, 고려에서 벼슬하여 사도좌복야(司徒左僕射)에 이르렀으며 시호는 공헌(恭獻)이다. 그 후에 거창(居昌)을 관향으로 삼아, 자손들이 대대로 거주하였다. 휘 기(幾)에 이르러서, 본조에 들어와 보문각 제학(寶文閣提學)을 지냈으며, 학문과 지조로 사당이 세워져 제향 되었다. 휘 희남(喜男)[172]은 병조참의로, 학문이 청수하고 신중하여서 명종(明宗)과 선조(宣祖) 두 조정의 명신이 되었다. 휘 여경(餘慶)은 상의원 판관(尙衣院判官)으로 좌승지(左承旨)에 추증되었다. 휘 함(諴)은 사헌부 감찰(司憲府監察)로 아들 휘 광익(光翊)을 낳았으니, 성균관 생원(成均館生員)이고, 이 분이 휘 성필(聖弼)[173]을 낳았으니 호는 경암(敬庵)인바, 이 분이 바로 공의 증조이시다. 조부는 휘 헌만(憲萬)이고, 선고

정철(鄭澈)이 이 옥사(獄事)를 다스려 이발(李潑), 이호(李浩), 백유양(白惟讓), 유몽정(柳夢井), 최영경(崔永慶) 등을 처형시키고 정언신(鄭彦信), 정언지(鄭彦智), 정개청(鄭介淸) 등을 유배 보냈다. 이 사건으로 동인 인사 천여 명이 화를 입었는데, 이를 이른바 기축옥사(己丑獄事)라고 한다.《燃藜室記述 卷14 宣祖朝故事本末》

172 휘 희남(喜男) : 신희남(愼喜男, 1517~1591)으로, 자는 길원(吉遠), 호는 영계(潛溪), 본관은 거창(居昌)이다. 1543년(중종38) 진사시에 합격한 뒤 벼슬하여 교리·집의 등을 역임하고, 외직으로 나가 강원도 관찰사를 지냈다. 병조참의와 예조참의를 역임하다 1581년(선조14)에 동인과 서인으로 나뉘어 당쟁이 일어나는 것을 보고 조정에 있는 것을 기꺼워하지 않아 금산 군수를 자청하여 지방으로 갔다가, 벼슬을 내려놓고 영암으로 낙향하여 여생을 보냈다.

173 휘 성필(聖弼) : 신성필(愼聖弼, 1626~1674)로, 자는 여뢰(汝賚), 호는 경암(敬庵), 본관은 거창(居昌)이다. 처사로 벼슬하지 않았고, 효자로 알려졌다. 본집 권39에 그의 묘지명인 〈처사신공묘지명(處士愼公墓誌銘)〉이 실려있다.

(先考)는 휘 창정(昌鼎)이다. 선비(先妣)는 부안 김씨(扶安金氏)로, 석경(錫慶)이 그 선고(先考)이시다.

공은 총명하고 지혜로운 자품을 타고나서, 어려서부터 독서를 좋아하여 경서(經書)의 뜻을 연찬하여 천인(天人)과 성명(性命)의 이치에 이르고, 제자백가서를 두루 보아서 널리 통하지 않음이 없었으므로, 준걸한 선비들이 공에게 와서 의견을 구하였다. 효성을 지녀서 부모님의 마음을 받드는 것과 물질로 봉양하는 것을 모두 갖추어 봉양하였다. 일찍이 달고 연한 음식을 갖추어서 시장에서 반찬을 샀는데, 가인(家人)들에게 그 값을 흥정하지 말라고 신칙하니, 상인들이 그 순전한 정성에 감동하여 감히 값을 바꾸지 않았다. 백형(伯兄)을 섬김에 지극한 사랑이 있어서, 같은 책상에 앉고 같은 베개를 베고 자서 밤낮으로 떨어지지 않았다. 분가할 때에 이르자 척박한 땅을 취하고는 "나는 지자(支子)이니, 이를 가지면 또한 족하다."라고 하니, 사람들이 '신설포(愼薛包)'[174]라고 칭하였다. 백형이 전염병에 걸려 별세하자, 공은 몸소 도규(刀圭)를 잡고서 염습하고 하관하였다. 가인(家人)들이 나가서 피하라고 권하였으나, 공은 "죽고 사는 데는 명(命)이 있는 법이니, 어찌 차마 형을 피하겠는가." 하였는데 끝내 무탈하였으니, 사람들이 또 유곤(庾袞)[175]에 빗대었다.

174 신설포(愼薛包) : 신공(愼公)을 설포(薛包)에 빗대어 표현한 말이다. 설포는 동한(東漢) 여남(汝南) 사람으로, 자는 맹상(孟嘗)이다. 계모가 그를 미워하여 내쫓자 대문 밖에 여막을 짓고 살면서 아침저녁으로 들어와 문안하니, 부모가 부끄러워하여 다시 들어와 살게 하였는데, 부모가 돌아가신 뒤에 재산을 분할할 때 노쇠한 노비와 황폐한 집과 땅은 자신이 갖고 좋은 것은 모두 아우의 자식들에게 나누어 주었으며, 그들이 파산할 때마다 구제해주었다. 《小學 善行》

일상생활에서 평소 행하는 것들을 예절에 맞게 절제하고 법도에 맞게 삼갔으며, 관혼상제는 한결같이 《주자가례(朱子家禮)》를 따랐다. 손수 옛 부인들의 현숙한 덕과 아름다운 행실을 적어서 규문에서의 가르침을 이루었고, 자식과 조카를 가르치거나 노복들을 부릴 적에 모두 의로운 방도를 극진히 하였다. 을해년의 역변(逆變)[176]을 겪고 나서부터 비분 강개하여서 더욱 은거하면서 도(道)를 지킬 마음을 품었다. 동지(冬至)에 고향을 그리워하며 지은 시에서,

천시가 점차 지나 날마다 재촉하니　　天時冉冉日相催
고요한 가운데 몰래 땅속 우렛소리 듣노라[177]　　靜裏潛聽地底雷

175 유곤(庾袞) : 진(晉)나라 언릉(鄢陵) 사람으로 자는 숙포(叔褒)이다. 큰 전염병이 돌아서 두 형이 죽고, 다음형인 유비(庾毗)도 병에 걸려 위태로웠는데, 부모와 여러 아우들은 모두 밖으로 나가 머물렀으나 유곤은 홀로 남아 친히 형을 부축하며 밤낮으로 자지 않았고, 더불어 죽은 형의 영구를 어루만지며 슬퍼하니, 백여 일만에 병세가 수그러들어 유비의 병이 쾌차하였고 유곤 또한 무탈하였다. 《小學 善行》《晉書 卷88 孝友列傳 庾袞》

176 을해년의 역변(逆變) : 을해년은 1755년(영조31)으로, 이해에 있었던 나주괘서(羅州掛書) 사건을 가리킨다. 김일경(金一鏡)의 옥사(獄事)에 연좌되어 나주로 귀양을 가 있던 소론의 윤지(尹志)가 노론을 제거할 목적으로 당시 나주 목사 이하징(李夏徵) 등과 모의하여 나주 객사에 나라를 비방하는 글을 붙인 일로 옥사가 일어났다.

177 고요한……듣노라 : 동지(冬至)를 가리키는 표현이다. 《주역》〈복괘(復卦) 상(象)〉에 "우레가 땅 가운데 있음이 복이니, 선왕이 보고서 동짓날에 관문을 닫았다.〔雷在地中, 復, 先王以, 至日閉關.〕"라고 하였는데, 이에 대한 정전(程傳)에 "우레가 땅속에 있음은 양(陽)이 처음 회복되는 때이다. 양(陽)이 처음 아래에서 생겨 심히 미미하니, 안정된 뒤에 자랄 수 있는 것이다. 선왕(先王)은 천도에 순응하여 동짓날 양이 처음 생길 때를 당하면 안정하여 양을 기른다.〔雷在地中, 陽始復之時也. 陽始生於下而甚微, 安靜而後能長. 先王順天道, 當至日陽之始生, 安靜以養之.〕"라고 하였다. 양효(陽爻)가 다 사라져 순음(純陰)의 상태인 곤괘(坤卦)에서 양효가 아래에 다시 하나

삼경에 눈 내리는데 객으로 금리[178]에 머물고　客留錦里三更雪
봄은 영산강 한 그루 매화나무에 드네　春入榮江一樹梅
달고 쓴맛 겪음에 사탕수수 맛을 생각하고[179]　甘苦經來思蔗味
더위와 추위 모두 겪음에 갈대의 재를 느끼네[180]　炎涼閱盡感葭灰
훗날 만약 태평성세를 만난다면　他時若遇昇平歲
읽던 책 수습하여 서둘러 돌아가리　收拾殘書及早廻

라고 하였으니, 아름답게 은둔하려는 뜻[181]이 박복(剝復)[182]과 소장(消

생긴 것이 지뢰(地雷) 복괘(復卦)로, 폐색되었던 기운이 열리어 만물의 활동이 시작됨을 의미한다.

178 금리 : 금리(錦里)는 금성(錦城)으로, 전라남도 나주(羅州)를 가리킨다.

179 사탕수수 맛을 생각하고 : 앞으로 좋은 일이 있기를 바란다는 뜻이다. 진(晉)나라 고개지(顧愷之)가 사탕수수를 꼬리 부분부터 맛보자, 어떤 사람이 이유를 물으니 "점점 더 좋은 맛을 보려고 해서이다.〔漸至佳境.〕"라고 대답했다는 고사에서 온 표현이다. 《晉書 卷92 顧愷之列傳》

180 갈대의 재를 느끼네 : 동지(冬至)가 되었음을 표현한 말이다. 원문의 '가회(葭灰)'는 갈대 속의 엷은 막(膜)을 태운 재로, 고대에 이 갈대 재를 율관(律管)에 넣어 절후를 측정하는 데 사용하였다. 황종(黃鐘)·태주(大簇)·고선(姑洗)·유빈(蕤賓)·이칙(夷則)·무역(無射)·대려(大呂)·협종(夾鐘)·중려(仲呂)·임종(林鐘)·남려(南呂)·응종(應鐘)의 12율려(律呂)가 1년 12월에 짝하는바 황종은 11월 동지(冬至)에 해당하는데, 11월 동지에는 황종율관의 재가 움직인다고 한다. 《後漢書 卷21上 律曆志上》

181 아름답게 은둔하려는 뜻 : 원문의 '가둔(嘉遯)'은 《주역》 〈돈괘(遯卦) 구오(九五)〉에 "아름다운 은둔이니, 정하여 길하다.〔嘉遯, 貞吉.〕"라고 한 데서 온 말로, 거취를 중정(中正)한 도리에 맞게 하여 멈추고 행한 것이어서 '아름다운 은둔'이라 한 것이다.

182 박복(剝復) : 《주역》의 박괘(剝卦)와 복괘(復卦)를 가리키는데, 박은 음(陰)이 성하여 양(陽)이 쇠한 것을 의미하고, 복은 음이 극에 이르러 다시 양이 회복한 것을 의미하는바, 여기서는 음인 겨울에서 양인 봄으로 넘어가는 것을 뜻한다.

長)의 기미에서 드러난 것이 이와 같았다.

만년에 더욱 단속하여서, 성리학에 침잠하였다. 남도의 고을에 수령이 된 이들 중에 공의 사립문에 찾아온 자들이 많아서 문밖에 말발굽과 수레바퀴 자국이 거의 서로 뒤섞여 있었으나, 더욱 교유를 삼가서 함부로 영접하지 않았다. 만년에 강호(江湖)의 승경을 아껴서 거문고를 타고 시를 읊으면서 마음에 참된 즐거움을 보존하였으니, 한 도(道)의 사람들이 관호처사(觀湖處士)라고 일컬었다. 정종(正宗 정조) 경신년(1800, 정조24) 정월 16일에 관산(冠山)의 우거하던 집에서 졸하였으니, 태어난 임인년(1722, 경종2) 2월 17일로부터 79세가 된다. 신미년(1811, 순조11) 12월에 영암(靈巖) 영보리(永保里)의 해좌(亥坐)에 돌아와서 장례하였다.

배위(配位) 전주 이씨(全州李氏)는 징린(徵麟)의 따님으로, 일찍부터 가훈을 익혀서 여사(女士)의 풍모가 있었다. 공보다 7세 늦게 태어나서 공보다 11세 늦게 별세하였으니, 공의 묘 왼편에 합장하였다. 4남 4녀를 두었는데, 아들은 정현(廷顯), 중현(重顯), 대현(大顯), 옥현(玉顯)이고, 딸들은 정지학(丁志學), 문치복(文致福), 이흥운(李興運), 이재인(李在仁)에게 시집갔다. 중현(重顯)의 아들 재기(在箕)는 경진(景鎭)과 철진(轍鎭)을 낳았다. 대현(大顯)의 아들 재하(在夏)는 큰아버지의 후사를 이어서 필진(必鎭), 낙진(洛鎭), 홍진(弘鎭), 의진(毅鎭)을 낳았으며, 재은(在殷)은 달진(達鎭)을 낳았고, 재주(在周)는 우진(宇鎭), 두진(斗鎭), 항진(恒鎭)을 낳았다. 옥현(玉顯)의 아들 재철(在哲)은 성진(聖鎭)을 낳았고, 재호(在浩)는 휴진(休鎭), 관진(寬鎭)을 낳았다. 내외의 증손과 현손들은 모두 기록하지 않는다.

공은 타고난 자질이 고결하고 뜻을 지킴이 곧고 확실하였다. 효제

(孝悌)를 근본으로 하여 학문(學問)을 겸비하였으니, 향당(鄕黨)이 그 의리에 감복하고, 벗들이 그 신의를 사모하였다. 이는 마땅히 《고사전(高士傳)》 중에서 구하여야 할 것이니, 어찌 같은 시대의 동류들이 미칠 바이겠는가. 초야에 몸을 숨겨서 이름이 민멸되어 일컬어지지 않는 것을 혹자는 안타깝게 여기지만, 공은 속세를 버리고 홀로 서서 세속의 먼지 바깥에서 담담하였으니, 진실로 이른바 "종적을 감추어 남에게 알려질까 두려워한"[183] 자인 것이다. 이미 당대의 영광을 추구하지 않았는데, 또 어찌 후세의 명성에 마음을 두었겠는가. 재하(在夏)가 나와 종유하면서 누차 공의 무덤의 비명을 요청하니, 내 늙어서 필기구를 버려둔 지 오래이지만, 공의 세속을 초월한 높은 지조와 간특함을 변별한 명철함에 감동하여 병을 무릅쓰고 명(銘)을 짓노라. 명(銘)은 아래와 같다.

아 이 사람이여	嗟嗟若士
남쪽 지방의 기강이었네	綱紀南垠
혼금이자 박옥으로서[184]	渾金璞玉
더욱 그 참된 성품을 보전하였네	彌葆其眞
선견지명이 있어	先見之明

183 종적을……두려워한 : 이 말은 당(唐)나라 의 문장가 한유(韓愈)가 재상에게 자신을 추천하여 벼슬을 구하고자 하여서 쓴 편지의 한 부분으로, 《한창려집(韓昌黎集)》 권16 〈상재상서(上宰相書)〉에 보인다.

184 혼금(渾金)이자 박옥(璞玉)으로서 : 혼금은 아직 정련하지 않은 금이고 박옥은 아직 가공하지 않은 옥의 원석을 이르는데, 모두 아름다운 자질을 타고났으나 아직 꾸밈이 가해지지 않은 상태를 비유하는 말로 쓰인다.

아는 것이 귀신과도 같았네　其知如神
일찍이 이미 통철하였으니　早已洞晰
충과 역의 구분이었네　忠逆之分
육체와 정신이 초월하여　形神超越
스스로 몸을 보존하였네　用自存身
근본이 보존되어　本之則存
의를 실천하고 인을 행하였네　蹈義踐仁
효도와 우애로 정사를 하고서[185]　孝友爲政
여력이 있으면 학문하였네[186]　餘力學文
부끄러운 점이 거의 없었으니　庶幾無愧
이치에 밝고 말을 잘 분별하였네　明理知言
처음을 궁구해보고 끝을 맞추어보건대　原始要終
참으로 훌륭한 선비였네　允矣儒珍
높고 높은 월출산에　巖巖月岳
무덤이 깊고 그윽하네　幽幽玄窀

185 효도와……하고서 : 혹자가 공자에게 "왜 정사를 하지 않느냐?"고 묻자, 공자가 《서경》 〈주서(周書) 군진(君陳)〉의 "효도하고 형제간에 우애하여 정사에 베푼다.〔惟孝, 友于兄弟, 施於有政.〕"라고 한 것을 인용하고서 "이 또한 정사를 하는 것이니, 어찌 지위에 있어야만 정사를 하는 것이 되겠는가.〔是亦爲政, 奚其爲爲政?〕라고 한 데서 온 말이다. 《論語 爲政》

186 여력이 있으면 학문하였네 : 《논어(論語)》 〈학이(學而)〉에 "공자(孔子)께서 말씀하셨다. '제자(弟子)가 들어가서는 효도하고 나와서는 공손하며, 행실을 삼가고 말을 성실하게 하며, 널리 사람들을 사랑하되 인(仁)한 이를 친근히 해야 하니, 이것을 행하고 여력(餘力)이 있으면 글을 배워야 한다.'〔子曰: 弟子入則孝, 出則弟, 謹而信, 汎愛衆, 而親仁, 行有餘力, 則以學文.〕"라고 한 데서 온 말이다.

영령은 사라지지 않으니 英魄不泯

훌륭한 부인이 뒤따랐네 從以碩媛

두 분의 아름다움을 밝게 드러내어 昭揭雙美

천년토록 알리노라 用詔千春

유인 진주 강씨 묘지명 병서○을미년(1835, 헌종1)

孺人晉州姜氏墓誌銘 幷序○乙未

탄원(坦園) 윤명직(尹明直)[187]이 나를 한강가로 찾아와서, 내자(內子) 강 유인(姜孺人)이 저술한 《정일당유고(靜一堂遺稿)》를 보이고는, 한마디 말로 그윽하게 감추어져 있는 부인의 덕을 발출해 달라고 하였다. 내가 "부인의 덕은 아름다움을 머금고서 밖으로 드러내지 않고, 게다가 행장(行狀)을 읽어보건대 인의(仁義)와 충신(忠信)이 마음에서 떠나지 않았으니, 문사(文辭)로써 불후하게 하기를 도모하고자 하는 것은 유인(孺人)의 평소 뜻과 어긋날 듯합니다."라고 하자, "기어이 하지 않을 수 없으니, 그렇다면 어찌 묘지명을 지어서 영원히 전해지도록 하지 않겠습니까."라고 하였다. 내가 "이는 그만둘 수 없는 일이다."라고 하고, 마침내 살펴서 글을 짓는다.

유인(孺人)은 진주(晉州) 사람이니, 고구려 병마원수(兵馬元帥) 이식(以式)이 비조이시다. 대대로 높은 관직이 이어져서 명망과 덕행을 지닌 이들이 배출되어 우리나라의 명족(名族)이 되었으니, 굳이 계통을 열거할 필요가 없다. 선고(先考)는 휘 재수(在洙)이며, 선비(先妣)는 안동 권씨(安東權氏)로, 처사(處士) 서응(瑞應)의 따님이자 한수(寒水 권상하(權尙夏)) 선생의 종현손(從玄孫)이다. 권 유인(權孺人)이 남다른 태몽을 꾸고서 유인(孺人)을 낳았으니, 꿈을 인하여 이름을

187 탄원(坦園) 윤명직(尹明直) : 윤광연(尹光演, 1778~1838)으로, 탄원은 그의 호이며 명직은 그의 자이다.

붙였다.[188] 성품이 곧고 고요하며 단정하고 한결같아서 발이 문지방 바깥을 밟지 않았으니, 처사공(處士公)이 기특하게 여기고 아껴서 "산수헌(山水軒 권진응(權震應)) 종형께서 너의 모친을 우리 종가 제일의 부녀(婦女)라고 칭찬했었는데, 네가 뒤를 이었구나."라고 하였다. 이어서 《여계(女誡)》를 전수받아서 혹 조금이라도 어긋남이 없었다.

시집가자 시아버지가 그 언행을 마땅하다고 여겨서 "우리 집안이 부흥하겠구나."라고 하였다. 시부모님을 섬김에 지극히 효성스러워서 혼정신성할 때에 반드시 절하였고, 상(喪)을 당하자 슬픔으로 몸을 훼손하여 거의 목숨을 보전하지 못할 지경이었다. 당시에 거듭 흉년을 만나 집안에 쌀 한 톨마저도 동난 상태였으나, 힘을 다하여 장례를 마침에, 살갗이 트고 얼었으나 피로한 줄을 알지 못하였다.

지아비를 지극히 공경하여서 출행할 때에 반드시 절하였으며, 거업(居業)하기를 권하여 말하기를, "사람이 배우지 않으면 사람이 될 수 없으니, 이(義)를 버리고서 생(生)을 영위하는 것은 도(道)를 듣고서 안빈(安貧)하는 것만 못합니다. 첩이 비록 재주가 없지만 거칠게나마 바느질과 길쌈을 할 줄 아니, 마땅히 죽과 같은 음식이라도 마련하기를 도모할 것입니다. 그러니 바라건대 성현(聖賢)의 책을 읽어서, 집안일

188 권 유인(權孺人)이……붙였다 : 《정일당유고(靜一堂遺稿)》의 부록(附錄)에 실린 강원회(姜元會)가 지은 행장(行狀)에 "이보다 앞서 모부인께서 임신을 하였는데 꿈에 두 성비(聖妣)가 실(室)에 강림하여 시자(侍者) 한 사람을 가리켜 말하기를, '이 아이는 지덕(至德)이 있으니, 너에게 맡겨주노라.' 하였다. 이윽고 유인(孺人)이 태어나니, 모부인께서 몹시 기이하게 여겨 마침내 꿈을 인하여 이름을 붙였다.〔先是母夫人有娠, 夢兩聖妣降其室, 指侍者一人曰: 此有至德, 令以付汝. 旣而孺人生, 母夫人心異之, 遂因夢而名焉.〕"라는 내용이 보인다.

로 마음에 누를 끼치지 마십시오."라고 하였다. 명직(明直)이 그 말에 감동하여 사서(四書) 및 정자(程子)와 주자(朱子)의 글을 읽었는데, 유인(孺人)이 늘 손수 바느질을 하면서 모퉁이에 앉아서 듣고는 마침내 곧 암송하고 묵묵히 그 심오한 뜻에 계합됨이 있었다. 다시 명직(明直)에게 스승을 종유할 것을 권면하여 말하기를, "배우고서 행하지 않으면 배우지 않은 것과 똑같은데, 경서(經書)의 가르침의 마땅함을 참으로 안 뒤에야 행할 수 있습니다. 독학하면 고루해지니, 바라건대 사우(師友)를 종유하여 스스로 넓혀서 생삼사일(生三事一)[189]의 의리를 극진하게 하십시오."라고 하였다.

명직(明直)의 집안이 더욱 낙척하여서 거주할 곳을 정하지 못하여 깊은 산속에 우거하였는데,[190] 맹수가 마구 다니고 여러 날 동안 밥 짓는 불이 끊겼으며 또 근심을 만났으나,[191] 유인(孺人)은 그래도 명직(明直)을 너그럽게 위안하면서 말하기를, "올바름을 지킨다면 삿됨은

189 생삼사일(生三事一) : 낳아준 세 사람, 즉 아버지와 스승과 임금을 섬기기를 똑같이 한다는 뜻으로, 《소학집주(小學集註)》〈명륜(明倫)〉에 난공자(欒共子)가, "사람은 세 분의 은혜로 살아가기에 섬기기를 똑같이 하여야 한다. 아버지는 나를 낳아주시고, 스승은 나를 가르쳐 주시고, 임금은 나를 먹여주셨으니, 아버지가 아니면 태어나지 못하고 임금이 먹여주지 않으면 자라지 못하고, 스승이 가르쳐 주지 않으면 알지 못하니 낳아주신 것과 똑같다.〔民生於三, 事之如一. 父生之, 師教之, 君食之, 非父不生, 非食不長, 非教不知, 生之族也.〕"라고 한 데서 온 말이다.

190 명직(明直)의……우거하였는데 : 《정일당유고(靜一堂遺稿)》의 부록(附錄)에 실린 강원회(姜元會)가 지은 행장(行狀)에 따르면, 윤광연(尹光演)의 집안은 1798년(정조 22)에 과천(果川)에 우거하였다고 한다.

191 근심을 만났으나 : 《정일당유고(靜一堂遺稿)》의 부록(附錄)에 실린 강원회(姜元會)가 지은 행장(行狀)에 따르면, 이때에 어린 자식의 상(喪)을 당하였다고 한다.

저절로 멀어질 것입니다. 장수하고 단명함에는 본래 정해진 명(命)이 있고, 굶주리고 곤궁할 때에는 더욱 성질을 참아야 합니다.[192] 나에게 있는 것을 다하지 못할까 근심하여야 하니, 어찌 하늘을 원망하고 남을 탓하겠습니까."라고 하였다.

명직(明直)에게 과실이 있으면 반드시 경계하기를 그치지 않아서 비록 외당(外堂)에 있다 하더라도 편폭(片幅)에 적은 글을 보내어 만류하였다. 명직(明直)의 빈곤함을 딱하게 여겨 천금을 가지고서 청탁하는 일이 있었는데,[193] 유인(孺人)이 받지 말 것을 권하면서 말하기를, "어찌 천금으로 나의 지조를 바꿀 수 있겠습니까."라고 하였다. 명직(明直)이 또한 재물을 잃은 적이 있었는데, 유인(孺人)이 말하기를, "득실(得失)은 운수에 관계된 것이니, 조금도 개의치 마십시오."라고 하였다. 명직(明直)이 지닌 것 없이 빈손으로 삼대의 이장(移葬)을 거행하

192 굶주리고……합니다 : 《맹자》 〈고자 하(告子下)〉에 "하늘이 장차 큰 임무를 이 사람에게 내리려 할 적에는 반드시 먼저 그 심지를 괴롭게 하며, 그 근골을 수고롭게 하며, 그 체부를 굶주리게 하며, 그 몸을 빈궁하게 하여 그 하는 바를 방해하고 어지럽게 하니, 이것은 마음을 분발시키고 성질을 참게 하여 능하지 못한 바를 증익하게 하려는 것이다.〔天將降大任於是人也, 必先苦其心志, 勞其筋骨, 餓其體膚, 空乏其身, 行拂亂其所爲, 所以動心忍性, 曾益其所不能.〕"라고 하였다.

193 명직(明直)의……있었는데 : 《정일당유고(靜一堂遺稿)》의 부록(附錄)에 실린 강원회(姜元會)가 지은 행장(行狀)에, "어떤 재신(宰臣)이 탄재(坦齋)의 빈곤함을 딱하게 여겼는데 이때에 천금을 가지고서 청탁하는 사람이 있자, 재신이 탄재에게 편지를 써서 '일이 정직하니, 그대가 편지로 나에게 고하면 내가 이루어 주리라.'라고 하였다. 그러자 유인(孺人)이 말하기를, '천금으로 나의 지조를 바꿔서야 되겠습니까.' 하고는 부자(夫子)에게 답서를 보내어 사양할 것을 권하였다.〔一宰臣悶坦齋之貧, 時有操千金而干囑者, 宰臣書於坦齋曰: 事直矣, 君其以書告我, 我其成之. 孺人曰: 以千金而易吾之操可乎? 勸夫子報書以辭.〕"라고 하였다. 탄재(坦齋)는 윤광연(尹光演)의 호이다.

였고, 친족을 위해서 끊어진 대(代)를 이어준 사람이 거의 열 명이었으며 또 혼례와 상례를 주관하였는데, 모두 유인(孺人)에게 힘입은 것이었다.

명직(明直)이 빈객을 좋아하여 문호에 신발이 늘 가득하였는데, 유인(孺人)은 뜻을 다하여 대접해 기쁘게 하였다. 사람들이 잘 해내는 것을 칭찬하면 유인(孺人)은 말하기를, "이는 부도(婦道)의 소략한 예절인데 이것도 능히 하지 못하다면 부인을 어디에 쓰겠습니까." 하였다. 늘 말하기를, "가난과 부귀는 본래 정해진 분수가 있으니, 한사(寒士)의 처가 가난을 싫어하여 심지어 나무라며 운다면 이는 사람의 도(道)가 아닙니다. 만일 의(義)에 맞는 일이 아니라면 죽더라도 받아서는 안 되는데, 하물며 반드시 죽지는 않을 터에 재물을 취할 수 있겠습니까. 선(善)은 다스림의 근원이고 이(利)는 혼란함의 중추입니다. 그러므로 사물을 대할 때 먼저 의(義)의 마땅함의 여부를 구하여야 하니, 만일 이(利)로써 오는 이가 있다면 올바름을 지켜서 멀리하여야 합니다."라고 하였다.

평소에 항상 빨리 말하거나 얼굴색을 급히 바꾸는 일이 없었고, 꾸짖음이 노복들에게 미치지 않았으며, 낮에는 문호를 엿보지 않았고 밤에는 당(堂)을 내려가지 않았다. 재물에 임해서는 남을 우선시하고 자신을 뒤로 하였으며, 음식을 나눌 때는 죽은 이에게 먼저 올리고 산 사람을 뒤로 하였다. 선(善)한 점은 남에게로 돌렸고, 불선한 점은 자기에게로 돌려서, 남의 나쁜 점은 숨겨주고 훌륭한 점은 드러내는 데에 힘쓰며 말하기를, "자신의 과실을 다스리지 않고서 먼저 남의 과실을 말해서야 되겠는가."라고 하였다. 명직(明直)을 헐뜯는 자가 있었는데, 그를 더욱 후하게 대할 것을 권하면서 말하기를 "자신의 도리를 다할 뿐입니다."라고 하였다. 일찍이 말하기를, "천명(天命)의 성(性)은 애초에 남녀 간에 차이가 없다. 부인으로서 태임(太妊)과 태사(太姒)[194]처럼 되기를 스스로 기약하지 않는 자는 자포자기하는 것이다."라고 하였다.

내면을 수양하는 데에 전심하여서 움직일 때나 고요할 때나 한결같았다. 항상 단의(褖衣)[195]를 입고서 명직(明直)을 따라서 가묘(家廟)에 신알(晨謁)하고, 물러나서는 단정히 손을 모으고 무릎 꿇고 앉아서 미발(未發)의 경계를 체인하여, 정신과 기운이 화평하여 굶주림과 추위와 질병이 있음을 알지 못하였고, 늘 새벽과 저녁의 종소리를 듣고서 묵묵히 심체(心體)가 보존되었는가의 여부를 검험하기를 주 선생(朱先生)이 동안(同安)에 있었을 때처럼 하였다.[196] 서동(書童)이 물을 뜨는 국자를 치면서 놀자, 유인(孺人)이 그 절주를 고르게 하여 조사(操

194 태임(太妊)과 태사(太姒) : 태임은 주나라 문왕(文王)의 어머니이며, 태사는 신(莘)나라에서 시집온 문왕의 후비(后妃)이자 무왕(武王)의 어머니로, 모두 성덕(聖德)으로 명성이 높았다. 《시경》 〈대아(大雅) 사제(思齊)〉에 "엄숙한 태임이 문왕의 어머니시니 주강(周姜)을 사랑하사 경실(京室)의 며느리가 되셨는데, 태사가 그 아름다운 명성을 이으시니 아들이 백 명이나 되도다.〔思齊太任, 文王之母. 思媚周姜, 京室之婦. 太姒嗣徽音, 則百斯男.〕"라고 하였다.

195 단의(褖衣) : 상하가 검은색이며, 치마에는 붉은 가선을 두른 옷으로, 현단(玄端)이라고도 한다.

196 늘……하였다 : 주희(朱熹)가 동안현(同安縣)의 주부(主簿)로 있으면서 밤에 종소리를 들은 일에 대해 말하기를 "오늘날 배우는 자들이 크게 진전하지 못하는 이유는 다만 마음이 여기에 있지 않기 때문이다. 일찍이 기억하건대 소년시절 동안현에 있으면서 밤에 종소리를 들었는데, 한 종소리를 들어 채 끝나기도 전에 이 마음이 이미 스스로 달려가곤 하였다. 이로 인하여 경계하고 살폈으니, 학문을 함은 모름지기 뜻을 지극히 해야 함을 비로소 알게 되었다."라고 하였다. 《心經 卷3》

舍)[197]의 사이를 징험하였다. 또 바느질을 할 때 여기에서부터 저기에 이르도록 마음을 바꾸지 않기를 기약하여서 마침내 존양(存養)의 공력에 힘입었으니, 처음에는 마음이 들뜨고 동요함을 근심하였다가 점차 응집되어 안정되는 데에 이르게 되었다.

배우기를 좋아하기를 마치 목마른 사람과도 같이 하여서 13경(經)을 두루 읽어서 침잠하여 밝히고 연역하여 밤낮을 다하도록 게을리함이 없었다. 전적(典籍)에 널리 통달하여서 고금의 치란(治亂)과 인물의 득실을 마치 손바닥에 두고 가리키듯이 환히 알았다. 일찍이 말하기를, "오륜(五倫)은 오상(五常)의 이(理)이니, 모두 인심(人心)이 저절로 그러한 것인바, 억지로 힘쓸 수 있는 것이 아니다."라고 하였다. 또 말하기를, "몸은 만사(萬事)의 근본이고, 경(敬)은 한 몸의 주재이니, 〈경신(敬身)〉 한 편(篇)은 《소학(小學)》의 뜻이 총체적으로 모여 있는 부분이다."라고 하였다. 또 말하기를, "학문으로는 격물치지(格物致知)보다 앞서는 것이 없으니, 지금 사람들이 수신제가(修身齊家)하지 못하는 것은, 격물치지에 있어서 공부를 하지 못하기 때문이다."라고 하였다. 또 말하기를, "성명(性命)의 은미함과 일이관지(一以貫之)[198]의 묘함은 단지 한바탕 헛된 말로 삼아서는 안 되고, 먼저 인사(人

197 조사(操舍) : 마음을 잡아 지킴과 놓아버림을 뜻하는 것으로, 《맹자(孟子)》〈고자 상(告子上)〉에 "공자께서 말씀하였다. '잡으면 보존되고 놓으면 없어져서 나가고 들어옴이 일정한 때가 없으며 어디로 갈지 그 방향을 알 수 없는 것은 오직 사람의 마음을 두고 말한 것이다.'〔孔子曰: 操則存, 舍則亡, 出入無時, 莫知其鄕, 惟心之謂與.〕"라고 하였다.

198 일이관지(一以貫之) : 하나의 이치가 모든 일을 꿰뚫고 있다는 뜻으로, 공자(孔子)가 증자에게 이르기를, "우리의 도(道)는 하나의 이치가 모든 일을 꿰뚫고 있다.〔吾

事)에서부터 구하여야 한다."라고 하였다. 또 말하기를, "천명(天命)의 성(性)은 바로 자사(子思)가 도(道)의 본원을 극언한 것이고,[199] 또 계구(戒懼)[200]를 거론하여 배우는 자들로 하여금 착수할 곳을 먼저 알게 하였으니, 허공에 떠 있는 말이 아니다."라고 하였다. 또 말하기를, "천지만물이 나와 한 몸이니, 한 물건의 이치를 궁구하지 않는다면 나의 한 지(知)가 부족하게 된다."라고 하였다. 삼재 만상(三才萬象)으로부터 경사 백가(經史百家)에 이르기까지 일상생활에서 의심나는 바를 연찬(硏鑽)하지 않음이 없어서 기록하여 세 편을 만듦에 정의(精義)와 명론(名論)이 많았으나, 끝내 일실되어 전해지지 않으니 애석하도다.

필법이 한결같이 심획(心畫)으로부터 나왔으며 쓸데없는 말을 지은 적이 없었는데, 혹 남편을 위하여 대신 적기도 하고, 혹 잠계(箴戒)하기 위해서 발출한 것들이었다. 그런데 우연히 이를 다른 사람이 감상하게 되자, 이로부터 더욱 감싸고 감추어서 함부로 내보이지 않았다.

道一以貫之.]"라고 말하자, 증자가 망설임 없이 대답하여 "예.〔唯.〕"라고 말한 일을 말한다. 공자가 나간 뒤에 다른 문인들이 무엇을 이르는 것인지를 묻자, 증자가 말하기를, "부자의 도는 충(忠)과 서(恕)일 뿐이다.〔夫子之道, 忠恕而已矣.〕"라고 답하였다. 《論語 里仁》

199 천명(天命)의……것이고 : 《중용장구(中庸章句)》 첫 장에 "하늘이 명하신 것을 성(性)이라 하고, 성을 따르는 것을 도(道)라 하고, 도를 품절해 놓은 것을 교(敎)라 한다.〔天命之謂性, 率性之謂道, 修道之謂敎.〕"라고 하였다. 《중용》은 자사(子思)가 지은 것으로 전해진다.

200 계구(戒懼) : '계신공구(戒愼恐懼)'의 줄인 말로, 이 내용은 《중용장구(中庸章句)》 제1장의 "군자는 보지 않을 때에도 경계하고 근신하며, 들리지 않을 때에도 걱정하고 두려워하는 것이다.〔君子戒愼乎其所不睹, 恐懼乎其所不聞.〕"라는 구절을 원용한 것이다.

병이 위독해졌을 때에 죽음을 슬퍼하는 뜻이 없었으며, 명직(明直)이 우는 것을 보고는 정색하며 말하기를, "죽고 사는 것은 명(命)이니, 어찌 슬퍼하는 마음을 가질 것이 있겠습니까. 바라건대 부자(夫子)께서는 힘쓰십시오."라고 하였다. 마침내 임진년(1832, 순조32) 9월 14일에 졸하였으니, 태어난 때로부터 갑자가 한 번 돌아온 해였다. 마을의 이웃들이 마치 친척의 상(喪)을 당한 것처럼 하였으며, 명직(明直)의 학도로서 당(堂)에 올라와 절한 이들은 모두 소대(素帶)하고서 호곡(號哭)하였다. 10월에 광주(廣州) 둔퇴리(遁退里)의 임좌(壬坐)에 장례하였으니, 선영(先塋)을 따른 것이었다.

명직(明直)은 이름이 광연(光演)으로, 파평(坡平) 사람이다. 대대로 문학과 행실을 이어받아 오촌(鰲村) 송공(宋公)[201]을 섬겨서 궁(窮)을 굳게 지키고[202] 학문을 힘썼는데, 내조에서 얻은 것이 많았다고 한다. 유인(孺人)은 아홉 명의 자식을 두었으나 기르지 못하고 잃었기에 이 때문에 첩을 들였는데, 첩의 자녀를 마치 자신의 자녀처럼 여기고 대우하면서 말하기를, "투기하는 악행은 마땅히 칠거지악(七去之惡)의 으뜸에 놓여야 한다."라고 하였다. 계자(繼子)는 흠규(欽圭)이며, 흠규의 아들은 구진(九鎭)이다.

201 오촌(鰲村) 송공(宋公) : 송치규(宋穉圭, 1759~1838)로, 자는 기옥(奇玉), 호는 강재(剛齋), 시호는 문간(文簡), 본관은 은진(恩津)이다. 송시열(宋時烈)의 6대손으로 김정묵(金正默)의 문인이다. 평생 벼슬을 하지 않고 당대의 거유(巨儒)로 수많은 제자를 배출하였다. 저서로 《강재집》이 있다.

202 궁(窮)을 굳게 지키고 : 원문의 '고궁(固窮)'은 의리를 고수하면서 곤궁한 처지를 편안하게 여기는 것을 말한다. 《논어》 〈위령공(衛靈公)〉에, "군자는 진실로 곤궁하니, 소인은 곤궁하면 넘친다.〔君子固窮, 小人窮斯濫矣.〕"라고 한 데서 온 말이다.

아, 옛날 선왕이 가르침을 베풀 적에 애초에 남녀의 구별이 없었으나, 여자는 스승에게 나아가지 않았으므로 《시경(詩經)》에서 경계하는 바도 다만 '잘못함도 없고 잘함도 없이 오직 술과 밥을 의논함'[203]에 있었다. 이 때문에 부녀자 중에 영특한 자질과 영민한 식견을 갖춘 이가 있더라도 일찍이 도학(道學)으로 스스로 힘쓴 사람이 없었던 것이다. 그러나 만일 한 마디 말이라도 채록할 만한 것이 있으면 성인(聖人)이 이를 버리지 않았으니, 이것이 위(衛)나라 장강(莊姜)과 허목부인(許穆夫人)의 시(詩)[204]가 국풍(國風)에 나열된 이유이다. 시(詩)도 산삭하지 않았는데, 하물며 도학(道學)에 전심치지하여 천인성명(天人性命)의 근원을 연구한 경우에야 말할 나위 있겠는가. 이제 유인(孺人)의 글을 읽어보니, 학문에 돈독하고 세교를 도운 것이 근고(近古)의 부인 중 으뜸가는 사람이 되니, 그저 부인으로서 말을 잘한 경우일 뿐만이 아닌 것이다. 내가 명직(明直)에게 이르기를 "유인은 그대의 스승이니, 그대가 다시 10년 동안 독서하면 유인의 덕을 알 수 있을

203 잘못함도……의논함 : 《시경》 〈소아(小雅) 사간(斯干)〉에 "딸을 낳아서 땅에 재우며, 포대기를 입히며 기왓장을 희롱하게 하니, 잘못함도 없고 잘함도 없는지라, 오직 술과 밥만을 의논하여, 부모에게 근심을 끼침이 없으리로다.〔乃生女子, 載寢之地, 載衣之裼, 載弄之瓦, 無非無儀, 唯酒食是議, 無父母詒罹.〕"라고 한 말을 가리킨다.

204 위(衛)나라……시(詩) : 《시경(詩經)》 〈패풍(邶風) 녹의(綠衣)〉장은 위(衛)나라 장공(莊公)의 부인 장강(莊姜)이 폐첩(嬖妾)에게 밀려서 제 위치를 잃은 것을 슬퍼하면서 지은 시라고 모시서(毛詩序)에서 설명하였으며, 《시경》 〈용풍(鄘風) 재치(載馳)〉장은 허목 부인(許穆夫人)의 시(詩)로 주희(朱熹)의 집전(集傳) 및 모시서에서 설명하였는바, 허목 부인은 허(許)나라 목공(穆公)의 부인으로 본래 위(衛)나라 사람인데, 위나라가 적(狄)에게 패망하자 위나라에 가서 위로하고자 하였으나, 대부(大夫)들의 만류로 중지하고 재치(載馳) 4장(章)을 지었다고 한다.

것입니다."라고 하자, 명직이 웃으며 말하기를 "그대의 말이 맞습니다."라고 하였다. 정일(靜一)은 유인이 스스로 지은 호가 아니라, 바로 유인의 소원이 여기에 있었던 것이라고 한다.

명(銘)은 다음과 같다.

아 훌륭한 부인이여	猗嗟碩媛
명문가의 어진 후손이네	名閥肖子
덕의 상징으로	維德之符
이 네 가지 아름다움[205]을 갖추었네	具玆四美
시와 예[206]를 숭상하고 좋아하여	敦悅詩禮
법도를 따랐네	循蹈繩軌
동하고 정함에 어긋남이 없었고	動靜無違
몸가짐에 부끄러움이 있었네[207]	行己有恥
환패와 경거[208]가	環珮瓊琚

205 네 가지 아름다움 : 부인이 갖추어야 할 네 가지 덕으로 부인의 덕인 부덕(婦德), 부인의 용모인 부용(婦容), 부인의 말씨인 부언(婦言), 길쌈과 바느질의 부공(婦工)을 이른다. 《周禮 天官 九嬪》

206 시(詩)와 예(禮) : 선조와 부모로부터 전수받은 가학(家學)을 이른다. 공자가 그의 아들 이(鯉)에게 시와 예를 배워야 한다고 훈계한 데서 유래하였다. 《論語 季氏》

207 몸가짐에 부끄러움이 있었네 : 《논어》 〈자로(子路)〉에 자공(子貢)이 "어떠해야 선비라 이를 만합니까?"라고 묻자, 공자가 "몸가짐에 부끄러움이 있으며, 사방 나라에 사신으로 가서는 군주의 명을 욕되게 하지 않으면 선비라 이를 만하다.〔行己有恥, 使於四方, 不辱君命, 可謂士矣.〕"라고 답한 것이 보인다.

208 환패(環佩)와 경거(瓊琚) : 환패와 경거는 모두 옥 장식인데, 여기서는 훌륭한 위의(威儀)를 의미하는 말로 쓰였다. 경거는 《시경》 〈위풍(衛風) 목과(木瓜)〉의 "나에

가지런하고 아름다웠네	翼翼靡靡
상복이 어울리니[209]	象服是宜
한갓 잠이[210]일 뿐이 아니었네	不徒簪珥
배우기를 좋아하고 도를 잘 행하여	好學善道
평소의 행실[211]을 편안하게 하였네	是安素履
하늘이 총명함을 내려주어	天授慧識
여러 이치를 환히 궁구하였네	洞窮衆理
닭이 울었다 하자 먼동이 튼다고 하여[212]	鷄鳴昧朝

게 목과를 주거늘 경거로써 갚는다.〔投我以木瓜, 報之以瓊琚.〕"라는 구절에 보인다.

209 상복(象服)이 어울리니 : 상복은 법도에 맞게 입은 예복(禮服)으로, 고대에 왕후나 귀부인이 입던 옷을 가리킨다. 《시경》〈용풍(鄘風) 군자해로(君子偕老)〉에 "군자와 백년해로를 해야 하는지라 비녀에 여섯 개의 옥을 더하니, 여유롭고 자연스러우며 산과 같고 황하 같아 상복이 어울리거늘 그대가 선하지 못함은 어째서인가.〔君子偕老, 副笄六珈, 委委佗佗, 如山如河, 象服是宜, 子之不淑, 云如之何?〕"라고 한 데서 온 말이다.

210 잠이(簪珥) : 지체 높은 부인들의 장식품인 비녀와 귀고리를 말한다.

211 평소의 행실 : 원문의 '소리(素履)'는 본분대로 행함을 말하는바, 《주역》〈이괘(履卦) 초구(初九)〉에 "본분대로 해 나가면 허물이 없다.〔素履往, 無咎.〕"라고 한 데서 온 말이다.

212 닭이……하여 : 원문의 '계명매조(鷄鳴昧朝)'는 《시경(詩經)》〈정풍(鄭風) 여왈계명(女曰雞鳴)〉에 "여자가 닭이 울었다 하자, 남자는 아침이 아직 어둡다 하네. 그대는 일어나 밤을 보라 계명성(啓明星)이 찬란할 것이니, 장차 고상(翱翔)하여 오리와 기러기를 주살로 잡아올지어다.〔女曰雞鳴, 士曰昧旦. 子興視夜, 明星有爛, 將翱將翔, 弋鳧與雁.〕" 하였는데, 앞의 두 구절을 줄여 쓴 것이다. 매조(昧朝)는 매단(昧旦)과 같은 말로 '단(旦)'이 태조(太祖) 이성계(李成桂)의 이름이므로 이를 휘하여 뜻이 같은 '조(朝)'로 바꿔 표기한 것이다. 이는 어진 부부가 사사로운 애정에 빠지지 않고 서로에게 자기의 직분을 다할 것을 경계하는 내용인데, 이 구절에 대해 주자(朱子)는 《집전(集傳)》에서 "여자가 '닭이 울었다.'고 하여 그 남편을 경계하자, 남편은 '아직 어둡다.'고

지아비를 면려하였네	以勖夫子
자나 깨나 사모한[213] 것은	寤寐羹墻
바로 옛 신지[214]였네	卽古莘摯
독실하지 못하거든 놓지 않아서[215]	弗篤弗措
죽은 뒤에야 그만두었네	死而後已

말하였으니, 이는 닭이 우는 데만 그치지 않은 것이다. 부인이 또 그 남편에게 말하기를, '그대는 일어나서 밤이 어떠한 지를 보라. 계명성이 이미 나와 반짝일 것이니, 그렇다면 떨치고 나가서 오리와 기러기를 주살로 잡아 돌아오라.' 한 것이다. 서로 경계한 말이 이와 같으니, 연닐(宴昵)의 사사로움에 얽매이지 않음을 알 수 있다."라고 하였다.

213 사모한 : 원문의 '갱장(羹墻)'은 돌아가신 선사(先師)를 사모하는 마음을 말한다. 옛날 요(堯)임금이 붕어한 뒤에, 순(舜)임금이 요임금을 앙모한 지 3년 만에 앉아 있으면 요임금이 담장〔墻〕에서 보이고, 밥 먹을 때는 요임금이 국〔羹〕에서 보였다는 데서 온 말이다.《後漢書 卷63 李固列傳》

214 신지(莘摯) : 후대의 모범이 된 훌륭한 후비(后妃)들을 말한다. 신(莘)은 주(周)나라 문왕(文王)의 후비(后妃)이며 무왕(武王)의 어머니였던 태사(太姒)가 태어난 나라이고, 지(摯)는 주나라 왕계(王季)의 비(妃)이며 문왕의 어머니였던 태임(太任)이 태어난 나라이다.《시경》〈대아(大雅) 사제(思齊)〉에 "엄숙한 태임이 문왕의 어머니시니 주강(周姜)에게 사랑받으사 경실(京室)의 며느리가 되셨네. 태사가 그 아름다운 명성을 이으시니, 아들이 백 명이나 되도다.〔思齊太任, 文王之母, 思媚周姜, 京室之婦, 太姒嗣徽音, 則百斯男.〕"라고 이들을 칭송한 내용이 보인다.

215 독실하지……않아서 :《중용장구(中庸章句)》 제20장에 "배우지 않음이 있을지언정 배울진댄 능하지 못하거든 놓지 말며, 묻지 않음이 있을지언정 물을진댄 알지 못하거든 놓지 말며, 생각하지 않음이 있을지언정 생각할진댄 알지 못하거든 놓지 말며, 분변하지 않음이 있을지언정 분변할진댄 분명하지 못하거든 놓지 말며, 행하지 않음이 있을지언정 행할진댄 독실하지 못하거든 놓지 말아, 남이 한 번에 능하거든 나는 백 번을 하며, 남이 열 번에 능하거든 나는 천 번을 하여야 한다.〔有弗學, 學之弗能弗措也; 有弗問, 問之弗知弗措也; 有弗思, 思之弗得弗措也; 有弗辨, 辨之弗明弗措也; 有弗行, 行之弗篤弗措也. 人一能之, 己百之; 人十能之, 己千之.〕"라고 한 데서 온 말이다.

청계에는 잔물결 일어나고 清溪漣漪
둔산은 길게 이어졌네 遁山峛崺
길이 편안하고 견고하니 永安且固
여사를 묻었네 以藏女士
덕음이 매우 아름다우니 德音孔嘉
끝없는 후세에 밝게 보이리라 昭示無止
나의 명 불후하여서 我銘不朽
동사[216]에 공경히 고하리로다 敬告彤史

216 동사(彤史) : 궁중(宮中)의 정령(政令)과 후비(后妃)들의 일을 기록하는 여관(女官)의 명칭으로, 옛날에 여사(女史)가 궁중의 정령과 후비의 일을 기록할 때 붉은 색깔의 동관(彤管)을 사용하였기에 이렇게 일컬었다.

숙인 여흥 민씨 묘지명 병서○무술년(1838, 헌종4)
淑人驪興閔氏墓誌銘 幷序○戊戌

동양 신씨(東陽申氏)는 우리나라의 세족(世族)이니, 문정공(文貞公) 휘 흠(欽)[217]과 문숙공(文肅公) 휘 정(晸)[218]에 이르러서 덕업(德業)과 명절(名節)이 밝게 세상에 빛났다. 문숙공은 증손 휘 경한(景翰)과 현손 휘 의(憶) 부자를 두었는데, 내간(內艱 모친상)에 거하다가 모두 상(喪)을 이기지 못하고 졸하였으니, 이 분들이 바로 전 청주 목사(淸州牧使) 상현(常顯) 영세(寧世)[219]의 조부와 선고이시다. 영세(寧世)

217 문정공(文貞公) 휘 흠(欽) : 신흠(申欽, 1566~1628)으로, 자는 경숙(敬叔), 호는 경당(敬堂)·백졸(百拙)·남고(南皐)·현헌(玄軒)·상촌거사(象村居士)·현옹(玄翁)·방옹(放翁)·여암(旅菴), 본관은 평산(平山), 시호는 문정이다. 1586년(선조19) 문과에 합격하고 이후 우승지·대사성·한성 판윤·병조와 예조의 판서를 거쳐 벼슬이 영의정에 이르렀다. 이정귀(李廷龜), 장유(張維), 이식(李植)과 함께 조선 중기 한문학의 정종(正宗)으로서 '월상계택(月象谿澤)'이라 불린다. 저서에 《상촌고(象村稿)》, 《야언(野言)》 등이 있다.

218 문숙공(文肅公) 휘 정(晸) : 신정(申晸, 1628~1687)으로, 자는 백동(伯東), 호는 분애(汾厓), 본관은 평산(平山)이다, 시호는 문숙(文肅)이다. 1664년(현종5) 춘당대 문과(春塘臺文科)에 급제한 뒤, 평안도 관찰사·도승지·예조 판서·이조 판서를 거쳐, 한성부 판윤을 지내고 강화 유수로 재임 중에 죽었다. 시서(詩書)에 능하였고, 저서에 《분애집》이 있다.

219 상현(常顯) 영세(寧世) : 신상현(申常顯, 1777~?)으로, 자는 영세, 본관은 평산(平山)이다. 1805년(순조5) 진사시에 합격하고 음관으로 벼슬하여 성주 목사(星州牧使)·청주 목사(淸州牧使) 등을 거쳐 지돈녕부사(知敦寧府事)에 이르렀다. 후에 좌찬성(左贊成)에 추증되었다.

의 배위는 숙인(淑人) 민씨(閔氏)로, 시어머니의 상(喪)을 당하여 지나치게 몸을 훼손하여서 장례를 마치고서 몰세하였으니, 예(禮)에 이르기를 "며느리가 시부모를 섬김에 친정부모를 섬기듯이 해야 한다."[220]라고 하였으나, 효를 위해 죽기를 숙인(淑人)처럼 한 경우는 있지 않았다. 신씨(申氏)는 효(孝)로써 집안이 대대로 이어졌고, 숙인(淑人)에 이르러서 또 상(喪)을 이기지 못하고 별세하였으니, 아아, 성대하도다.

무릇 효(孝)라는 것은 천성(天性)이지만, 능히 그 분수를 다하는 사람은 드물다. 몸을 훼손하여 병으로 일어나지 못하게 된 것이 감히 '효(孝)에 손상됨이 없다'고 할 것은 아니지만, 여기에서 곧 효(孝)의 진전(眞傳)을 볼 수 있다. 삼대(三代)가 한 법도이니, 그렇다면 누가 세류(世類)에 관계되지 않는다고 말하겠는가.[221] 숙인(淑人)은 계통이 여흥(驪興)에서 나왔으니, 문충공(文忠公) 휘 정중(鼎重)[222]과 문효공

220 며느리가……한다 : 이 말은 《예기(禮記)》 〈내칙(內則)〉에 보인다.

221 누가……말하겠는가 : '세류(世類)에 관계되지 않는다'는 말은 사람의 현우(賢愚)는 그 가문과 무관하다는 뜻으로, 《한서(漢書)》 권41 〈번력등관부근주전찬(樊酈滕灌傅靳周傳贊)〉에 "중니(仲尼)는 '얼룩소 새끼가 색깔이 붉고 또 뿔이 제대로 났다면 비록 쓰지 않고자 하나 산천의 신이 어찌 그것을 버리겠는가.'라고 하셨으니, 이것은 선비가 그 출신에 관계되지 않음을 말한 것이다.〔仲尼稱, 犂牛之子騂且角, 雖欲勿用, 山川其舍諸, 言士不系於世類也.〕"라고 한 데서 나온 말이다. 중니는 공자의 자(字)로 인용문에 보이는 공자의 이 말은 《논어》 〈옹야(雍也)〉에 보인다. 여기서는 이에 반문함으로써 상대방 집안에 대대로 전해진 효(孝)를 칭송한 것이다.

222 문충공(文忠公) 휘 정중(鼎重) : 민정중(閔鼎重, 1628~1692)으로, 자는 대수(大受), 호는 노봉(老峯), 본관은 여흥(驪興), 시호는 문충이다. 1649년(인조27)에 정시문과에 장원으로 급제하였으며, 함경도 관찰사, 대사헌, 한성부윤, 이조・호조・

(文孝公) 휘 진장(鎭長)[223]이 선조인바, 굳이 계통을 열거할 필요가 없다. 선고(先考)는 휘 경혁(景爀)이니, 선공감 감역(繕工監監役)이다. 감역공(監役公)이 청주 한씨(淸州韓氏)에게 장가갔으니, 진사(進士) 사필(師泌)의 따님으로, 숙인을 낳으셨다.

19세에 신씨(申氏)의 부인이 되어, 시부모를 섬김에 사랑과 존경이 도타웠다. 당시 시할머니 남 부인(南夫人)이 나이가 많이 노쇠하였는데, 숙인(淑人)이 모시고서 부축하면서 아침저녁으로 공경하고 삼가니 부인이 늘 효부(孝婦)라고 일컬었다. 남 부인(南夫人)의 장례를 마치자마자 시아버지께서 세상을 떠났고, 온 집안이 역병에 걸리니 남편이 또 한창 목숨이 위태로웠다. 숙인(淑人)이 처음에 죽을병에서 일어나 홀로 큰일을 담당하여 맨손으로 마련하여 갖추어 끝내 일을 이루어 내었으니, 듣는 이들이 혀를 내두르며 말하기를, "이는 사람의 힘이 아니다. 진실로 효(孝)가 하늘을 감동시킨 것이니, 하늘이 이를 도운 것이다. 만일 그렇지 않다면 재간과 국량은 남자도 능히 갖추지 못할

공조 판서 등을 거쳐 좌의정까지 올랐다. 송시열(宋時烈)의 문인이며, 대표적인 노론(老論) 계열의 대신으로, 1689년(숙종15)에 기사환국(己巳換局)으로 남인(南人)이 집권하자 노론의 중진들과 함께 관직을 삭탈당하고 벽동(碧潼)에 유배되어 그곳에서 죽었다가, 1694년(숙종20) 갑술환국(甲戌換局)에 관작이 회복되었다. 현종의 묘정(廟庭)과 양주 석실서원(石室書院) 등에 제향되었다. 저서로는《노봉집(老峯集)》등이 있다.

223 문효공(文孝公) 휘 진장(鎭長) : 민진장(閔鎭長, 1649~1700)으로, 자는 치구(稚久), 본관은 여흥(驪興), 시호는 문효이다. 좌의정 민정중(閔鼎重)의 아들이며, 송시열(宋時烈)의 문인이다. 1686년(숙종12) 별시에 장원으로 급제하였는데, 조부 민광훈(閔光勳)과 부친 민정중(閔鼎重)과 함께 삼대가 장원급제하여 명성을 날렸다. 예조참판·승정원 도승지를 거쳐 병조와 형조의 판서, 우의정 등의 벼슬을 역임하였다.

바이거늘 이를 능히 갖출 수 있었겠는가."라고 하였다. 시어머니께서 생계를 걱정하여 차마 중궤(中饋)[224]를 대번에 맡기지 못하였는데, 숙인(淑人)이 곡진히 보좌하여 대신하여 주간하여서, 그 노고를 잊으시게 하였다.

시어머니가 평소 병을 잘 앓았는데, 추위를 만나면 번번이 심해져서 눕고 일어날 때 고통스러워하여 번번이 숙인(淑人)의 몸에 의지하여 조금이나마 안정될 수 있었다. 겨울밤 경(更)을 알리는 북소리가 칠 때도 옷을 잠시도 벗지 못하였으며, 바람 부는 화로와 얼어붙은 부엌에서 밥을 짓기를 반드시 몸소 하면서, 먹지 않고서도 굶주린 줄을 알지 못하였으며, 엎어져도 자신을 돌보지 않았다. 솥과 냄비를 차려놓고서 몸소 맛있는 음식을 만들어 갖추었으며, 수저를 뜨신 많고 적음을 세어서 근심과 기쁨으로 삼았다. 이처럼 한 지 40년 동안 하루처럼 한결같았으며, 전성(專城)으로 봉양하는[225] 때에 이르러서도 이를 바꾸지 않았다. 시어머니가 돌아가시자, 밤낮으로 곡하여서 곡소리가 끊이지 않았으며, 기운이 갑자기 떨어져서 목숨이 거의 위태로웠던 적이 여러 번이었으나, 그래도 병을 무릅쓰고서 제전(祭奠)에 임하였다. 목소리를 낼 수 없을 때에 이르러서는, 소리를 억누른 채 울어서 피눈물을

224 중궤(中饋) : 부녀자가 집안에서 여러 가지 음식을 마련하는 일을 가리킨다. 《주역》가인괘(家人卦) 육이(六二)의 효사(爻辭)에 "육이는 이루는 바가 없고 규중에 있으면서 음식을 장만하면 정(貞)하여 길하리라.〔六二, 无攸遂, 在中饋, 貞吉.〕" 하였는데, 공영달(孔穎達)의 소(疏)에 "부인의 도는, 맡은 일이 규중에서 음식을 마련해서 먹이고 제수 물품을 장만하는 데 있다."라고 하였다.

225 전성(專城)으로 봉양하는 : 한 고을 전부의 봉양이라는 말로, 자식이 고을의 수령이 되어 그 녹봉으로 어버이를 봉양하는 것을 말한다.

쏟아 붓듯이 흘려 병이 위독한 지경에 이르렀다. 그리하여 혼수상태에서 정성스럽게 하는 말이 봉양하고 음식을 올리는 일이 아닌 것이 없었으니, 지극한 성품을 여기에서 볼 수 있다. 병신년(1836, 헌종2) 5월 10일 해시(亥時)에 졸하였으니, 태어난 임진년(1772, 영조48) 8월 16일로부터 향년 65세이다. 7월 정유(丁酉)에 양주(楊州) 하도면(下道面) 계전리(雞田里)의 해좌(亥坐)에 장례하였다. 신씨(申氏)는 대대로 이천(利川)에 장례하였으나 합장할 곳이 없었으므로, 새로 장지를 점친 것이었다. 1남 응조(應朝)는 진사이고, 2녀는 심낙철(沈樂澈)과 이교신(李喬信)에게 시집갔다. 사위 심낙철의 자녀는 모두 어리다.

숙인은 어려서부터 온유하여 오직 어버이의 뜻을 따랐는데, 이를 옮겨서 시부모를 섬긴 것이 이와 같았다. 부모님이 낳아주고 길러주신 것에서 미루어 나가서, 먼 조상을 추모하는 데[226]에 있어서 지극히 엄격하게 하여서, 읍(邑)의 관아에 있으면서도 제사를 당하면 반드시 스스

226 먼……데 : 원문의 '추원(追遠)'은 《논어》 〈학이(學而)〉에 증자(曾子)가 "종(終)을 신중히 행하고 먼 조상들을 추모하면 백성들의 덕(德)이 돈후한 데로 돌아갈 것이다.〔愼終追遠, 民德歸厚矣.〕"라고 한 데서 온 말로, 이에 대한 집주(集註)에서 주희(朱熹)가 "신종(愼終)이란 초상(初喪)에 그 예(禮)를 다하는 것이요, 추원(追遠)이란 제사(祭祀)에 그 성(誠)을 다하는 것이다. 백성의 덕(德)이 후한 데로 돌아간다는 것은 아래 백성들이 교화되어서 그 덕이 또한 후한 데로 돌아감을 말한다. 종(終)이란 사람들이 소홀히 하기 쉬운 것인데 이것을 삼가고, 멀리 돌아가신 분은 사람들이 잊기 쉬운 것인데 능히 추모한다면 후하게 하는 방법이다. 그러므로 이것을 자신이 하면 자신의 덕이 후해지고, 아래 백성들이 교화되면 그 덕이 또한 후한 데로 돌아가는 것이다.〔愼終者, 喪盡其禮; 追遠者, 祭盡其誠. 民德歸厚, 謂下民化之, 其德亦歸於厚. 蓋終者, 人之所易忽也, 而能謹之; 遠者, 人之所易忘也, 而能追之, 厚之道也. 故以此自爲, 則己之德厚, 下民化之, 則其德亦歸於厚也.〕"라고 하였다.

로 마련하여 갖추고 제수를 자르고 삶는 일도 친히 하였다. 이웃 고을에서 혹 관주(官廚)에 맡겼다는 소식을 들으면, 탄식하면서 "차라리 제사를 지내지 않는 것이 나으니, 신께서 어찌 이를 흠향하시겠는가." 라고 하였다. 많은 자녀를 낳았으되 양육한 자녀는 적었으므로 자녀를 몹시 사랑하였으나, 혹 자식이 의복과 음식을 불평하면 절실히 꾸짖어 말하기를, "시(詩)와 예(禮)[227]를 전수하는 집안의 자제로서 구체(口體)를 중시한다면 장차 무슨 일을 하겠느냐."라고 하면서 오래도록 근심하고 한탄하였다. 두 딸이 가난하게 지내는 것을 가엾게 여겼으나 사사롭게 재물을 보태주지는 않았는데, 그러면서 말하기를 "단지 계속해서 보태주기가 어려워서 그런 것만이 아니다. 한두 번 보태어주었다가 그만두면 이전의 공(功)도 버리고 은혜를 해칠까 염려되기 때문이다."라고 하였다.

평소 성품이 고요하고 검소하여 어지럽고 화려한 것을 좋아하지 않아서, 지아비를 따라서 여섯 읍(邑)을 감에 의당 뜻밖에 사치스러운 상황을 만나게 되는 경우가 있었으나, 포의(布衣)로 담박하게 지내기를 평상시처럼 하면서 말하기를, "어찌 화미(華美)함이 좋은 줄을 알지 못하겠습니까. 다만 청빈한 본색이 아닌 데다가 또 사치스러운 마음이 한 번 방자해지면 한도가 없기 때문입니다."라고 하였다. 노복들을 부릴 때에 매질을 하지 않았는데, 지아비가 너무 관대한 것을 병통으로 여기면, "어찌 다른 사람을 모두 내 뜻과 같도록 할 수 있겠습니까.

227 시(詩)와 예(禮) : 공자의 아들 이(鯉)가 뜰에서 공자 앞을 빠른 걸음으로 지나다가 공자로부터 시(詩)와 예(禮)를 배웠느냐는 질문을 받고 또 그것을 왜 배워야 하는지에 대해 듣고서 물러나와 시와 예를 배웠던 일에서 유래한 말이다. 《論語 季氏》

조금만 참으면 저절로 아무 일이 없게 될 것이니, 죄를 다스려야 하는데 다스리지 않았다고 한들 무슨 해로움이 있겠습니까."라고 하였다.

지아비의 성품이 곧고 개결하여 속세와 화합하지 못하였는데, 뜻을 굽히고 녹사(祿仕)[228]함에 이르자, 숙인(淑人)은 숙수(菽水)[229]에 근심이 없게 된 것을 기뻐하지 않고 문호가 진작되지 못할 것을 근심하였다. 지아비가 읍재(邑宰)가 되어서 근본을 바로 세우고 시초를 바로 잡아서 교화가 두루 미쳤으나, 조금이라도 뜻에 부합되지 않으면 번번이 헌신짝을 버리듯이 벼슬을 그만두었으니, 이는 바로 스스로 이룬 것이 몹시 성대하였던 것이기도 하지만 내조의 힘도 더불어 많았다. 벼슬에서 돌아옴에 돌아보며 연연해하는 바가 없었고, 또한 한 자나 한 길의 비단일지라도 사사로이 쌓아둠이 없었다. 지아비가 일찍이 돈 백 민(緡)을 주면서 말하기를, "잘 보관해 두었다가, 내가 불시에 필요할 때를 기다리시오." 하였다가 일 년이 지나서 이를 찾았는데, 숙인이 보관하였던 곳에서 이를 꺼냄에 거미줄이 꿰미에 가득하였으

228 녹사(祿仕) : 녹봉을 받기 위해 하는 벼슬을 이른다. 《맹자(孟子)》 〈만장 하(萬章下)〉에 "벼슬함은 가난 때문이 아니지만, 때로는 가난 때문에 벼슬하는 경우가 있다.〔仕非爲貧也, 而有時乎爲貧.〕" 하였는데, 주희(朱熹)는 집주(集註)에서 "벼슬함은 본디 도를 행하기 위해서이나, 또한 집이 가난하고 부모가 늙었거나 혹은 도가 때와 맞지 않아서 단지 녹봉을 받기 위해 벼슬하는 경우가 있다.〔仕本爲行道, 而亦有家貧親老, 或道與時違, 而但爲祿仕者.〕"라고 하였다.

229 숙수(菽水) : 콩죽과 맹물이란 뜻으로 보잘것없는 거친 음식으로나마 부모를 극진히 공양함을 이른다. 공자의 제자 자로(子路)가 집안이 가난해서 효도를 제대로 하지 못한다고 탄식하자, 공자가 "콩죽을 끓여 드리고 맹물을 마시게 하더라도 기쁘게 해 드리는 일을 극진히 행한다면 이것이 바로 효이다.〔啜菽飮水盡其歡, 斯之謂孝.〕"라고 한 데서 유래하였다. 《禮記 檀弓下》

니, 이는 모두 부인이 능히 해내기가 어려운 바였다.

숙인(淑人)은 행실과 인(仁)을 쌓아 그 덕이 갖추어졌으니, 두루 다 적을 수가 없거니와, 오직 효(孝)를 위해 순사(殉死)한 것은 먼저 그 큰 것을 세워 능히 선조의 공렬(功烈)을 이은 것이니, 이것이 이른바 '본래부터 타고난 훌륭한 자질을 잡아 지키는 경우도 있고 발돋움해 미치는 뜻을 실천한 경우도 있으나 그 아름다움을 이룸에 이르러서는 똑같다.'[230]라는 것이다. 부인의 행실은 아름다움을 머금어서[231] 드러나지 않는 법이지만, 내가 영세(寧世)와 삼대(三代)에 걸친 우호가 있어서 온 집안이 정의가 돈독하므로, 부인의 법도를 익히 알고서 탄복하였다. 영세(寧世)가 매완릉(梅宛陵)의 옛 의리[232]를 써서 그 행적을 서술

230 본래부터……똑같다 : 《북사(北史)》 권84 〈열전(列傳)72 효행(孝行)〉의 논(論) 부분에서, "천지를 채우고 사해를 유행하는 것은 오직 효(孝)일 뿐이다. 그러니 효(孝)는 처음에 애경(愛敬)의 방도에서 시작하여 마지막에 애도하며 사모하는 방도에 이르기까지 이 또한 단서가 많지만 그 마음은 한가지이다. 상지(上智)로서 본래 그러한 자질을 품부 받은 경우도 있고 중용으로서 발돋움해 미치는 의리가 있는 경우도 있으나, 그 이름을 이루는 데 이르러서는 그 아름다움이 똑같다.〔塞天地而横四海者, 唯孝而已矣. 然則孝始愛敬之方, 終極哀思之道, 厥亦多緖, 其心一焉. 若上智禀自然之質、中庸有企及之義, 及其成名, 其美一也.〕"라고 하였는데, 이 말은 《연감유함(淵鑑類函)》 권271에도 보인다. '발돋움하여 미친다'는 것은 부족한 사람이 노력하여 목표에 도달함을 말한다.

231 아름다움을 머금어서 : 원문의 '함장(含章)'은 《주역(周易)》 〈곤괘(坤卦) 육삼(六三)〉에 "아름다움을 간직함이 정고(貞固)할 수 있다.〔含章可貞.〕"라고 한 데서 온 말로, 아름다움을 안에 간직하고 자신을 내세우지 않는 여인의 덕을 뜻한다.

232 매완릉(梅宛陵)의 옛 의리 : 완릉은 송(宋)나라의 시인 매요신(梅堯臣, 1002~1060)의 호이다. 그는 송의 문장가 구양수(歐陽脩)와 친하였는데, 자신의 아내 사씨(謝氏)가 죽자 구양수에게 글을 부탁하면서 아내가 가난 속에 살다가 죽어서는 장례도

하여 나에게 묘지명을 구하니, 영세(寧世)는 구차하게 남을 칭찬하는 사람이 아닌바, 그 말이 마땅히 믿을 만한다. 숙인(淑人)은 지극한 행실이 세속의 모범이 되어, 처음을 궁구하고 끝을 맞추어보건대 더할 나위가 없으니, 단지 매완릉(梅宛陵)의 부인이 견식이 밝아서 도리를 알았던 것[233]과 같은 정도일 뿐만이 아니다. 내 비록 육일옹(六一翁)[234]의 필력은 없으나, 또한 어찌 차마 명(銘)을 짓지 않을 수 있겠는가.

명(銘)은 다음과 같다.

온갖 선행은	萬善百行
모두 효에서 근원하네	咸原於孝
효에는 또한 방법이 많은데	孝亦多術
성이 그 요점이네	誠爲其要
아 숙인이여	猗歟淑人
순일한 부인의 도를 지녔네	純一婦道
밤낮으로 마음을 써서	夙夜劬心

후하게 지내주지 못하였다고 하면서, 아내가 평소 문장을 귀한 것이라 여겼으니 명(銘)을 지어서 혼을 위로해달라고 하였다. 이에 구양수가 묘지명을 지었는바, 구양수의 문집인 《문충집(文忠集)》 권36 〈남양현군 사씨 묘지명(南陽縣君謝氏墓誌銘)〉에 보인다.

233 매완릉(梅宛陵)의……것 : 《문충집(文忠集)》 권36 〈남양현군 사씨 묘지명(南陽縣君謝氏墓誌銘)〉에 실린 매요신(梅堯臣)의 아내 사씨(謝氏)의 묘지명에서 매요신이 아내를 두고서 "편안히 가난에 처하여서 곤해지지 않았던 것은, 견식이 밝아 도리를 아는 것이 대부분 이와 같았기 때문입니다.〔其所以能安居貧而不困者, 其性識明而知道理, 多此類.〕"라고 말한 내용이 보인다.

234 육일옹(六一翁) : 송(宋)나라 문인 구양수(歐陽脩)로, 자호가 육일거사(六一居士)이므로 이렇게 칭한 것이다.

자신이 늙는 것도 잊었네　忘身之老
늙을수록 더욱 게을리하지 않았는데　老益匪懈
문득 불행을 만나고 말았네　奄遘不造
어린아이처럼 우는 것을 지속하지 못하여　孺泣難繼
스스로 보전하지 못하였으니　不自全保
마치 옛 효자가　如古孝子
바람이 불면 넘어진 것과 같았네[235]　風吹卽倒
슬픔으로 몸을 훼손하여 목숨을 잃지는 않아야 함[236]은　毁不滅性
비록 성인이 가르치신 바이나　雖聖攸詔
슬픔을 잊고서　孰與忘哀
마음 편히 비단옷을 입고 쌀밥을 먹는 것[237]과 비교하면 무엇이 낫겠는가　安心錦稻

235 마치……같았네 : 옛날에 최자약(崔子約)이라는 효자가 있었는데, 5세에 아버지를 여의고서 고기를 먹으려 하지 않았고 후에 어머니를 여의고서 상을 치르면서 슬픔으로 몸을 해쳐 뼈만 앙상하였으므로, 사람들이 그가 바람이 불면 넘어진다고 했다고 한다. 《北史 卷24 崔逞列傳》

236 슬픔으로……함 : 《예기(禮記)》 〈상복사제(喪服四制)〉에 "너무 슬퍼하여 몸을 훼손해서 목숨을 잃지 않게 해야 하니, 이는 죽은 사람 때문에 산 사람을 상하게 하지 않는 것이다.〔毁不滅性, 不以死傷生也.〕"라고 하였다.

237 마음……것 : 《논어》 〈양화(陽貨)〉에 공자(孔子)의 제자인 재아(宰我)가 삼년상이 너무 길어서 1년이면 충분하다고 하자, 공자가 "쌀밥을 먹고 비단 옷을 입는 것이 네 마음에 편안한가?〔食夫稻, 衣夫錦, 於女安乎?〕"라고 물었는데, 재아가 편안하다고 답하자, 공자가 편안하거든 그리 하라고 답하고서 "군자는 거상할 때에 맛있는 것을 먹어도 달지 않으며 음악을 들어도 즐겁지 않으며 거처함에 편안하지 않다. 이 때문에 하지 않는 것이다.〔夫君子之居喪, 食旨不甘, 聞樂不樂, 居處不安, 故不爲也.〕"라고 한 데서 온 말이다.

어찌 단지 스스로의 도리를 다한 것이었겠는가	詎但自盡
선조의 자취를 이은 것이었네	先軌是紹
이것이 몸을 온전히 하여 돌아감[238]이니	是爲全歸
할아버지와 아버지를 빛나게 하였네	有光祖考
동관[239]이 빛나니	煌煌彤管
그 명성 더욱 높아지리로다	厥聲彌劭
후손에게 많은 복을 남겨주어	于後遺羸
맏아들이 어질고 훌륭하네	胤子賢肖
이치상 마땅히 창성하여	理宜克昌
반드시 그 보답을 받으리로다	必食其報
내 비석의 글을 올려서	我薦石章
이로써 세교를 돕노라	用裨世敎

238 몸을……돌아감 : 몸을 잘 보존하여 훌륭한 명성을 남기고 생을 마침을 말한다. 증자(曾子)의 제자인 악정자춘(樂正子春)이 "부모가 자식을 온전히 낳아주셨으니 자식이 몸을 온전히 하여 돌아가야 효도라고 이를 수 있으니, 몸을 훼손하지 않고 몸을 욕되게 하지 않으면 몸을 온전히 했다고 이를 수 있다.〔父母全而生之, 子全而歸之, 可謂孝矣. 不虧其體, 不辱其身, 可謂全矣.〕"라고 한 데서 온 말이다. 《禮記 祭義》

239 동관(彤管) : 훌륭한 여인에 대한 기록을 가리킨다. 동관은 옛날 여사(女史)가 궁중에서 정령(政令)과 후비(后妃)의 일을 기록할 때 쓰던 붉은 대통의 붓을 이른다. 《후한서(後漢書)》 〈광무 곽황후기(光武郭皇后紀)〉에 "여사가 동관으로 공을 기록하고 허물을 쓴다.〔女史彤管記功書過〕"라고 보이는데, 그 주(注)에 "동관은 붓대가 붉은 붓이다.〔彤管赤管筆也〕"라고 하였다.

증 정부인 안동 김씨 묘지명 병서○을사년(1845, 헌종11)
贈貞夫人安東金氏墓誌銘 幷序○乙巳

우리 선사(先師)이신 근재(近齋) 박 선생(朴先生)[240]의 배위(配位)는 증 정부인(贈貞夫人) 안동 김씨(安東金氏)로, 우의정 문충공(文忠公) 휘 상용(尙容)[241]의 5대손이시다. 고조는 휘 광현(光炫)[242]으로, 이조 참판이다. 증조는 휘 수민(壽民)[243]으로 덕산 현감(德山縣監)이며 효

240 근재(近齋) 박 선생(朴先生) : 박윤원(朴胤源, 1734~1799)으로, 자는 영숙(永叔), 호는 근재, 본관은 반남(潘南)이다. 1792년 학행으로 천거되어 선공감역에 임명되었으나 사퇴하였으며, 1798년 원자를 위하여 강학청이 설치되자 서연관에 임명되었으나 역시 거절하여, 평생 벼슬하지 않고 학문 연구에 전념하였다. 김창협(金昌協), 이재(李縡), 김원행(金元行)의 학통을 계승하였으며, 다시 문하의 홍식필에게 전수해 신응조(申應朝), 임헌회(任憲晦), 조병덕(趙秉德) 등으로 이어지게 하였다. 대사헌에 추증되었으며, 저서에 《근재집》과 《근재예설(近齋禮說)》이 있다.

241 휘 상용(尙容) : 김상용(金尙容, 1561~1637)으로, 자는 경택(景擇), 호는 선원(仙源), 본관은 안동(安東)이며, 청음(淸陰) 김상헌(金尙憲)의 형이다. 1630년(인조8)에 기로사(耆老社)에 들어가고 1632년에 우의정에 발탁되었으나 늙음을 이유로 바로 사퇴하였다. 1636년 병자호란(丙子胡亂) 때 묘사주(廟社主)를 받들고 빈궁(嬪宮)과 원손(元孫)을 수행하여 강화(江華)에 피난하였다가 성이 함락되자 성의 남문루(南門樓)에 있던 화약에 불을 지르고 순절하였다. 시호는 문충(文忠)이다.

242 휘 광현(光炫) : 김광현(金光炫, 1584~1647)으로, 자는 회여(晦汝), 호는 수북(水北), 본관은 안동(安東)이다. 1612년(광해군4) 생원시와 진사시에 합격하였으나 광해군의 정치를 비판하여 벼슬하지 않다가, 1623년 인조반정이 일어나자 관직에 나아갔고, 1625년(인조3) 문과에 병과로 급제하여 이후 부제학(副提學), 청주 목사(淸州牧使) 등을 역임하였다.

243 휘 수민(壽民) : 김수민(金壽民, 1623~1672)으로, 자는 요수(堯叟), 호는 사포

로써 정려되었고, 조부는 휘 성도(盛道)[244]로 은율 현감(殷栗縣監)이니, 두 대(代)가 모두 이조참판에 추증되었다. 선고는 처사 휘 시관(時筦)[245]으로 박학함과 고상한 품행을 지녔으며, 남양 홍씨(南陽洪氏)에게 장가들었는바, 이조참판에 추증된 휘 태유(泰猷)[246]의 따님으로, 익평위(益平尉) 득기(得箕)[247]는 그 증조이시다.

부인은 충신과 효자의 가문에서 태어나고 또 어진 부모님의 가르침에 교화되어서 어렸을 때부터 몸가짐이 법도에 맞았으니, 처사공이 칭찬하여 말하기를, "만일 네가 남자였다면 응당 집안의 명성을 실추시키지 않았을 것이다."라고 하였다. 조금 자라서는 《소학(小學)》과 《여계(女誡)》를 익혀서 말과 행동을 예(禮)에 맞게 하여, 계부(季父)이신 문충공(文忠公)[248]이 매우 깊이 아껴주셨다. 15세에 선생에게 시집가

(沙浦), 본관은 안동(安東)이다. 1652년(효종3)에 덕산 현감(德山縣監)이 되었으며, 효성이 깊어 1674년(현종15)에 효자로 정려(旌閭)되었다.

244 휘 성도(盛道) : 김성도(金盛道, 1662~1707)로, 자는 계유(季由), 본관은 안동(安東)이다. 1699년(숙종25)에 사마시에 합격하였고, 벼슬하여 목릉 참봉(穆陵參奉)·장원서 별제(掌苑署別提)·의금부 도사(義禁府都事)·공조좌랑(工曹佐郎) 등을 지냈으며, 은율 현감(殷栗縣監)에 제수되었으나 나아가지 않았다.

245 휘 시관(時筦) : 김시관(金時筦, 1698~1755)으로, 자는 여중(汝仲), 본관은 안동(安東)이다.

246 휘 태유(泰猷) : 홍태유(洪泰猷, 1672~1715)로, 자는 백형(伯亨), 호는 내재(耐齋), 본관은 남양(南陽)이다.

247 익평위(益平尉) 득기(得箕) : 홍득기(洪得箕, 1635~1673)로, 자는 자범(子範), 호는 월호(月湖), 본관은 남양(南陽)이다. 1649년(인조27) 당시 세자이던 효종의 둘째 딸 숙안군주(淑安郡主)와 혼인하여 익평부위(益平副尉)에 봉해졌으며, 효종이 즉위하자 익평위로 진봉(進封)되었다. 시호는 효간(孝簡)이다.

248 문충공(文忠公) : 김시관(金時筦)의 아우 김시찬(金時粲, 1700~1767)을 가리

니, 시조부모님과 시부모님이 기뻐하며 말하기를, "이는 법가(法家)[249]의 여인이다."라고 하였고, 친족들이 모두 참된 총부(冢婦)를 얻었음을 축하하였다. 시조모이신 이 공인(李恭人)이 평소 여사(女士)라고 일컬어졌는데, 유인(孺人)의 부덕(婦德)과 성품이 자신과 닮은 것을 아껴서 고인(古人)들의 말씀과 행적을 들어서 가르쳐주니, 부인이 듣고 받아들이되 오직 삼가서, 종신토록 잊지 않았다.

시조모의 병을 모시며 간호할 적에, 무더울 때를 만남에 침석에서 부채질을 하면서 종일토록 곁을 떠나지 않았고, 시어머니 유 숙인(兪淑人)이 병으로 위독하자, 부인은 손가락을 베어서 피를 올렸다. 상(喪)을 당함에 집안이 더욱 궁핍해졌으나, 부인은 중궤(中饋)[250]를 이어받아 다스려서, 비녀를 팔고 머리카락을 자를지언정 아침저녁으로 올리는 제수를 빠뜨리지 않았다. 시아버지가 연로하여 식사하기가 어려웠는데, 부인이 힘을 다해 봉양하여서 반드시 술과 음식을 마련하였고, 죽을 끓이고 국을 데울 적에 다른 사람이 대신하게 하지 않았다. 또

킨다. 김시찬은 자는 치명(穉明), 호는 초천(苕川), 본관은 안동(安東)이다. 저서에 《초천집(苕川集)》이 있다.

249 법가(法家) : 법도 있는 대신의 집안이란 뜻으로, 《맹자》 〈고자 하(告子下)〉에 "들어가면 법도 있는 대신의 집안과 보필하는 선비가 없고 나오면 적국과 외환이 없는 자는 나라가 항상 망한다.〔入則無法家拂士, 出則無敵國外患者, 國恒亡.〕"라고 한 데서 온 말이다.

250 중궤(中饋) : 부녀자가 집안에서 여러 가지 음식을 마련하는 일을 가리킨다. 《주역》 가인괘(家人卦) 육이(六二)의 효사(爻辭)에 "육이는 이루는 바가 없고 규중에 있으면서 음식을 장만하면 정(貞)하여 길하리라.〔六二, 无攸遂, 在中饋, 貞吉.〕" 하였는데, 공영달(孔穎達)의 소(疏)에 "부인의 도는, 맡은 일이 규중에서 음식을 마련해서 먹이고 제수 물품을 장만하는 데 있다."라고 하였다.

상(喪)을 당하여 곡을 함에 기운이 끊어지려 하였으며, 대상(大祥)을 치른 날에 밤이 새도록 울부짖었다. 부모님과 시부모님이 남기신 서찰을 거두어 보관하여서, 때로 공경히 열람하여 추모하는 뜻을 부쳤다.

지아비를 섬김에 공경하여 예(禮)를 다하여서 시집온 지 오래되었으나 마치 신부 같았으며, 평소에 하는 말들이 모두 권면하고 경계하는 말에 들어맞았다. 늘 지아비에게 학문하기를 권하여 말하기를, "사람이 훌륭한 자질을 지녔는데 학문하지 않는다면, 이는 마치 옥을 다듬지 않은 것과 같습니다."라고 하였다. 세로(世路)가 험난함을 보고는 지아비에게 과거를 폐할 것을 권면하였다. 선생이 호학하면서 공거(公車)를 거절하자,[251] 부인이 기뻐하며 말하기를, "부자(夫子)께서 훌륭한 이름을 두시기를 바라지, 재리(財利)와 영록(榮祿)을 지니기를 바라지 않습니다."라고 하였다.

외물에 있어서 담박하여 좋아하는 바가 없었고, 오직 의리(義理)의 설만을 기뻐하였다. 선생이 때로 경(經)과 예(禮)의 은미하고 심오한 뜻이나 역대 명신(名臣)들의 사적이나 국조의 사화(士禍)의 전말에 대해 말하면, 부인은 통달해 익히지 않는 것이 없었다. 명절(名節)을 가장 사모하여, 매번 인(仁)을 이루고 의(義)를 취하는 것을 논할 때면 반드시 감개하여 격앙해서 말하기를, "대장부의 행사(行事)는 마땅히 방정하고 엄하며 올바르고 곧아야 하며, 우물쭈물 결정하지 못해서

251 공거(公車)를 거절하자 : 과거시험을 보는 것을 그만두었다는 뜻이다. 공거는 중앙에서 치르는 과거시험에 응시하는 것을 뜻하는 말로, 한(漢)나라 때 지방 선비들이 과거시험에 응시할 적에 공가(公家), 즉 국가의 수레를 타고 서울로 왔으므로 이렇게 이른 것이다.

는 안 됩니다."라고 하였다. 문충공(文忠公)이 상소를 올려 해도(海島)에 유배되자,[252] 부인이 말하기를, "노년에 황폐한 곳에 유배를 가시게 되었으니, 비록 자질(子姪)들에게는 근심스러운 일이지만 자신에게는 영예로운 일입니다."라고 하였으니, 그 견식이 탁월함이 또 이와 같았다.

선생의 누이인 김씨(金氏) 부인이 종기(腫氣)로 병을 앓아 위독하였는데, 부인은 손수 농을 씻고 약을 바르며 불결한 것을 씻어서 없애면서도 이를 싫어하거나 게을리하는 기색이 없었다. 선생의 아우 충헌공(忠獻公)[253]이 분가한 뒤에도, 부인은 맛있는 음식과 따뜻한 옷을 나누어주고 개부(介婦)[254]를 화평한 기운으로 대하여서 모난 자루와 둥근 구멍이 맞지 않듯 사이가 어긋나는 일이 없었고, 지아비의 서모(庶母)

252 문충공(文忠公)이……유배되자 : 김시찬(金時粲, 1700~1767)이 1759년(영조35) 흑산도(黑山島)에 유배된 일을 말한다. 당시 김시찬은 부제학(副提學)을 제수받고 상소문을 올려서 임용과 언로에 대해 논하였는데, 영조는 이것이 조정 신하들을 공격하고 당심(黨心)을 드러낸 것이라고 하여 흑산도에 유배할 것을 명하였다.《雷淵集 卷23 弘文館副提學金公墓碣銘》《英祖實錄 35年 閏6月 13日》

253 충헌공(忠獻公) : 박준원(朴準源, 1739~1807)으로, 자는 평숙(平叔), 호는 금석(錦石), 본관은 반남(潘南)이며, 박윤원(朴胤源)의 동생이다. 1786년(정조10) 사마시에 합격하고, 그 이듬해에 셋째 딸이 수빈(綏嬪)에 봉해지자, 건원릉 참봉(健元陵參奉)을 거쳐 사복시 주부(司僕寺主簿)·공조좌랑·보은 현감이 되었다. 1790년에 수빈이 원자(元子)를 낳자 호산(護產)의 노고로 통정대부(通政大夫)에 올라 호조참의에 임명되었고, 1800년에 순조가 즉위하자 수렴청정을 하던 정순왕후(貞純王后)에 의하여 호조·형조·공조의 판서와 금위대장(禁衛大將) 등 삼영(三營)의 병권(兵權)을 잡게 되었다. 영의정에 추증되었으며, 시호는 충헌이다.

254 개부(介婦) : 맏며느리를 제외한 나머지 며느리를 가리키는 말로, 여기서는 박윤원(朴胤源)의 동생 박준원(朴準源)의 부인을 가리킨다.

와 함께 산 십 수 년 동안에도 그 마음을 잃은 적이 없었다. 인척(姻戚)과 향당(鄕黨)에까지 미쳐서 한결같이 성신(誠信)으로써 대하여 멀고 가까운 사람 중에 감동하여 칭송하지 않는 이가 없었다. 지아비가 교유하는 이들의 현부(賢否)를 가지고서 근심하고 기뻐하였으며, 어떤 일 하나라도 부군에게 누가 될까 늘 염려하여서 음식을 만나면 경솔히 올리지 않고 반드시 어디서 온 것인지를 살펴서 말하기를, "내 듣건대 지아비의 고조이신 승지공(承旨公)께서 궐에 계실 때 부유한 벼슬아치의 성찬을 만남에, 뭇 사람들이 모두 나아가 먹었으나 공께서는 홀로 돌아보지 않으셨다고 한다.[255] 내 이렇게 하는 이유는 단지 부자(夫子)의 성품이 개결하기 때문만이 아니라, 선조의 덕(德)을 욕되게 하는 일이 내 없게 하고자 함이다."라고 하였다.

늘 자신의 외조부이신 내재공(耐齋公)께서 집안의 어려움을 만나신 일[256]을 일컬으면서 곤궁한 사람처럼 자처하였고, 화를 당한 집안의

255 지아비의……하니 : 승지공은 박세성(朴世城, 1621~1671)으로, 자는 만기(萬基), 본관은 반남(潘南)이다. 1648년(인조26) 사마시에 합격하고, 1651년(효종2) 알성문과에 을과로 급제한 뒤에 우부승지·호조참의·양주 목사 등을 역임하였다. 그의 묘갈명에 따르면, 수리 도감(修理都監)에 차출되어 도청(都廳)에서 식사를 할 때 성찬을 갖추어서 대접을 받으면 다른 관원들은 그대로 먹고 즐겼으나 공과 홍명하(洪命夏) 공만은 한 번도 돌아보지 않아 이서(吏胥)들이 경탄하였다고 한다.《南溪續集 卷21 承政院左承旨朴公墓碣銘》

256 자신의……일 : 내재공(耐齋公)은 홍태유(洪泰猷, 1672~1715)로, 자는 백형(伯亨), 호는 내재, 본관은 남양(南陽)이다. 1689년(숙종15) 2월 기사환국(己巳換局) 때에, 남인(南人)이 정권을 잡은 뒤 부친 홍치상(洪致祥)이 유배를 가게 되자 격쟁(擊錚)하여 부친의 억울함을 호소했으나, 6월에 사사(賜死)되었다. 이후 홍치상은 복관(復官)되었지만 후에 다시 추탈(追奪)되었고, 홍태유는 여주(驪州)의 이호(梨湖)에 내려가 평생 벼슬을 하지 않고 학문에 전념하였는바, 집안의 어려움은 이를 가리킨다.

후손 중에 사치를 숭상하는 사람이 있다는 말을 들으면 깊이 비판하였다. 스스로 선원공(仙源公)[257]의 후손이라 하여 달력에 반드시 숭정(崇禎) 연호[258]를 적었으니, 사람들이 《춘추(春秋)》의 대의(大義)[259]가 여사(女史) 중에 있다고 하였다. 외증조모이신 숙안공주(淑安公主)께서 《내훈(內訓)》을 하사받았었는데, 부인은 매번 이 책의 "귀로는 길거리에 떠도는 말을 들음이 없고, 눈으로는 부정한 것을 봄이 없어서, 마음을 전일하게 하고 안색을 바르게 하여야 한다.〔耳無塗聽 目無邪視 專心正色〕"라는 말을 읽을 때면, 여러 번 반복하면서 이에 뜻을 다하였다. 종고모(從姑母)이신 송요화(宋堯和) 공의 부인이 《자경편(自警編)》[260]을 저술하였는데, 부인은 이 책을 높이 모셔두고 읊고 익혔다. 그 절차탁마한 것이 이와 같았으므로 능히 그 덕을 이루었으니, 단지 천성이 그러했던 것만이 아니었다.

집안이 누대(累代)의 제사를 이어받았는데, 부인이 주부(主婦)가 되어 정성을 다하여 주선하여서 빠뜨려서 모자라는 바가 없었고, 제수를 씻고 삶아 익힘에 몹시 깨끗하게 하도록 힘썼다. 빈객을 접대할

257 선원공(仙源公) : 김상용(金尙容, 1561~1637)으로, 자는 경택(景擇), 호는 선원, 본관은 안동(安東)이다. 1636년 병자호란(丙子胡亂) 때 묘사주(廟社主)를 받들고 빈궁(嬪宮)과 원손(元孫)을 수행하여 강화(江華)에 피난하였다가 성이 함락되자 성의 남문루(南門樓)에 있던 화약에 불을 지르고 순절하였다. 시호는 문충(文忠)이다.

258 숭정(崇禎) 연호 : 명나라의 17대 황제이자 마지막 황제인 의종(毅宗)의 연호이다.

259 춘추(春秋)의 대의(大義) : 《춘추》에서 강조한 주(周)나라를 존숭하고 오랑캐를 물리치자는 '존주양이(尊周攘夷)'의 의리를 이른다. 후대에는 주로 명나라를 존숭하고 청나라를 배척하자는 '존명배청(尊明排淸)'의 의리를 뜻하게 되었다.

260 자경편(自警編) : 송준길(宋浚吉)의 증손 송요화(宋堯和, 1682~1764)의 부인이었던 김호연재(金浩然齋, 1681~1722)가 지은 책이다.

때에 물건은 향기롭고 그릇은 정결하였으며, 음식을 자르고 담고 가지런히 할 때에도 반드시 방정하게 하고자 하였고, 비록 일상적인 음식이라 할지라도 반드시 정결하게 하도록 힘썼다. 노복들을 다스림에 내려주는 물건을 균등하게 하였고 수고로움과 안일함을 한쪽으로 치우치지 않게 하였으며, 가르쳤는데도 따르지 않으면 벌을 시행하였다. 늦게 맏아들을 두었으나, 또한 자애로움으로 인해 가르침을 소홀히 하지 않았다. 맏아들이 홍 유인(洪孺人)에게 특별히 사랑을 받았는데, 유인께서 별세한 뒤에 부인이 아들에게 회초리를 칠 때에 울며 말하기를, "예전에 너에게 회초리를 쳤을 때는 우리 어머님께서 너를 아껴 나를 나무라셨는데, 지금 너에게 회초리를 치는데 우리 어머님의 말씀이 들리지 않으니, 이 때문에 울 따름이다."라고 하였다.

다른 사람의 곤궁함을 근심하기를 마치 자기 몸이 곤궁한 것처럼 하여서 반드시 구제할 것을 생각하였다. 측은지심이 동물에게 미쳐서, 제사를 지내려 할 때에 여종이 살아있는 꿩을 사오자 부인은 이를 죽이는 것을 차마 보지 못하여서, 마침내 죽은 것을 사서 제수로 쓰고 살아있는 것을 방생하였다. 일찍이 닭을 기를 적에 닭들이 아껴서 서로 먹여주었으니, 가인(家人)들이 기이한 일로 여기면서 부인의 인덕이 감동시킨 것이라고 하였다. 부인은 평소 병을 잘 앓았는데, 신축년(1781, 정조5) 3월 16일에 졸하였으니, 태어난 갑인년(1734, 영조10)으로부터 48세가 된다.

부인이 일찍이 부인의 상(喪)에 대해 논할 적에, 고복(皐復)할 때에 남자종을 쓰는 것은 예(禮)에 맞는 일이 아니라고 하였다. 이에 이르러서 여종을 써서 고복하였으니, 치명(治命)을 따른 것이었다. 5월에 양주(楊州) 축석령(祝石嶺)의 선영에 합부하여 장례하였다. 아들 종여

(宗輿)는 서흥 부사(瑞興府使)이고, 부사(府使)의 아들 운수(雲壽)는 순흥 부사(順興府使)이다. 부사(府使)의 아들 제근(齊近)은 생원이며, 딸은 김원성(金元性)에게 시집갔다.

부인은 평소에 앉을 때는 반드시 단정히 공수하였고, 말은 간략히 하고 위의를 삼갔으며, 말소리와 얼굴빛이 급히 달라지는 것을 몹시 경계하여서 우연히 잘못하는 일이 있으면 그때마다 기록하여 스스로 반성하였다. 희학을 입 밖에 내지 않았고, 시기하거나 이기려는 마음을 마음속에 싹트게 하지 않았으며, 남이 나를 속일까 미리 짐작하는 것[261]을 지혜로 여기지 않았고, 도(道)를 굽혀서 명예를 구하지 않았다. 세속에서 기휘하는 것에 동요하지 않았고, 귀신이나 요괴에 미혹되지 않아서, 일의 옳고 그름이나 마땅함의 여부를 판별한 것이 번번이 법도에 맞았다.

성품이 또 고결하여서 혹시라도 구차하게 빌리기를 구한 적이 없었으며, 평소 지나치게 화려한 것을 기뻐하지 않아서 해진 옷을 입으면서도 부끄러워하지 않았다. 여공(女工)에 정밀함을 다하여서 예복(禮服)의 제도에 있어서 통달하여 환히 아는 바가 많았다. 집안일을 다스림에 재물과 비용을 절약하여서 씀씀이를 잘 관리하였고, 키나 절구의 위치에 이르러서도 모두 질서정연하여 일정함이 있었다. 선생께서 평소에 집안의 산업(産業)에 대해 묻지 않으셨는데, 부인이 직접 직물을 짜서 값을 받아 부군을 봉양하였으니, 처지가 지극히 견디지 못할만한 점이

261 남이……것 : 원문의 '역사(逆詐)'는 《논어》 〈헌문(憲問)〉에, "남이 나를 속일까 미리 짐작하지 않고, 남이 나를 믿어주지 않을까 억측하지 않는다.〔不逆詐, 不億不信.〕"라고 한 데서 온 말이다.

있었으나, 또한 분수와 명에 맡겨서 원망하거나 탓하는 뜻이 없었다. 옛 어진 부인에 있어서, 후 부인(侯夫人)[262]과 여형공(呂滎公)의 모부인[263]을 배우기를 바랐다.

선생은 휘 윤원(胤源)으로, 도학(道學)과 경술(經術)이 세유(世儒)들의 으뜸이었는데, 의리를 잡고 자정(自靖)[264]하여서 누차 관직에 제수되었으나 나아가지 않았다. 특명으로 사헌부 대사헌(司憲府大司憲) 겸 성균관 좨주(成均館祭酒)에 추증되었고, 부인도 따라서 추증되었다. 선생의 성대한 덕과 위대한 사업은 본래 천성으로 이루어진 것이지만, 배양하여 성취하신 공(功)은 내조에서 얻은 것이 많았으니, 아, 아름답도다! 선생께서 일찍이 말씀하기를, "부인이 나와 취미가 계합되어 함께 산속에 은거하자는 약속을 하였으나 이루지 못하였기에, 이를 종신의 한(恨)으로 여기노라."라고 하였다. 내가 이미 선생의 묘

262 후 부인(侯夫人) : 송(宋)나라 태중대부(太中大夫) 정향(程珦)의 부인이자 정호(程顥)·정이(程頤) 형제의 어머니로, 어진 부덕(婦德)을 지니고 가정교육을 훌륭하게 한 것으로 널리 알려져 있다. 《二程文集 卷13 上谷郡君家傳》

263 여형공(呂滎公)의 모부인 : 송(宋)나라의 명신인 여희철(呂希哲)의 어머니 신국부인(申國夫人)으로, 형공은 여희철의 봉호(封號)이다. 신국부인은 성품이 엄하고 법도가 있어서 아들을 매우 사랑하였으나, 모든 일을 반드시 예법을 따르도록 엄격하게 가르쳤다고 한다. 《小學 善行》《伊洛淵源錄 卷7》

264 자정(自靖) : 은(殷)나라 태사(太師)인 기자(箕子)가 주왕(紂王)의 서형(庶兄)인 미자(微子)에게 "스스로 의리에 편안하여 사람마다 스스로 선왕(先王)에게 뜻을 바칠 것이니, 나는 떠나가 은둔함을 돌아보지 않겠다.〔自靖, 人自獻于先王, 我不顧行遯.〕"라고 한 데서 온 말로, 본래는 스스로 의리에 맞게 처신하여 그 처지를 편안하게 여긴다는 뜻인데, 후세에는 은둔하여 지조를 지킴을 가리키는 말로 많이 사용하였다. 여기서는 명나라에 대한 지조를 지켰다는 뜻으로 말한 것이다. 《書經 微子》

지명을 지었는데, 제근(齊近)이 또 부인의 묘지명을 청하니, 분수로는 감히 감당할 수 없으나 의리로는 감히 사양할 수 없기에, 마침내 명(銘)을 짓노라.

아 훌륭한 분이여	猗歟碩人
정기를 받아 명문가에서 탄생하였네	篤生名門
온갖 행실이 모두 갖추어짐에	百行咸備
오직 효가 근원이었네	惟孝爲源
사덕[265]이 모두 성대하니	四德俱茂
성으로 근본을 삼았네	本之以誠
닭이 울었다 하자 먼동이 튼다고 하여[266]	鷄鳴昧朝

265 사덕(四德) : 부인이 갖추어야 할 네 가지 덕으로 부인의 덕인 부덕(婦德), 부인의 용모인 부용(婦容), 부인의 말씨인 부언(婦言), 길쌈과 바느질의 부공(婦工)을 이른다. 《周禮 天官 九嬪》

266 닭이……하여 : 원문의 '매조(昧朝)'는 매단(昧旦)과 같은데, 새벽이 되어 날이 막 밝으려 할 때를 이른다. '단(旦)'이 태조(太祖) 이성계(李成桂)의 이름이므로 이를 휘하여 뜻이 같은 '조(朝)'로 바꿔 표기한 것이다. 《시경》〈정풍(鄭風) 여왈계명(女曰雞鳴)〉에 "여자가 닭이 울었다 하자, 남자는 먼동이 튼다고 하네. 그대는 일어나 밤을 보라 계명성(啓明星)이 찬란할 것이니, 장차 고상(翺翔)하여 오리와 기러기를 주살로 잡아올지어다.〔女曰雞鳴, 士曰昧旦, 子興視夜, 明星有爛, 將翺將翔, 弋鳧與雁.〕" 하였는데, 이는 어진 부부가 사사로운 애정에 빠지지 않고 서로에게 자기의 직분을 다할 것을 경계하는 내용으로, 이 구절에 대해 주자(朱子)는 《집전(集傳)》에서 "여자가 '닭이 울었다.'고 하여 그 남편을 경계하자, 남편은 '아직 어둡다.'고 말하였으니, 이는 닭이 우는 데만 그치지 않은 것이다. 부인이 또 그 남편에게 말하기를, '그대는 일어나서 밤이 어떠한지를 보라. 계명성이 이미 나와 반짝일 것이니, 그렇다면 떨치고 나가서 오리와 기러기를 주살로 잡아 돌아오라.' 한 것이다. 서로 경계한 말이 이와 같으니,

경계하여 이루어주었네[267] 警戒相成

직물을 짬에 가르침을 받은 바가 있었고 組織有訓

환패에 소리가 있었네[268] 環佩有聲

비유하자면 마치 건과 곤에 譬如乾坤

체용과 동정이 있음과 같아서 體用動靜

합하면서도 열려서 旣翕且闢

덕이 이로 인해 넓어졌네[269] 德以之廣

요조숙녀께서 제사를 받드니[270] 窈窕沼沚

연닐(宴昵)의 사사로움에 얽매이지 않음을 알 수 있다."라고 주를 달았다.

267 경계하여 서로 이루어주었네 : 《시경》〈정풍(鄭風) 여왈계명(女曰雞鳴)〉에 대한 모서(毛序)에 "〈계명〉은 어진 후비(后妃)를 생각한 시이다. 애공(哀公)이 여색에 빠지고 태만하였기 때문에 어진 후비와 정녀가 밤낮으로 경계하여 이루어준 도(道)를 읊은 것이다.〔雞鳴, 思賢妃也. 哀公荒淫怠慢, 故陳賢妃貞女夙夜警戒相成之道焉.〕"라고 한 내용이 보인다.

268 환패에 소리가 있었네 : 환패(環佩)는 옥 장식인데, 환패 소리는 위의(威儀)를 뜻한다. 《예기(禮記)》〈경해(經解)〉에 천자의 위의 있는 모습에 대해 "다닐 때에는 환패(環佩)의 소리가 있고 수레에 타면 난화(鸞和)의 소리가 있다.〔行步則有環佩之聲, 升車則有鸞和之音.〕"라고 하였다.

269 합하면서도……넓어졌네 : 부덕(婦德)을 곤(坤)에 비유하여 설명한 것으로, 《주역》〈계사 상(繫辭上)〉에 "건(乾)은 그 고요함이 전일(專一)하고 그 동함이 곧다. 이 때문에 큼이 생기며, 곤(坤)은 그 고요함이 합하고 그 동함이 열린다. 이 때문에 넓음이 생기니, 광대(廣大)는 천지(天地)에 배합하고, 변통(變通)은 사시(四時)에 배합하고, 음양(陰陽)의 뜻은 일월(日月)에 배합하고, 이간(易簡)의 선(善)은 지덕(至德)에 배합한다.〔夫乾, 其靜也專, 其動也直, 是以大生焉; 夫坤, 其靜也翕, 其動也闢, 是以廣生焉. 廣大配天地, 變通配四時, 陰陽之義配日月, 易簡之善配至德.〕"라고 한 데서 온 말이다.

270 제사를 받드니 : 원문의 '소지(沼沚)'는 《시경》〈소남(召南) 채번(采蘩)〉에 "이 새발쑥을 뜯기를 못가에서 하고 물가에서 하도다. 이것을 쓰기를 공후의 사당에서 하도

빈조[271]가 향기롭고 깨끗하였네	蘋藻芳潔
손을 씻고 제수를 올림에	沃盥饋食
몸을 공경히 하여 스스로 단속하였네	敬身自律
어떻게 이에 이르렀는가	何以致之
시와 예[272]를 읊고 본받아서였네	誦法詩禮
스승이 가르친 부인의 법식을[273]	姆敎婦式
어려서부터 따랐네	服自沖歲
인을 쌓고 행실을 깨끗하게 하여	積仁潔行
군자의 배필이 되었네	爲君子配
취향이 같아서	氣味攸同
지극한 덕으로 서로를 도왔네	至德相濟

다.〔于以采蘩, 于沼于沚. 于以用之, 公侯之事.〕"라고 한 데에 보이는데, 이 시는 남국(南國) 제후의 부인이 정성과 공경을 다하여 제사를 받들자 가인(家人)들이 그 일을 읊어 찬미한 것이다.

271 빈조(蘋藻) : 빈조는 개구리밥과 마름으로, 제수(祭需)를 뜻한다. 《시경》 〈소남(召南) 채빈(采蘋)〉에 "이에 개구리밥을 남쪽 시냇가에서 채취하도다. 이에 마름을 저 흐르는 물에서 채취하도다.〔于以采蘋, 南澗之濱. 于以采藻, 于彼行潦.〕"라고 하였는데, 이는 제후의 부인이 사당에 제사 지내면서 제수를 장만하기 위해 수초(水草)를 채취함을 읊은 것이다.

272 시와 예 : 가정교육 또는 가학(家學)을 뜻한다. 공자의 아들 이(鯉)가 뜰에서 공자 앞을 빠른 걸음으로 지나다가 공자로부터 시(詩)와 예(禮)를 배웠느냐는 질문을 받고 또 그것을 왜 배워야 하는지에 대해 듣고서 물러나와 시와 예를 배웠던 일에서 유래한 말이다. 《論語 季氏》

273 스승이……법식을 : 《소학(小學)》 〈입교(立敎)〉에 "여자 나이 10세가 되면 집 밖으로 나가지 않고, 여스승이 유순하게 말하고 순종하며 따르는 예절을 가르친다.〔女子十年不出, 姆敎婉娩聽從.〕"라고 하였다.

어찌 긴 수명에 인색하여　　胡靳遐齡
끝내 다하지 못하게 하였단 말인가　　而卒未究
이남[274]의 교화를 받듦은　　二南承化
요절과 장수에 매여 있지 않네　　不繫殀壽
꽃다운 명성 영원한 후세에 남겨지니　　遺芳永世
진실로 여사로다　　允矣女士
부군께서 덕을 형언하셨으니[275]　　夫子狀德
어찌 동사[276]에 비기리오　　詎比彤史
같은 무덤에 돌아가니　　歸于同穴
백세의 후로다[277]　　百歲之後
봉분이 편안하니　　窣如之安
공이 오른편에 있도다　　公藏在右
내 부인의 떳떳한 덕을 서술하여　　我述梱彝
함께 천추에 길이 전하노라　　幷垂不朽

274 이남(二南) : 《시경(詩經)》 국풍(國風)의 〈주남(周南)〉과 〈소남(召南)〉을 지칭하는 말로, 주로 문왕(文王)과 그 후비(后妃)의 훌륭한 덕화(德化)를 읊고 있는바, 여기서는 부인의 덕을 가리키는 것이라 할 수 있다.

275 부군께서 덕을 형언하셨으니 : 박윤원(朴胤源)이 지은 아내에 대한 행장이 《근재집(近齋集)》 卷29 〈망실행장(亡室行狀)〉에 보인다.

276 동사(彤史) : 후비의 훌륭한 덕과 행실이 기록되어 있는 역사책을 말한다. 옛날에 여사(女史)가 궁중의 정령과 후비의 일을 기록할 때 붉은 색깔의 동관(彤管)을 사용하였으므로 이 필기도구로 쓴 역사책을 동사라고 한다.

277 같은……후로다 : 《시경》 〈당풍(唐風) 갈생(葛生)〉에 "겨울의 긴 밤과 여름의 긴 날이여, 백세 뒤에나 한 무덤 속에 들어가리라.〔冬之夜, 夏之日. 百歲之後, 歸于其室.〕"라고 하였다.

열부 송씨 묘지명 병서○경술년(1850, 철종1)

烈婦宋氏墓誌銘 并序○庚戌

당저(當宁) 원년(元年) 경술년(1850, 철종1)에, 보성(寶城)의 사인(士人) 박중홍(朴重洪)의 처 유인(孺人) 여산 송씨(礪山宋氏)의 마을에 '열녀지문(烈女之門)'이라 정표(旌表)할 것을 명하였다. 당초에 박중홍이 촌민(村民) 최재신(崔在臣)이 사부(士夫)들을 모욕하는 것에 분개하여 그의 손을 결박하고서 경계하였는데, 달을 넘겨 최재신이 한질(寒疾)에 걸려 죽고 말았다. 최재신의 친속들이 시신을 빌미로 화(禍)를 전가시킬 계책을 품고서 적당(賊黨)들을 불러 모아 밤을 틈타 내실을 쳐서 부수니, 박중홍이 먼저 흉악한 칼날을 맞아 머리가 깨져 피가 흥건하였다.

유인(孺人)은 죽음을 무릅쓰고 막고 지키면서 사방에서 적의 공격을 받아서 팔이 부러지고 옆구리가 부러져 흐르는 피가 몸에 가득하였다. 마침내 부자(夫子)를 칼날에서 탈출시키고는, 돌아보며 부자에게 이르기를, "사족(士族)의 부녀자가 흉도에게 내몰렸으니 의리상 마땅히 생(生)을 버려야 합니다.[278] 그러나 장부의 신중한 몸으로 어찌 아녀자가 도랑에서 죽는 하찮은 신의[279]를 본받을 수 있겠습니까. 은인자중

278 의리상……합니다 : 《맹자(孟子)》 〈고자 상(告子上)〉에 "생(生)도 내가 원하는 것이며, 의(義)도 내가 원하는 것이다. 두 가지를 겸할 수 없다면 생을 버리고 의를 취하겠다.〔生亦我所欲也, 義亦我所欲也. 二者不可得兼, 舍生而取義者也.〕"라고 하였다.

279 도랑에서……신의 : 보잘것없는 작은 신의를 뜻한다. 《논어(論語)》 〈헌문(憲

(隱忍自重)하여서 마침내는 이 분통함을 씻어주십시오."라고 하였다. 또 적도(賊徒)들이 내침에 돌입하여 흉인(凶人)의 시체를 놓는 것을 보고, 울부짖으며 말하기를, "의연히 의리를 위해 목숨을 바칠 것[280]을 이미 결심하였다."라고 하였다. 이어서 사당 문에서 자결하니, 바로 병오년(1846, 헌종12) 11월 8일이었다. 태어난 기묘년(1819, 순조19) 11월 4일로부터 28세가 된다.

온 고을의 유생들이 관아에 하소연하여 영읍(營邑)에서 자세하게 캐어묻자, 흉적들이 자백하였다. 수개월이 지난 뒤에 비로소 유인(孺人)을 빈소를 차려 염(殮)하였는데, 파리 떼가 가까이 오지 않고 구더기가 나오지 않아서 얼굴빛이 밝기가 마치 살아있는 듯하였고 단단하기가 마치 철석과 같았으니, 원통한 기운이 서려 맺힌 것이었다.

유인(孺人)의 전실(前室)의 아들 의현(懿鉉)이 《춘추(春秋)》의 "복수하지 않았으면 장례를 기록하지 않는다."라는 의리[281]를 원용하여 밤

問)〉에, 관중(管仲)이 처음 패했을 때 죽지 않은 것에 대해서 공자(孔子)가 "어찌 필부와 필부들이 작은 신의(信義)를 행하여 스스로 목매 죽어서 시신이 도랑에 뒹굴어도 사람들이 알아주는 이가 없는 것과 같이 하겠는가.〔豈若匹夫匹婦之爲諒也, 自經於溝瀆而莫之知也?〕"라고 한 말에서 온 것이다.

280 의연히……것 : 원문의 '종용지의(從容之義)'는 의연히 의리를 따라 죽는 것으로, 《근사록(近思錄)》 권10 〈정사(政事)〉에 "일시적으로 감격하고 분개해서 자기 몸을 죽이기는 쉬워도, 의연히 의리를 위해서 목숨을 바치기는 어렵다.〔感慨殺身者易, 從容就義者難.〕"라는 정이(程頤)의 말이 보인다.

281 춘추(春秋)의……의리 : 본래 《춘추공양전(春秋公羊傳)》 은공(隱公) 11년조에 "임금이 시해를 당했을 경우 그 역적을 토벌하지 못했으면 장례를 기록하지 않는다.〔君弑, 賊不討, 不書葬.〕"라고 한 말에서 원용한 것이다. 또한 이에 대해 주희(朱熹)가 "'임금이 시해를 당했을 경우 그 역적을 토벌하지 못했으면 장례를 기록하지 않는다'는

낮으로 피눈물을 흘리면서 먼 길을 발이 부르트도록 가서 필로(蹕路)[282]에서 원통함을 하소연한 것이 두 차례에 이르렀다. 대사구(大司寇)[283] 김기만(金箕晩) 공이 흉적(凶賊)을 상명(償命)의 형률[284]로 감죄(勘罪)하고, 유인(孺人)을 정려(旌閭)하기를 청하여 회계(回啓)하여서 윤허를 받았으니, 만고의 정렬(貞烈)의 표준이 되고 구원(九原)의 깊은 원통함을 씻어낸 것이 다시 유감이 없게 되었다. 또 의현(懿鉉)이 동몽(童蒙)으로서 어머니를 위하여 복수한 것은 그 어머니에 그 아들이라고 할 만하다.

유인(孺人)의 선조는 충강공(忠剛公) 휘 간(侃)[285]으로, 장릉(莊陵 단종)의 충신이 되었다. 누대(累代)가 전해져 창의장(倡義將)으로 참의(參議)에 추증된 휘 대립(大立)[286]에 이르러서, 이 충무공(李忠武公)

것은 바로 복수의 대의(大義)를 중하게 여긴 것이다〔君弑, 賊不討, 則不書葬者, 正以復讎之大義爲重.〕"라고 한 내용이 《회암집(晦菴集)》 권25 〈답장경부서(答張敬夫書)〉에 보인다.

282 필로(蹕路) : 왕의 거둥 때 어가(御駕)가 지나가는 길을 뜻한다.

283 대사구(大司寇) : 형조(刑曹)의 책임자를 말한다.

284 상명(償命)의 형률 : 목숨으로 목숨을 갚는다는 뜻으로, 사람을 죽인 자를 사형에 처하는 형률을 이른다. 《續大典 刑典 濫刑》

285 충강공(忠剛公) 휘 간(侃) : 송간(宋侃, ?~?)으로, 호는 서재(西齋), 본관은 여산(礪山)이다. 세종・문종・단종을 섬기며 벼슬이 가선대부(嘉善大夫)에 이르렀으나, 단종 3년(1455)에 순무사(巡撫使)로 남방을 순시하고 돌아오다가 임금이 바뀌었다는 소식을 듣고는 영월에 가서 복명하고 고향으로 돌아가 은거하였다가, 단종의 죽음을 듣고 나서는 깊은 산 속에 들어가 3년상을 마치고 숨어 지냈다. 1797년(정조21)에 충강이라는 시호를 받았다.

286 휘 대립(大立) : 송대립(宋大立, 1550~1597)으로, 자는 신백(信白), 본관은 여산(礪山)이다. 1594년(선조27) 임진왜란 중에 무과(武科)에 급제하여, 지도 만호(知島

과 함께 왜적을 토벌하다가 노량(露梁)에서 순절하여[287] 승지에 추증되었으며, 아들 휘 심(諶)[288]은 홍원 현감(洪原縣監)으로 병자년(1636, 인조14)에 의병을 창도하여 전란에 죽었으니, 두 대(代)가 모두 충신으로 정려되는 은전을 입었다. 선고(先考)는 휘 진순(鎭諄)이고, 선비(先妣)는 김해 김씨(金海金氏)로, 창온(昌溫)이 그 선고이시다. 중홍(重洪)은 진원(珍原) 사람이니, 선고는 휘 재환(在煥)이며, 조부는 휘 귀상(龜相)이며, 증조는 생원 휘 수천(守天)이고, 문강공(文康公) 광전(光前)[289]은 그 9세조이시다.

萬戶)인 아우 희립(希立)과 함께 통제사(統制使) 이순신(李舜臣) 휘하에 있었다. 그 후에 도원수(都元帥) 권율(權慄)의 휘하로 옮겨 1597년 정유재란에 창의 별장(倡義別將)이 되어 전공을 세웠으며, 고향인 흥양(興陽)에서 의병을 모집하여 왜적을 무찔렀으나 복병(伏兵)을 만나 전사했다. 병조참의에 추증되었고, 원종(原從) 1등에 책록(策錄)되었으며, 충신(忠臣)으로 정려(旌閭)를 받았다.

287 이 충무공(李忠武公)과……순절하여 : 이 충무공은 이순신(李舜臣)으로, 이의현(李宜顯)의 《도곡집(陶谷集)》 권26에 실린 〈송정부자전(宋正父子傳)〉에 따르면, 송대립(宋大立)은 이순신의 휘하에서 왜적과 싸운 적은 있지만, 그 이후에 본인이 태어난 전라남도 흥양(興陽)에서 의병을 모집하여 왜적과 싸우다가 1597년(선조30) 복병을 만나 전사한 것으로 적혀 있어, 본 글의 기록과 다소 차이가 있다.

288 휘 심(諶) : 송심(宋諶, 1590~1637)으로, 자는 사윤(士允), 본관은 여산(礪山)이다. 1614년(광해군6) 무과에 급제하여, 이후 전라도 병마우후(全羅道兵馬虞候)를 거쳐 홍원 현감(洪原縣監)이 되었다. 1636년(인조14) 병자호란 때 척후장(斥候將)으로서 북병사(北兵使) 이항(李沆), 남병사(南兵使) 서우신(徐佑申)을 따랐는데, 양근(楊根)에 이르렀을 때 이미 강화가 성립되었다. 그후 중영(中營)의 군사를 거느리고서 철수하는 청군 소속의 몽고군을 추격하여, 안변(安邊)의 남산역(南山驛)에 이르러 전후의 영장(營將)들과 함께 적을 공격해 고군분투하다가 전사하였다. 좌승지에 추증되고, 충신으로 정려되었다.

289 문강공(文康公) 광전(光前) : 박광전(朴光前, 1526~1597)으로, 자는 현재(顯

유인(孺人)은 매우 빼어난 자품을 타고나서 지혜로움이 천성을 이루었다. 겨우 계례(笄禮)를 올릴 나이가 되자마자 《여칙(女則)》 등의 책들을 모두 통달하였고, 요순(堯舜) 이래로 어진 부인들의 사적을 손수 베껴서 《효열실행록(孝烈實行錄)》이라 이름 붙이고서 책 상자에 보관하였다. 늘 깊은 밤에 등불을 밝히고서 온습하고 연역하되, 항상 옛 사녀(士女)로써 스스로 기약하며 말하기를, "환난에 임하면 마땅히 두씨(竇氏)의 딸[290]이나 진가(陳家)의 부인[291]과 같이 해야 할 것이니, 그러면 다행일 것이다."라고 하였다. 아버지께서 별세하심에 어머니는 연로하여 집안이 더욱 낙척하였는데, 부지런히 길쌈하여 맛있는 음식을 이바지하였고, 어머니께서 병들자 하늘에 기도하면서 날을 새었다.

哉), 호는 죽천(竹川), 본관은 진원(珍原)이다. 1568년(선조1) 진사시에 합격하고, 천거로 벼슬하여 경기전 참봉(慶基殿參奉)·헌릉 참봉(獻陵參奉)·함열 현감(咸悅縣監) 등을 역임하였다. 1592년 임진왜란이 일어나자 보성(寶城)에서 의병을 일으켰고, 1597년 다시 정유재란이 일어나 왜적이 호남을 침범하자, 전 판관(判官) 송홍렬(宋弘烈), 생원 박사길(朴士吉) 등에게 격문을 보내어 의병을 일으키고 의병장이 되었으며, 동복(同福)에서 적을 크게 무찔렀으나 병이 악화되어 죽었다. 좌승지에 추증되었고, 시호는 문강이다.

290 두씨(竇氏)의 딸 : 당(唐)나라 봉천현(奉天縣)에 두씨(竇氏)의 두 딸이 있었는데, 초야에서 자랐으나 지조가 있었다. 영태(永泰) 연간에 도적떼 수천 명이 그들의 촌락을 노략질하고서 용모가 아름다운 이 두 딸을 핍박하였는데, 결국 골짜기에 몰리게 되자 그중 맏이가 먼저 욕을 받을 바에는 죽겠다고 하여 벼랑 아래 투신해 죽었고, 동생도 뒤이어 투신하였다. 훗날 이로 인해 정려를 받았다. 《小學 善行》

291 진가(陳家)의 부인 : 한(漢)나라 진 효부(陳孝婦)는 남편이 노모의 봉양을 부탁하고는 변방을 지키러 가서 죽자, 시어머니를 봉양하면서 지조를 지켰다. 친정부모가 개가시키려고 하니 자살하려고 하면서 거부하였고, 시어머니가 돌아가신 뒤에는 재산을 팔아서 장례를 치르고 제사를 받들었다. 《小學 善行》

어머니의 상(喪)을 당하자 부여잡고 가슴을 치고 곡하고 발을 구르면서 혼절하였다가 다시 소생하였으며, 널 곁에서 오랫동안 모시면서 슬픔으로 몸을 훼손하여 수척해져서 거의 목숨을 잃을 뻔하였다.

시집을 가서는 시아버지를 효성으로 봉양하기를 매우 극진히 하였다. 새벽과 저녁에 여종과 함께 등불을 잡고서 시아버지의 침소 문밖에 이르러서 안부를 살피되, 추위나 더위로 인해 이를 폐하지 않았다. 부군을 섬길 적에 공경하였고 동서 간에 화순하게 대하였으며, 전실(前室)의 자식을 자신의 소생보다도 더 아꼈다. 이를 노비에게까지 미루어서, 또한 은혜와 의리를 곡진히 하였다.

부군이 선조를 위한 일로 도성에 수십 년을 머무르느라 생계가 낙척하였으나 조금도 개의치 않았고, 늘 부군에게 신명(身命)을 보중하고 조섭하여 선세(先世)를 기려서 영예롭게 할 것을 권면하였다. 혹 말이 생계에 대한 일에 미치면, 그때마다 이르기를, "군자께서 편히 쉴 겨를이 없는데, 처자식이 어찌 감히 배부르고 따뜻하기를 바랄 수 있겠습니까."라고 하였다. 문강공(文康公)의 절혜(節惠)[292]가 베풀어지자, 유인(孺人)은 맞이하여 위안하기를, "군자께서 여러 해 동안 객지 생활을 함에, 선대에 미처 겨를이 없어 행하지 못한 은전을 능히 이루셨으니, 떳떳하게 손에 들고 돌아가서 선조를 뵐 수 있게 되었습니다."라고 하였다.

292 절혜(節惠) : 망자의 여러 가지 선행 가운데 특별한 것을 뽑아 시호(諡號)를 내림을 이른다. 《예기(禮記)》 〈표기(表記)〉에 "선왕이 시호로써 이름을 높이시되 한 가지 선행만 뽑아서 요약하여 말한 것은, 이름이 행실보다 지나친 것을 부끄러워해서이다.〔先王諡以尊名, 節以壹惠, 恥名之浮於行也.〕"라는 공자(孔子)의 말이 나온다.

송씨(宋氏)는 대대로 충의(忠義)가 독실하였고, 박씨(朴氏) 또한 시(詩)와 예(禮)를 집안에서 전수하였으니,[293] 모두 호남의 명문이다. 유인(孺人)이 선인들의 광덕(光德)을 품고서 또 법가필사(法家拂士)의 집안[294]에 시집갔으니, 마땅히 하늘의 보우를 받아 길하여 이롭지 않음이 없어야 할 터인데, 변고가 망극하여 마침내 순절하고 말았다. 천도의 보시(報施)함이 어떠하단 말인가.

아아, 남의 녹을 먹으면서 죽을지언정 두 마음을 두지 않는 자를 충신(忠臣)이라고 하고, 남의 집에 거처하면서 죽을지언정 두 마음을 두지 않는 자를 절부(節婦)라고 한다. 유인(孺人)과 같은 사람은 화란(禍亂)을 만나 단지 부자(夫子)가 있음을 알 뿐이었고 자신의 몸이 있는 줄을 알지 못하여서, 부자를 만 번 죽을 위험에서 돌아오게 하고, 자신의 몸은 지푸라기 하나처럼 하찮게 보았다. 옛 현철(賢哲)이 이르기를, "강개하여 자기 몸을 희생하기는 쉽고, 의연히 의(義)를 취하기는 어렵다."라고 하였는데,[295] 유인(孺人)은 이 두 가지를 겸한 사람이

293 시(詩)와……전수하였으니 : 진항(陳亢)이 공자(孔子)의 아들 백어(伯魚)에게 아버지로부터 특별한 가르침을 들은 것이 있는지 물었는데 백어가 "특별한 것은 없고 홀로 서 계실 때 종종걸음으로 뜰을 지나자 시(詩)를 배웠느냐고 물으시기에 배우지 못했다고 대답했더니 시를 배우지 않으면 말을 할 수가 없다고 하셔서 물러 나와 시를 배웠고, 다른 날 또 혼자 서 계실 때 종종걸음으로 뜰을 지나자 예(禮)를 배웠느냐고 물으시기에 배우지 못했다고 했더니 예를 배우지 않으면 설 수가 없다고 하셔서 물러 나와 예를 배웠다."라고 대답하였다. 《論語 季氏》

294 법가필사(法家拂士)의 집안 : 《맹자(孟子)》 〈고자 하(告子下)〉에 보이는 말로, 여기에 "들어가면 법도 있는 대신의 집안과 보필하는 선비가 없고, 나오면 적국과 외환이 없는 경우는 나라가 항상 망한다.〔入則無法家拂士, 出則無敵國外患者, 國恒亡.〕"라고 한 데서 온 말이다.

니, 아아, 아름답도다.

바야흐로 무고의 죄안이 아직 감처(勘處)되지 않고 흉포한 칼날이 아직 거두어지지 않았을 때 유인(孺人)이 때에 앞서 경계가 되는 꿈을 꾸었으니, 이와 같았던 것이 세 번이었다. 만일 지극한 정성이 감응시킨 것이 아니라면 어찌 능히 귀신처럼 부합될 수 있었겠는가. 예로부터 정녀(貞女)와 열부(烈婦)로서 인(仁)을 이루고 의(義)를 취한 사람이 어찌 한정이 있겠는가마는, 꿈에 나타나 기미를 살펴 변고에 응하기를 이처럼 하였다는 것은 들어보지 못하였다. 중홍(重洪)이 나와 종유하였기에 유인(孺人)의 절의에 대해 듣고 감복한 것이 몹시 오래고 익숙하였으나, 알려지지 않은 것을 드러내어 영원한 후세에 불후하기를 도모할 수 있는 유자정(劉子政)[296]의 필력이 없음이 한스러웠다. 중홍이 글을 구하여 무덤의 묘지명으로 삼고자 하니, 차마 늙고 병들었다 하여 사양하지 못하고 글을 짓노라.

명(銘)은 다음과 같다.

현철한 부인이여	有若哲媛
안에 스스로 아름다움을 간직하였네[297]	內自含章

295 옛 현철(賢哲)이……하였는데 : 이천(伊川) 정이(程頤)가 "감개(感慨)하여 자기 몸을 희생하기는 쉽고 의연히 의(義)를 이루기는 어렵다.〔感慨殺身者易, 從容就義者難.〕"라고 한 말을 원용한 것이다. 《近思錄 卷10》

296 유자정(劉子政) : 한(漢)나라 유향(劉向)으로 자정은 그의 자이다. 그가 《열녀전(列女傳)》을 지었는바, 여기서는 훌륭한 여자의 언행을 기록하는 사람을 뜻한다.

297 아름다움을 간직하였네 : 《주역(周易)》 〈곤괘(坤卦) 육삼(六三)〉에 "아름다움을 간직함이 정고(貞固)할 수 있다.〔含章可貞.〕"라고 한 데서 온 말로, 아름다움을 안에

아름다움 그 안에 있으니　美在其中
규방에서 덕을 길렀네　養德閨房
남편이 죽으면 정절을 지킴은　夫亡守貞
부인의 떳떳한 도리인데　婦道之常
기막힌 화를 만나　遭罹奇禍
부자가 살고 자신은 죽었네　夫存身亡
벌들이 쏘아서[298]　莽蜂辛螫
화살이 내실 담장에 쏟아졌네　矢集內牆
굳세지도 않고 느슨하지도 않아[299]　不競不絿
오직 의리대로 하였네　惟義之將
정령이 감응한 바라　精靈攸感
하늘의 해가 빛을 돌렸네　天日回光
깊은 구덩이[300]에서 빼어　拔諸坎窞
큰길[301]에 올려셨네　用寘康莊

간직하고 자신을 내세우지 않는 여인의 덕을 뜻한다.

298 벌들이 쏘아서 : 《시경(詩經)》 〈주송(周頌) 소비(小毖)〉에 "벌을 건드리지 말지어다. 건드리면 쏘이게 되느니라.〔莫予荓蜂, 自求辛螫.〕"라는 표현을 원용한 것이다.

299 굳세지도……않아 : 《시경(詩經)》 〈상송(商頌) 장발(長發)〉에 "굳세지도 않고 느슨하지도 않으며, 강하지도 않고 부드럽지도 않다.〔不競不絿, 不剛不柔.〕" 라는 표현을 원용한 것이다.

300 깊은 구덩이 : 원문의 '감담(坎窞)'은 감(坎)은 구덩이, 담(窞)은 구덩이 가운데 깊이 들어간 곳으로, 매우 위험한 상황을 비유한다. 《주역(周易)》 〈감괘(坎卦) 초육(初六)〉에 "습감에 감담으로 들어감이니, 흉하다.〔習坎, 入于坎窞, 凶.〕"라고 하였다.

301 큰길 : 원문의 '강장(康莊)'은 사통팔달의 큰길이다. 《이아(爾雅)》 〈석궁(釋宮)〉에 "오달(五達)의 길을 강(康)이라 하고, 육달(六達)의 길을 장(莊)이라 한다."라고

그 남편에 그 아내요	是夫是婦
그 아들에 그 어머니였네	是兒是孃
나라에서 정려함이 마땅하고	宜旌於國
고을에 정표함이 마땅하네	宜表於鄕
검은 머리에 붉은 다리를 한 정려각이	烏頭赤脚
빛을 드리워 휘황하도다	垂耀煌煌
영원히 풍성을 수립하여	永樹風聲
하늘의 기강을 부지하도다	用扶天綱
세상에 동관[302]이 없으니	世無彤管
누가 능히 이를 밝혀 현양하리오	疇克闡揚
무덤에 명을 들이니	納銘幽隧
백세토록 아름다우리로다	百世允臧

하였다.

302 동관(彤管) : 훌륭한 여인에 대한 기록을 가리킨다. 동관은 옛날 여사(女史)가 궁중에서 정령(政令)과 후비(后妃)의 일을 기록할 때 쓰던 붉은 대통의 붓을 이른다. 《후한서(後漢書)》 〈광무 곽황후기(光武郭皇后紀)〉에 "여사가 동관으로 공을 기록하고 허물을 쓴다.〔女史彤管記功書過.〕"라고 보이는데, 그 주(注)에 "동관은 붓대가 붉은 붓이다.〔彤管, 赤管筆也.〕"라고 하였다.

열부 유인 김씨 묘지명 병서

烈婦孺人金氏墓誌銘 幷序

숭정(崇禎) 4년(1631, 인조9) 갑신(甲申) 2월에 양주(楊州) 조병우(趙秉愚) 공이 졸하니, 유인(孺人) 김씨(金氏)가 녹거(鹿車)를 끌지 못한 채[303] 갑자기 남편을 잃었다고 하여 5개월 후에 하종(下從)하여 자취를 없앴다. 군자가 말하기를, "강개하여 자기 몸을 희생하기는 쉽고, 의연히 의(義)를 취하기는 어렵다."라고 하였다.[304] 유인(孺人)은 부인의 몸으로 장부조차 어렵게 여기는 바를 행하였으니, 어질다고 할 만하다. 이에 헌묘(憲廟 헌종)께서 많은 선비들의 청을 서둘러 따라서, 특별히 작설(綽楔)[305]의 은전을 베푸시니, 세상의 열(烈)을 행하는 이들이 이에 권면되었다. 소후자(所後子)[306] 용희(龍熙)가 글을 소매

303 녹거(鹿車)를……채 : 미처 혼례를 다 마치지 못했다는 말이다. 녹거는 좁고 작은 수레로 혼인을 의미한다. 환소군(桓少君)은 후한(後漢) 발해(渤海) 사람으로 부유한 집안에서 자라서는 검약하게 사는 포선(鮑宣)에게 시집을 갔는데, 청고(淸高)하게 살려는 남편의 뜻을 따라 시집올 때 데리고 왔던 종들과 사치한 복식을 모두 돌려보내고, 짧은 삼베 치마를 입고 녹거를 끌고 와서 몸소 물동이를 이고 물을 길어 나르며 부도(婦道)를 수행하였다고 한다. 《小學 善行》

304 군자가……하였다 : 이천(伊川) 정이(程頤)가 "감개(感慨)하여 자기 몸을 희생하기는 쉽고 의연히 의(義)를 이루기는 어렵다.〔感慨殺身者易, 從容就義者難.〕"라고 한 말을 원용한 것이다. 《近思錄 卷10》

305 작설(綽楔) : 문 위에 세워 정표(旌表)하는 뜻을 나타내는 나무로, 정문(旌門)을 뜻한다.

306 소후자(所後子) : 뒤를 잇기 위해서 들인 양자를 말한다.

에 넣고서 나를 한강가로 찾아와서 피눈물을 흘리며 말하기를, “선비(先妣)의 열행(烈行)이 드러났으니 기록할 필요가 없겠지만, 세월이 흐르면 연못과 언덕도 바뀌게 마련이니, 갖추지 않을 수 없습니다. 글을 지어주시기를 바랍니다.”라고 하였다. 나는 절을 하고 받고서 목이 메어서 차마 쓰지 못하였으나, 또한 차마 쓰지 않을 수도 없었다.

김씨(金氏)는 본관이 광주(光州)이니, 문원공(文元公) 사계(沙溪) 선생[307]께서 선조가 되시는바, 굳이 계통을 열거할 필요가 없다. 군수(郡守) 휘 상귀(相龜)와 생원(生員) 휘 기장(箕章)과 현령(縣令) 휘 재웅(在熊)은 증조와 조부와 선고이시다. 선비는 한산 이씨(韓山李氏)로 목사(牧使) 희연(羲淵)의 따님이다. 유인(孺人)은 순묘(純廟 순조) 을축년(1805, 순조5) 7월 21일에 연산(連山) 임리(林里)의 집에서 태어났다.

나면서부터 훌륭한 자질을 지녀서 자애롭고 순하며 온화하고 어질었으며, 어려서부터 몸가짐을 단정하고 엄하게 하였고, 부모님을 섬길 적에도 뜻을 어기거나 거스르는 일이 없었다. 아버지 상(喪)을 만나 복상(服喪)하면서 몹시 슬퍼하였고, 어머니와 할머니를 섬김에 더욱

307 문원공(文元公) 사계(沙溪) 선생 : 김장생(金長生, 1548~1631)으로, 자는 희원(希元), 호는 사계, 본관은 광산(光山), 시호는 문원이다. 1578년(선조11) 학행(學行)으로 천거되어 창릉 참봉(昌陵參奉)이 되고 벼슬이 형조 참판에 이르렀다. 대부분 벼슬에 나아가지 않고 연산(連山)에 머물면서 학문 도야와 후진 양성에 전념하였다. 서인(西人)의 영수로서, 아들 김집(金集)을 비롯하여 송시열(宋時烈), 송준길(宋浚吉), 이유태(李惟泰), 강석기(姜碩期), 장유(張維), 정홍명(鄭弘溟), 최명길(崔鳴吉) 등 당대의 비중 높은 명사들을 문인으로 배출하였다. 저서로는 《사계유고(沙溪遺稿)》 등이 있다.

효성스러워서, 할머니께서 병이 걸리실 때마다 밤낮으로 곁에서 모시면서 여러 날 동안 게을리하지 않아서, 눈을 붙이거나 띠를 푼 적이 없었다. 여공(女工)[308]에 익숙하였으며, 《소학(小學)》과 《여계(女戒)》 등의 언서(諺書)에 대략 통달하였고, 필획이 굳세고 올발라서, 창졸간이라 할지라도 초솔하게 쓴 적이 없었다.

상복을 벗고 나자 조공(趙公)이 납채(納采)[309]하여 초례(醮禮)를 행하였는데, 조공이 곧 병이 나서 의원을 찾아 경사(京師)로 올라갔으나 병이 더욱 심해졌으므로 날을 점치지 않고 시집가니, 시댁에 이르렀을 때 공이 세상을 뜨고 말았다. 분상(奔喪)을 하고 나서 공의 얼굴을 보지 못하였다 하여 한번 시신을 통해서나마 보기를 원하였고, 이어서 하종(下從)할 결심을 하였다. 성복함에 숙부이신 판관공(判官公)이 데리고서 자신의 집으로 돌아가, 음식과 거처를 두루 살펴 방비하기를 몹시 신밀(愼密)하게 하였다. 유인(孺人)이 언니에게 말하기를, "형은 내가 죽을 것이라고 여기십니까? 저는 그렇게 하지 않을 것입니다." 하였다.

시아버지 장작공(將作公)이 유인에게 임리(林里)로 돌아가서 스스로를 보전하도록 하였는데, 당시 공의 운구가 남포(藍浦)의 삼계(三溪)로 돌아왔다. 유인이 말하기를, "바라건대 운구를 수종하고서 장례

308 여공(女工) : 원문의 '여공(女紅)'은 '여공(女工)'과 같은 뜻으로, 바느질, 길쌈 등 여자가 하는 모든 일을 가리킨다. 《한서》 권4 〈경제기(景帝紀)〉에 "비단에 수를 놓고 아름답게 베를 짜는 것은 여공(女紅)을 해치는 일이다."라고 했는데, 이에 대해 안사고(顔師古)가 "공(紅)은 공(功)으로 읽는다."라고 주를 달았다.

309 납채(納采) : 원문의 '위금(委禽)'은 납채를 뜻하는 말로, 혼례(婚禮)에서 납채할 때에 나무로 만든 기러기를 올리던 데서 유래하였다.

를 마치고자 하니, 그런 뒤에 귀녕(歸寧)하더라도 늦지는 않을 것입니다."라고 하였다. 그러자 장작공이 직접 데리고 가서 두루 살펴 방비하기를 또한 더욱 신밀하게 하였다.

유인은 말이나 얼굴빛에 아무 기미도 드러내지 않고서 시부모님이 음식을 먹도록 명하면 감히 어기지 않았으나, 다른 사람의 경우에는 강요하더라도 듣지 않았다. 시아버지를 섬김에 반드시 뜻에 앞서서 미리 받들었으며, 아침저녁으로 궤전(饋奠)하면서 곡소리가 끊이지 않았으되, 시아버지가 이르시면 그쳐서 슬퍼하는 모습을 보인 적이 없었고, 시아버지께서 궤전에 참여하지 말라고 명하면 곧 이를 따랐다.

일찍이 그 종질(從姪)에게 이르기를, "내 조금이라도 남을 상하게 하고 물건을 해치려는 마음이 있었던 적이 없고, 또한 나쁜 말을 남에게 가한 적이 없었으며, 비복(婢僕)에게도 그러하였다. 그러니 어찌 오늘날 박복하기가 이와 같으리라고 생각했겠는가."라고 하고, 죄수처럼 머리를 풀어헤치고 검은 얼굴을 하고서 늘 한 곳에 앉아 종일토록 엎드려 곡하였으며, 곡을 마친 뒤 다시 앉음에 눈을 돌리지 않았고 몸을 움직이지 않았다.

매일 거처하는 것과 행동거지가 조금도 법도에 어긋나지 않아서, 보면 마치 나무로 만든 사람과도 같았다. 다른 사람들을 볼 때 마치 몸 둘 곳이 없는 것처럼 하여서, 비록 여종이라고 할지라도 눈을 들어서 보지 않았다. 그러므로 유인(孺人)이 시아버지의 집에 있었던 것이 수개월이었으나, 여종 중에 유인의 얼굴을 자세히 알지 못하는 이들이 있었다. 자신을 단속하기를 더욱 엄하게 하여서, 늘 다른 사람이 위로할 때에 혹 농담을 섞더라도 또한 이를 드러내어 웃지 않았다. 존장(尊長)이 물으면 응대하기를 오직 공경하게 하였으며, 동서를 대할 적에

도 온순하게 하였고, 《소학(小學)》과 《오륜행실도(五倫行實圖)》를 보았다.

졸곡(卒哭)할 때에 이르자, 권면하여 귀녕하도록 하였는데 유인(孺人)이 가을을 기다릴 것을 청하였으니, 올바름을 얻어서 죽고자 한 것[310]이었다. 백숙(伯叔)이신 부사공(府使公)이 유인(孺人)의 형색이 크게 허약해진 것을 보고는 일깨우기를, "스스로 보전하기를 힘써서 양가의 늙은 부모님을 위로하여라."라고 하니, 유인(孺人)이 감읍하여 억지로 따라서, 음식을 먹고 말을 하는 모든 일이 자못 전일과 달라졌으므로, 가인(家人)들이 조금 믿게 되었다.

유인(孺人)은 여종을 시켜 조용히 시아버지께 고하여 담배를 피우기를 청하였는데, 시아버지께서 가엾게 여겨 이를 허락해주었다. 유인이 몰래 담뱃잎을 물에 담가 이를 마시고, 또 다른 약을 여기에 더하니, 이윽고 병이 일어나 마치 더위에 토사곽란을 하듯이 구노하고 설사하여 도규(刀圭)[311]도 공효가 없었다. 목이 말라 장수(漿水 좁쌀로 만든 미음)를 찾았는데 염탕(鹽湯 소금을 넣고 끓인 물)을 마시게 하면, 이를 물리치면서 "평소 복용하지 못하는 것이다."라고 하였고, 미감수(米泔水)를 올리면 물리쳤다. 꿀과 생강을 넣은 차를 올리자, "내 평소에 회충을 앓아서 꿀을 마시는 것이 이롭지 않다."라고 하면서 또 물리쳤다. 이는 소금은 나쁜 것을 게워내게 할 수 있고, 미감수는 해독할 수 있으며,

310 올바름을……것 : 임종 때까지 바른 도리를 지키다가 생을 마감하는 것을 뜻한다. 증자(曾子)가 죽을 때 "내가 바름을 얻어서 죽는다면 이것으로 그만이다.〔吾得正而斃焉, 斯已矣.〕"라고 한 데서 연유한 말이다. 《禮記 檀弓上》

311 도규(刀圭) : 약(藥)의 양(量)을 헤아리는 기구로, 모양이 규(圭)와 비슷하여 이러한 이름이 붙여졌는데, 약물이나 의술(醫術)을 일컫는 말로도 쓰인다.

꿀은 중화시킬 수 있기 때문이었다. 가인(家人)들이 담뱃잎이 담긴 항아리와 약 꾸러미를 찾아 종적을 알게 되었으나, 유인(孺人)은 이미 구제할 수 없는 상황이었다. 듣는 이들이 모두 눈물을 흘렸으니, 이때가 6월 23일이니, 향년 20세였다. 부사공(府使公)은 셋째 아들 용희(龍熙)를 후사로 삼아주어서 3년 동안 복상(服喪)하게 하고, 홍산현(鴻山縣) 서쪽 입점(笠店) 해좌(亥坐)의 부자(夫子)의 묘에 묘혈을 파서 합부(合祔)하였다.

아아, 《주역(周易)》에 "부인은 정(貞)하여 길하다."라고 말하면서 단지 "한 사람을 따라서 마치기 때문이다."라고 하였을 따름이고,[312] 영녀(令女)가 만난 상황[313]과 같은 경우를 제외하면 진실로 반드시 죽음을 귀하게 여길 수는 없다. 그렇다면 근세의 사대부 가문의 청상과부로서 부모께서 모두 살아계시고 형제에게는 탈이 없으며, 시부모가 너그럽게 타이르고 동서들이 부지해주어 집안일은 맡길 곳이 있고 의귀할 곳이 있는데도 스스로 목숨을 끊는 데에 있어 과감한 자는, 언뜻 본다면 어찌 이른바 죽지 말아야 할 경우에 죽은 자가 아니겠는가.[314]

312 주역(周易)에……따름이고 : 《주역》 〈항괘(恒卦) 육오(六五)〉 상전(象傳)에 "부인은 정하여 길하니 한 사람을 따라 마치기 때문이다.〔婦人貞吉, 從一而終也.〕"라고 하였다.

313 영녀(令女)가 만난 상황 : 영녀는 위(魏) 나라 조문숙(曹文淑)의 아내이자 하후문녕(夏侯文寧)의 딸인데, 시집을 가서 자식도 없는 채로 남편이 일찍 죽자 머리카락을 잘라 정절을 지킬 뜻을 밝혔다. 친정에서 개가시키려고 하자 두 귀를 칼로 베고서 종시숙인 조상(曹爽)에게 의지하였으며, 그 후 조상이 복주(伏誅)되어 일가가 멸문의 화를 당하자 영녀의 친정에서 다시 개가시키려 하였는데, 이번에는 자신의 코를 자르고 수절하였다. 《小學 善行》

314 이른바……아니겠는가 : 《맹자(孟子)》 〈이루 하(離婁下)〉에 "얼핏 보면 죽을 만

그러나 하종(下從)하면서 돌아보지 않았던 것은 깊은 식견과 원대한 사려에서 나온 것이니, 지자(知者)가 아니라면 이해할 수 없다.

아아, 옛 유열(遺烈)로서 전기(傳記)에 나온 이들은 혹 신체발부(身體髮膚)를 훼손하거나[315] 혹 도랑에서 죽는 신의를 이루어서,[316] 뜻을 지켜서 보존하였으나 몸이 죽고, 행실이 성립되었으나 형체가 훼손되었으니, 급박하지 않고 여유 있게 능히 순절하기를 유인처럼 한 경우는 드물다. 공의(公議)가 일어나서 정려하여 포상한 것이 밝게 빛나 저승과 이승에서 유감이 없게 되었으나, 이는 또한 유인이 의(義)로써 천명(天命)에 처한 뜻은 아니다. 유인의 큰 절개가 높고도 빛나니 바로 이른바 "동(動)할 때에는 예(禮)와 함께 노닐고, 정(靜)할 때에는 의(義)와 함께 선다."[317]라는 것이니, 그렇다면 효도하고 우애롭고 돈독하

하고 자세히 보면 죽지 말아야 할 경우에 죽으면 용맹을 손상한다.〔可以死, 可以無死, 死, 傷勇.〕"라고 보인다.

315 혹 신체발부(身體髮膚)를 훼손하거나 : 몸을 훼손하여 불효하였음을 말한 것이다. 《효경(孝經)》 〈개종명의(開宗明義)〉에 "신체와 모발과 살은 부모에게서 받았으니, 감히 훼상하지 않는 것이 효의 시작이요, 자신을 바르게 세우고 도를 행하여 후세에 이름을 드날려서 어버이를 드러나게 하는 것이 효의 마지막이다.〔身體髮膚, 受之父母, 不敢毁傷, 孝之始也; 立身行道, 揚名於後世, 以顯父母, 孝之終也.〕"라고 하였다.

316 혹……이루어서 : 보잘 것 없는 하찮은 신의를 지켰음을 뜻한다. 《논어(論語)》 〈헌문(憲問)〉에, 관중(管仲)이 처음 패했을 때 죽지 않은 것에 대해서 공자(孔子)가 "어찌 필부와 필부들이 작은 신의(信義)를 행하여 스스로 목매 죽어서 시신이 도랑에 뒹굴어도 사람들이 알아주는 이가 없는 것과 같이 하겠는가.〔豈若匹夫匹婦之爲諒也, 自經於溝瀆而莫之知也?〕"라고 한 말에서 온 것이다.

317 동(動)할……선다 : 진(晉)나라 도유(滔鈕)의 어머니 손씨(孫氏)가 지은 서찬(序贊)에 보이는 말로, 《예문유취(藝文類聚)》 권18 〈인부2(人部二) 현부인(賢婦人)〉 등에 실려 있다.

고 화목한 행실과 단정하고 장엄하며 고요하고 전일한 덕의 크고 작거나 드러나고 숨은 것들로서 가장(家狀)과 유사(遺事) 사이에서 나온 것들은, 논해도 되고 논하지 않아도 될 것이다. 이에 그 열행(烈行)의 경개(梗概)를 위와 같이 간략하게 뽑고, 이어서 명(銘)을 짓는다.

명(銘)은 다음과 같다.

홍산현의 서쪽에	鴻山之西
입점의 언덕이 있네	笠店之原
누가 묻혀있는가	伊誰云藏
저 현철한 부인이네	展彼哲媛
지극한 성품을 품부받아	生稟至性
효우하고 정숙하였네	孝友貞淑
시와 예[318]를 몸소 익혔고	身服詩禮
뜻이 얼음과 옥같이 확고하였네	志厲氷玉
형형한 방촌의 마음은	瑩瑩方寸
백성의 떳떳한 이치이자 사물의 법칙이었네	民彝物則
슬프도다 성이 무너지니[319]	哀哉崩城

318 시(詩)와 예(禮) : 가정교육 또는 가학(家學)을 뜻한다. 공자의 아들 이(鯉)가 뜰에서 공자 앞을 빠른 걸음으로 지나다가 공자로부터 시(詩)와 예(禮)를 배웠느냐는 질문을 받고 또 그것을 왜 배워야 하는지에 대해 듣고서 물러나와 시와 예를 배웠던 일에서 유래한 말이다. 《論語 季氏》

319 성이 무너지니 : 남편을 잃은 아내의 슬픔을 뜻한다. 춘추 시대 제(齊)나라 장공(莊公)의 대부인 기량(杞梁)이 임금을 따라 거(莒)나라의 성을 공격하다가 전사하였는데, 기량의 처가 남편의 시체 옆에서 10일 동안을 엎드려 통곡하니 그 성이 무너졌던

나의 녹거(鹿車)를 끌지 못하였네[320]	未挽我鹿
나의 녹거를 이미 끌고 나니	我鹿旣挽
무덤이 처량하도다	凄涼窀穸
내 태어난 것이 때가 좋지 않아	我生弗辰
경경하게 대낮의 촛불[321]과 같네	耿耿晝燭
행실에 한 조각 흠도 없고	行無片玷
심지는 굳어서 돌처럼 굴릴 수 없네[322]	志固匪石
군자를 보지 못하였는지라	未見君子
천지가 망극하도다	穹壤罔極
구명을 이미 과단함에	九冥旣果
그 자취를 감췄네	言泯其迹
열렬하도다 유인이여	烈哉孺人
누가 그 깊은 식견을 알리오	孰領深識
죽어서 같은 묘혈에 나아갔으니	死即同穴
영세토록 길하리라	永世允臧
선비들이 칭송하여	髦士攸誦
작설[323]이 찬란하도다	綽楔煌煌

고사를 원용한 것이다. 《古列女傳 卷4 貞順傳》

320 나의……못하였네 : 미처 혼례를 마치지 못하였다는 말이다. 녹거(鹿車)는 좁고 작은 수레로 혼인을 의미한다. 《小學 善行》

321 대낮의 촛불 : 삶의 의미를 잃어 죽고자 함을 말한다. 대낮의 촛불은 켜놓아도 주변이 밝아 쓸모가 없는바, 의미 없는 삶을 비유할 때에 일컫는 말이다.

322 심지는……없네 : 《시경》 〈패풍(邶風) 백주(柏舟)〉에 "나의 이 마음이야 돌이 아니니 굴릴 수가 없네.〔我心匪石, 不可轉也.〕"라고 하였다.

빛나고 빛나니　煌煌輝輝

드러나고 나타나지 않겠는가　不顯不彰

효자가 그 보답을 받음에　孝子食報

무궁한 후세에 드리워져 넉넉하리라　垂裕無疆

내 동관[324]을 대체하여　我替彤管

묘지명을 지으니　載述銘章

한 조각 묘비가　一片塼砂

후세에 밝게 보여주리라　昭示茫茫

323 작설(綽楔) : 정문(旌門)과 같은 뜻으로, 효자(孝子)나 충신(忠臣) 등을 정표(旌表)하기 위하여 문 옆에 세운 대(臺)를 이른다.

324 동관(彤管) : 훌륭한 여인에 대한 기록을 가리킨다. 동관은 옛날 여사(女史)가 궁중에서 정령(政令)과 후비(后妃)의 일을 기록할 때 쓰던 붉은 대통의 붓을 이른다. 《후한서(後漢書)》 〈광무 곽황후기(光武郭皇后紀)〉에 "여사가 동관으로 공을 기록하고 허물을 쓴다.〔女史彤管記功書過.〕"라고 보이는데, 그 주(注)에 "동관은 붓대가 붉은 붓이다.〔彤管, 赤管筆也.〕"라고 하였다.

숙인 경주 김씨 묘지명 병서

淑人慶州金氏墓誌銘 幷序

우리 선사(先師)이신 근재(近齋) 박 선생(朴先生)[325]께서는 어진 며느리를 두셨으니, 숙인(淑人) 김씨(金氏)이다. 김씨는 계통이 신라에서 나왔으니, 고려 초의 태자태사(太子太師) 휘 인관(仁琯)이 훈업과 덕이 모두 드러나 당대의 명신이 되었다. 9대(代)가 전해져서 관찰사 상촌(桑村) 휘 자수(自粹)[326]에 이르러서, 고려 말에 정사가 혼란한 것을 보고는 영남(嶺南)에 은둔하여 효(孝)로써 정려되었는데, 본조(本朝)에서 명하여 누차 불렀으나 응하지 않았다. 6대(代)가 전해져 병마절도사 휘 구연(九淵)에 이르러서 역학(易學)에 통달하여 누차 경연(經筵)에 올랐으니, 이 분이 부윤(府尹)으로 이조판서에 추증된 휘 협(軮)을 낳으셨다. 또 3대(代)가 전해져서 휘 정우(鼎禹)에 이르러서, 지극한 품행이 있어서 대사헌에 추증되었다. 대사헌께서 동지중추부사(同知中樞府事) 휘 직(溭)을 낳으셨으니, 이분들이 숙인의 4세조 이상이시다. 증조는 휘 몽열(夢說)로 통덕랑(通德郎)이다. 조부는

325 근재(近齋) 박 선생(朴先生) : 박윤원(朴胤源, 1734~1799)으로, 자는 영숙(永叔), 호는 근재, 본관은 반남(潘南)이다. 자세한 내용은 386쪽 주240 참조.

326 휘 자수(自粹) : 김자수(金自粹, ?~?)로, 자는 순중(純仲), 호는 상촌(桑村), 본관은 경주이다. 1374년(공민왕23) 문과에 급제하여 덕녕부 주부(德寧府注簿)에 제수되었고 여러 벼슬을 역임하여 형조판서에 이르렀으나, 고려 말에 정세가 어지러워지자 벼슬을 그만두고 고향인 안동으로 돌아가 은거하였고, 조선이 개국된 뒤에 태종이 형조판서로 불렀으나 나아가지 않았다.

휘 양덕(養德)이며, 선고(先考)는 휘 노범(魯範)이니, 두 대(代)에 행의(行義)가 이어졌다. 선비(先妣)는 유인(孺人) 창원 황씨(昌原黃氏)로 상빈(尙贇)의 따님이다. 영종(英宗 영조) 경인년(1770, 영조46)에 풍덕(豐德)[327]의 우사(寓舍)에서 숙인을 낳으셨다.

어려서부터 단정하고 장엄하며 총명하고 지혜로웠으며, 효제(孝悌)를 타고났다. 조금 자라서는 행동거지가 예(禮)에 맞고 여공(女工)[328]이 정밀하고 민첩하니, 고모이신 윤씨(尹氏) 부인이 특히 아껴서 몸소 기르셨다. 18세에 박씨(朴氏)에게 시집가서 부사공(府使公) 휘 종여(宗輿)의 계실(繼室)이 되었다. 부사공은 어버이가 연로하고 집안이 가난하였으며, 또 누대(累代)의 사판(祠版)을 받들고 있었다. 숙인은 시아버지께 절하는 예(禮)를 마친 뒤에 즉시 집안일을 주관하여 규문의 일을 다스림에 법도가 있었다. 제사를 이어받아 정성과 예(禮)를 다하여서, 변두(籩豆)가 잘 다스려졌고 제수들이 정결하였다.

선생을 섬김에 사랑과 공경을 극진히 하여서, 옷가지를 전당 잡히고 죽으로 식사를 때웠으나 공양함에 흠이 없었다. 선생께서 만년에 병을 잘 앓으시자 힘을 다하여 부지런히 섬겨서 혹한이나 무더위 장마에 밤낮을 이어가면서도 피곤한 기색이 없었다. 선생의 성품이 간약하고도 엄하시어 일상생활의 일에 있어서 모두 법도가 있으셨기에 모시는 이들이 그 뜻을 받들기를 어려워하였는데, 숙인만은 능히 선생

327 풍덕(豐德) : 경기도 개풍군(開豐郡) 남쪽에 있었던 군(郡)을 가리킨다.

328 여공(女工) : 원문의 '여공(女紅)'은 '여공(女工)'과 같은 뜻으로, 바느질, 길쌈 등 여자가 하는 모든 일을 가리킨다. 《한서(漢書)》 권4 〈경제기(景帝紀)〉에 "비단에 수를 놓고 아름답게 베를 짜는 것은 여공(女紅)을 해치는 일이다."라고 했는데, 이에 대해 안사고(顔師古)가 "공(紅)은 공(功)으로 읽는다."라고 주를 달았다.

의 뜻에 순히 따라 부합되었다. 선생께서 말씀하기를, "이 아이가 나를 잘 섬기니, 늙어서 홀아비로 지내는 괴로움을 족히 잊을 만하도다."라고 하였다.

부자(夫子)를 섬길 적에 용모와 행동거지를 반드시 가지런히 하였으며 말을 반드시 천천히 하였고, 모든 시행하는 일들은 작은 일일지라도 반드시 품의하였으며, 과실을 서로 규계하면서 순히 따라서 숨기는 것이 없었다. 부사공은 타고난 자품이 몹시 빼어나고 집안에서의 가르침에 물들어 교화되어 학문이 성취되고 덕이 성립되어서 마치 내조를 필요로 하지 않는 것 같았으나, 잠잠히 도모하고 묵묵히 도움에 보익하는 바가 몹시 많았다. 선생이 측실을 두었는데, 예(禮)로써 그를 대하여서 함께 거처한 지 수십 년 동안에 즐거움과 화락함을 잃지 않았다. 동서 간에 우애롭게 지내기를 동기간과 다름이 없이 하였고, 종족과 향당, 이웃들을 모두 정성으로 대하였으며, 빈객에게 대접할 때에 그릇과 음식이 모두 정결하고 가지런하였다. 다른 집에서 바르지 않은 맛이 나는 음식을 만들었다는 말을 들으면, "진귀하고 기이함을 숭상하니, 어찌 장구할 수 있겠는가."라고 하였다. 노비를 다스릴 때 사랑과 위의가 마땅함을 얻어서 수고로움과 편안함을 반드시 균등하게 하였고, 죄가 있으면 사리(事理)로써 깨우쳐서, 그가 고치지 않은 뒤에야 벌을 시행하였다.

자식을 반드시 의로운 방도로써 가르쳐서,[329] 손자인 생원(生員) 제

329 자식을……가르쳐서 : 《춘추좌씨전(春秋左氏傳)》 은공(隱公) 3년 조에 보이는 말로, 위(衛)나라 장공(莊公)의 아들 주우(州吁)가 오만방자하게 굴자, 현대부(賢大夫) 석작(石碏)이 장공에게 충간하기를, "신은 듣자오니 자식을 사랑하되 의로운 방법

근(齊近)이 어린아이일 때에 또한 몸가짐을 삼가고 배우기에 힘쓸 것을 정성스럽게 고하면서 가르치기를, "장부가 식견이 없다면 이를 일러 담장을 마주하고 선 것과 같다고 하니,[330] 어떻게 집안을 다스릴 수 있겠으며, 어떻게 나랏일을 할 수 있겠느냐. 또 너의 집안은 시(詩)와 예(禮)를 전수해왔는데[331] 훗날의 기대가 네 한 몸에 달려 있으니, 너는 공경히 생각할지어다."라고 하였다.

다른 사람의 급난(急難)을 보면 마치 급난이 자신에게 있는 듯이 여겨서 곤궁한 사람을 구휼하기를 마치 미치지 못할 것처럼 하였다. 베풀 때 친소를 따지지 않고서 반드시 말하기를, "저 사람이 오직 나를 믿고 있으니, 어찌 차마 적막하게 할 수 있겠는가. 모든 일은 박하게 하기보다는 차라리 너무 후하게 하는 데에서 잘못되는 것이 낫다."라고

으로 가르쳐서 잘못된 곳으로 빠지지 않게 해야 한다고 하였습니다.〔臣聞愛子敎之以義方, 弗納於邪.〕"라고 하였다. 이 말은 《소학(小學)》 〈계고(稽古)〉에도 실려 있다.

330 이를……하니 : 원문의 '장면(牆面)'은 학문을 하지 않아서 마치 담장을 마주하고 선 것처럼 눈앞이 꽉 막혀 아무런 이치도 알지 못함을 이른다. 공자(孔子)가 아들 백어(伯魚)에게 시(詩)를 배울 것을 권하며 말하기를, "너는 주남과 소남을 배웠느냐? 사람으로서 주남과 소남을 배우지 않으면 마치 담장을 마주하고 선 것과 같게 된다.〔女爲周南、召南矣乎? 人而不爲周南、召南, 其猶正牆面而立也與.〕"라고 한 데서 온 말이다. 《論語 陽貨》

331 시(詩)와 예(禮)를 전수해왔는데 : 진항(陳亢)이 공자(孔子)의 아들 백어(伯魚)에게 아버지로부터 특별한 가르침을 들은 것이 있는지 물었는데 백어가 "특별한 것은 없고 홀로 서 계실 때 종종걸음으로 뜰을 지나자 시(詩)를 배웠느냐고 물으시기에 배우지 못했다고 대답했더니 시를 배우지 않으면 말을 할 수가 없다고 하셔서 물러 나와 시를 배웠고, 다른 날 또 혼자 서 계실 때 종종걸음으로 뜰을 지나자 예(禮)를 배웠느냐고 물으시기에 배우지 못했다고 했더니 예를 배우지 않으면 설 수가 없다고 하셔서 물러 나와 예를 배웠다."라고 대답한 데서 온 말이다. 《論語 季氏》

하였으니, 듣는 이들이 감복하였다. 연이어 부모님을 여의고서, 효(孝)를 마치지 못한 것을 종신의 애통함으로 여겼으며, 고모 윤씨(尹氏) 부인이 별세하자 매우 심하게 슬퍼하였다. 아우가 경사(京師)로 시집가자, 자주 안부를 물어 친족 간에 친애하는 도리를 펼쳤으며, 병이 났음을 알리면 근심하여 식사를 물리치기까지 하였다. 부모님과 시부모님의 유찰을 거두어 보관하여 수시로 공경히 열람하여서 어버이를 종신토록 사모하는 뜻을 부쳤다.

부사공(府使公)이 서흥(瑞興)의 임소에서 졸하였는데, 맏아들이 나이가 겨우 관례를 올린 때였고 곁에는 지친(至親)조차 없었다. 숙인은 슬픔을 절제하고 장례를 삼가 힘써서 후회하는 바가 있지 않도록 하였다. 맏아들이 일찍 음관으로 또한 부사(府使)가 되어서 전성(專城)으로서 봉양하였다.[332] 숙인은 나이 80세로 헌종(憲宗) 기유년(1849, 헌종15) 2월 26일에 졸하여 부사공의 묘 왼쪽에 합부(合祔)하였으니, 양주(楊州) 노원(蘆原) 봉화현(烽火峴)의 축좌(丑坐)에 있다. 아들은 운수(雲壽)이며 손자는 제근(齊近)이다. 딸은 일찍 요절하였다. 손녀는 진사(進士) 김원성(金元性)에게 시집갔다. 증손자는 어리다.

숙인은 총명하고 기억력이 좋아서 성현의 언행이나 역대의 흥폐(興廢)와 같은 것을 한번 귀로 들으면 종신토록 잊지 않았다. 자손들이 뜰을 지나면 앞으로 불러서 부지런히 귀를 잡고 일러 가르쳤다. 평소에 용모를 바르게 하고 단정히 꿇어앉아서 침묵하면서 말을 적게 하였으나 마음은 통창하였으며, 특히 극기공부에 힘썼다. 희롱하거나 업신여

332 전성(專城)으로서 봉양하였다 : 전성은 성읍(城邑)을 맡아 다스린다는 뜻으로, 자손이 고을의 수령이 되어 그 녹봉으로 어버이를 봉양하는 것을 말한다.

기는 말을 입에 내지 않았으며, 해치거나 이기려는 뜻을 마음에서 싹틔우지 않았고, 속임수라고 미리 의심하는 것을 지혜롭다 여기지 않았으며, 꾸며서 명예를 구하지 않았다. 무당과 점쟁이에게 의혹되지 않았으며, 세속에서 꺼리는 것에 동요되지 않았다.

남을 접할 때 정성스러운 뜻이 몹시 도타워서, 비천하다 할지라도 소홀히 여김이 없었다. 남의 선한 점을 보면 반드시 칭양하였고, 악한 점을 보면 반드시 숨겨주었으며, 충(忠)으로써 마음을 보존하고, 서(恕)로써 남에게 미쳤다. 굶주린 사람을 보면 반드시 먹여주었고 추운 사람을 보면 옷을 입혀주고자 하였으며, 닭이나 개처럼 미물일지라도 살아있는 것을 보면 차마 그 고기를 먹지 못하였다. 화려함을 좋아하지 않아서 옷이 해졌더라도 부끄러워하지 않았고, 세속의 부녀자들의 높이 올린 머리의 아름다운 장식이나 화려한 의복을 보면 마치 자신을 더럽힐 듯이 여겼다. 제철의 새로운 음식은 제수로 올린 경우가 아니면 입에 들이지 않았으며, 어류나 과일 등의 좋은 물품을 얻는 것이 있으면 반드시 저장해두었다가 제수로 사용하였다. 가난에 처함에 마치 본래부터 이를 지닌 것처럼 하여서, 나물죽도 배를 채울 만큼 먹지 못하였으나 편안하게 여겼다.

부사공(府使公)이 만년에 주(州)와 부(府)의 관직을 역임하여서 녹봉으로 받은 것이 풍요로웠으나, 한 되의 쌀이나 한 근의 고기라도 감히 마음대로 사용하지 않아서 음식은 진미(珍味)를 겸비하지 않았고 옷은 비단옷을 입지 않았으며, 사용하는 집물은 짧은 등잔대와 해진 상자와 항아리들 따위에 불과하였다. 일찍이 말하기를, "시아버지의 집안은 청백리로 이어졌습니다. 지금 나라의 은혜를 입어 굶주림을 면할 수 있게 된 것은 다행인 일이니, 무엇을 구하겠습니까."라고 하였다. 관아에 있을 때 청탁하는 사람이 있으면 엄하게 물리쳤고, 바깥일에 간여하지 않으면서 "부자(夫子)의 청덕(淸德)에 누가 될까 두렵다."라고 하였다. 그 아들이 연이어 주(州)와 읍(邑)을 맡자, 사람을 만나면 반드시 정치의 득실을 묻고서 이를 가지고서 근심과 기쁨으로 삼았다. 생원군(生員君)이 누차 일차 전강(日次殿講)[333]에 나아가자, 숙인은 기뻐하지 않으면서 말하기를, "선비의 몸가짐은 마땅히 처자와 같아야 한다. 지금 등연(登筵)하여 전강(殿講)에 응함에 쟁론하지 못하고서 부끄러워하면서 물러난다면, 전강에 나아가지 않는 것이 쾌함이 되는 것과 비교해서 무엇이 더 낫겠느냐. 또 문재(文才)를 지니고서 급제하지 못하는 경우는 예로부터 몹시 많았으니, 이는 천명에 달린 것이다. 그렇지만 부지런히 배워서 각고의 노력을 쏟는 것은 바로 분수의 마땅함이니, 어찌 한갓 과거를 위한 것일 뿐이겠느냐."라고 하였으니, 그 식견의 밝음과 언론의 올바름을 천분(天分)에서 얻은 것이 이와 같았다.

내가 일찍이 선생의 문하에 출입하여서 서로의 통증과 가려움을 함께 느낄 정도로 친밀하였기에, 숙인이 지녔던 부녀자로서의 법도를 일찍부터 알았던 정도가 회옹(晦翁)이 경국 부인(慶國夫人)에 대하여서 그러하였던 것[334]에 뒤지지 않는다. 생원군(生員君)이 가장(家狀)

333 일차 전강(日次殿講) : 일차 유생(日次儒生)의 전강(殿講)으로, 성균관과 사학(四學)의 특정일 또는 특정 기간의 도기(到記)에 든 유생을 서계(書啓)한 단자에서 낙점 받은 경우 및 사학의 장의(掌議)와 색장(色掌)을 대상으로 일차, 즉 정해진 날짜에 보이는 전강을 말한다.

334 회옹(晦翁)이……것 : 회옹은 주희(朱熹)로, 경국 부인(慶國夫人)은 주희가 사사(師事)하였던 유자우(劉子羽)의 계실(繼室)이다. 주희는 유자우의 아들로 유자우의

한 편을 나에게 보여주고서 유당(幽堂)의 글[335]을 구하였으니, 어찌 감히 쇠약하고 병들었다 하여 사양할 수 있겠는가. 더군다나 규구준승(規矩準繩)[336]의 행실과 올바르고 고요하며 유순하고 한아한 덕이 비록 옛 현숙한 부녀자라 할지라도 거의 이보다 훨씬 더 낫지는 못할 것이다. 그러니 마땅히 동사(彤史)[337]에 엮어서 후세에 법을 드리워서, 이로써 선생께서 도(道)가 밝고 덕(德)이 성대하여 집을 나가지 않고서도 가르침을 이룬 것[338]이 그 효과가 이와 같음을 드러내어야 할 것이니, 그 의리상 더욱 사양할 수가 없다. 마침내 가장(家狀)을 살펴 글을

아우인 유자휘(劉子翬)에게 출계한 유공(劉珙)의 묘지명에서, 경국 부인을 세모(世母)라고 칭하였는데, 세모는 곧 백모(伯母)를 말한다.《晦庵集 卷88 從事郎監潭州南嶽廟劉君墓誌銘》

335 유당(幽堂)의 글 : 유당은 무덤으로, 묘갈문(墓碣文)과 묘비명(墓碑銘), 묘지문(墓誌文)을 통칭해서 유당의 글이라고 한다.

336 규구준승(規矩準繩) : 규는 원(圓)을 만드는 기구이고, 구는 방형(方形)을 만드는 기구이며, 준은 측평기(測平器)이고, 승은 먹줄인바, 표준이 되는 법도(法度)를 뜻하는 말이다.《맹자》〈이루 상(離婁上)〉에 "성인이 이미 시력을 다하시고 규・구・준・승으로써 계속하시니, 방・원・평・직을 만듦에 이루 다 쓸 수가 없다.〔聖人, 旣竭目力焉, 繼之以規矩準繩, 以爲方員平直, 不可勝用也.〕"라고 하였다.

337 동사(彤史) : 후비의 훌륭한 덕과 행실이 기록되어 있는 역사책으로, 여기서는 여인들의 덕과 선행을 기록한 역사책이라는 뜻으로 쓰였다. 옛날에 여사(女史)가 궁중의 정령과 후비의 일을 기록할 때 붉은 색깔의 동관(彤管)을 사용하였으므로 이 필기도구로 쓴 역사책을 동사라고 한다.

338 집을……것 :《대학장구》전(傳) 9장에 "이른바 나라를 다스림이 반드시 먼저 그 집안을 가지런히 함에 있다고 한 것은 그 집안을 가르치지 못하고 능히 남을 가르치는 자는 있지 않기 때문이다. 그러므로 군자는 집을 나가지 않고서도 나라에 가르침을 이루는 것이다.〔所謂治國必先齊其家者, 其家不可敎而能敎人者, 無之, 故君子不出家而成敎於國.〕"라고 하였다.

짓고, 이어서 명(銘)을 짓노라.

명(銘)은 다음과 같다.

위의 있으신[339] 근옹이여	抑抑近翁
세상의 참된 유자셨네	爲世儒眞
성덕을 드러내지 않고	不見成德
깊은 연못에 숨어 스스로 진중히 하였네[340]	淵潛自珍
도가 형통하여	維道乃亨
집안의 본보기가 되었네	室家式刑
효자의 효성은 다하지 않고[341]	孝子不匱
숙인은 옥처럼 아름다웠네[342]	淑人如玉
아침저녁으로 온화하고 공경하여	溫恭朝夕
그 위의가 어긋나지 않았네	其儀不忒
상사(喪事)의 큰 두려움이	死喪孔威

339 위의 있으신 : 원문의 '억억(抑抑)'은 위의 있는 모습으로, 예컨대 《시경(詩經)》 〈대아(大雅) 억(抑)〉에 "억억한 위의는 덕의 단면이니라.〔抑抑威儀, 維德之隅.〕"라고 하였다.

340 깊은……하였네 : 가의(賈誼)의 〈弔屈原賦(조굴원부)〉에 "깊은 연못에 숨어 있는 신룡이여! 못 속에 잠겨 스스로 진중히 하도다.〔襲九淵之神龍兮, 沕淵潛以自珍.〕"라고 하였다. 《古文眞寶後集 卷1》

341 효자의……않고 : 《시경(詩經)》 〈대아(大雅) 기취(旣醉)〉에 "효자의 효성이 다하지 않으니, 길이 너에게 선(善)을 주겠다.〔孝子不匱, 永錫爾類.〕"라고 하였다.

342 숙인은 옥처럼 아름다웠네 : 《시경》 〈소아(小雅) 백구(白駒)〉에 "생 꼴 한 묶음을 주노니, 그 사람 옥처럼 아름답네.〔生芻一束, 其人如玉.〕"라고 하였는데, 그 덕이 옥처럼 아름답다고 표현한 것이다.

두렵고 또 위태로웠는데 有震且業
숙인이 중궤[343]하여 淑人中饋
솥의 음식을 엎지 않았네[344] 鼎不覆餗
효도하고 우애하며 克孝克友
인척과 친족 간에 화목하였네[345] 克婣克睦
온갖 행실이 크게 갖추어지니 百行孔備
집안이 화목하였네 閨庭穆穆
시아버지는 잘 섬긴다 하고 舅曰善事
남편은 마땅하다 하였네 士曰其宜
이웃에게도 간격을 두지 않아서 隣比不間
귀신과 사람이 모두 의지하였네 神人俱依
옛 현숙한 부녀자들을 살펴보건대 相古哲媛
참으로 짝할 이가 드무네 展矣匹休
소나무 잣나무 높고 우뚝하니 松栢丸丸

343 중궤(中饋) : 부녀자가 집안에서 여러 가지 음식을 마련하는 일을 가리킨다. 《주역》 가인괘(家人卦) 육이(六二)의 효사(爻辭)에 "육이는 이루는 바가 없고 규중에 있으면서 음식을 장만하면 정(貞)하여 길하리라.〔六二, 无攸遂, 在中饋, 貞吉.〕" 하였는데, 공영달(孔穎達)의 소(疏)에 "부인의 도는, 맡은 일이 규중에서 음식을 마련해서 먹이고 제수 물품을 장만하는 데 있다."라고 하였다.

344 솥의……않았네 : 맡은 바 책임을 잘 수행하였음을 뜻한다. 《주역》 〈정괘(鼎卦) 구사(九四)〉에 "솥이 발이 부러져서 공상(公上)에게 바칠 음식을 엎었으니, 그 얼굴이 무안하여 붉어져 흉하도다.〔鼎折足, 覆公餗, 其形渥, 凶.〕"라고 한 데서 온 표현이다.

345 효도하고……화목하였네 : 원문의 '효(孝)', '우(友)', '인(婣)', '목(睦)'은 육행(六行) 중에 네 가지 행실로, 인(婣)은 인척간에 정이 도타움을 말하고, 목(睦)은 친족 간에 화목한 것을 말한다. 《周禮 地官》

봉화현의 언덕이네 烽峴之邱
원배와 같은 무덤에 나아가니 元配卽同
군자를 이에 모시노라 君子是果
이곳에 오는 나무꾼과 목동은 有來樵牧
자르지 말고 베지 말지어다 毋剪毋赭
여사에게 훌륭한 행실 있으니 女士有行
풍아를 이을 만하도다 可續風雅

지은이 **홍직필(洪直弼)**

1776년(영조52) 6월 13일 신시(申時)에 한성의 주자동(鑄字洞)에서 태어나 1852년(철종3) 7월 17일 유시(酉時)에 노호(鷺湖)의 노의정사(蘆漪精舍)에서 향년 77세로 세상을 떠났다. 초명은 긍필(兢弼), 자는 백응(伯應)·백림(伯臨), 호는 매산(梅山), 본관은 남양(南陽)이며, 시호는 문경(文敬)이다. 평생 출사하지 않고 학문 강학에 힘써 근재(近齋) 박윤원(朴胤源) 문하에서 그 학맥을 계승하고 이를 후대에 전한 노론(老論) 낙론(洛論)의 핵심 사상가이자 문인 교육자이다. 학문은 박윤원 외에도 노주(老洲) 오희상(吳熙常)의 영향을 많이 받았으며 문하의 제자로 전재(全齋) 임헌회(任憲晦), 중암(重菴) 김평묵(金平默) 등이 있다.

옮긴이

연석환(延錫煥)

1977년 경북 봉화에서 태어났다. 계명대학교 한문교육과를 졸업하고 고려대학교 대학원 고전번역협동과정학과에서 석사학위와 박사학위를 취득하였다. 한국고전번역원 부설 고전번역교육원의 연수과정과 전문과정 제1과정을 마쳤다. 현재 해동경사연구소 연구원으로 재직하고 있다. 논문으로는 〈회은 남학명의 잡설 연구〉, 〈남학명의 회은집 역주〉가 있다.

김성은(金成恩)

1986년 서울에서 태어났다. 연세대학교 국어국문학과를 졸업하고 동 대학원 국어국문학과에서 석사학위를 취득하고 박사과정을 수료하였다. 한국고전번역원 부설 고전번역교육원의 연수과정과 전문과정을 마쳤다. 현재 성신여자대학교 고전연구소 연구원으로 재직하고 있다.

※ 각 권별 옮긴이는 권41·42 연석환, 권43 김성은이다.

권역별거점연구소협동번역사업 연구진

연구책임자 신영주(성신여자대학교 한문교육과 교수)
공동연구원 김여주(성신여자대학교 한문교육과 교수)
김용재(성신여자대학교 한문교육과 교수)
류준경(성신여자대학교 한문교육과 교수)
이종덕(한국고전번역원 부설 고전번역교육원 강사)
책임연구원 성백효
연 구 원 김창효 연석환
사경화 신상후
이영준 이정은
김성은 박희정
윤 문 윤은숙

매산집 15

홍직필 지음 | 연석환 · 김성은 옮김
2020년 12월 31일 초판 1쇄 발행
편집 · 발행 학자원
등록 2011.4.6 제2011-14호
주소 (05355) 서울시 강동구 천호대로 1121
전화 02-6403-1000 | 팩스 02-6338-1001 | 이메일 hakjaone@daum.net

값 30,000원
ISBN 979-11-6247-199-9 94810
979-11-87806-00-4 (세트)